철학과의 만남

B. A. 브로디 지음
이 병 욱 옮김

서광사

지은이의 말

대부분의 철학자들은 자기네들이 철학을 소개하면서 상당한 시간을 보내야 된다는 것을 알게 된다. 이론상으로 보면 이 시간은 가르치는 사람에게는 흥미진진한 시간이요, 배우는 학생에게는 즐겨 들을 만한 시간이라야 된다. 그런데 실제로는 이 시간이 가르치는 사람에게나 배우는 사람에게나 그렇지 못한 일이 많이 있다.

나는 오늘날 개론 강의에서 사용되고 있는 책에 상당한 책임이 있다고 생각한다. 오늘날 사용되고 있는 개론 강의 교재는 완전한 창작 저서이거나 아니면 논문집인데, 두 가지 다 철학적인 훈련을 좀더 받은 독자들을 위해서 씌어진 것이다. 이런 책은 내용 면에서나 체제 면에서나 매우 뛰어난 학생들에게조차도 너무 어려운 일이 많이 있다. 그래서 단순히 저자가 한 말을 학생들에게 설명하는 데 많은 시간을 보내야 된다. 학생이나 선생이나 모두 다 거기에 나오는 매혹적인 생각이나 문제들을 조금이라도 깊이있게 파고 들어갈 여유가 없는 것이다.

나는 보통 수준의 학생들을 염두에 두고 이 책을 썼다. 이 책은 철학적으로 중요한 몇가지 문제들을 드러내고, 그에 관한 몇가지 고전적인 입장들을 설명하려고 한다. 그리고 나는 나 자신의 견해도 내놓으려고 했다. 그 다음에 더 생각해 볼 만한 문제들을 덧붙였다. 이 책이 만약 내 생각대로 활용된다면, 학생들은 문제와 쟁점, 여러 가지 입장들과 그에 따른 문제점들을 충분히 파악하고서 강의에 임할 수 있어야 된다. 그렇게 되면, 철학에서 가장 흥미진진한 부문, 즉 (만약에 옳은 입장이 있다면) 어떤 입장이 정말로 옳은지를 가려내려는 시도에 수업 시간을 바칠 수 있다.

나는 이 책을 준비하면서 6년 동안 하버드 대학 통신 강좌부(Harvard University Extension Division)에서 한 철학 개론 강의에서 받은 학생들의 반응을 즐길 수 있었다. 이 강의를 들은 학생들은 케임브리지의 평범한 주민들로부터 높은 직위에서 은퇴한 할아버지들에 이르기까지 다양하다. 이 책의 모태가 된 강의를 들은 이 분들의 열띤 참여와 반응이 나에게 이 책을 쓸 용기를 주었다. 나는 이 기회를 빌어서 그분들의 몇가지 유익한 충고에 대해서 감사를 표하고 싶다.

1976. 7. 12. 라이스 대학

B. 브로디

차　　례

들어가는 말 : 철학이란 무엇인가?

여러분이 새로운 분야를 배우기 시작할 때, 무엇을 배우게 될 것인지 궁금해 하는 것은 당연한 일이다. 어떤 식의 문제들을 생각하게 될 것인가? 왜 그런 문제들이 중요한가? 어떤 방식으로 이 문제들에 대해 대답하려는 노력을 할 것인가? 이런 개론 책에서 어떤 대답을 듣기를 기대해도 좋을 것인가? 여기서는 이런 즉각적이고도 매우 자연스러운 물음들에 대해서 대답하려고 한다. 결과적으로 말해서, 여러분이 이 강의를 계속 듣고 이 책을 읽어야 되는 이유를 이야기하려는 것이다.

이 책은 철학을 소개하는 책이다. 여러분은 먼저 이 주제를 정의해 주리라고 기대할런지도 모른다. 그러나 이런 정의는 너무 뻔한 것이어서 도움이 되지 않거나, 아니면 너무 어려워서 배우기 시작하는 사람이 이해할 수 없게 마련이다. 그래서 나는 위의 물음들에 대한 대답으로써 철학의 정의를 대신하려고 한다.

I.1 철학적인 문제의 성격

여러분이 자라온 사회를 생각해 보라. 이 사회가 비교적 동질적인 사회라고 하자. 이런 사회에 사는 대부분의 사람들은 인생에서 마땅히 추구해야 될 가치와 그 추구 방식에 관해 어떤 기본적인 믿음을 공유하고 있다. 철두철미 이 인생관에 따라서 자기 자신의 삶을 사는 사람은 아무도 없다(사람에게는 인간인 한 가지는 한계가 있게 마련이다). 그러나 대부분의 사람들은 그런 인생을 살려고 최소한 노력은 한다. 젊은 여러분도 이런 생각에 길들여져 왔고, 지금도 이런 생각이 여러 가지 점에서 타당하다고 생각할 것이다. 그런데 최근에 이런 생각에 대해 의문을 품게 되었다고 하자. 그것은 아마 인생에서 추구해야 될 가치가 무엇인지에 관해 전혀 다른 생각을 가지고 있는 사람을 만난 때문일 것이다. 아니면 여러분에게 익숙한 생각에 따르면 곤란하게 되는 어떤 새로운 사태에 부딪쳤기 때문일 수도 있다.

그전 시대에나 지금에나 많은 젊은이들은 이런 일을 겪어왔다. 그래서 가끔 이런 어려운 물음을 가지게 되었다. 옳은 것과 그른 것 사이에 도대체 무슨 차이가 있는가? 그 차이는 무엇인가? 옳은 일을 하려고 부단히 노력한다면, 인생에서 득을 볼 것인가, 손해를 볼 것인가? 이런 물음을 묻는 사람들은 철학적인 문제를 제기하는 것이다. 이 책에서 처음에 나오는 두 장은 이런 문제들을 다루고 있는데, 이런 문제들은 철학에서 윤리학(ethics)이라 불리우는 분야의 주제이다.

모든 사회는 자신에 고유한 편제 방식이 있다. 그러나 서로 다른 여러 편제 방식들에 공통되는 몇가지 특징이 있다. 예를 들어서 어떤 사회에서나 여러 가지 재화가 고르지 않게 분배되어 있다. 어떤 사람들은 바람직하다고 간주되는 것(부·권력·지위·여가 등등)을 다른 사람들보다 훨씬 더 많이 가지고 있다. 이런 사회 편제 방식은 관련된 모든 사람들에 의해 받아들여지는 것이 보통이다. 그들에게는 이것이 여러 가지를 조직하고 편제하는 자연스러운 방식으로 느껴진다. 그런데 이런 편제 방식이 도전을 받게 되는 특별한 상황들이 있는데, 그것은 자신에게 합당한 몫이라고 생각하는 것보다 적게 받아서 더 많이 받기를 원하는 사람이나, 아니면 자신에게 적당한 몫이라고 생각하는 것보다 많이 받아서 난처해 하는 사람들에 의해 제기된다. 이런 때에 사람들은 다음과 같은 문제들을 생각하곤 한다. 사람들 사이에 차별이 있어야 되는가? 만약 그렇다면, 어떤 차별이 정당하고 어떤 차별이 부당한가? 사람들은 이런 때에 현행의 법률 체제가 가장 큰 혜택을 누리고 있는 사람들의 이익을 보호하는 데 종사하고 있음을 깨닫는 일이 가끔 있다. 그래서 한 걸음 더 나아가 다음과 같이 묻게 된다. 나에게는 정말로 법률을 준수할 의무가 있는가? 만약 그렇다면, 나는 사회 질서의 변혁을 위해 그 의무를 어겨도 되는가?

사람들이 이런 질문을 하기 시작하면, 곧 철학적인 질문을 하고 있는 것이다. 이런 질문들은 철학에서 두번째로 중요한 영역 즉 정치 및 사회 철학(social and political philosophy)의 주제를 이룬다. 이 책의 3장과 4장은 이런 문제들을 다루는 데 바쳐진다.

대부분의 사람들은 종교적인 문제들에 대한 믿음을 가지고 자란다. 어떤 경우에는 배워서 얻게 되는 믿음들이 매우 포괄적이어서 이를 믿는 자들이 매우 여러 가지 종교 행위를 실천하기를 요구한다. 다른 어떤 경우에는 믿음들이 훨씬 더 제한된 것이어서 종교 행위의 실천을 별로 요구하지 않는 것 같아 보인다. 반면에 반종교적인 믿음들을 갖고 자라는 사람들도 있다. 그러나 종교에 관해 아무 것도 할 말이 없게끔 자라난 사람을 찾기는 매우 어렵다.

옛날에는 같은 사회에 사는 사람들은 보통 같은 종교를 가졌었다. 그러나 우리 사회가 이 점에서는 물론 동질적이 아니다. 어린 시절부터 우리는 자기가 소속된 사회에 흔히 있는 대단히 많은 종류의 종교적 믿음과 종교 행위들을 알고 있다. 나이가 들어감에 따라 우리는 또다른 형태의 믿음과 의식들에 접하게 된다. 뿐만 아니라 우리는 종교적 요소를 전혀 배제한 세계관—가장 뚜렷한 예로서 과학적 관점—에 접하게 된다. 이런 모든 것들 때문에 우리는 우리의 종교적 전통에 대해 의문을 품게 된다. 그래서 자연스럽게 이런 질문들을 하게 된다. 나의 종교적 믿음들을 지지하는 합리적인 근거가 있는가? 마찬가지로, 어떤 것이건간에 하여튼 종교적 믿음을 지지하는 합리적인 근거가 있는가? 그렇지 않다면, 종교에 관해서 어떤 것을 믿어야 될 것인가? 종교가 인생에 어떤 차이를 가져다 줄 수 있는가?

이런 질문들 또한 철학적인 질문으로서, 철학의 세번째 분야 즉 종교 철학(philosophy of religion)의 주제를 이룬다. 이런 문제의 검토에 바쳐진 것은 이 책의 5장과 6장이다.

자기 자신과 자신의 동료인 인간들의 위치를 이해하려는 노력보다 사람들의 관심을 더 많이 끈 문제는 별로 없다. 우리는 사람이 어느 정도 특이한 존재라고 느끼고 있다. 그러나 우리는 그와 동시에 우리들이 여러 가지 점에서 우리를 둘러싼 자연계의 질서의 또 하나의 부분에 지나지 않음을 알고 있다. 인간의 이 양면성을 이해하려는 고전적 시도들 가운데 하나는 인간이 두 개의 부분으로 이루어져 있다는 주장이다. 그 중 한 부분은 여타의 존재들과 마찬가지로 물질로 이루어진 대상인데, 그것은 인간의 신체이다. 나머지 부분은 비물질적인 실체(non-material substance)인데, 그것은 우리의 정신이다. 이 영혼이야말로 우리를 특이한 존재로 만드는 것이다. 영혼은 그 행위 가운데 적어도 일부가 자유롭다는 점에서 물질계의 대상들과 구별된다. 그리고 물질로 된 우리의 신체가 죽은 뒤에도 영혼이 살아남을 수 있는 가능성이 신체가 죽은 뒤에도 우리가 살아남을 수 있으리라는 희망을 지탱해 준다.

이 전통적 인간관은 근래에 와서 새롭게 정비된 도전을 받게 되었다. 인간도 다른 것들과 마찬가지로 물질의 영역에 놓는 또 하나의 인간관이 다시 활력을 얻은 것이다. 어쨌든 이런 인간관은 생물학이나 심리학 같은 자연 과학의 발견들과 가장 잘 조화되는 견해로 보인다. 이런 과학적 인간관의 발달로 해서 우리들은 불가불 이런 문제들에 맞부딪치게 되었다. 인간에게 특유한 어떤 점들이 정말로 있는가? 육신이 죽은 뒤에도 우리가 살아 있을 수 있는 희망이 있는가? 인간의 자유, 인간의 책임이 자리잡을 곳이 있는가? 이런 것들 또한 중요한 철학적인 문제들이다. 이것들은 철학의 또 하나의 분야 즉 형이상학(metaphysics)의 주제 가운데 일부를 이룬다. 우리는 이런 문제들을 7장과 8장에서 살펴볼 것이다.

우리 인생의 첫번째 3분의 1은 교육에 바쳐진다. 우리는 인류가 참임을 알고 있는 것들 가운데 일부를 배운다. 그뿐만 아니라 — 이것이 가장 중요한 점인데 — 우리는 어떻게 착수해서 어떻게 새로운 진리를 발견할 것인지를 배운다. 그러나 우리를 가르치는 사람들이 만일 정직하다면, 그들은 진리의 발견이 얼마나 어려운지 그리고 진리를 알고 있다고 생각한 사람들이 잘못되었던 적이 얼마나 많았던지도 또한 가르쳐 준다. 인류의 역사는 자신이 어떻다고 생각한 것이 실지로는 전혀 옳지 않았음을 사람들이 어떻게 발견했는지의 역사로 쓸 수 있으리라는 생각이 든다. 이 이야기는 오늘날 우리의 시대, 과학의 시대에 대해서도 들어맞는 말이다. 사실 많은 사람들이 과학적 접근 방식의 가장 큰 장점들 가운데 하나는 어떤 것도 절대로 확실하다고 생각하지 않는다는 점이라는 지적을 하고 있다. 과학적 접근 방식은 우리의 어떤 믿음에 대해서건 수정의 가능성을 열어 놓고 있다. 그러나 이런 솔직한 메시지를 배우는 사람은 어리둥절해 하지 않을 수 없다. 그리고 자연스럽게 몇가지 의문을 품게 된다. 도대체 진리라는 것이 정말로 있는가? 만약 있다면, 우리가 진리를 발견했는지 아닌지를 어떻게 아는가? 우리가 진리를 발견했다는 것을 사실 알 수나 있는가?

이런 물음을 가지는 것은 몇가지 매우 기본적인 철학적 문제를 제기하는 것이다. 이런 문제들은 철학에서 인식론(epistemology) 내지 지식론(theory of knowledge)이라 알려져 있는 분야에 속한다. 이 책 맨 끝의 두 장은 이런 문제에 바쳐진다.

지금까지 우리는 이 책의 나머지 부분에서 우리가 다루게 될 여러 가지 철학적인 문제들을 소개했다. 그러나 우리는 이런 문제들이 어떤 점에서 철학적인 문제로 되는지 즉 이것들 모두가 가지고 있는 공통점이 무엇인지는 전혀 말하지 않았다. 나는 이 문제들이 언급할 가치가 있는 여러 가지 중요한 특징을 가지고 있다고 생각한다. 이런 특징들은 이 문제들의 중요성을 설명하는 데 도움이 된다.

1. 이 문제들은 한결같이 인간 생활의 어떤 측면의 본성 및 타당성에 관심을 가진다. 첫번째 종류의 문제들은 우리의 도덕 생활에 관한 것이고, 두번째 문제들은 우리의 정치 생활에, 세번째 문제들은 우리의 종교 생활에 관련된다. 네번째 문제들은 우리들이 우리들 자신을 생각하는 방식과, 다섯번째 문제들은 우리들이 지식을 얻는 행위와 관계를 맺고 있다. 이런 특징은 인간 존재의 주요 측면들 각각에 대해 그 본성과 타당성을 이해하는 데 바쳐진 철학의 분야가 있는 것이 아닌가 하는 의문을 일으킬지도 모른다. 이것은 어느 정도 옳은 생각이다. 앞에서 언급한 분야들 이외에도 예술 철학(philosophy of art), 과학 철학(philosophy of science) 및 심지어는 철학에 관한 철학(philosophy of philosophy)까지도 있다(여러분과 마찬가지로 이것은 문제의 시작으로서 위험해 보이지 않는가 하는 의심을 품는 철학자들도 있기는 하지만 말이다).

철학자들은 항상 자기네 학문의 범위가 넓다는 데 대해 자부심을 가져왔다. 철학은 이렇듯 여러 가지 다른 학문들과 관련되어 있고, 그만큼이나 많은 인간 생활의 분야들에 관심을 가지는 것으로 보인다. 인간 존재의 여러 중요한 측면에 관련된다는 철학적인 문제의 첫번째 특징은 철학의 광범위함을 완전히 이해할 수 있는 것으로 만든다. 철학은 이런 점에서 보편학(universal discipline)이다.

철학적 문제들의 이 첫번째 특징은 다른 학문에 종사하는 사람들이 왜 그렇게나 많이 철학에로 전향했는지를 설명해 주기도 한다. 많은 탁월한 과학자들이 과학 철학에 몰두했고, 탁월한 많은 예술가들이 예술 철학에 골몰했으며, 많은 우수한 법률가들이 법 철학(philosophy of law)에 관한 저서를 썼다. 이런 사람들도 자기네들이 종사하는 활동의 본성 및 타당성에 대해 의문을 품은 것이다. 그리고 이 의문이 사람들을 철학에로 인도한다.

2. 철학의 특정한 분야에 대한 관심은 보통 사람들이 그에 해당되는 인간 행위에 대해 느끼는 의혹의 정도에 비례한다. 예를 들어서 종교인들이 자신의 종교 생활에 만족할 때에는 종교 철학에 대해 (일종의 추상적인 지적 오락으로서 가지는 관심을 제외하면) 현실적인 관심을 별로 보이지 않는다. 종교 철학에 대한 관심은 종교인들조차도 자신의 종교적 믿음과 삶에 대해 의혹을 품게 되는 종교적 혼란과 의문의 시기에 활발해진다. 과학 철학에 대해서도 같은 말을 할 수 있다. 전혀 새로운 형태의 과학 이론(예를 들어 상대성 이론이나 양자 역학)의 전개는 당대의 많은 과학자들에게 매우 난처한 것으로 느껴졌다. 이런 새로운 이론들은 과학자들이 찾고자 했던 그런 종류의 이론이 아닌 경우가 가끔 있기 때문이다. 이런 사실로 해서 많은 과학자들은 자기 자신의 작업에 대해 의혹을 품게 되고, 그것은 다시 과학 철학에 대한 관심의 현저한 성장을 불러일으킨다. 인간 활동의 모든 분야에 대해 이런 예들을 들 수가 있다.

사람들은 언제나 철학을 어느 정도 의심의 눈초리로 보아 왔다. 사실 최초의 위대한 철학자들 가운데 한 사람인 소크라테스는 그의 철학 행위 때문에 재판을 받고 처형되었다. 그가 산 도시 아테네에서 많은 사람들이 그를 젊은이들을 타락시키는 위험 인물이라고 보았던 것이다. 철학에 대한 이런 생각은 어떤 점에서 충분히 이해할 만하다. 우리가 지금 막 보았듯이 철학자는 중요한 인간 행위의 본성 및 타당성을 검토하는 데 관심을 가진다. 이 과정은 종종 부정적인 평가로 끝난다. 그래서 문제의 활동에 종사하는 사람들이 철학을 자기네들에 대한 잠재적인 도전이라고 보는 것은 당연한 일이라고 할 수 있다.

그렇지만 철학이 본질적으로 혁명적이라고 보는 것은 옳지 못하다. 우선 철학적 탐구가 모두 다 어떤 활동이나 제도에 대한 부정적인 평가로 끝나지는 않는다. 많은 경우 철학적인 탐구의 결과는 재확인이다. 예를 들어서 어떤 종교 철학자들은 종교적 믿음과 제도 모두에 대해 대단히 비판적이었던 반면에, 종교의 꼭같은 측면에 대해 다시금 확인하는 작업을 한 철학자들도 있다. 그 두 가지 뚜렷한 예는 유대 사상가 마이모니데스(Maimonides)와 기독교 철학자 성 토마스 아퀴나스(St. Thomas Aquinas)이다. 두번째의 그리고 어쩌면 훨씬 더 중요한 이유는 문제의 제도의 본성 및 타당성에 대해 잠재적인 도전이 되는 의문을 제기하는 것은 사실 철학자가 아니라는 점이다. 앞에서 보았듯이 그 활동에 종사하고 있는 사람들이 이미 그런 문제를 느끼고 있다. 철학자는 다만 그들이 품은 의문을 진지하고 엄격한 토론의 장으로 내놓을 뿐이다.

3. 철학적인 탐구는 우리가 이런 활동 및 제도를 수행하는 방식에 커다란 변화를 가져올 수 있다. 여기에 관한 몇가지 예를 살펴보자.

벤담(Jeremy Bentham)은 윤리학, 정치 및 사회 철학, 종교 철학의 역사에서 두드러진 인물들 가운데 한 사람이다. 그의 생애는 영국의 법률 체계를 비판적으로 재검토하는 데 바쳐졌다. 그는 이 체계의 기본 원리들을 꿰뚫어 보고, 이 원리들이 불충분함을 발견했다. 이 체계가 자신의 규칙 및 제도의 결과를 고려하지 않고 있다는 것이다. 그 결과 그는 영국 법률 체계의 중대한 개정을 요구하게 되었는데, 여기에는 국민들 일반의 복지 향상을 가져올 변화가 포함되어 있었다. 사실 영국의 법률 체계가 벤담이 제시한 방향에 따라 완전한 검토를 받은 것은 결코 아니다. 그러나 그의 생각은 결과적으로 커다란 차이를 가져왔고, 그가 수행한 영국법의 기초에 대한 철학적 검토의 결과 영국 법률은 결코 전과 같은 것이 될 수 없었다.

성 토마스 아퀴나스는 종교 철학사에서 뛰어난 인물들 가운데 한 사람이다. 그의 시대에는 전통적인 종교 사상이 새로이 발견된 희랍 철학의 영향권 내에 있었던 많은 젊은이들에 의해 도전을 받고 있었다. 위에서 지적했듯이 성 토마스는 혁명적 종교 사상가가 아니었다. 그가 한 일은 오히려 전통적인 종교적 믿음들이 기본적으로 타당함을 옹호하는 것이었다. 그러나 그는 종교적 믿음들의 기초에 대해 재검토하는 도중에 종교 및 도덕에 관한 많은 전통적인 생각들을 새로이 해석하고 바꾸어 말할 필요가 있음을 발견했다. 그의 활동에 의해 기독교는 중대한 변화를 받았고 튼튼해졌음에 틀림이 없다.

지금까지 우리는 철학적인 문제와 그 의의에 대해 다음과 같은 이야기를 할 수 있음을 보았다. 철학적인 문제들은 인간의 여러 가지 활동, 믿음 및 제도의 본성과 타당성을 캐묻는다. 이런 문제는 그런 믿음을 가지고 그 제도의 일부로서 그런 활동에 종사하는 사람들 스스로가 그 활동, 믿음 및 제도에 대해 의혹을 품기 시작함으로써 생기는 것인데, 철학 행위의 결과는 도전일 수도 있고, 재확인일 수도 있다. 그러나 결과가 무엇이건간에 그 활동, 믿음 및 제도는 결코 전과 같을 수 없다.

I.2 철학적인 대답의 성격

신이 있는가? 이것은 전형적인 철학적 물음이다. 이 물음은 여러 종교 전통에서 핵심적인 믿음의 타당성을 캐묻는다. 이 물음에 대해서 가능한 대답은 물론 두 가지밖에 없다 — 그렇다와 아니다. 이런 대답을 하는 데는 그다지 많은 철학을 할 필요가 없다. 그러면 철학자는 어떤 점에서 기여를 할 수 있는가?

어떤 행동은 무엇 때문에 옳게 되는가? 이것도 전형적인 철학적 물음이다. 이 물음은 우리의 도덕적 인생 전체의 기초를 이루는 구분(옳은 행위와 그른 행위의 구분)의 본성을 캐묻는다. 이 경우에는 간결하고 완전한 대답들의 목록은 없다. 그렇지만 여러 가지 가능한 대답들을 생각하기는 어렵지 않다. 신의 의지에 따르는 행동은 옳다. 나 자신의 이익을 진작시키는 행동은 옳다. 억압받는 자들의 이익을 진작시키는 행동은 옳다. 그 외에 다른 여러 대답들을 내놓을 수 있다. 이런 철학적 물음에 대한 대답을 떠올리기란 어려운 일이 아니다. 그러면 철학자의 기여는 어떤 것인가?

철학적인 문제에 대해서 대답을 찾는 것만이 철학자의 관심사는 아니다. 철학자는 합리적인 옹호가 가능한 대답을 찾는 데 관심을 가진다. 다시 말해서 철학자는 가능한 대답들 가운데 하나가 옳은 대답이라고 생각할 이유를 찾는 데 관심을 가진다. 많은 사람들이 철학적인 질문이라는 인정을 받을 수 있는 문제들에 대해서 대답을 시도한다. 어떤 사람들은 전통에 입각해서, 어떤 사람들은 계시에 따라서, 어떤 사람들은 자기 개인의 감정에 따라서 대답을 한다. 이것들과 구별되는 철학적 접근 방식의 특징은 이런 문제들에 대해서 이성(reason)에 입각한 대답을 하려고 한다는 점이다.

예를 들어서 성 토마스 아퀴나스가 유명한 것은 신이 존재하느냐는 물음에 대해서 "그렇다"는 대답을 했기 때문이 아니다. 이런 대답은 그 이전이나 이후의 많은 사람들이 해왔다. 성 토마스가 그토록 중요한 철학자가 된 것은 이 대답을 받아들여야 되는 이유, 합리적 옹호가 가능한 이유를 대려고 했기 때문이다. 또 제러미 벤담이 유명한 것은 단순히 영국 법률 체계가 커다란 검토를 필요로 한다는 말을 했기 때문이 아니다. 그런 말은 매우 자주 있어 왔다. 그가 그토록 중요한 철학자가 된 것은 그 체계를 비판하면서 내놓은 이유, 그 자신이 합리적 옹호가 가능하다고 생각한 이유 때문이다.

이 사실은 왜 철학의 많은 부분이 대답이나 입장뿐만 아니라 **논증들**(arguments)을 다루는 데 관심을 가지는지를 설명해 준다. 철학적인 문제에 대한 깜짝 놀랄 새로운 입장들과 대답들을 내놓는 일이 있기는 하지만, 대부분의 철학자들이 기여하는 바로서 대다수의 철학적 토론의 바탕을 이루는 것은 전통적인 대답들에 대한 새로운 합리적 논증들이다.

이 점이 이 책에서 여러분이 발견하게 될 특징들과 무슨 관계가 있는가? 우리는 물론 몇가지 철학적인 문제를 제기할 것이다. 그리고 여러 철학자들이 내놓은 여러 가지 대답들을 소개할 것이다. 그러나 대부분의 시간은 이 대답들을 옹호하거나 논박하는 논증들을 분석하는 데 바칠 것이다. 철학자들의 기여의 핵심을 이루는 것은 이런 논증들이기 때문에 이것은 당연한 일이다.

논증이란 어떤 것인가? 어떻게 해서 논증이 훌륭한 것인지 아닌지를 결정할 것인가? 모든 논증의 목적은 어떤 것이 참임을 증명하는 것이다. 참임을 우리가 증명하려고 하는 진술을 논증의 **결론**(conclusoin)이라 부르자. 결론을 증명하기 위해서 우리는 다른 어떤 것을 끌어들인다. 우리가 끌어들이는 이 다른 진술들을 논증의 **전제**(premise)라고 한다. 다시 말해서 논증을 내놓는 사람은 전제들이 참임을 근거로 결론이 참임을 증명하려고 하는 것이다.

논증의 예를 하나 들어보자. "소크라테스는 사람이고 모든 사람은 죽게 마련(mortal)이기 때문에, 소크라테스는 분명히 죽게 마련이다." 이 논증은 소크라테스가 죽게 마련이라는 진술이 참임을 증명하려는 시도이다. 그러므로 이 진술은 논증의 결론이다. 이 결론이 참임을 증명하기 위해서 우리는 다른 두 진술이 참임을 끌어댄다. 그래서 모든 사람이 죽게 마련이라는 진술과 소크라테스는 사람이라는 진술이 이 논증의 전제이다. 이제 우리는 결론을 전제 아래에 써서 이 논증을 다음과 같은 형식으로 나타낼 수 있다.

모든 사람은 죽게 마련이다. (All men are mortal.)
소크라테스는 사람이다. (Socrates is a man.)
소크라테스는 죽게 마련이다. (Socrates is mortal.)

이제 우리는 논증이 어떤 것인지를 좀 알았으므로, 어떤 논증이 훌륭한 논증인지를 살펴보자. 간단한 대답은 결론이 참임을 증명하는 논증이 훌륭한 논증이라는 것이다. 이것이야말로 결국 처음에 논증을 내놓은 유일한 목표이다. 그러나 이것은 별로 대답이 되지 않는다. 이런 대답은 어떤 논증이 결론이 참임을 증명하는 논증인가라는 다음 문제를 일으킬 뿐이다.

논리학자들(logician)은 결론이 거짓이면서 전제가 참일 수가 없는 논증이 타당한(valid) 논증이라고 이야기한다. 위의 논증은 타당하다. 모든 사람이 죽게 마련이고 소크라테스가 사람이라면(위의 전제가 참이라면), 소크라테스가 죽지 않는 운명(immortal)일 수 있는 방법은 없다(결론이 거짓일 수 있는 방법은 없다). 반면에 다음과 같은 논증은 타당한 논증이 아니다.

모든 사람은 죽게 마련이다. (All men are mortal.)
모든 동물은 죽게 마련이다. (All animals are mortal.)

이 논증의 전제는 참이면서 그 결론은 거짓일 수가 있다(죽지 않는 운명을 가진 어떤 동물이 존재하기만 하면 된다). 그래서 이 논증은 타당하지 않다. 이 논증의 전제와 결론은 모두 참인 데도 이 논증이 타당하지 않다는 점을 지적해 둔다. 이 논증은 결론이 참임을 증명하지 못하기 때문에 타당하지 않다. 전제가 참인 데도 불구하고 결론은 여전히 거짓일 수가 있다.

다음과 같은 논증을 생각해 보자.

모든 사람은 죽지 않는 운명이다. (All men are immortal.)
소크라테스는 사람이다. (Socrates is a man.)
소크라테스는 죽지 않는 운명이다. (Socrates is immortal.)

이것은 타당한 논증이다. 전제가 참이면서 결론이 거짓일 수 있는 방법은 없다. 그럼에도 불구하고 이 논증은 결론이 참임을 증명하지 못한다. 결론은 사실상 거짓이다. 그러므로 논증이 타당하다는 사실만 가지고는 그 결론이 참임을 증명하기에 충분하지 못하다. 다른 것이 더 필요하다. 논리학자들은 논증이 정상적(sound)이기도 해야 된다고 말한다. 전제들도 참이라야 된다는 것이다. 논증은 타당한 동시에 정상적이기도 해야 결론이 참임을 증명한다.

이제까지 이야기한 것을 정리해 보자. 우리는 철학자들이 단순히 철학적 물음에 대한 대답을 내놓으려고 할 뿐만 아니라, 자기 대답이 올바른 대답임을 증명하려고 한다는 것을 보았다. 이런 시도는 결론을 증명하려는 논증이 타당하고 또 정상적인 때에만 성공한다.

이 모든 이야기를 간단한 철학적 논증에 대해서 적용해 보자. 이 논증은 신 존재 증명을 위한 대표적 논증들 가운데 하나를 간단하게 만든 것이다. 이 논증은 다음과 같다. "모든 것에는 원인이 있기 때문에 신이 있어야 한다." 분석해 보면 이 논증은 다음과 같은 것임이 드러난다.

모든 것은 원인이 있다. (Everything has a cause.)

제 1 원인 즉 신이 있어야 된다. (There must be a First Cause, God.)

이런 논증에 대해서 다른 논증과 마찬가지로 두 가지를 물어야 된다. 첫째, 이 논증은 타당한가? (즉 전제에서 결론이 나오는가?) 그리고 둘째, 이 논증은 정상적인가? (그 전제가 참인가?) 이 두 가지 점 모두에 있어서 이 논증은 상당히 의심스럽다. 우선 이 논증의 전제가 참이면서 결론이 거짓일 가능성이 있지 않는가? 세계가 무한히 긴 시간 동안 존재해 왔으며, 그 안에 있는 모든 것은 그 이전에 존재했던 어떤 것을 원인으로 가진다고 해보라. 이런 경우는 이 논증의 전제가 참이면서 결론은 거짓인 경우일 것이다. 우리는 세계가 정말 그런 식으로 되어 있는지 아닌지 알지 못한다. 그러나 그것은 문제의 초점이 아니다. 세계가 그런 식으로 되어 있을 가능성만으로서도 이 논증이 타당하지 않음을 보여준다. 둘째로 이 논증을 내놓는 사람은 그 전제가 참임, 즉 모든 것에 원인이 있음을 받아들일 수 없다. 왜냐하면 이런 사람들은 제 1 원인이 있다고 믿고 있는데, 이것은 자기 자신을 발생케 한 원인이 없는 것으로서 원인이 없는 원인이라야 될 것이기 때문이다. 매우 아이러니컬한 이야기지만, 이 논증을 내놓는 사람들 자신이 이 논증을 정상적이 아니라고 해서 물리쳐야 되는 것이다. 한마디로 말해서 이 논증은 두 가지 기준을 모두 만족시키지 못하고, 그래서 그 결론이 참임을 증명하지 못한다.

이 마지막 예는 대단히 중요하다. 이 예는 분명 논증의 평가에 대해서 우리가 지적하려고 한 점들을 모두 보여주고 있다. 그러나 여기서 보다 중요한 것은 진짜 철학적 논증과 관련해서 이런 일을 하고 있으며, 그래서 앞으로 이 책에서 우리가 하게 될 작업의 본보기가 된다는 점이다.

I.3 이 책의 성격

우리는 지금까지 철학 일반의 본성에 관한 이야기를 했다. 우리는 철학적인 물음 및 철학적인 대답들을 평가하는 방식이 어떤 것인지를 간략히 살펴보았다. 그러나 우리는 어떤 문제를 다루게 되는지를 말하는 것 이외에는 이 철학책에 관해서 거의 언급하지 않았다.

이 책은 개론책이다. 그래서 여러분에게 상당히 많은 문제들을 소개하고 또 철학의 전 영역이 어떠한지를 여러분이 실제로 맛보도록 하기를 희망한다. 그러나 같은 이유로 우리는 문제들 가운데 어느 하나도 지나치게 깊이 파고들 수가 없다. 문제를 상당히 깊이있게 다루려면, 처음 배우는 학생들이 갖고 있는 것 이상의 솜씨를 필요로 할 것이다. 개론 책을 쓰는 많은 사람들은 여러 가지 쟁점들을 소개만 하고 해결책을 모색하지 않음으로써 이 문제를 해결하려고 한다. 내가 보기에는 이거야말로 자승자박인 것 같다. 나는 매 경우마다 제기된 문제에 대한 해결책이 될 수 있는 만족할 만한 이론을 최소한 윤곽이나마 제시하려고 했다. 나는 물론 이 책의 개론적 성격 때문에 내가 제안하는 이론을 완전히 옹호할 수 없을 것이다. 그러나 나는 이 이론들이 옳고, 내가 내놓는 논증들이 타당한 동시에 정상적이라 믿고 있다. 그러나 여러분은 여러분 스스로 그것들을 평가해야 된다.

이 책 끝에 붙인 [역서에서는 각 장 끝에 붙인] 더 생각해 볼 만한 문제들에 대해 한마디. 이 문제들은 간단한 숙제거리가 아니다. 이것들은 진지한 철학적 물음을 일으킨다. 그리고 여러분에게 진지한 철학적 사유를 상당히 많이 할 것을 요구한다. 나는 여러분이 이 문제들을 즐기기를 바란다.

마지막으로 한마디. 철학은 흥미진진한 학문이다. 철학에서 나오는 물음들은 흥미롭고 또 지극히 중요한 물음이요, 철학에서 쓰는 방법은 대단히 시사적일 수가 있다. 나는 여러분이 철학의 흥미를 맛보고, 더 계속할 마음이 생기기를 희망한다.

1

도덕률과 그 예외

이 장의 주된 관심은 도덕률을 살펴보는 것이다. 철학자들은 왜 도덕률을 검토하는가? 그 주된 이유는 도덕률들이 대부분의 사람들의 도덕적 삶에서 중심되는 역할을 하고 있기 때문이다. 예를 들어서 십계명에 따라 살고 있는 많은 사람들을 생각해 보라. 십계명은 어떤 것인가? 십계명은 우리가 해야 될 것(부모를 공경하라)과 해서는 안 되는 것(살인하지 말라)을 말해 주는 일련의 도덕률이다. 또다른 예로서, 황금률(Golden Rule)—네가 다른 사람에게서 해받고자 하는 일을 다른 사람에게 해주어라—에 따라 살고 있는 많은 사람들을 생각해 보라. 그 이름이 함축하듯이 황금율은 또 하나의 도덕률이다. 많은 다른 예들을 더 내놓을 수 있다. 강의실에서 다음과 같은 실험을 한번 해보라. 학생들(과 선생들) 모두에게 종이를 한장씩 나누어 주고, 도덕적 딜레머를 해결하려고 할 때 생각하는 가장 중요한 점들 가운데 몇가지를 쓰라고 해보라. 여러분은 곧 도덕률에 대한 의존이 정말 얼마나 널리 퍼져 있는 현상인지를 발견하게 될 것이다.

널리 받아들여지고 있는 도덕률이 그렇게나 많은 이유들 가운데 하나는 우리의 도덕 교육에서 찾을 수 있다. 도덕 교육의 상당한 부분은 도덕률들을 배우는 것으로 되어 있는데, 이것은 당연한 일이다. 우리에게 도덕적 훈련을 시키는 사람들(우리의 부모님들과 선생님들)은 자신의 가르침이 눈앞의 경우 외에도 활용이 되기를 원한다. 이런 목적을 이루는 한 가지 방법은 모든 경우에 적용되는 것으로 생각되는 규칙을 가르치는 것이다. 비록 도덕률을 명시적으로 배우지는 않는다고 하더라도, 눈앞의 경우에 무엇이 옳고 무엇이 그른지를 들은 것뿐이라고 하더라도, 우리는 들은 것을 일반화해서 그와 비슷한 경우에도 가르침을 받은 대로 행동하라는 격려를 받는다.

도덕률이 대부분의 사람들의 도덕 생활에서 이렇게 중요한 위치를 차지하는 까닭에, 철학자들은 도덕률을 포괄적인 연구의 대상으로 삼았다. 철학자들이 해온 일들 가운데 하나는 특정한 도덕률을 비판적으로 평가하는 것이다. 황금율은 실지로 썩 훌륭한 생각인가? 어쨌든 사람들은 갖가지 취향을 가지고 있다. 여러분이라면 다른 사람이 해주기를 원하는 일들을 해주는 것을 다른 사람들은 원하지 않을지도 모른다. 또 죽이지 말라는 도덕률을 생각해 보라. 정당 방위는 이 규칙의 적당한 예외인가? 사형은 어떤가? 한마디로, 철학자들은 특정한 도덕률이 적절한지 그리고 그 도덕률에 대한 예외들이 적당한 예외인지 아닌지를 생각하면서 많은 시간을 보냈다. 보다 근본적인 또 하나의 철학적인 접근 방식은 도덕률 자체에 관해 몇가지 일반적인 의문을 제기하는 것이다. 도덕률은 어디에서 나오는가? 의지할 만한 도덕률이 만약 있다면 어떤 것인가? 이런 도덕률에 적당한 예외가 있는가? 또 어떤 예외가 적당한지를 우리는 어떻게 찾아낼 수 있는가? 둘 또는 그 이상의 도덕률들이 서로 충돌할 때 어떤 도덕률을 따라야 되는지를 결정하기 위해서 우리는 어떤 절차를 밟아야 되는가? 이 장에서 우리가 택하게 될 것은 이보다 일반적인 두번째 접근 방식이다. 그러나 우리의 일반적 결론들이 실제로 쓸모가 있는지 없는지를 보여주는 한 가지 방법으로서, 우리의 결론들을 한 가지 특정한 문제 — 안락사가 살인을 금하는 도덕률에 대한 적당한 예외인지 — 에 적용해 볼 것이다.

1.1 도덕률과 그 문제점들

도덕률에 바탕을 둔 도덕 체계에 의심을 품을 만한 여러 가지 이유들이 있다. 이런 도덕 체계는 예외의 문제와 상반되는 규칙들의 문제에 부딪치면 곤란을 겪는 일이 가끔 있다. 두어 가지 예를 살펴보면 이 점이 분명해질 것이다.

예 1

제 2 차 세계 대전 중에 무차별 집중 포격의 문제가 발생했다. 동맹군의 지도자들은 주축국들이 제기한 군사적 도전에 대처하려는 노력의 일환으로 주축국들의 주요 인구 집중 지역에 포격을 할 것을 제안했다. 이렇게 하면 전체 인구의 사기를 저하시킴으로써 주축국의 군사력을 분쇄하리라는 것이다. 이런 주장을 하는 사람들은 이 정책이 죄 없는 시민들의 커다란 살상을 초래하리라는 것을 알고 있었다. 그러나 그들은 이를 옹호하기 위한 여러 가지 논증들을 내놓았다. 우선 그들은 전시에는 어떤 것이나 다 정당하다는 주장을 폈다. 그리고 집중 포격이 전쟁 기간을 줄일 것이고, 그래서 장기적으로 보면 실제로 많은 생명을 구하리라고 주장했다. 게다가 현대전에서 죄 없는 시민이란 사실상 없다는 것이다. 모든 시민이 어떤 방식으로건 전력에 기여를 한다. 마지막으로 그들은 군사 시설에 대한 조준 포격도 부근에 사는 죄 없는 시민들의 살상을 초래한다는 것을 생각한다면, 집중 포격과 조준 포격 사이에는 실제로 아무런 차이가 없다는 주장을 폈다. 이 논쟁은 미국이 히로시마와 나가사키에 대한 원폭 결정을 내림으로써 격화되었다. 그리고 베트남에서 채택된 전술들과 관련해서 이런 논쟁은 계속되었다.

이 문제는 다음과 같은 시각에서 볼 때 가장 잘 이해할 수 있다. 전투원들은 죄없는 비전투원들의 살 권리를 존중해야 된다는 도덕률은 널리 받아들여지고 있다. 이 도덕률은 국제법의 일부가 되었다. 그래서 1949 년의 제네바 협약은 이 원리를 국내의 무장 충돌에까지 연장해서 다음과 같이 말하고 있다.

> 무기를 내놓은 무장 요원들을 포함해서, 적대 행위에 적극적으로 참여하지 않는 사람들은…어떤 상황에서라도 인종, 피부색, 종교나 신앙, 성별, 출생이나 재력, 또는 이와 비슷한 다른 어떤 기준에 입각한 어떤 종류의 적대적 차별도 없이 인간적인 대우를 받아야 된다. 이 목적을 위해서 어느 때 어느 곳에서라도 위에서 언급한 사람들에 대한 다음과 같은 행동들은 금지되어 있고 또 영원히 금지될 것이다. …생명과 인격에 대한 침해, 특히 모든 종류의 살해, 신체의 손상, 잔인한 행위, 그리고 고문.

이 도덕적·법률적 원리는 우리가 이야기하고 있는 그런 종류의 포격을 분명히 금지하고 있다. 그런데 집중 포격을 옹호하는 논증들을 살펴보면, 이 논증들이 여러 가지 종류로 되어 있음을 알 수 있다. 전시에는 어떤 것이나 다 정당하다는 논증은 우리의 도덕 원리의 타당성에 대한 직접적인 도전이다. 나머지 논증들은 그렇지 않다. 어떤 집중 포격은 이 도덕률의 적당한 예외라는 것이 그것들이 주장하는 모든 것이다. 집중 포격은 더 많은 생명을 구할 것이므로, 시민들이 가까운 곳에 사는 군사 시설에 대한 조준 포격과 마찬가지로 적당한 예외이므로, 또는 현대의 전면전에서 죄 없는 시민이란 없기 때문에, 집중 포격은 적당한 예외로 간주되어야 한다는 것이다.

이런 이유들이 우리의 도덕률에 대한 예외를 정당화하기에 충분한지 아닌지를 어떻게 결정할 것인가? 올바른 도덕률이 그런 예외를 허용하는지 아닌지를 어떻게 결정할 것인가? 도덕률을 따르는 사람들은 이런 질문이 대답하기 어려움을 발견했다. 그리고 이 문제에 대한 가장 좋은 해결책은 (규칙을 지키건 어기건간에) 최선의 결과를 초래하게 될 행동을 하는 것이라는 말이 많은 철학자들이 보기에는 설득력이 있어 보였다. 그런데 이런 말은 옳고 그름이 궁극적으로 결과에 달려 있음을, 중요한 것은 결과이지 도덕률이 아님을 암시하는 것으로 보인다.

예 2

1841년 리버풀에서 필라델피아로 가는 배 윌리엄 브라운(William Brown)이 빙산에 부딪쳐서 가라앉았다. 둘 다 별로 안전하지 않은 두 척의 구명정이 내려졌고, 이 두 척의 배는 서로 떨어지게 되었다. 그 중 한 척은 승객들을 너무 많이 태워서 간신히 움직일 수 있는 처지였다. 이 구명정이 새기 시작했고, 그때 따라 스코올이 불어왔다. 선장은 하중을 줄이지 않으면 모두 죽을지도 모른다는 것을 깨달았다. 그러나 아무도 자발적으로 뛰어내리지 않았다. 그는 어떻게 했어야 되었는가? 그가 어떤 사람들을 배 밖으로 밀어던진다면, 그들을 죽이는 것이 된다. 그가 만약 그렇게 하지 않는다면, 아마 더 많은 사람의 죽음이 초래될 것이다. 하여간에 어떤 사람을 배 밖으로 밀어던지는 것이 필요한 일이었다면, 누가 그런 일을 당해야 되는가? 선장이 제비뽑기를 시켰어야 되는가? 아니면 더 힘센 사람들, 즉 시련을 견뎌낼 있는 가망이 더 많은 사람들을 구했어야 되는가?

선장의 딜레머의 일부는 여기에 관한 도덕률이 두 개가 있다는 사실에서 온다. 그는 이 도덕률들이 둘 다 타당함을 받아들였다. 그리고 두 도덕률은 상반되는 결론을 내리고 있었다. 한편으로 살인을 금하는 기본 규칙은 아무도 배 밖으로 던져서는 안 된다고 명하는 것 같았고, 다른 한편에는 가능한 한 많은 생명을 구할 수 있는 행동을 택해야 된다는 도덕률이 있었다. 이 도덕률은 사람들 가운데 일부를 배 밖으로 던질 것을 명하는 듯했다. 그래서 그가 당면한 첫번째 문제는 그에 의해 타당성과 정당성이 받아들여지고 있는 두 가지 도덕률 사이의 충돌을 어떻게 해소할 것인가 하는 문제였다.

정당한 도덕률에 예외를 만들어서는 절대로 안 된다고 주장하는 사람들이 있는데, 그런 사람들이라면 아마 집중 포격의 예에 대해 곤란을 느끼지 않을 것이다. 그러나 그런 사람들은 우리의 선장에게 무어라 말할 것인가? 상반되는 도덕률의 문제는 실제로 하나 이상의 규칙을 포함하는 모든 도덕 체계가 당면한 문제인데, 그들은 이 문제를 어떻게 해결할 것인가? 철학자들 또한 이 문제가 대단히 곤란한 문제임을 발견했다.

특정한 경우에 나타나는 이런 문제들이 도덕률을 믿는 사람들이 맞부딪치는 유일한 문제는 아니다. 발달 심리학 및 문화 인류학의 성장은 일련의 도덕률에다 도덕의 기초를 두는 것이 얼마나 비합리적인지를 보여주었다고 생각하는 철학자들이 많이 있다. 이 분야들 각각의 결과를 따로따로 살펴보자.

도덕률의 중요성을 강조하는 사람들은 도덕적으로 성숙하지 않은 것뿐이라고 즉 도덕적 발달에 있어서 나중에 오는 단계에 이르지 못한 것이라고 주장하는 철학자들이 있다. 이런 사람들은 어린이가 5살부터 9살 사이에는 규칙을 강조하지만, 그 후로 규칙에 대해 좀더 유연해지기 시작한다는 것을 보여준 유아 심리학자 장 삐아제(J. Piaget)의 연구를 지적한다. 그리고 이 사실에서부터 성인들이 가져야 될 올바른 도덕은 규칙들의 중요성을 감소시키는 것이라야 된다는 결론을 내린다. 노웰-스미드가 이런 주장을 펴고 있다.

삐아제가 연구한 좀더 나이든 아이들조차도 규칙 없이는 공기 놀이를 할 수 없었을 것이다. 그러나 이 아이들은 규칙을 유연하게, 자기네들이 실제로 원하는 바 놀이를 한다는 목적에 도움이 되는 것으로 취급했다. 그들은 규칙을 현명한 사람이 자기 자동차를 취급하듯이, 존경의 대상이 아니라 편의 시설로 취급했다. …사랑이 있는 인생은 예술품과 같이 목적 그 자체요, 목적을 위한 수단이 아니다. 이런 이유로 모든 긴밀한 인간 관계에는 1급 예술가, 장인 및 선수들의 특징을 이루는 바 규칙에 대한 태도의 유연성이 있어야 된다.[1]

이런 식의 논증에는 두 가지 문제점이 있다. 우선 보다 최근의 심리학적인 연구는 도덕 발달의 "보다 성숙한" 단계에서도 도덕률이 우리의 도덕적 사고에서 핵심적인 역할을 한다는 것을 암시한다. 물론 이런 도덕률은 우리가 어릴 때 배운 그런 간단한 규칙은 아니지만, 그럼에도 불구하고 여전히 규칙이다. 그래서 로렌스 콜버그는 도덕 발달의 마지막 단계를 다음과 같이 정의하고 있다.

보편적인 윤리적 원칙에로 지향함(the universal-ethical-principle orientation). 옳음은 논리적 포괄성·보편성 및 일관성에 의거해서 스스로 선택한 윤리적 원리들에 따른 양심의 결정으로 정의된다. 이 원칙들은 추상적이고 윤리적이다(황금율, 정언 명법). 이것들은 십계명처럼 구체적인 도덕률이 아니다. 이 원리들의 핵심은 정의, 인간 권리의 호혜와 평등, 그리고 개별적 인격체로서 인간의 존엄함에 대한 경의의 보편적 원리들이다.[2]

두번째로, 이것이 아마 훨씬 더 중요한 문제인데, 우리의 도덕 발달에 관한 이런 사실들 가운데 어떤 것도 도덕률에 관한 우리의 태도가 어떤 것이라야 되는지를 보여주지는 않는다. 우리가 알고 있는 모든 사실들을 고려한다 하더라도, "덜 발달된" 단계에 속하는 바 구체적 도덕률에 대해서 어린이들이 가지는 존경의 태도가 삐아제와 콜버그가 찬양한 "보다 성숙한" 단계들보다 더 심오한 통찰력을 가진 것일지도 모른다.

이제 문화 인류학을 바탕으로 한 논증을 살펴보자. 문화 인류학자들이 발견한 놀라운 사실은 도덕률이 사회 및 문화권에 따라서 다양한 양상을 띤다는 것이다. 여러 사회, 여러 문화권에서 폭넓게 받아들여지고 있는 도덕률(예를 들어서, 살인하지 말라)이 있기는 하다. 그러나 여기서

1) P. H. Nowell-Smith, "Morality: Religious and Secular," *Rationalist Annual* [1961].

2) Lawrence Kohlberg, "From Is to Ought," in T. Mischel's *Cognitive Development and Epistemology*.

도 규칙이 적용되는 범위에 관해서 날카로운 의견 대립이 있을 수 있다. 탁월한 문화 인류학자 웨스터막이 지적하고 있듯이,

> 도덕적 명령들이 현저하게 비슷함에도 불구하고, 그와 동시에 미개인들의 도덕률에서 발견되는 바 생명, 사유 재산, 진리 및 이웃 사람들 일반의 복지에 대한 경의와 우리들 사회에서 발견되는 바 이런 것들에 대한 경의 사이에는 차이가 있다. … 미개인들은 그들 자신의 사회 안에서 자행된 살인과 희생자가 이방인인 경우를 세심하게 구분한다. 보통의 경우 전자는 승인되지 않는 반면에, 후자는 대부분의 경우에 허용되고 또 때로는 칭찬받을 만한 일인 것으로 간주된다.[3)]

"보다 진보된" 사회들만 가지고 이야기한다 하더라도, 여러분은 이 원칙이 태아(임신 중절에 관한 격렬한 논쟁을 생각해 보라)와 고등 동물(채식주의에 관한 논쟁을 생각해 보라)에까지 적용되는지에 관해 의견 대립이 있음을 발견한다. 다른 많은 규칙들에 관해서는 사회에 따라 전혀 의견을 달리한다.

도덕률에 관한 사회와 문화에 따른 의견 대립 때문에 많은 사람들은 도덕률에 대한 호소가 비합리적이라고 주장하게 되었다. 어떤 도덕률이 옳은지를 알 수가 없다는 것이다(도덕적 회의주의의 입장). 올바른 도덕률 같은 것은 사실상 존재하지 않는다고 주장하는 사람들마저도 있다(도덕적 허무주의의 입장). 사회에 따라 의견 대립을 보인다는 사실만 가지고 도덕적 회의주의나 허무주의가 나오지 않음은 분명한 일이다. 그러나 이 사실은 어쨌든 우리 마음에 몇가지 분명한 의문들을 불러일으킨다. 어떤 도덕률이 올바른 것인지를 어떻게 가려낼 수 있는가? 우리가 가진 도덕적 믿음들은 오로지 우리가 사회에서 받은 훈련에만 의지하고 있는 것이 아닌가? 아니면 우리가 믿고 있는 도덕률들은 합리적 옹호가 가능한가? 철학자들과 윤리 사상가들은 자명함, 계시, 그리고 도덕률을 따름으로써 오는 일반적인 결과를 끌어들여서 이런 문제에 대답하려고 했다. 이 대답들을 하나하나 차례로 살펴보자.

철학자 죤 로크는 자명한 진리에서 올바른 도덕률을 끌어낼 수 있다고 주장했다.

---

3) E. Westermarck, *Ethical Relativity*, p. 197.

나는 자명한 명제들에서부터 수학의 결론과 꼭같이 필연적인 결론을 내림으로써 옳고 그름의 척도를 끌어낼 수 있으리라는 것을 믿어 의심치 않는다. … "사유재산이 없는 곳에 부정의도 없다"는 명제는 유클리드의 증명과 꼭같이 확실하다. "부정의"라는 이름이 붙은 것은 재산권의 침해 또는 위협의 관념(ideas)이다. 그러므로, 이 관념이 이렇게 확립되고 이런 이름을 부여받은 이상, 나는 삼각형의 세 각의 합은 2직각이라는 명제만큼이나 확실하게 이 명제가 참임을 알고 있음에 틀림없다.

그러나 대부분의 철학자들은 도덕적 진리가 자명하다는 데 대해 의심을 품었다. 어쨌거나 인류학적인 탐구 결과로 미루어보건대, 한 사회에서 자명한 사실이라고 해서 다른 사회에서도 반드시 자명한 것은 아니라는 생각이 든다. 그리고 한 사회 안에서도 도덕률은 시대에 따라 변한다. 한때 자명한 진리라고 생각되었던 것이 다른 때에는 거짓이라는 도전을 받는다. 한때 적당하고 또 자명한 진리라고 생각되었던 것들이 오늘날에는 널리 배척을 받고 있다. 이런 모든 사실로 미루어 보건대, 어떤 규칙이 오늘날 우리에게 자명한 진리인 것같아 보인다는 사실이 그것이 정말로 참임을 증명해 줄 수 있는가?

도덕률은 왕왕 종교의 가르침이나 계시에 의지하곤 한다. 그러나 종교가 어떻게 도덕률에 관한 우리의 믿음의 타당성을 철학적으로 제시할 수 있는지는 알 수가 없다. 어쨌거나 서로 다른 종교의 계시들도 도덕률과 마찬가지로 충돌을 한다. 그러므로 계시 또한 그 타당성을 설명할 필요가 있는 것으로 생각된다(우리는 제 6장에서 다시 이 문제를 살펴볼 것이다).

이런 근거를 물리친 많은 철학자들은 도덕률의 타당성을 인간의 경험에서 찾았다. 왜냐하면, 간단한 이야기인데, 인간의 경험은 이런 규칙들을 따르는 것이 최선의 결과에 이른다는 것을 가르쳐 주고 있기 때문이다. 죤 스튜어트 밀을 인용한다.

오랜 시간[인류가 산 전 기간]을 지나면서 인류는 경험에 의해 행위의 경향들을 배웠다. 인생의 도덕뿐만 아니라 모든 사려는 여기에 바탕을 두고 있다. 사람들은 경험의 이 오랜 과정의 시작이 마치 지금까지 연기되어 온 것처럼 말한다. 그래서 다른 사람의 생명이나 재산에 참견하고 싶은 생각이 들 때 처음으로 살인이나 도둑질이 인간의 행복에 해가 되는지 아닌지를 생각하는 것이기나 한 것처럼 말한다. …이때에 다다른 인류는 어떤 행동이 인류의 행복에 미치는 영향에 대해서 적극적인 믿음을 이미 획득하고 있음에 틀림없다. 이렇게 해서 전해 내려온 믿음들이 … 대중이 지키는 도덕률이다.[4)]

도덕률이 만약 타당성을 가진다면, 그로부터 유익한 결과가 초래될 때 타당성을 가진다는 이야기에 당분간 동의한다고 해보자. 그러면 우리는 다음과 같은 주장에 부딪쳐야 될 것이다. 도덕의 진짜 토대를 이루는 것은 규칙이 아니다. 우리의 행위가 옳은지 그른지의 궁극적인 기준은 그 결과이다. 결과만 좋다면, 도덕률이 무어라고 말하건간에 옳은 행위이다. 스마트의 말을 들어보자.

어떤 규칙 R이 있는데, R에 따라서 행동하면 99퍼센트의 경우에 가능한 한 최선의 결과를 얻을 수 있다고 하자. 이런 경우에 R은 분명 어림잡아서 1차적으로 쓸모가 있는 규칙이다. 시간이 없거나 아니면 우리가 행위의 결과를 평가할 만큼 충분히 공정하지 않다면, R에 따라 행동하는 것이 대단히 훌륭한 길이다. 그러나 우리가 결과를 계산해 보았고, 계산의 공정함에 대해 완전한 확신을 가지고 있으며, 그래서 이 경우에는 R을 어기는 것이 R을 지키는 것보다 더 나은 결과를 가져오리라는 것을 알고 있는데도 불구하고 이 규칙을 따라야 된다고 하는 것은 터무니없는 말이 아닌가? R을 어기는 것이 말하자면 어떤 불행을 피하고 막을 수 있는데도 R을 지키는 것은 R을 일종의 우상으로 격상시키는 것이 아닌가? 이것은 철학자의 합리적인 사고가 아니라 (심리학적으로 손쉽게 설명할 수 있는) 일종의 미신적인 규칙 숭배가 아닌가?[5)]

지금까지 한 이야기를 요약해서 말하려면, 전문적인 구분을 좀 해야 된다. 어떤 도덕 체계들은 **법칙론적** 도덕 체계(deontological moral systems)라 불리운다. 이런 체계에서는 행위의 도덕성이 도덕률의 체계에 대한 관계에 달려 있다고 주장한다. 이와 다른 도덕 체계는 **목적론적**(teleological) 내지 **결과주의적**(consequentialist) 도덕 체계라 불리운다. 여기서는 행위의 도덕성이 궁극적으로 그 결과에 달려 있다고 주장한다. 우리는 결과주의를 택할 여러 가지 이유들을 살펴보았다. 우선 결과주의는 예외와 그리고 상반되는 규칙들의 문제를 처리할 수 있다. 그러나 우리는 어쩌면 보다 중요한 또 하나의 이유도 살펴보았다. 도덕률의 타

4) J. S. Mill, "*Utilitarianism*," 제 2 장.
5) J. J. C. Smart, "Extreme and Restricted Utilitarianism," *Philosophical Quarterly* (1956).

당성은 오로지 그 결과에 의해서만 제공되는 것으로 보이는데, 만약 그렇다면 이 사실은 옳음과 그름의 궁극적인 토대가 결과임을 보여주는 것이 아닌가?

1.2 결과주의

앞에서 보았듯이, 결과주의의 근본 원리는 개개의 행위의 옳음과 그름이 궁극적으로 그 결과에 의해 결정된다는 것이다. 그러나 이것은 결과주의자가 몇가지 매우 문제성이 많은 믿음을 받아들여야 된다는 것을 뜻한다. 그 첫번째는 목적(결과)이 수단(행위)을 정당화한다는 것이다. 죠세프 플레춰가 쓴 글을 보자.

> …기독교 윤리가 수세기에 걸쳐 내려오면서, "목적이 수단을 정당화하지 않는다"는 독선적 교리를 거의 만장 일치로 받아들이고 있다는 것은 깜짝 놀랄만한 일이다. 이제 우리는 "목적이 수단을 정당화하지 않는다면, 무엇이 정당화하는가?"라고 물어야 된다. 그 대답은 분명 "그런 것은 아무 것도 없다!" 이다. 사실 어떤 행동이건 뜻한 바 목적에 의해 정당화되지 않는다면, 문자 그대로 무의미(meaningless)하다. 즉 수단이 되지 못하고(means-less), 아무렇게나 한 행동이며, 목표가 없다(pointless).[6]

문제성이 많은 두번째 믿음은 행위의 옳음과 그름이 그를 둘러싼 주변의 상황에 달려 있다는 것이다. 같은 행동이라 하더라도 다른 상황에서 행하면 다른 결과를 가져올 것이기 때문이다. 이런 이유로 결과주의는 종종 상황 윤리(situation ethics)라 불리운다. 플레춰의 말을 한번 더 들어보자.

> 오로지 의무 — 우리의 결정을 지키는 의무 — 만이 절대적이다. 결정 자체는 상황에 달려 있다. 본래적 가치(intrinsic values)와 그리고 법률을 이야기하는 형이상학적 도덕론자들은 말한다. "옳은 일을 하라. 그리고 그 나머지 부스러기는 어떻게 되든 개의치 말라"고. 상황 도덕론자들은 말한다. "네가 하는 일이 옳은지 그른지는 나머지 부스러기가 어떻게 되는지에 달려 있다".[7]

6) J. Fletcher, *Moral Responsibility*, pp. 21~22.
7) 같은 책, p. 26.

이런 모든 사실에 비추어 보건대, 결과주의가 도덕의 핵심에 가까움은 분명한 일이다. 그러므로 결과주의는 주의를 기울여서 평가할 만한 가치가 있다. 이런 일을 위해서 우리는 먼저 결과주의의 기본 입장들을 좀더 면밀히 검토해야 되겠다.

결과주의자들에 따르면, 우리는 도덕적 딜레마에 처하면 여러 가지 가능한 행위들을 평가해야 된다는 것이다. 이 행위들 각각이 어떤 결과를 초래한다. 그리고 옳은 행위는 결과가 가장 좋은 행위이다. 이제 두 가지 문제가 생긴다. 누구에게 가장 좋은 행위인가? 그리고 어떤 기준에서 가장 좋은가? 이 문제들을 살펴보자.

누구에게 가장 좋은가? 이 문제에 대해 흔히 두 가지 대답을 한다. 하나는 **이기주의**(egoism)의 대답으로서, "그 행동을 하는 사람 개인에게 가장 좋은 것"이라는 것이다. 이기주의자들의 입장에서 보면, 주어진 상황에서 여러분이 해야 되는 옳은 행동은 여러분 개인에게 가장 좋은 결과를 초래하는 행동이다. **이타주의**(altruism)라고 불러도 좋은 또 하나의 대답은 "그 행동에 영향을 받는 모든 개체들에게 가장 좋은 행동"이라는 것이다. 이타주의자들의 견지에서 본다면 주어진 경우에 여러분이 해야 되는 옳은 행동은 관련된 모두에게 가장 좋은 결과를 초래하게 될 행동이다

이기주의의 입장을 잘 표현한 것은 나타니엘 브란던이다.

> 이기주의와 이타주의의 충돌은 이런 문제들에 대한 상반되는 대답에서 성립한다. 이기주의는 인간이 그 자체로서 목적이라고 주장한다. 이타주의는 인간이 다른 사람들을 위한 수단이라고 주장한다. 이기주의는 행위로 이익을 보는 것은 도덕적으로 말해서 행위자 자신이라야 된다고 말하고, 이타주의에서는 행위로 이익을 보는 것은 도덕적으로 말해서 행위자 이외의 다른 어떤 사람이라고 주장한다. …진짜로 이기적인 사람은 이성의 인도에 따라 자기 목표를 선택하기 때문에 ― 그리고 이성적인 사람들의 이익은 충돌하지 않기 때문에 ―, 다른 사람들도 그의 행위로 가끔 이익을 볼 수 있다. 그러나 다른 사람들의 이익은 그의 주된 목표 즉 목적이 아니다. 그 자신의 이익이 그의 주된 목표요, 그의 행위의 지침이 되는 의식적인 목적이다.[8)]

8) N. Brandon, in Ayn Rand's *Virtue of Selfishness*, pp. 57～58.

이 인용문은 이기주의자들이 이타주의에 반대하는 심층의 이유를 암시하고 있다. 그들은 이타주의가 다른 사람들에 대한 예속을 명한다고 보는 것이다. 자신을 희생해서 다른 사람들의 이익을 추구해야 된다는 것이다.

이기주의에 대해 흔히 제기되는 두 가지 반론이 있다. 첫번째 반론은 이기주의 윤리가 받아들일 수 없는 결론을 내놓는다고 주장한다. 리차드 가드너와 버나드 로젠은 이런 반론을 내놓고 있다.

> 빚을 갚지 않고, 자기 부인과 아이를 죽이고, 심지어는 미국의 시민들을 전멸시키는 것이 S의 이익이라고 하자. 진술 5[그들이 검토하고 있는 바 이기주의의 한 형태]에 따르자면, 그는 이런 모든 일을 할 권리가 있다. 윤리적 이기주의를 고수한 나머지 눈이 먼 사람이 아니라면, S가 실제로 이런 일을 할 권리가 있다고 말하려는 사람은 분명히 아무도 없을 것이다.[9]

이기주의자들은 물론 자기네 이론이 이런 결론을 함축하지 않는다고 말할 것이다. 그들은 이기심을 올바로 이해한다면 그런 경우가 가능하지 않음을 알게 되리라고 주장할 것이다. 그러나 대부분의 철학자들은 그렇게 생각하지 않는다.

이기주의에 대한 또 하나의 반론은 좋은 것(선, the good)을 조각조각으로 만든다는 것이다. 좋은 것들 가운데 일부(나에게 좋은 것)는 가치가 있고 추구해야 된다고 하면서 좋은 것들 가운데 다른 부분(다른 사람들에게 좋은 것)은 가치가 없고 추구하지 말아야 된다고 하는 것은 불합리하다. 헨리 시드윅이 이야기하듯이,

> 전체와 그를 이루는 부분들 사이의 관계 및 부분들 서로간의 관계를 고려한 결과, 나는 (이런 말을 해도 좋다면) 전 우주의 관점에서 볼 때 다른 사람들의 선(the good)보다 더 중요한 위치를 차지하는 어떤 한 개인의 선이란 없다는 자명한 원리를 얻는다. 전자의 경우보다 후자의 경우에 보다 많은 선이 실현될 법하다고 믿어야 될 특별한 이유가 없는 한 말이다. 그리고 이성적 존재인 나에게는 선의 특정한 부분뿐만 아니라 선 전체를 목표로 삼아야 된다는 것이 자명한 사실로 보인다.[10]

---

9) R. Gardner and B. Rosen, *Moral Philosophy*, p. 51.
10) H. Sidgwick, *Methods of Ethics*, 제 3 권.

이런 이유로 대부분의 철학자들은 이타주의자가 되었고, 그래서 자기 행위가 관련된 모든 사람에게 미치는 결과를 다 고려해야 된다고 주장했다. 그런데 이것이 완전한 자기 희생의 원리가 아니라는 점을 기억해야 된다. 어쨌든 여러분 자신도 여러분의 행위에 영향을 받는다. 그러므로 여러분 자신에 대한 결과도 분명히 계산된다. 존 스튜어트 밀은 우리가 앞으로 다루게 될 이타주의의 한 형태인 공리주의를 이야기하면서, 이 점을 다음과 같이 표현하고 있다.

> 공리주의 도덕은 다른 사람들의 선을 위해 자기 자신의 막대한 선을 희생하는 능력이 인간에게 있음을 인정한다. 다만 희생 자체가 선임을 인정하지 않을 뿐이다. 행복의 총량을 늘이지도 않고, 또 늘이는 경향도 없는 희생은 헛된 희생으로 생각된다. …공리주의는 그 자신의 행복과 다른 사람의 행복에 대해 초연하고 자비로운 구경꾼과 마찬가지로 완전히 불편 부당할 것을 요구한다.[11]

자신의 행위에 영향을 받는 모든 사람에게 미치는 결과를 고려하라고 말하는 이타주의자들은 보통 현재 살고 있는 사람들에게 미치는 결과만을 염두에 두고 있다. 그러나 보다 날카로운 이타주의자들은 이것이 잘못임을 알고 있었다. 예를 들어서 헨리 시드윅은 이렇게 쓰고 있다.

> 우리의 행동에 감정의 영향을 받고 있는, 쾌락과 고통을 느낄 수 있는 모든 존재에 이르기까지 우리의 관심을 확장해야 될 것인가? 아니면 우리의 견해를 인간의 행복에로 제한해야 될 것인가? 앞의 견해는 벤담, 밀, 그리고 (내가 알기로) 공리주의 학파에서 일반적으로 받아들이는 견해이다. 그리고 그들의 원리의 특징인 보편성과 분명히 가장 잘 들어맞는 견해이다. …그러나 우리의 관심을 인간에로 제한한다고 하더라도, 행복의 주체의 범위는 아직 완전히 결정되어 있지 않다. 첫번째로 이렇게 물을 수 있다. 후손들의 이익이 현재 살아 있는 사람들의 이익과 충돌하는 것으로 보일 때, 그들의 이익을 얼마만큼이나 고려할 것인가? 그러나 후손들에 미치는 효과는 — 그리고 심지어는 영향을 받는 인간들의 존재마저도 — 불가불 보다 불확실할 수밖에 없다는 점을 제외한다면, 공리주의자가 후손들의 이익도 동시대 사람들의 이익과 꼭 마찬가지로 고려해야 된다는 것은 분명한 일인 것 같다.[12]

---

11) J. S. Mill, *Utilitarianism*, 제 2 장.
12) H. Sidgwick, 앞의 책. 제 4 권.

이 두 무리, 동물들과 다음 세대들은 전통적 도덕 사상에서 무시되고 있었다. 이타주의자는 그들의 이익도 고려해야 되는지도 모른다는 시드윅의 이야기는 분명히 옳다.

뿐만 아니라 이런 문제들이 이제 더 이상 이론적 의의만 가지는 데 그치지는 않는다는 점을 알아야 된다. 예를 들어서 환경 문제의 뿌리에는 다음 세대의 이익을 고려하지 않는 태도가 있음에 틀림없다. 이런 태도가 우리의 자연 자원을 급속도로 소모하는 것을 장려하고, 미래에 어떻게 될 것인지 전혀 고려함이 없이 환경의 오염을 일으킨다. 그래서 우리의 행동에 영향을 받는 모든 사람들에게 미치는 결과를 고려해야 된다는 이타주의의 주장은 과거에 이해되어 온 것보다 훨씬 더 폭넓은 의미에서 이해됨이 마땅한 것이다.

어떤 기준에서 가장 좋은가? 우리들 자신에 대한 결과건 아니면 다른 사람들에 대한 결과건간에 우리가 한 행위의 결과를 평가할 때 어떤 기준을 사용할 것인가? 바꾸어 말해서, 결과주의의 입장에서 볼 때 우리들이 수행하는 행동을 가지고 최대한으로 늘여야 하는 선(the good : 이하 "좋은 것" 또는 "선"으로 번역 — 역주)은 정확하게 말해서 어떤 것인가?

한 가지 고전적인 대답은 쾌락주의(hedonism)가 내놓는 대답이다. 쾌락주의는 결과를 평가할 때 사용하는 단 하나의 기준은 행위가 만들어 내는 쾌락(pleasure)이라는 믿음이다. 다시 말해서 쾌락이 단 하나뿐인 선이라는 것이다. 이런 쾌락주의의 명제는 철학사에서 최대의 논쟁거리들 가운데 하나였다. 이제 이것을 주의해서 살펴보자.

쾌락주의의 명제는 얼핏보면 터무니가 없다. 쾌락 이외에도 다른 좋은 것이 많이 있지 않는가? 건강은 선이 아닌가? 지식과 아름다움은 어떤가? 등등. 쾌락주의자들은 이런 명백한 반론을 충분히 의식하고 있다. 그리고 본래적으로 좋은 것(intrinsic good) 즉 목적과 부차적으로 좋은 것(extrinsic good) 즉 수단을 구분함으로써 이 반론을 물리치려고 한다. 쾌락주의자들에 따르면, 단 하나뿐인 선은 쾌락이라는 말은 쾌락만이 유일한 본래적 선이라는 뜻이다. 나머지 좋은 것들은 모두 부차적 선(수단)이라는 것이다. 이런 것들은 쾌락을 얻는 수단인 까닭에 좋을 뿐이다.

몇가지 예를 들어보면, 아마 이 점이 좀더 분명해질 것이다. 환자를 치료하는 의사의 경우를 생각해 보라. 대부분의 경우에 우리는 그의 행동이 도덕적으로 옳다고 생각할 것이다. 쾌락주의적 결과주의자들은 그의 행동이 가장 좋은 결과를 낳기 때문에 비로소 옳다고 말할 것이다. 그런데 이때 그가 이야기하는 결과는 환자의 건강 회복이 아니다. 그것은 오히려 그 결과로 환자, 가족 및 여타 사람들이 얻는 쾌락이다. 환자의 건강 회복은 선을 성취하는 도구일 뿐이다. 그에 따라 오는 쾌락의 수단에 지나지 않는다.

쾌락주의자들은 지식의 경우도 이것과 비슷하다고 말할 것이다. 지식은 쾌락주의자들이 보기에 도구적 선(instrumental good)에 지나지 않는다. 그러나 지식은 (1) 인생에 많은 쾌락을 가져다 줄 수 있고, 또 (2) 우리는 지식을 얻는 행위 자체로 쾌락을 얻기 때문에, 지식은 매우 값진 도구적 선이다. 쾌락주의자들은 아름다움을 맛봄, 사랑의 체험 등에 대해서도 비슷한 말을 한다.

한마디로 말해서 쾌락주의적 결과주의자들은 옳은 행위란 최대한의 본래적 선을 만들어내는 행위라고 말하고, 이것을 최대한의 쾌락과 같은 것으로 본다. 이런 견해는 서로 다른 쾌락들 상호간의 비교가 가능함을 전제로 하는 듯하다. 사람들은 한 가지 쾌락이 다른 쾌락보다 더 크다고 말할 수 있다는 것이다. 전통적 쾌락주의자들은 쾌락을 바로 이런 식으로 생각하고 있었다. 그 가운데 한 사람인 벤담은 심지어 쾌락의 "계산"(calculus of pleasures)을 제안하기까지 했다.

다른 사람과의 관계를 고려하지 않고 그 자신만으로서 고려된 개개인에 대해서 그것 하나만으로 고려된 쾌락이나 고통이 가지는 가치는 다음 4 가지 상황에 따라서 크거나 작게 된다. 1. 강렬함(intensity), 2. 지속도(duration), 3. 확실성(certainty) 또는 불확실성(uncertainty), 4. 인접함(propinquity) 또는 멀리 떨어져 있음(remoteness). …어떤 쾌락이나 고통의 가치를 그것을 만들어 내는 행위의 경향성을 계산하기 위해서 고려할 때에는, 다음 2 가지 사항을 더 고려해야 된다. 5. 풍요로움(fecundity), 즉 같은 종류의 감각이 그것에 뒤따라올 가능성. …6. 순수함(purity), 즉 반대되는 종류의 감각이 그것에 따라오지 않을 가능성. …1. 그것에 의해 맨 처음에 생겨날 것으로 보이는 서로 구분이 가능한 쾌락들 하나하나의 가치와, 2. 그것에 의해 맨 처음에 생겨날 것으로 보이는 고통들 하나하나의 가치와, 3. 두번째로 생겨날 것으로 생각되는 쾌락들 하나하나의 가치 …4. 두번째로 생겨날 것으로 보이는 고통들 하나하나의 가치 …를 고려하라. 한편으로 모든 쾌락의 가치를, 다른 한편으로 모든 고통의 가치를 합산하라.[13]

13) J. Bentham, *Principles of Morals and Legislation*, 제 4 장.

헨리 시드윅 같은 다른 쾌락주의자들은 그런 계산의 가능성에 대해 보다 회의적이었다.

> 마음이 모든 종류의 쾌락을 상상할 만큼 완전히 무색 투명한 중립의 매체인 그런 상태에 놓일 수 있다고 생각할 이유가 있는가? …언제나 쾌락의 종류에 대해서 어느 정도 편견이 있음직하지 않는가? 우리는 언제나 어떤 쾌락에 보다 잘 호응할 법하지 않는가? …완전한 무감정의 영에서부터 플러스와 마이너스로 매겨진 바람직한 정도의 눈금에서 여러 가지 감정들 하나하나의 엄밀한 위치를 안다는 것은 잘 해봐야 우리가 얼마나 가까이 다가가 있는지를 결코 말할 수 없는 이상에 불과함을 인정해야 한다.[14]

결과주의자가 모두 쾌락주의자인 것은 아니다. 쾌락주의에 반대하는 사람들은 거기에 대한 두 가지 근본적인 반론을 제기하고 있다. 첫째로 쾌락 가운데는 결코 좋지 않은 쾌락이 있다는 것이다. 예를 들어서 상대편을 마구 패는 새디스트(sadist)를 생각해 보라. 우리 모두가 새디스트의 행위가 옳지 못하다는 데 동의할 수 있다. 그것은 왜인가? 쾌락주의자의 대답은 새디스트가 얻는 쾌락은 본래적 선이지만 그가 상대편에게 주는 고통이 이 쾌락을 웃돌기 때문에 그의 행동이 나쁘다는 것이다. 바로 이 점에 대해서 비쾌락주의자들은 반대한다. 그들은 새디스트의 쾌락은 본래적으로 나쁘고, 그래서 쾌락주의는 옳지 못하다고 생각한다. 로스는 이런 식의 논증을 내놓고 있다.

> 우리는 나쁜 쾌락이 있고 또 (이 경우에는 좀 불분명하지만) 좋은 고통이 있다는 데 대해 확고한 믿음을 가지고 있다. 우리는 음탕한 행위 또는 잔인무도한 행위를 하는 사람이나 아니면 그 곁에서 구경하는 사람이 받는 쾌락은 나쁘다고 생각한다. 그리고 또 악한 일이나 불행한 사람을 생각할 때 쾌락이 아니라 고통을 느끼는 것은 좋은 일이라고 생각한다.[15]

쾌락주의에 대한 두번째 반론은 쾌락 이외에 다른 본래적 선이 있다는 것이다. 비쾌락주의자들은 본래적 선의 예로서 특히 지식, 아름다움, 그리고 덕을 들고, 이것들은 쾌락주의자들이 생각하듯 부차적인 선으로

---

14) H. Sidgwick, 앞의 책, 제 2 권, 제 3 장.
15) W. D. Ross, *The Right and the Good*, pp. 136～37.

그치는 것이 아니라고 주장한다. 이것은 결말이 나기 어려운 논쟁이다. 양쪽 다 문제되는 것들이 좋은 것임을 인정하고 있다. 다만 왜 좋은 것인지에 대해 생각이 다를 뿐이다. 여기에 관해서 로스가 내놓는 논증에 어느 정도 설득력이 있는 것 같다.

> 여기에 대해서 의심을 품고, 말하자면 쾌락만이 본래적 선이라는 생각에 마음이 끌리는 사람이 만약에 있다면, 내가 보기에는 이렇게 묻는 것으로 충분할 것 같다. 꼭같은 양의 쾌락을 담고 있는 두 가지 우주의 상태가 있는데, 그 중 한 가지에서는 모든 사람의 행위와 성향이 철두철미 유덕한 반면에, 다른 하나에서는 극히 사악하다면, 정말로 우리는 어느 것이나 더 나을 바가 없다고 생각할 것인가? 여기에 대해서 단 한가지 대답이 가능할 뿐이다. … 비록 우리가 쾌락이라는 면에서는 같으나 유덕함이라는 면에서는 같지 않은 우주의 두 가지 상태가 성립하는 상황을 상상할 수 없다고 하더라도, 이 가정은 합당한 것이다. 이 가정은 정말로 자명한 사실 즉 덕은 그 결과와 상관없이 선하다는 것을 우리에게 생생하게 드러내 주려는 생각에서 고안되었을 뿐이기 때문이다.[16]

지금까지의 이야기를 정리해 보자. 우리는 이 절에서 모든 결과주의자들이 부딪치는 두 가지 근본적인 반론을 살펴보았다. 결과로써 행위를 평가할 때, 우리는 어떤 가치 기준을 사용할 것이며, 누구의 관심을 고려할 것인가? 우리는 이기주의에 비해 이타주의가, 쾌락주의에 비해 비쾌락주의가 더 나음을 보았다. 우리는 이 모든 결과를 **이상 공리주의**(ideal utilitarianism)의 입장에로 종합할 수 있다. 이 견해에서 보면, 옳은 행위는 관련된 모든 사람(또는 동물)의 이익을 고려할 때 최대한의 본래적 선(여기서는 반드시 최대한의 쾌락이 아님)을 만들어내는 행위이다. 우리가 다음 장에서 살펴볼 것은 이런 식의 결과주의이다.

1.3 이상 공리주의와 그 문제점들

이상 공리주의(ideal utilitarianism)는 여러 가지 점에서 대단히 매력있는 이론이다. 여기서는 결과주의, 이타주의 및 비쾌락주의의 모든 장점이 종합된다. 결과주의의 한 형태로서, 도덕률에 대한 예외 및 상반되

---

16) 같은 책, pp. 134~35.

는 도덕률들이 내놓는 문제들을 처리할 수 있다. 이타주의의 한 형태로서, 이기주의가 가진 반박을 받아 마땅한 특징들에 이르지 않으면서도, 개개인이 다른 사람들의 이익뿐만 아니라 자기 자신의 이익도 함께 고려할 수 있는 길을 터준다. 마지막으로 비쾌락주의의 한 형태로서, 오로지 쾌락만이 — 그리고 쾌락은 모두 — 본래적 선이라고 반드시 말할 필요가 없다. 근자에 이상 공리주의가 받아들여지고 있는 것은 당연한 일이다.

이상 공리주의는 인기를 끌 만함에도 불구하고, 문제점 또한 없지 않다. 특히 세 가지 심각한 반론이 제기되어 왔다. 이 절에서 우리는 이 반론들을 하나하나 검토해 보자.

1. 다른 행동들이 문제가 되는 경우에 바탕을 둔 반론 예를 하나 들어보자. 우리는 보통 민주 사회의 시민에게 투표할 도덕적 의무가 있다고 믿고 있다. 중요한 이유(예를 들어서, 병)가 없는 이상 투표를 거절하는 것은 나쁘다. 그런데 이상 공리주의에 입각해서 이 도덕적 믿음을 옹호하려고 하면, 즉시 문제가 나타난다. 투표하려면 할 수 있지만, 귀찮은 생각이 들고 차라리 집에서 쉬기를 원하는 사람을 생각해 보라. 그에게는 두 가지 선택의 여지가 있다. 집에 있든가 또는 투표하든가. 앞의 경우에 오는 좋은 결과는 분명하다. 쉬고 싶은 욕구가 만족될 것이다. 그런데 뒤의 경우에 오는 좋은 결과는 무엇인가? 투표해서 오는 좋은 결과는 하나도 분명하지 않다. 어쨌거나 매우 특수한 선거가 아니라면, 그의 투표는 결과에 전혀 아무런 영향을 미치지 않을 것이다. 그래서 이상 공리주의자는 다른 결과주의자들과 마찬가지로 집에 있는 것이 옳은 일이라는 결론을 내려야 될 것이다. 이런 결론 때문에 많은 사람들이 이상 공리주의를 거부하게 된다.

그러나 공리주의자들은 이런 반론을 물리치려고 노력했다. 이 반론은, 위에서 말한 그대로라면, 몇가지 미묘한 결과를 고려에 넣지 않고 있다는 것이다. 예를 들어서 여러분이 투표하지 않음으로써 다른 많은 사람들이 또 집에 있게 될지 모른다. 그래서 전체적인 결과는 대단히 나빠질 것이다. 민주 체제 자체가 약화될지도 모른다. 이런 대답이 안고 있는 문제는 이 대답이 몇가지 경우에만 적용될 뿐이라는 것이다. 예를 들어서 여러분이 지도층에 있는 시민이고 여러분의 투표 불참이 널리 공표된다면, 이런 나쁜 결과가 일어날 수 있다. 그러나 다른 경우에는 이런 일이 일어나지 않는다. 그럼에도 불구하고 투표할 도덕적 의무는 똑같이 적용된다. 그러므로 이런 응수는 옳지 못하다.

투표 및 기타 비슷한 경우에 대해 한 가지 중요한 점을 기억해 두어야 한다. 만약에 모든 사람이 투표에 불참한다면, 사실 끔찍한 결과가 나타날 것이다. 우리의 민주 체제 전체가 무너질 것이다. 그러나 특정한 한 개인이 불참할 경우에 그의 행동은 이런 나쁜 결과들을 하나도 초래하지 않는다. 그래서 이상 공리주의의 입장에서 보면, 그는 투표에 불참해도 무방해 보인다. 이상 공리주의(와 그리고 사실 모든 결과주의)의 문제점은 개별적인 행위의 결과만을 고려해도 좋다고 보는 데 있다. 여기서는 개별적인 행위가 속하는 행위의 집합 전체의 결과를 고려하지 못하게 한다. 죠나단 해리슨이 쓴 글을 보자.

> 그 자체로서는 아무런 좋은 결과도 가져오지 않지만, 그런 행위가 일반적으로 실행되면 좋은 결과를 가져올 것이기 때문에, 수행해야 될 의무가 있는 것으로 생각되는 행위들이 있다. 또 우리들은 어떤 행위들 자체로서는 해로운 결과를 가져오지 않지만, 그런 행위의 수행이 일반적 규칙이 되면 해로운 결과를 가져올 것이기 때문에, 그런 행위를 하지 말아야 될 의무가 있다고 생각한다. … 이 두 의무는 좋은 본보기를 보일 의무나 나쁜 본보기를 보이지 말아야 될 의무에서 끌어낼 수 없다. 왜냐하면 설령 아무도 … 모르는 상황이라고 하더라도, 나는 여전히 이것들이 나에게 다가오는 의무라고 느낄 것이기 때문이다. 이런 이야기가 만약 사실이라면, 공리주의자들이 이런 사실들을 전적으로 무시한 것은 아니다. … 그러나 공리주의자들은 이런 행위들이 의무임을 인정함으로써 공리주의에서 벗어나거나 아니면 적어도 공리주의를 수정하고 있음을 항상 깨닫지는 못했다.[17]

2. 정의와 옳음을 근거로 삼는 반론 공리주의의 관심은 최대한의 본래적 선을 만들어내는 것이다. 그러나 공리주의는 본래적 선이 어떻게 분배되어야 하는지에 대해 전혀 할 말이 없다. 이런 사실은 공리주의에 대한 또다른 반론들을 불러일으킨다. 이번에도 몇가지 예를 들어보자.

예 1

우리 사회에서는 시민들 각각이 가질 권리가 있는 최소한의 자산에 관한 토론이 진행되고 있다. 기본적인 생각은 시민들이 기본적인 재화

17) J. Harrison, "Utilitarianism, Universalization, and our Duty to be Just," *Proceedings of the Aristotelean Society*, 1952～53.

를 모두 균등하게 나누어 갖는 것이 정의의 요구라는 것이다. 기본적인 재화에 어떤 기본적인 자유(예를 들어서 노예가 되지 않는 자유)와 어떤 기본적인 필수품들(예를 들어서 음식)이 포함된다는 데 대해서는 일반적 합의가 이루어져 있다. 의견의 대립은 다른 어떤 것이 더 포함되어야 하는지에 관한 것이다. 우리는 이 논쟁을 뒤에 또 살펴볼 것이다. 지금으로서는 이 정의와 평등의 개념이 본래적 선의 총량을 최대한으로 한다는 것 이외의 다른 도덕적 고려에 바탕을 두고 있는 것 같아 보인다는 점을 알아두기만 하면 된다. 그러므로 이상 공리주의(와 그리고 모든 결과주의)는 잘 해봐야 불완전한 도덕 이론밖에 안 될 것 같다.

예 2

예를 들어서 성적이나 봉급 인상 같은 포상이 내려올 때 우리는 그것이 공로(merit)에 따라서 분배되어야 한다는 자연스러운 느낌을 가진다. 공로라는 개념은 복잡하다. 그러나 이 개념은 아마 성취된 결과, 들인 노력, 일정한 기간 내의 향상도 등의 측면들을 포함해야 될 것이다. 우리는 개개인이 자신의 공로만큼의 포상을 받을 권리가 있다고 생각한다. 그것을 빼앗아서 다른 사람에게 준다면, 나쁜 일일 것이다. 그런데 이것도 또한 본래적 선의 총량을 최대한으로 늘이는 문제와는 별개의 도덕적인 고려인 것으로 생각된다.

공리주의자들 편에서는 대체로 이런 도덕적 고려들이 그릇된 것이라고 주장한다. 공리주의에 따르면, 정의 및 평등한 권리의 고려 사항들이 실상은 본래적 선의 총량을 최대한으로 늘이는 것에 바탕을 두고 있다는 것이다. 기본적인 좋은 것들을 균등하게 분배하는 것이 본래적 선을 최대한으로 늘이는 방법이기 때문에, 우리는 사실상 그렇게 행동해야 된다는 것이다. 노예가 기본적인 자유를 빼앗김으로써 주인이 얻게 되는 것은 노예가 빼앗긴 본래적 선을 메꾸어 넣지 못한다. 마찬가지로 우리는 공로에 따라 분배하는 것이 본래적 선을 최대한으로 늘이는 방법이므로, 공로에 따라 분배해야 된다. 결국 공로에 따른 분배 체제는 좋은 결과에 대해서 상을 줌으로써 더 좋은 결과를 낳기를 장려한다는 것이다. 한마디로 말해서 공리주의자들은 이 다른 도덕적 고려들에 대해 공리주의적인 이유를 댈 수 있다고 본다.

그러나 대부분의 철학자들은 이런 입장이 부적당하다고 생각했다. 이런 사람들은, 예를 들어서 노예가 잃은 것이 주인이 얻은 것보다 크든 작은간에 어쨌든 노예 제도는 나쁘다고 생각했다. 주인이 받은 이익은 사실 도덕적으로 문제가 안 된다. 그 중 한 철학자 존 롤즈는 이 점을 다음과 같이 이야기하고 있다.

> 나는 물론 고전적 공리주의자들이 노예 제도를 찬성했다는 터무니없는 말을 하려는 것이 아니다. 나는 다만 노예 제도를 비난하기 위해서 공리주의의 입장에서 사용할 수 있는 한 가지 논증을 거부하고 있을 뿐이다. 정의를 효율[즉 본래적 선의 극대화]에서 파생된 것으로 보는 생각은… 노예 제도가 언제나 부당함을 설명할 수 없다. 그리고 어떤 사람에 대한 부정의라는 비난을 물리치기 위해서… 그럼에도 불구하고 그것이 최대한의 욕구 충족을 가능케 했다는 말을 한다면, 별 상관이 없는 이야기로 받아들여지리라는 사실 또한 설명할 수가 없다.[18]

3. 특별한 의무에 바탕을 둔 반론 여러분이 나에게 어느날 얼마만큼의 돈을 주겠다는 약속을 하고, 나는 그 약속을 믿는다고 해보자. 정상적인 경우에 여러분의 약속은 구속력이 있다. 단순히 다른 어떤 사람에게 그 돈을 주면 더 많은 선이 생긴다고 해서, 여러분이 나에게 그 돈을 줄 의무에서 면제될 수는 없다. 철학자들은 이 점을 여러분이 스스로 약속한 사람에 대해 특별한 의무(special obligation)가 있다는 말로 표현한다. 이런 의무는 가능한 다른 요구들에 비해 우선적인 위치를 차지한다. 그렇다고 해서 여러분이 언제나 약속을 지켜야 된다는 이야기는 아니다. 어떤 긴급한 일이 있을 경우에는 물론 이런 의무에서 면제된다. 특별한 의무란 매우 우대받는 의무, 우리가 어떤 사람에게만 빚지고 있는 의무, 그리고 정말로 긴급한 일이 있을 때에만 면제받는 의무를 뜻할 뿐이다.

특별한 의무에는 여러 가지가 있다. 자식에 대한 어버이의 의무가 있고, 어버이에 대한 자식의 의무가 있다. 친구들 서로간의 의무가 있고, 우리를 도운 사람의 은혜에 보답할 특별한 의무가 있다. 이 특별한 의무들 각각에 관한 의문들—범위, 구속력 등등에 대해서—이 물론 있다. 여기서 우리는 이런 의문에 대해 관심이 없다. 여기서 우리가 관심을 가지는 것은 특별한 의무가 있다는 사실이 이상 공리주의에 대한 도전이라는 점이다.

---

18) J. Rawls, "Justice as Reciprocity," in *Mill's Utilitarianism*, p. 264.

이런 의무의 존재는 분명히 이상 공리주의(사실상 모든 형태의 결과주의)와 충돌하는 듯하다. 어쨌든 공리주의의 입장을 다음과 같이 바꾸어 말할 수도 있다. 우리의 도덕적 의무는 본래적 선을 최대한으로 늘이는 것이며, 누가 가진 것이건간에 본래적 선의 한 단위는 꼭같이 취급되어야 한다. 그런데 만약 그렇다면, 어떻게 우리는 의무들 가운데 일부에 우선권을 줄 수 있는가? 뿐만 아니라, 약속의 예에서 보았듯이 약속을 어기면 더 많은 본래적 선이 생긴다는 사실만 가지고는 우리의 의무가 면제되지 않는다. 이 사실은 언제나 선을 최대한으로 늘여야 된다는 공리주의의 견해와 직접적으로 충돌한다. 멜덴은 생생한 예를 들어가면서 이 점을 잘 설명하고 있다.

> 북극에 두 명의 탐험가가 있다. 한 사람은 몹시 다쳐서 베이스 캠프로 돌아올 수가 없다. 다른 사람이 그를 데려오려고 하면, 자기 자신이 살아남을 가능성마저 없어진다. 다친 사람은 동료에게 자기를 운명에 맡겨두라고 설득한다. 동료가 그를 남겨두고 떠나기 전에 그는 자기 돈을 주면서, 사회에 돌아가거던 자기 아들의 교육을 위해 쓰겠다는 약속을 받는다. 생존자는 사회로 돌아온다. 그는 자신이 한 약속으로 해서, 만약 의무가 있다면, 어떤 의무가 있는가? 그런데 공리주의가 만약에 옳다면, 약속을 지킬 의무는 전적으로 경험에 의해 — 행동으로 생기는 선 또는 생길 법한 선에 의해 — 결정된다. 그러므로 과거에 아무 일도 없었던 것과 마찬가지일 것이다. 그리고 미래에 기대할 수 있는 것만 문제가 된다. …그러므로 생존자는 약속을 무시하고, 그 돈이 어느날 갑자기 정말로 우연히 생긴 경우에 행동해야 되는 것과 꼭같은 방식으로 행동해야 된다(왜냐하면 해야 된다는 전적으로 결과에 의해 결정되므로). 그러나 이런 이야기는 우리의 도덕감에 위배된다.[19]

1.4 다시 도덕률에로

지금까지 한 이야기를 돌이켜보자. 이 장의 1절과 2절에서 우리는 불만스러워 보이는 도덕 이론을 제거하는 과정을 통해 이상 공리주의에 도달했다. 그러나 여러 가지 바람직한 특징들이 있음에도 불구하고, 우리는 여기에 대한 심각한 반론들이 있음을 발견했다. 이제 어떻게 할

19) A. I. Melden, "Two Comments on Utilitarianism," *Philosophical Review*, 1951.

것인가?

어쨌거나 하여튼 공리주의를 고수해야 된다고 생각하는 철학자들이 있다. 이런 사람들은 1장 3절에서 내놓은 반론들이 사실은 결정적이 아니라고 생각한다. 이런 반론들은 결국 공리주의가 우리의 견해들 가운데 일부—정의와 특별한 의무 같은 것들에 관한 견해들—와 충돌함을 보여줄 뿐이고, 이것은 충돌하는 견해들 가운데 하나는 옳지 않음을 보여줄 뿐이라는 것이다. 그리고 잘못된 것은 아마 공리주의가 아니라 사람들이 흔히 가지고 있는 견해이리라는 것이다.

J. J. C. 스마트는 그런 철학자들 가운데 한 사람이다. 매우 유명한 한 구절에서 그는 이런 반론들에도 불구하고 공리주의를 유지해야 됨을 매우 강력하게 논하고 있다.

> 때로는 "평범한 도덕 의식 안에 잠재해 있는 것을 탐구한다"고 이야기되기도 하고, 때로는 "사람들이 보통 도덕에 관해서 어떻게 말하는지를 탐구한다"고 이야기되기도 하는 어정쩡한 접근 방식을 나는 처음부터 물리치고 싶다. 사형에 관한 신문 기사를 좀 읽어보기만 하면…, 미신적인 요소들, 도덕적으로 나쁜 요소들, 그리고 논리적으로 혼란된 요소들이 평범한 도덕 의식의 일부를 이루고 있음을 알 수 있다. … "일상인들의 견지에서 보면[저자 강조], 규칙에 따를 의무는 개개의 경우에 그것에 따를 때 오는 유익한 결과에 바탕을 두고 있지 않다"고 노웰-스미드[*Ethics* p. 239]는 말하고 있다. 이걸로 무엇이 증명되는가? 일상인들은 분명히 여기서 혼란되어 있을 가능성이 높다. 철학자들은 이 문제를 좀더 합리적으로 검토할 수 있어야 된다.

그러나 스마트는 주도권을 잡지 못했다. 철학자들은 일반적으로 어떤 도덕 이론의 합리성보다도 우리의 직관과 그리고 보통 받아들여지고 있는 믿음을 훨씬 더 확신하고 있었다. 한마디로, 그들은 위에서 이야기한 반론들에서 설득력을 느끼고, 공리주의를 거부한 것이다. 그러면 도덕 이론은 어떻게 되는가?

이 반론들이 모든 형태의 결과주의에 적용된다는 것을 우리는 알고 있다. 그러므로 결과주의적 접근 방식 자체가 전면적으로 거부되어야 한다는 이야기가 나온다. 비결과주의적 도덕 이론이 필요한 것이다.

지나치게 극단적인 결론을 끌어내지 않도록 조심해야 된다. 우리가 여태까지 한 말에서 결과의 고려가 도덕에서 중요하지 않다는 이야기는 결코 나오지 않는다. 그러나 결과가 비록 중요하다고 하더라도, 다른 요소들 또한 중요함을 알아야 한다. 우리가 한 이야기에서 본래적 선을 최대한으로 늘이는 것이 도덕의 전부는 아니고, 정의, 특별한 의무 등의 문제도 또한 도덕의 일부라는 이야기가 나올 수밖에 없다.

근래에 철학자들은 이런 다른 요소들에로 되돌아왔다. 그리고 이 모든 요소들이 단일한 도덕 체계 안에서 종합될 수 있는 방향을 모색했다. 그러나 널리 받아들여지고 있는 해결책은 아직 나오지 않고 있다. 이 장의 남은 부분에서 우리가 살펴보려고 하는 것은 그 해결책의 골격을 제시하려는 한 가지 시도일 뿐이다.

결과주의를 포기하고, 도덕에 관해서 법칙론적 접근 방식으로 되돌아간다고 해보자. 여기에는 이런 여러 가지 요소들을 참작하는 도덕률이 포함될 것이다. 그것이 우리의 바람이다. 우리가 당면한 주된 문제는 어떤 것인가? 이 장의 첫째 절에서 보았듯이, 두 가지 중요한 문제가 남아 있다. 도덕률의 원천에 관한 문제와 (특히 서로 상반되는 규칙이 관련되는) 예외적인 경우의 문제가 그것이다. 나는 우리가 궁극적으로는 로크가 옳았고, 이런 문제들이 모두 우리가 직관을 통해서 배울 수 있는 자명한 진리들에 의해 해소될 수 있고 또 보통 해소되고 있음을 발견하리라고 생각한다. 우리는 도덕적 직관을 올바로 이해함으로써 결과주의의 문제점들에 부딪치지 않는 법칙론적 체계를 세울 수 있다고 주장할 것이다.

우선 한 가지 중요한 문제 — 안락사의 문제 — 에 관한 일련의 도덕적인 견해들을 내놓음으로써, 우리 이론의 골격을 제시해 보자. 우리의 관심은 이 견해들이 옳다는 사실이 아니다(나는 이것들이 옳다고 믿고 있지만 말이다). 우리의 주된 관심사는 이 일련의 견해들이 도덕 체계의 구성에서 도덕적 직관이 차지하는 역할의 본보기를 어떻게 제시하느냐 하는 것이다.

안락사를 둘러싼 주된 문제는 안락사를 시키는 행위는 어느 것이나 다 죽임을 당하는 사람에게서 그가 가진 권리 즉 그의 생명을 빼앗는다는 데서 온다. 그런데 일반적으로 말해서 사람들은 자기의 권리를 기꺼이 포기할 수 있고, 또 사실 자기 권리를 빼앗아달라고 요구할 수도 있다. 특별한 상황이 아니라면 그런 요구에 따라서 한 행동은 나쁜 일이 아니다. 안락사의 문제로 돌아와서, 한 개인이 자기 생명을 포기하는 데 동의를 하거나 아니면 자기를 죽여 달라고 적극적으로 요구한다면, (특별한 사정이 없는 한) 그를 죽여도 무방하다. 그런 동의나 요구가 유효

하려면, 그 사람이 그럴 능력이 있고 또 그 당시에 강요나 속임을 받지 않아야 된다는 점을 덧붙여 둔다. 이런 모든 점은 안락사에 관한 전형적인 견해들을 재고해야 된다는 것을 뜻한다. 그 사람에게 득이 되는지 손해가 되는지에 관한 우리의 생각은 문제가 되지 않는다. 왜냐하면 선택은 그가 하는 것이지 우리가 하는 것이 아니기 때문이다. 마찬가지 이유로, 이례적인 회복의 가능성이나 진통제의 사용 또한 여기서 문제가 되지 않는다. 그의 생애를 끝맺는 특정한 수단(간접적이건 직접적이건)도 고려할 필요가 없다. 어떤 수단이 합당한지는 그의 동의의 성격에 의해 결정될 것이다. 안락사 행위가 무방한지를 결정할 때 우리의 유일한 관심거리는 **효력있는 동의**(efficacious consent)가 있었느냐 하는 것이다.

그러나 당사자가 안락사를 동의하거나 요구할 능력이 없을 때는 어떻게 되는가? 우리의 접근 방식에서 그런 경우의 안락사는 허용할 수 없게 되는가? 그런 경우에 진통제의 사용은 어떤가? 그것도 당사자의 생명을 단축시킬 수 있다. 이런 문제를 해결하려면, 다른 어떤 원리를 끌여들여야 되지 않을까? 나는 그렇게 생각하지 않는다. 왜냐하면 두 가지 점을 더 기억해야 되기 때문이다. 첫째로 사람들은 자기 권리에 속하는 어떤 것을 잃기 전에 미리 동의를 해둘 수 있고, 또 가끔 그렇게 하기도 한다. 어쨌든 이 사실은 안락사에 대비해서 사전에 준비를 해놓을 수 있는 가능성을 암시한다. 둘째로, 우리는 가상적 동의 즉 능력이 있다면 당사자가 동의를 하리라는 우리의 판단에 의지할 수 있는 가능성을 고려해야 된다(이 경우에는 조심을 좀더 해야 된다). 어쨌든 치료받겠다는 동의를 얻을 수 없는 긴급한 환자를 다룰 때는 이런 형태의 동의를 인정하고 있다.

우리는 안락사에 관한 이런 견해를 검토하면서 도덕적 직관의 역할에 관해 어떤 것을 배울 수 있는가? 여기서 두 가지 중차대한 교훈이 나오는 것으로 보인다.

1. 우리는 두 가지 형태의 도덕적 직관을 구별해야 된다. 어떤 일반적인 주장의 진리에 관한 직관과 특정한 경우에 옳고 그른 것에 관한 직관이 그것이다. 첫번째 종류의 직관은 모든 사람이 살 권리가 있고, 사람들에게서 이 권리를 빼앗는 것은 대단히 나쁘다는 사실 같은 기본적인 진리들에 관한 지식의 원천이 된다. 두번째 종류의 직관이 하는 역할은 대단히 미묘하다. 그러므로 우리는 이것을 한층 더 주의해서 살펴봐야 된다. 우선, 우리는 특정한 경우에 관한 직관들을 모으고, 이

직관들을 사용해서 그 자신은 직관에서 발견될 수 없는 어떤 일반 명제들을 끌어낼 수 있다. 그래서 예를 들면, 사람들이 자기 권리가 박탈당하는 데 동의할 수 있다는 것, 또는 동의가 있을 때 권리를 빼앗는 것은 잘못된 행동이 아니라는 것은 직관적으로 분명하지 않다. 그러나 직관적으로 명백한 특정한 경우들(예를 들어서 나는 여러분이 동의한다면, 여러분의 책을 가질 수 있다)을 반성해 보면, 이런 원리들이 점점더 그럴듯하게 된다. 둘째로, 우리는 특정한 경우에 관한 이런 직관들을 사용해서 우리가 이미 받아들인 일반 원리들을 세련된 것으로 만들 수 있다. 우리는 이런 식으로 직관을 세련시키기 위해 직관을 사용한다. 그래서 우리는 직관을 사용해서, 의사가 의식이 없는 환자에게 수술을 해도 무방함을 발견할 수 있다. 그리고 그 근거는 환자가 만약 동의할 능력이 있다면 동의하리라는 것이다. 이제 우리는 이 직관을 어떤 경우에는 가상적 동의만 있으면 된다고 말하는 이유로 삼을 수 있다.

2. 예외와 그리고 상반되는 규칙들의 대립이 생기는 경우까지 포함해서 특정한 도덕적인 문제에 접근할 때 우리는 맨 먼저 관련된 모든 자료를 모아야 된다. 여기에는 사실에 관한 정보 이외에 자명한 일반적 진리들, 직관적으로 분명한 경우에서 끌어낸 일반 원리들 및 직관에 바탕을 둔 이 원칙들의 수정 따위가 포함된다. 이런 자료들은 당면한 문제를 해결하기에 충분해야 된다. 안락사의 경우에 관련된 자료는 당사자가 한, 자신의 권리를 빼앗아도 좋다는 효력있는 동의에 관한 원리들이다. 이 점을 염두에 두고 있으면, 안락사를 시킨 어떤 행동들을 정당화하려는 논증에 대한 우리의 태도를 결정할 수 있다. 그러나 도덕적인 문제에는 보통 해결되지 않고 남아 있는 측면들이 있을 것이다. 그런 경우에 우리는 비슷한 경우에 관한 직관들을 좀더 찾아봐야 된다. 이 직관들은 우리의 원리를 한층 더 세련된 것으로 만듦으로써 문제를 해결해 줄 것이다. 바로 이런 과정의 도움으로 우리는 안락사를 시킨 어떤 행위들이 가상적 동의에 의해 정당화됨을 안 것이다.

한마디로 말해서, 우리는 여기서 법칙론적 도덕 체계의 방법론 즉 도덕적 직관에 바탕을 둔 방법론이 제시되고 있음을 보고 있다. 이렇게 해서 나타날 일련의 규칙들은 분명히 매우 복잡한 것, 우리가 보통 생각하는 단순한 성격의 규칙들보다 훨씬 더 복잡한 규칙들이 될 것이다. 그러나 그런 복잡한 규칙이라야 비로소 예외와 상반되는 규칙들이 내놓는 여러 가지 미묘한 문제들을 처리할 수 있을 것임은 물론이다. 하여간에 우리는 법칙론적 체계에 대해서 그렇게나 골치거리인 것으로 생각되어 온 문제들에 대한 대답의 골격을 내놓은 것이다.

이렇듯 도덕적 직관에 의지하는 데 반대하는 사람들도 물론 있을 것이다. 도덕적 직관은 사람들마다 너무나 다르고, 시대에 따라 너무나 많이 변한다. 그러므로 이런 직관이 도덕적 지식의 믿음직한 원천이 될 수는 없다는 것이다.

나는 여기에 문제가 있음을 거리낌없이 인정한다. 그러나 이 문제의 의의를 과대평가하는 수가 있다고 생각한다. 우선, 상반되는 직관들이 만약 있다면, 우리는 언제라도 당면한 문제의 해결에 도움이 될 다른 직관들을 찾아볼 수 있다(더 많은 경험도 도움이 될 것이다. 경험은 우리의 직관을 날카롭게 하는 데 매우 중요한 역할을 한다). 우리가 만약 필요한 직관을 찾을 수 없다면, 적어도 당분간 그 문제는 해결되지 않은 채로 남아 있어야 될 것이다. 그러나 이 방법은 가끔 주효할 것이다. 둘째로, 직관이 변한다는 사실은 도덕적 지식의 최종적이고 틀림이 없는 원천을 찾는 사람들에게밖에 걱정거리가 되지 않는다. 경험에 한층 더 많이 의지하는 도덕적 이해의 원천을 찾는 사람들은 도덕적 직관에 관한 이 사실을 환영할지도 모른다. 도덕적 직관이 변한다는 사실이 때로는 우리의 직관이 새로운 상황에 반응을 하고 또 새로운 경험에서 생기는 보다 나은 이해를 담고 있다는 사실을 반영한다.

우리는 앞에서 발견한 사실들을 다음과 같이 요약함으로써 잠정적인 결론으로 삼을 수 있다. 도덕은 인간 행위의 옳고 그름을 결정하는 일련의 복잡한 규칙들로서 직관에 바탕을 둔 것으로 이해되어야 한다. 그러므로 상황 윤리 같은 결과주의적 접근 방식은 근본적으로 잘못된 것이다.

□ 더 생각해 볼 만한 문제들

1. 단 한 개의 도덕률만으로 이루어진 도덕 체계에서는 상충하는 도덕률들의 문제가 생기지 않는다. 이런 체계를 몇 개 구성해 본 다음, 그 적합성을 평가해 보시오.

2. 예외없이 적용되는 도덕률을 생각할 수 있는가? 그렇다면 그런 규칙의 예를 들고 옹호해 보시오. 만약 그렇지 않다면, 예외가 없다고 생각될 수 있는 규칙들의 예외를 들어보시오.

3. 목적이 수단을 정당화할 수 없다고 생각하는 이유는 무엇인가? 플레쳐는 목적이 수단을 정당화함을 입증했는가?

4. 이기주의의 거부는 곧 우리가 다른 사람들을 위한 도구가 되어야 함을 뜻하는가?

5. 동물들에게 미치는 결과를 고려하는 데 대해서 펼 수 있는 반론으로 어떤 것이 있는가? 다음 세대 사람들의 경우에는 어떤가?

6. 부차적인 선(extrinsic goods)이 아닌 지식이 있을 수 있는가? 또 있다면 그런 지식이 선이기는 한가?

7. 적당한 형태의 이상 공리주의(ideal utilitarianism)에서 선으로 인정될 수 있는 것에는 어떤 것들이 있는가?

8. 공리주의의 한 형태이면서 개별적 행위의 결과 이외에 다른 것들을 더 고려하는 것을 허용하는 입장을 제시해 보시오. 그리고 이 입장을 선거의 문제에 적용해 보시오.

9. 특정한 의무(special obligations)는 언제나 일반적 의무(general obligations)에 앞서는가? 그렇지 않다면, 그런 경우가 있는가?

10. 사람들에게는 포기할 수 없는 권리가 있는가? 예를 들어서 노예가 되지 않을 권리를 내던질 수 있는가?

2

도덕과 합리적 이기심

여러분이 매우 중요한 어떤 직업을 얻기 위해서 경쟁을 하고 있다고 생각해 보라. 이 직업을 얻게 되면 상당한 출세를 하게 될 것이다. 이제 마지막으로 여러분 자신과 다른 한 응모자가 남게 되었는데, 상대방을 헐뜯는 거짓말을 할 기회가 왔다고 하자. 왜 거짓말을 퍼뜨려서는 안 된단 말인가? 물론 거짓말은 도덕적으로 나쁜 일이다. 그렇지만 자기 자신의 출세와 행복이 달린 일인데 도덕 따위에 신경을 쓴다는 것은 어리석은 일이 아닌가? 이런 경우에 도덕 따위에 신경을 쓰는 것이 어리석은 일이 아니라면, 그 이유는 무어란 말인가?

이런 경우 어떤 행위는 도덕적으로 옳아 보이는 반면에, 다른 어떤 행위는 스스로의 이기심에 들어맞는 것으로 생각된다. 그래서 자연히 어떤 행동을 할 것인가 하는 의문이 생긴다. 자기 자신에게는 엄청난 손해를 무릅쓰고라도 옳은 행동을 해야 될 것인가? 그렇다면 그 이유는 무엇인가? 사리사욕을 희생해야 될 만한 이유가 있다는 말인가? 철학자들은 오랫동안 이 문제와 씨름해 왔는데, 그것은 놀라운 일이 아니다. 왜냐하면 이것은 우리 모두가 살아가면서 여러 차례 부딪치게 되는 딜레머이기 때문이다. 사실 바로 이 문제가 최초의 위대한 철학 고전인 플라톤의 대화편 《국가》의 핵심을 이룬다. 이 책 앞 부분에 나오는 주요 등장 인물들 가운데 한 사람이 다음과 같은 주장을 편다.

모든 사람이 정의보다 부정의가 개인에게 훨씬 더 이롭다는 것을 진심으로 믿고 있다. … 투명 인간이 되는 재주를 가지고 있으면서도 결코 나쁜 짓을 하지도 않고 또 남의 것을 훔치지도 않는 자가 있다고 한다면, 세상 사람들은 남의 면전에서는 그를 칭찬하겠지만 내심으로는 바보 멍청이라고 생각할 것이다.

이 주장을 강력하게 만들기 위해서 신화 — 리디아(Lydia) 사람 기게스(Gyges)의 이야기 — 를 끌어들인다.

그는 리디아 시절에 왕을 모시는 양치기였다고 한다. 그런데 큰 홍수와 지진이 지나간 뒤에 그가 양치던 곳에 땅이 갈라지고 그 사이로 깊은 구렁이 생겨서, 그는 그것을 보고 놀라와하며 구렁 속으로 들어갔다는 것이다. 거기서 그는 다른 놀라운 일들을 많이 보았다. 조그만 문이 달린 속이 빈 청동 말을 보았는데, 그 안을 들여다보았더니, 사람 키보다 조금 커 보이는 시체가 안에 있었다. 다른 것은 아무 것도 없고, 시체의 손에 반지가 끼여 있었는데, 그는 반지를 빼 가지고 돌아왔다. 왕에게 양떼들에 대해서 보고하기 위해 양치기들이 매달 모이는 정기 모임이 있었는데, 그는 그 반지를 끼고 참석했다. 여기서 그는 우연히 반지의 거미발을 자기쪽으로, 즉 손 안쪽으로 돌리게 되었다. 그랬더니 그는 옆에 앉은 사람들에게 보이지 않게 되었다는 것이다. 그들은 그가 없어졌다고 말했다. 그는 놀라서 다시 반지를 만지다가 거미발을 바깥쪽으로 돌리니 보이게 되었다는 것이다. 이 사실을 눈치챈 그는 반지가 정말 그런 효험이 있는지 시험해 보고는, 거미발을 안쪽으로 돌리면 보이지 않게 되고 바깥쪽으로 돌리면 다시 보이게 된다는 것을 알게 되었다. 이것을 안 그는 즉시 일을 주선해서 왕을 알현하는 사자들 중에 끼었다. 거기 가서 그는 왕비를 꾀어서 왕비의 도움을 받아 왕을 공격해서 처형하고는 나라를 차지해 버렸다.

이제 그런 반지가 두 개 있다고 해보자. 한 개는 정의로운 사람이, 나머지 한 개는 정의롭지 못한 사람이 가진다고 하자. 그렇게 되면 단호한 인품으로 정의를 고수할 사람은 생각컨대 아무도 없을 것이다. 시장에 있는 물건들도 원하기만 하면 마음대로 가질 수 있고, 남의 집에 들어가서 아무하고나 잘 수 있고, 아무라도 처형하거나 풀어줄 수 있으며, 여타 모든 점에서 인간 세상에서 신과 마찬가지로 행동할 능력이 있는데도 남의 재산에 손대지 않을 사람은 없을 것이다. 정당한 사람이라고 이런 경우에 다른 사람과 다르게 행동하지는 않을 것이고, 두 사람 모두 같은 길을 걸을 것이다. 자! 이제 이 사실이 스스로의 의지에 따라 정의로운 사람은 아무도 없고, 다만 강제로 인해서 정의로울 뿐이라는 것을 입증한다고 주장할 수 있을 것이다. 왜냐하면 정의보다 부정의가 개인적으로 훨씬 이익이 된다는 것은, 이 이론의 주창자가 주장하듯이 모든 사람이 믿고 있고 또 올바르게 믿고 있는 것이기 때문이다.

물론 기게스의 요술 반지를 가지고 있는 사람은 아무도 없다. 그렇지만 부도덕한 행동을 해서 이익을 얻을 수 있는 기회는 누구에게나 있다. 우리는 이런 모든 경우에 "왜 도덕적이어야 하는가"(Why should I be moral?)라고 스스로에게 물어야 하는 것이다.

2.1 전래의 대답들

이 문제를 해결하기 위한 전래의 시도들이 여러 가지가 있다. 그 중에서 가장 간단한 것은 문제가 있다는 사실을 그냥 부정해 버리는 것이다. 예를 들어서 "정직은 최선의 방책"(Honesty is the best policy)이라는 낯익은 격언을 생각해 보자. 이것과 그리고 다른 비슷한 속담들은 기본적으로 이런 주장을 펴고 있는 것이다. — 사태를 충분히 검토해 보면, 즉 단기적인 결과뿐만 아니라 장기적인 결과까지도 고려해 본다면, 사리사욕을 만족시키는 최선의 수단은 옳은 일을 하는 것이라는 점을 알게 될 것이다. 이런 격언들에는 분명 어느 정도의 진실이 담겨 있다. 나쁜 일을 하면, 마지막에는 분명히 손해를 보게 되는 경우도 있다.

예를 들어서, 많은 학생들이 공부를 조금하고도 시험 때 컨닝을 하면 가끔 좋은 점수를 받을 수 있다는 것을 알고 있다. 그러나 컨닝의 장기적인 결과를 차근차근 따져보자. 예를 들어서 나중에 — 다른 과목에서나 아니면 실생활에서 — 시험에 필요한 내용을 꼭 알아야 될 경우가 온다고 해보자. 지금 컨닝을 하면, 그때 가서 곤란하게 된다. 간음의 경우도 그 한 예이다. 많은 사람들은 자기 배우자를 속일 수 있다고 생각하고, "그걸로 끝"이라고 생각한다. 그러나 여기서도 장기적인 결과들 — 예컨대 배우자에 대한 관계에 미치는 심리적 영향 따위 — 을 차근차근 검토해 봐야 한다. 그러면 당연히 정숙함이 실상은 자기에게 진짜 이익이 된다는 사실이 드러날 것이다.

이처럼 "정직함이 득이 되는"(honesty pays) 경우는 물론 많이 있다.

그러나 정직이 언제나 이익이라는 주장은 성급한 결론일 것이다. 사실 얼핏보기에도 그 반대되는 경우가 많이 있는 것 같다. 여러분 스스로 잘못이라고 생각하고 있는 여러분의 행동들을 한번 생각해 보라. 여러분은 정말 그렇게 해서 항상 손해를 보았는가? 그렇지 않다면, 그것은 재치있는 행동이 아닌가? 그런 경우에 나쁜 일을 하지 말아야 될 이유가 어디 있단 말인가?

이런 문제들을 좀더 차근차근 살펴보자. 우선, 발각되어서 벌받게 될 것에 대한 두려움이 문제가 되는가? 나쁜 일을 하지 말아야 되는 까닭은 나쁜 일을 하고 받게 되는 벌이 나쁜 일을 해서 얻는 이익을 상쇄하고도 남음이 있기 때문인가? 많은 사람들이 이렇게 믿고 있지 않나 하는 생각이 든다. 이런 대답은 예를 들어서 강력한 형사 재판 제도가 범죄를 막을 수 있으리라는 믿음을 뒷받침하고 있다. 이 대답이 가진 문제점은 나쁜 일을 하면 반드시 발각이 되어서 처벌받게 된다는 것을 전제하는 데 있다. 나쁜 짓을 하고도 잘 지낼 수 있는 가능성이 상당히 높은 경우에 대해서는 이 대답이 쓸모없는 대답이 된다. 발각될 가능성이 상당히 낮고 나쁜 짓으로 얻는 이익은 상당히 많은 경우에는 나쁜 행동을 하고 잘 지내는 편에 운명을 거는 편이 합리적인 행동이 될 것이다.

많은 부모들이 자기 자식들에게 가르치는 도덕적 교훈이 바로 발각되어서 처벌받을 가능성을 강조하고 있다는 것은 유감스러운 일이다. 이제 어린이들은 11번째 계율이 있다는 비합리적이라고 할 수 없는 결론을 내리게 된다. "발각되지 말아라."(Thou shalt not get caught.) 어린이들은 비도덕적인 행동을 하고서 잘 지낼 수 있는 가망이 없을 때에만 도덕적으로 행동하는 것이 적당하다는 결론을 내린다. 아이들이 이런 결론을 내리게 되는 것을 원하지 않는다면, 우리는 다른 방식으로 아이들을 가르쳐야 한다. 그러기 위해서는 도덕적으로 행동해야 되는 다른 이유를 들 수 있어야 된다. 우리는 이제 원래 문제로 되돌아온 것이다.

나쁜 일을 하면 반드시 발각이 되어서 처벌받게 된다는 것을 사람들이 알고 있다면, 문제는 물론 전혀 다르게 될 것이다. 그러나 사실은 그 반대이다. 우리는 너무나 자주 처벌 — 적어도 보통 말하는 그런 처벌 — 을 피할 가능성이 높은 경우에 부딪친다. 위의 제한구 때문에 많은 사람들은 나쁜 짓을 하면 언제나 받게 되는 다른 어떤 형태의 처벌이 있을지도 모르는데, 이런 처벌에 주의를 기울이면 문제가 해결될 수도 있다는 생각을 할 것이다.

이런 특효를 가진 처벌이 있다면 어떤 것인가? 그 중 하나는 양심의 내적 고통이다. 윤리 사상가들의 말에 따르면, 어쨌든 잘못된 행동을 하는 사람은 누구나 그것이 잘못된 행동이라는 것을 알고 있고, 그래서 그의 양심이 그에게 고통을 준다는 것이다. 나쁜 일을 하고도 무사할 수 있는데도 불구하고 옳은 일을 하는 까닭은 나쁜 일을 하게 되면 양심의 처벌을 받기 때문이다. 다른 종류의 처벌은 천벌(divine retribution)이다. 어떤 종교 윤리 사상가들은, 나쁜 일을 하고도 무사히 지낼 수 있는 때에도 나쁜 일을 하지 말아야 되는 이유는 신이 언제나 그것을 알고 있기 때문이라고 말한다. 신은 현세가 아니라면 후세에서라도 나쁜 일을 한 사람을 처벌할 것이다.

물론 나쁜 일을 하는 어떤 사람들은 격심한 양심의 고통을 받는다. 그러나 양심의 고통에 호소하는 것은 왜 도덕적이어야 하는가라는 물음에 대한 일반적인 해결책이 되기에는 부족하다. (1) 많은 사람들에게는 양심의 소리가 미미한 것 같다. 그래서 이 해결책은 모든 사람에게 적용되지 못한다. (2) 양심이 별로 가책을 받지 않는 경우도 많이 있고, 나쁜 일을 해서 얻는 이익이 양심의 조그만 동요보다 훨씬 더 중요한 경우도 있다. 그래서 이 해결책은 모든 경우에 적용되지 못한다. (3) 여기서는 양심이 사람들의 결점들과 타협하는 경향이 있다는 사실을 간과하고 있다. 모든 사람이 자기 자신의 경험을 통해 잘 알고 있으리라고 생각되는 일인데, 사람들은, 특히 잘못이 반복해서 나타나는 경우에는, 자기 자신의 잘못을 정당화하는 경향이 있다. 그래서 시간이 지나면, 우리는 더 이상 양심의 가책을 느끼지 않게 된다. 양심은 이처럼 유동적인 것이기 때문에, 옳은 행위의 기초가 되기에는 불확실한 것이다.

천벌에 호소하는 경우에는 문제가 좀 다르다. 만약에 모든 죄인을 처벌하는 신이 있다면, 반드시 옳은 일을 해야 될—이기심에 바탕을 둔—이유가 있다. 그렇지만 대부분의 철학자들은 천벌을 피하려는 소망에서 도덕적이어야 되는 이유를 찾으려고 하지 않았다. 우선 이 이유가 논리적으로 아무리 타당하다고 하더라도, 심리적으로 보면 비효율적인 것 같다. 천벌이란 것이 어떤 미지의 사후 세계에 속하는 멀고 먼 장래의 일로 생각된다는 데에 아마 그 까닭이 있을 것이다. 하여간에 천벌에 대한 두려움은 종교인들이 가끔 스스로 잘못된 것인 줄 아는 행동을 하는 것조차도 막지 못한다. 둘째, 이런 접근법에 따른다면, 신의 존재를 증명할(또는 수긍할 만하게 할) 수가 있어야만 도덕적인 희생을 치르는 것이 정당화될 것이다. 5장에서 보게 되겠지만, 신 존재의 증명은 쉬운 일이 아니다. 그러므로 도덕적으로 행동해야 될 다른 이유를 찾는 것이 바람직한 일일 것이다. 마지막이자 가장 중요한 이유는, 이런 식의 주장을 받아들이면 도덕적인 행동이 고귀한 것이라는 느낌을 재평가해야 된다는 것이다. 만약 도덕적으로 행동하는 이유가 바로 (비록 천벌이라고 하더라도) 처벌을 피하려는 것이라면, 도덕적 자기 희생을 고귀한 행위라고 할 이유가 없다.

이 마지막 이유가 가장 중요하다. 나중에 이 장과 6장에서 그 다른 측면들을 검토할 것이지만, 지금 언급해 둘 필요가 있는 것은 이것이 종교적 맥락에서 가지는 특별한 의미이다. 예를 들어서 설명해 보자. 어떤 사람이 숭고한 목적을 위해서 큰 돈을 내놓았다고 하자. 우리는 보통 그 행위를 찬양하고, 돈을 희사한 사람을 높이 평가할 것이다. 말하자면 그 행동이 그의 도덕적 가치를 높이는 것이다. 그런데 그가 돈을 내놓은 것은 (1) 그 대가로 그에게 더 많은 돈이 약속되었으며, (2) 그렇게 하지 않으면 엄중한 처벌을 받게 되리라는 말을 그가 들었기 때문이라는 것이 드러났다고 하자. 우리는 그래도 여전히 그가 돈을 희사한 것을 기뻐할 것이다(어쨌든 자금이 있으니까 목적에는 유익하다). 그러나 이제 더 이상 기증인을 높이 평가하지는 않을 것이다. 우리가 보건대 그 행위는 이제 더 이상 그의 도덕적 가치를 높이지 않는다. 그런데 천벌에 대한 두려움과 신의 보상에 대한 소망에 따라 행동해야 한다고 말하는 종교인은 우리 모두가 이 "사이비 박애주의자"와 비슷한 동기에서 행동해야 한다고 주장하고 있는 것이다. 이런 주장은 위험한 것이다. 한마디로 말해서, 종교 윤리 사상가들은 신이 악에 대해서 벌을 준다거나 선에 대해서 보상을 해준다고 믿는 것은 자유지만, 이 보상과 형벌 자체가 도덕적으로 행동해야 될 이유라는 생각은 물리쳐야만 한다.

2.2 두 가지 철학적 이론

철학사를 보면 이 문제를 다루려는 시도로서 두 가지 특기할 만한 견해가 있다. 하나는 플라톤의 《국가》에 나타나는 것이고, 나머지는 토마스 홉즈의 《리바이어단》에 나타난다. 이 두 시도는 서로 매우 다른 것이지만, 이 문제에 대한 올바른 해결이 인간성에 대한 이해에서 출발해야 된다고 본 점에서는 일치한다.

플라톤의 인간성 분석은 우리 모두에게 익숙한 현상인 자기 분열(self-conflict)의 현상에서 시작한다. 어떤 것을 원하기는 하지만 이 욕구를 충족시키는 것은 중대한 잘못이 되리라는 것을 알고 있는 사람을 생각해 보자. 그런 사람은 이 욕구의 충족을 원함과 동시에 원하지 않고 있다. 이 현상을 어떻게 설명할 것인가? 플라톤은 인간 정신(human psyche), 즉 영혼(soul)이 단일한 통일체가 아니라고 보아야만 이 사실을 설명할 수 있다고 생각했다. 인간의 정신은 충돌할 소지가 있는 몇 개의 요소들로 이루어진 것이라야 된다. 충돌 가능성이 있는 이 요소들이 실제로 서로 충돌하게 될 때 나타나는 현상이 자기 분열이다.

플라톤은 인간의 정신을 이루는 서로 다른 요소가 몇가지라고 생각했는가? 인간 정신에는 욕망(desire), 이성(reason) 및 기개(spirited feelings)의 세 가지 요소가 있다. 앞의 두 가지는 이해하기가 쉽다. 부정을 범하고 싶어하지만, 그러면 부부간에 견딜 수 없는 갈등이 생기리라는 것을 알고 있는 사람을 예로 들어보자. 이 사람의 욕망은 간음을 하라고 부추기고, 이성은 그것을 막고 있다. 이것은 물론 자주 나타나는 형태이다. 세번째 요소는 이해하기가 좀 어렵다. 플라톤은 우리가 스스로의 욕망에 대해서 비-이성적(non-rational) — 반드시 불합리한 것은 아님 — 이면서 늠름하게 대처하는 경우에 이것이 있어야 한다고 생각한 듯하다. 여기에 관한 그의 예는 병적인 욕망(예컨대, 시체를 보려는 욕망)과 동시에 자신의 욕망에 대한 혐오감을 느끼는 사람이다.

플라톤 이외에도 인간 정신에 서로 다른 부분들이 있다고 봐야만 자기 분열을 설명할 수 있다고 생각한 사람이 있다. 인격(human personality)의 구조에 관한 프로이트의 이론에서 사실 매우 비슷한 접근법을 찾을 수 있다. 프로이트의 이드(id)는 플라톤의 욕망에 해당되는데, 정열과 욕망의 기능이다. 프로이트의 초자아(superego)는 플라톤의 기개와 비슷한 것으로서 여러 가지 욕망에 대해서 강렬한 반대 감정을 가지는 기능이다. 사람을 둘러싸고 있는 환경을 포함한 여러 사물들을 합리적으로 고려하는 일을 맡고 있는 프로이트의 자아(ego)는 플라톤의 이성과 비슷하다. 이런 닮은 점을 과장하려는 것은 아니지만, 나는 이것으로써 플라톤의 인성론(theory of human nature)이 오늘날의 관점에서 보아도 설득력이 있는 것이라는 점을 지적해 두려고 한다.

인간성에 관한 이런 견해는 당연히 서로 다른 요소들 사이의 관계가 무엇인가라는 의문을 불러일으킨다. 플라톤은 이 관계가 수직적이어야 한다고, 즉 이성은 기개의 도움을 받아서 욕구를 지배해야 한다고 생각했다. 그래야만 개인에게 이익이 되기 때문이다. 플라톤이 그렇게 생각한 까닭은 무엇인가? 그는 세 가지 이유를 든다. 우선 그렇게 함으로써 개인은 "자기의 내부 생활에 질서를 부여해서, 자기 자신의 주인, 자기 자신의 법률이 되며, 자신의 평온을 유지한다." 요점은 이런 것이다. 욕구가 지배하는 사람은 결코 평온함을 느낄 수 없다. 하루는 어떤 욕구가 지배해서 어떤 식의 행동을 하고, 다음 날은 다른 욕구가 지배해서 전혀 다른 어떤 식의 행동을 한다. 그리고 또 다음 날은 어떤 욕구도 나머지 욕구들을 지배하지 못하고 모든 욕구들이 충돌하게 된다. 그래서 그는 어떤 일관된 행동 양식을 따를 수 없게 된다.

이성이 욕구를 지배해야 된다고 주장하는 두번째 이유는 이성이 지배하는 사람은 지적 기쁨을 추구하게 되리라는 것이다. 지적 기쁨의 추구는 자기 자신에게 대해서 이익, 즉 자기 이익(self-interest)이 된다. 왜냐하면 여러 가지 기쁨을 모두 다 맛본 사람은 지적 기쁨이 가장 바람직한 것일 뿐만 아니라, 가장 즐거운 것이기도 하다는 사실을 경험을 통해서 알고 있기 때문이다. 플라톤의 말을 들어보자.

> 정신이 세 부분으로 나누어져 있듯이 이 세 부분 각각에 고유한 쾌락(pleasure)이 있어서 쾌락에도 세 가지 쾌락이 있으며, 마찬가지로 욕구(desire)와 지배력에도 세 가지가 있는 것으로 생각된다네.
>
> 무슨 말씀이십니까? 라고 그[글리우콘]는 물었다.
>
> 우리가 말하는 첫째 부분은 지식을 얻는 기관이고, 둘째 부분은 분노를 느끼는 기관이지. 이제 세째 부분인데, 이것은 여러 가지 형태를 띠고 있어서 한 가지 뚜렷한 이름으로 부르기가 어렵다네. 다만 사람들은 그 중에서 가장 강력하고 중요한 요소의 명칭을 거기다 부여했지. 그래서 이것이 음식이나 음료, 사랑 따위에 대해서 강한 욕망을 가지고 있기 때문에 욕망, 즉 욕망을 맡은 부분(appetitive part)라 부르기도 하고, 또 돈이 그런 욕구들을 만족시키는 주된 수단이기 때문에 마찬가지 이유에서 금전욕이라 부르기도 한다네.
>
> 그렇게 부르는 것이 옳습니다.
>
> 이것은 또 수입이나 이익을 즐기고 좋아한다고 말할 수 있는데, 그렇다면 이

부분에 관한 이야기를 할 때 서로 잘 이해하기 위해서 금전을 애호하는 부분(money-loving part) 또는 이익을 애호하는 부분(gain-loving part)라는 한 가지 이름을 쓰는 것이 좋지 않겠는가?

저는 어쨌든 그렇게 생각합니다.

이번에는 높은 기개를 가진 부분에 관한 이야기인데, 이것은 오로지 명예와 승리 그리고 지배만을 추구한다고 말해야 되겠군 그래.

정말 그렇습니다.

그러므로 이것을 야심, 명예를 열망하는 부분이라고 불러도 무방할 테지.

가장 적당한 이름입니다.

학습을 맡은 부분이 언제나 추구하는 것은 사물에 관한 진리를 아는 것뿐이고, 이 부분이 부나 명예에 관한 관심이 가장 적다는 것은 물론 누구에게나 분명한 일이지.

그렇습니다.

학문을 사랑하는 자, 지혜를 사랑하는 자가 그에 합당한 이름일 테지.
…

만약에 이 세 부류에 속하는 사람들 각각에게 차례차례로 어떤 인생이 가장 즐거운 것인지를 묻는다면, 모두가 주로 자기 자신의 삶을 권하리라는 것을 자네는 알고 있는가? 금융업자는 이익에 비해 보면 명예나 학문의 기쁨이란 돈이 되지 않는 한 쓰잘 것이 없다고 단정할 것이네.

정말입니다.

명예를 사랑하는 사람은 어떤가? 그는 돈이 주는 기쁨은 통속적이고 저속하며, 지식이 명예를 갖다주지 않는 한, 학문의 기쁨은 뜬 구름에 지나지 않는다고 생각하지 않겠는가?

그렇습니다.

언제나 진리와 실재에 몰두해서 그것들을 아는 기쁨에 비해서 다른 기쁨들을 철학자가 어떻게 평가할 것인지를 한번 생각해 보게나. 다른 기쁨들이란 진짜 기쁨과는 동떨어진 것이라고 생각하지 않을까? 그리고 이것들을 그야말로 필요의 기쁨(pleasure of necessity)이라 부르지 않겠는가? 왜냐하면 필요한 일이 생기지 않으면 그에게는 이런 기쁨들이 아무 소용이 없을 테니 말일세.

분명히 그럴 겁니다.

어떤 쾌락 어떤 인생이 보다 고귀하고 좋으며 또 어떤 것이 보다 저속하고 나쁜지에 대해서뿐만 아니라, 어떤 것이 실제로 보다 즐겁고 고통이 없는지에 대해서조차 여러 가지 형태의 쾌락 및 인생들이 서로 말다툼을 하고 있는 것이지. 그렇다면 이것들 가운데 어느 것이 가장 옳은 말을 하는지를 어떻게 결정할 수 있겠는가?

정말 그렇습니다.

자! 이렇게 한번 생각해 보지. 올바른 판단을 내려야 할 경우에 무엇이 그 기준이 되어야 할 것인가? 그것은 경험, 식견, 그리고 토론이 아닐까? 이것들보다 더 나은 기준을 들 수 있을까?

누가 더 나은 기준을 들겠읍니까?

그런데 보게나. 이 세 가지 인간형 중에서 우리가 이야기한 모든 기쁨들을 가장 많이 경험한 것은 어떤 인간형일까? 이익을 사랑하는 자들이 진리의 본성을 연구함으로써 얻는 기쁨, 즉 지식이 그들에게 주는 기쁨이 철학자들이 이익을 얻음으로써 느끼는 기쁨보다 더 큰 것이라고 생각하는가?

거기에는 큰 차이가 있읍니다. 어려서부터 철학자는 두 가지 서로 다른 기쁨을 맛보게 마련입니다. 그러나 수입의 애호인들은 사물의 참된 성질을 배우는 감미로운 기쁨을 맛보고 경험할 필요가 없을 뿐만 아니라, 설사 그것을 바라고 갈망한다고 하더라도 쉽사리 맛볼 수가 없읍니다.

그렇다면, 이 두 가지 쾌락에 대한 경험이라는 측면에서 볼 때, 지혜의 애호인은 수입의 애호인에 비해 훨씬 뛰어난 사람이로군.

예, 훨씬 뛰어납니다.

그러면 명예를 사랑하는 사람에 비해서는 어떨까? 지혜의 애호인이 존경받는 기쁨에 익숙한 것 이상으로 명예의 애호인은 지식에서 오는 기쁨에 익숙한 것일까?

아닙니다. 몇가지 목표를 이루기만 하면, 명예는 이 모든 것을 따라오게 됩니다. 부유한 사람, 용감한 사람, 그리고 현명한 사람은 많은 이들이 존경하는 법이어서, 모든 사람들이 명예가 가져다 주는 기쁨을 잘 알고 있읍니다. 그렇지만 참된 것에 대한 명상이 가져다 주는 즐거움을 맛볼 수 있는 것은 지혜를 사랑하는 사람밖에 없읍니다.

그렇다면 그는 경험의 문제에 관한 한 셋 중 가장 뛰어난 재판관이로군.
…

이렇듯 기쁨에는 세 가지 종류의 기쁨이 있는데, 영혼 중에서 우리의 학습을 관장하는 부분의 기쁨이 가장 감미로운 것이며, 또 이 부분이 지배하는 사람의 삶이 가장 즐거운 것이네.

어떻게 달리 말할 수 있겠읍니까?

어쨌든 지성적인 사람은 스스로의 삶을 영위함에 있어서 권위를 가지고 말하는 법이지.[1)]

플라톤은 이성이 영혼을 지배하는 사람이 제일 잘 사는 사람이라는 주장을 뒷받침하기 위해서 마지막으로 또 하나의 논증을 내놓고 있다. 이 논증 또한 그때 추구되는 기쁨이 가장 추구할 만한 기쁨이라는 것을 보여주려고 한다. 그런데 여기서는 여러 가지 서로 다른 기쁨에 대한 우리의 경험을 문제삼는 것이 아니라, 기쁨들의 본질적인 성격을 분석하는 방법을 사용한다.

그가 내놓는 논증은 매우 따라가기가 힘들어서, 그것의 진짜 의미가 무엇인지에 관해 학자들 사이에 논란이 있었다. 실재에 관한 이해의 추구와 진리의 획득에 바탕을 두고 있는 지적 기쁨이야말로 참된 기쁨, 가장 추구할 만한 기쁨이라는 것이 그 요지인 듯하다. 플라톤이 내놓는 논증은 다음과 같다.

그러면 이런 식으로 한번 생각해 보지. 배고픔이나 갈증 같은 상태는 육체적 습관이 비어서 공허한 상태가 아닌가?

물론입니다.

또 무지와 어리석음은 영혼이 습관이 비어 있는 어떤 상태가 아닌가?

정말 그렇습니다.

그래서 영양을 섭취하고 지혜를 얻는 자는 이 공허를 채우는 것이 아닐런지?

물론입니다.

그러면 어느 편이 보다 참된 성취, 보다 참된 채워넣기가 될 것인가? 참된 것들을 보다 많이 채워넣는 것일까, 아니면 보다 조금 채워넣는 것일까?

분명 보다 많이 채워넣는 편입니다.

또 두 개의 무리, 두 개의 종류 중에서 어느 편이 순수한 본질을 보다 많이 포

1) Platon, *Republic*, 제 9 권.

함하고 있다고 생각하는가? 음식, 음료, 맛 따위, 즉 일반적으로 말해서 자양분일까 아니면 참된 식견, 지식과 이성 따위 즉, 한마디로 말해서 보다 탁월한 모든 것들일까?[2)]

이제 이런 모든 논증들을 받아들여서 이상적인 영혼이 어떻게 작용하는가에 관한 플라톤의 견해에 동의한다고 해보자. 이성이 지배하는 사람이 가장 행복하다는 것을 받아들인다고 해보자. 여기서 어떤 결론이 나오는가? 플라톤은 이것이 바로 이기심의 바탕 위에서 도덕적으로 행동해야 할 이유가 된다고 생각했다. 어쨌든 이성의 지배를 받는 사람은 결코 비도덕적으로 행동하지 않으리라는 것이다. 비도덕적으로 행동하는 사람의 정신은 올바른 질서를 가지지 못하고 있음에 틀림없다. 그런데 우리는 앞에서 그런 무질서한 정신 상태가 얼마나 불이익을 가져오는지를 살펴보았다. 그러므로 도덕적으로 행동하는 인생이야말로 자기 자신에게 진짜 이익이 된다.

이런 플라톤 식의 설명은 매우 매력이 있다. 플라톤은 결국 개별적 행위에서부터 시선을 돌려서 그것을 수행하는 주체인 인격에 주목해야 한다고 주장한 것이다. 그래야만 비로소 도덕적으로 행동해야 되는 까닭을 알 수 있다. 비도덕적인 행동의 진짜 결함은 우리가 그렇게 행동하기 위해서 가져야 하는 어떤 종류의 인격에서 찾아야 한다.

이런 생각이 비록 인상적이기는 하지만, 플라톤이 실제로 내놓은 대로의 논증은 어려운 문제를 안고 있다. 플라톤은 분명 이성의 지배를 받는 사람, 질서있는 정신을 가진 사람은 비도덕적으로 행동하지 않으리라는 가정에 입각하고 있다. 이 가정이 옳다고 생각할 이유가 있는가? 플라톤의 책을 돌아보면, 그는 이 가정을 자명한 것으로 받아들이고 있다는 점을 알 수 있다.

정당한 사람 [이성의 지배를 받는 사람], 정당한 시민이 신에 대한 불경, 도둑질, 또는 친구나 국가에 대한 배신 등의 죄를 짓는 일이 있겠는가?

결코 없읍니다.

또 그런 사람은 맹세를 하고서 신뢰를 저버리는 일도 결코 없겠지.

당연합니다.

---

2) 같은 책.

어느 누구보다도 그는 간음을 범한다거나, 자기 부모에게 불경스러운 일을 한다거나, 종교적 의무를 저버리는 일이 없을 것이네.

그렇습니다.

그리고 그 이유는 그의 각 부분이 지배적인 위치에 있건, 지배를 받는 위치에 있건 맡은 바 소임을 다하기 때문이 아닐런지? 3)

플라톤이 왜 이렇게 생각하게 되었는지도 짐작할 수 있다. 그의 견지에서 보면 도둑이나 간음한 자는 욕망에 흔들려서 이성이 금하는 것을 범한 사람이다. 그런데 합리적이고 냉정한 도둑이나 또는 간음한 자, 이성의 지배를 받되 자기의 이성으로부터 비도덕적인 행동을 하라는 명령을 받는 사람은 왜 있을 수 없단 말인가? 플라톤이 어떻게 이런 가능성을 제거할 수 있을런지는 매우 의심스러운데, 만약 그가 그렇게 하지 못한다면, 합리적인 사람과 도덕적인 사람이 반드시 같은 것은 아니다. 자기 이익을 추구하는 전자의 바람은 후자의 바람과 같지 않다. 데이빗 작스의 말을 들어보자.

트라시마쿠스(Thrasymachus)[소크라테스의 상대편]가 자기의 입장을 밝히는 도중에 공정하지 못한 행위의 예로서 신전의 물건 훔치기, 어린 아이 유괴, 절도, 사기 등을 언급하고 있다는 점을 상기할 수 있을 것이다. 또 글라우콘(Glaucon)은 누구든 원하는 사람과 성적인 관계를 갖는 것, 살인, 자기가 원한다고 해서 죄수를 풀어주는 행위 등등, 즉 보통 비도덕적이라거나 범죄라고 판단되는 행위들을 언급함으로써 (트라시마쿠스의) 목록을 확대하고 있다. 자기 인생이 다른 인생보다 더 행복하다는 것을 증명해 주기를 원하는 상대방은 이런 행동을 하지 않는 사람이다.

그렇지만 플라톤이 확립하려는 것은 그 영혼을 이루는 부분들이 각각 맡은 바 소임을 다 하고 있으며, 또 언제나 그런 상태가 계속적으로 유지될 수 있게끔 행동하는 사람이 이런 질서있는 영혼을 가지지 못한 사람보다 더 행복한 인생을 영위한다는 것이다. 플라톤의 이런 시도가 성공적이건 그렇지 못하건간에, 어쨌든 이 시도를 의미있는 것으로 만들려고 한다면 그는 먼저 그가 생각하는 바 정당한 사람은 보통 비도덕적이라거나 범죄라고 생각하는 행동을 하지 않는다는 사실을 증명해야만 한다. 플라톤이 정의하는 정당한 사람의 행위는 동시에 일상적이고 대중적인 정의 규범에도 부합한다는 것을 증명해야 한다는 말이

3) Platon, *Republic*, 제 4 권.

다. 둘째로 대중적인 견지에서 보아 정당한 사람은 누구나 다 그의 견지에서도 정당한 사람이라는 것이 입증되어야 한다. 왜냐하면 이것이 증명되지 않는 한 대중적 정의관에 부합하면서도 그렇지 못한 사람들보다 더 불행한 사람이 있을 수 있다는 주장을 반박할 수 없기 때문이다. 행복과 정의에 관한 플라톤의 결론이 트라시마코스의 주장을 성공적으로 물리치는 동시에, 글라우콘과 아데이만투스(Adeimantus)의 소크라테스에 대한 기대를 만족시키려고 하는 것이라면, 그는 이 두 조건을 모두 만족시켜야 한다. 《국가》편에는 플라톤이 첫번째 조건에 대해서 별 문제가 없다고 생각하고 있음을 보여주는 구절이 몇 개 있다. 그렇지만 플라톤이 두번째 문제를 깨닫고 있음을 보여주는 구절은 하나도 없다. 어쨌든 그는 이 두 조건을 모두 만족시키지 못하고 있는 것이다. 그리고 그가 이들 가운데 어느 하나라도 만족시킬 수 있었으리라는 생각 또한 설득력이 없는 것이다.[4)]

이제 홉즈가 내놓는 논증을 살펴보기로 하자. 홉즈는 인간성에 관한 기본 가정에서 출발한다. 인간은 본질적으로 자기 자신의 이익을 추구하게끔 되어 있어서, 개개인은 자기 자신에게 이익이 된다고 생각하는 것을 얻으려고 하며, 이를 얻기 위해서라면 기꺼이 다른 사람을 해친다는 가정이 그것이다. 설령 그렇다고 하더라도 모든 사람을 충분히 만족시킬 만큼 많은 재화가 있다고 한다면 별 문제가 없을 것이다. 그런데 사실은 그렇지 못하다. 그래서 사람들은 쓸모있는 것을 손에 넣기 위해서 경쟁을 하고, 서로 무기를 맞대고 충돌하게 된다. 홉즈는 사람들이 서로 충돌하고 있는 이 상태를 자연 상태(state of nature)라고 부른다.

어떤 사람들은 인간성에 관한 홉즈의 견해가 지나치게 삭막한 것이며, 사람들이 실제로 이런 식으로 행동하리라는 홉즈의 가정은 정당하지 못하다고 말하고 싶을 것이다. 그러나 홉즈는 모든 사람이 다 잘 알고 있는 사실을 듦으로써 자기의 비관적 견해를 정당화할 수 있으리라고 생각한다.

이런 일을 깊이 생각해 보지 않은 사람들은, 자연이 이와 같이 사람들을 서로 분리시키고 또 사람들이 서로를 공격하고 파괴하는 경향을 조장한다는 것이 지나친 말이라고 생각할 것이다. 그래서 경험을 통해 이 사실을 입증해 주기를 원할지도 모른다. … 만약 그런 사람이 있다면, 자기 자신의 경우를 생각해 보게

4) David Sachs, "A Fallacy in Plato's *Republic*," *Philosophical Review*, 1963.

> 하라. 그는 여행을 떠날 때 몸소 무장을 하고, 또다른 동료들과 함께 떠난다. 그는 잠자리에 들 때 문을 잠그며, 집에 있을 때도 금고를 잠구어 둔다. 법이 있고 경찰관이 있다는 것을 알면서도 그렇게 하는 것이다. …그렇다면 그는 내가 말로써 표현하는 인류에 대한 비난을 행동으로 표시하고 있지 않는가?[5)]

홉즈는 이성적인 사람이라면 분명 자연 상태에서 살기를 원하지 않을 것이라고 말한다. 틀림없이 이긴다는 확신이 있다면, 자연 상태가 별로 나쁘지 않을 것이다. 그러나 다른 사람(혹은 사람들의 집단)과의 충돌을 꺼리지 않아도 좋을 만큼 힘이 센 사람은 아무도 없다. 그래서 자연 상태는 사람들이 피하기를 바라마지 않는 어떤 것이다.

도덕적 행동에 대한 홉즈의 옹호론에 깔려 있는 기본적인 생각은 이처럼 매우 단순한 것이다. 합리적으로 자기 이익을 추구하는 사람이라면 충돌의 위협으로부터 벗어나기 위해서 어떤 도덕률을 지킬 것을 약속해야 되는데, 이 도덕률이 그와 다른 사람들 사이의 관계를 규제하게 된다는 것이다. 다시 말해서, 다른 사람들과 함께 살아나가려고 한다면, 다른 사람들의 권리와 이익에 관한 어떤 도덕률을 따라야 한다는 말이다. 그렇게 해야만 사람들이 서로 평화롭게 살 수가 있다.

홉즈는 분명 중요한 점을 지적하고 있다. 어떤 경우에는 비도덕적인 행동이 이익이 되기 때문에 도덕적인 행동을 고수한다는 것은 어느 정도의 손해를 감수하는 것이라고 하더라도, 우리는 모든 사람이 비도덕적으로 행동하면 훨씬 더 많은 것을 잃게 되리라는 것을 알고 있다. 우리는 이 사실을 알고 있기 때문에 도덕적으로 행동하게 된다.

그런데 홉즈는 여기서 무언가 착각을 하고 있는 것이 아닌가? 모든 사람이 도덕률에 개의치 않고 자기 자신의 이익을 추구하는 경우보다 모든 사람이 도덕적으로 행동하는 경우에 보다 많은 이익을 얻게 되리라는 말은 옳다. 그렇지만 나 개인은 다른 사람들이 도덕률에 얽매여 있을 때 혼자 자기 이익을 찾아먹는 것이 더 낫지 않을까? 또 그렇다면 그 정도에 머물지 않고 보다 적극적인 작전을 쓰는 것이 합리적이지 않을까? 나 자신은 비도덕적이지만 이익이 되는 행동을 해나가되, 다른 사람들은 도덕적인 행동을 하도록 유도해야 되지 않겠는가 말이다.

우리는 바로 이런 행위 즉 좋은 자리를 얻기 위해 나쁜 거짓말을 퍼뜨리는, 비도덕적이지만 자기 자신에게 이익이 되는 행위를 생각함으로

5) Thomas Hobbes, *Leviathan*, 제 13 장.

써 이 장을 시작했다. 이런 행동을 하려는 사람에게 홉즈는 무어라고 말할 것인가? 생각컨대 홉즈는 이렇게 말할 것이다. 너에게는 아무도 그런 행동을 하지 않는 경우가 모든 사람이 그런 행동을 하는 경우보다 더 낫다. 모든 사람들이 그런 거짓말을 퍼뜨리고 다닌다면, 분명히 우리의 거짓말장이 후보생도 결국 다른 거짓말의 피해를 보게 될 것이다. 그렇지만 그는 이제 홉즈에게 이렇게 대답할 것이다. 다른 사람들은 거짓말을 퍼뜨리지 않는 반면에 나는 거짓말을 퍼뜨린다면, 나에게 이익이 될 터인데, 다른 사람들에게는 도덕적인 사람이 되라고 하면서 몰래 거짓말을 퍼뜨림으로써 내가 얻고자 하는 바는 바로 이것이라고. 이 대답에 홉즈는 어떻게 응수할 것인가?

홉즈는 이런 문제를 분명히 깨닫고 있었다. 그렇지만 그는 이 문제를 다음과 같이 생각하고 싶어한다. 예를 들어서 나는 경쟁자에 관한 헛소문을 퍼뜨리지 않기로 작정한다고 해보자. 즉 나는 목전의 이익을 추구하지 않고 도덕적으로 행동할 결심을 한다고 해보자. 다른 사람들도 이렇게 행동하기로 결정한다면, 예를 들어서 나의 경쟁자 또한 나에 관한 헛소문을 퍼뜨리지 않기로 결심한다면, 그걸로 좋다. 그런데 다른 사람은 나에 대해 비도덕적인 행동을 하기로 결정하는 경우를 생각해 보자. 그러면 나는 정말 곤궁에 빠지게 된다. 다른 사람들은 도덕적 제약을 지키지 않는데 나만 그것을 지킨다면, 나는 매우 손해를 보게 된다. 이제 홉즈는 이렇게 묻는다. 나는 어떻게 이런 사태가 생기지 않으리라고 확신할 수 있는가? 어떻게 남들은 나처럼 행동하지 않을지도 모른다는 것을 알면서도 도덕적인 행동을 하는 모험을 감행할 수 있는가?

이런 모든 문제들에 관한 홉즈 자신의 해결책은 매우 강력한 국가, 거의 절대적 권력을 가진 국가를 세워야 된다는 것이다. 이런 국가에 의해서 모든 사람이 도덕적 제약에 따를 것이 보장된다.

> 외적의 침략으로부터 국민을 보호하고 국민들 서로간의 침해를 막음으로써 국민들이 토지의 혜택에 그들 자신의 근면·성실을 보태서 스스로를 양육하고 만족스러운 생활을 영위할 수 있는 조건을 확보해 줄 수 있는 공동의 권력을 수립하는 유일한 방도는, 국민들이 자기들의 모든 힘과 권력을 한 사람이나 아니면 한 집단에 부여함으로써 여러 갈래로 갈라지는 국민들의 의지를 모두 한 개의 의지에로 수렴시키는 것이다.[6]

---

6) 같은 책, 제 17 장.

많은 사람들은 이렇게 되면 우리들이 가진 자유를 국가에 너무 많이 바쳐야 될 것이므로, 이런 해결책은 만족할 만한 해결책이 아니라고 생각할 것이다. 대가가 너무 엄청나다는 것이다. 홉즈식의 국가가 만족할 만한 것이 아니라면, 그의 해결책은 일단 백지로 돌아간다. 그러나 도덕적인 행동의 근거를 대기 위해서 홉즈의 절대 국가가 반드시 필요한 것은 아니라고 주장하는 철학자도 있다. 예를 들어서 바이어는 이렇게 주장한다.

> … 다른 사람들의 행동에 관한 예상이 현재와는 다른 것이 될 경우에라야 비로소 이성이 도덕성을 뒷받침할 수 있게 된다. 홉즈는 이런 상태의 실현이 법을 시행하는 절대적 권력을 가진 절대적 통치자가 나타날 경우에만 가능하다고 생각했다. 우리는 이 생각이 잘못이라는 것을 이미 보았다. 사람들이 사회 속에서 살 때, 즉 사람들이 공통된 생활 양식을 가지고 있어서 사회의 모든 구성원들이 이것을 배우고, 또 단체가 이것을 어느 정도 강화하는 역할을 할 때에도 이런 상태는 실현될 수가 있다. 이런 사회의 구성원들은 자기 동료들이 일반적으로 즉 자기네들의 이익과 충돌하는 어떤 경우에도, 사회적 규칙들, 즉 사회의 종교, 도덕률, 관습 및 법률들을 준수하리라는 기대를 해도 좋다. 그러므로 자기네들 또한 이런 규칙들에 따를 이유가 있는 것이다.[7)]

그러나 이런 주장이 전적으로 만족할 만한 것은 아니다. 우선, 이런 주장은 도덕적 교육과 사회적 압력으로써 사람들이 도덕적으로 행동하게 만들 수 있는 정도에 대해서 지나치게 낙관적이라는 생각이 든다. 두번째로(이것이 보다 중요한 이유인데), 대부분의 사람들이 대다수의 경우에 도덕적으로 행동하리라는 기대를 가질 수 있다고 하더라도 모든 문제가 해결되지는 않는다. 그렇다고 하더라도 이런 문제가 여전히 남게 되는 것이다. 비도덕적이지만 이익이 되는 행동을 하고도 잘 지낼 수 있는 경우에도 도덕적으로 행동해야 한다면, 그 이유는 무엇인가? 홉즈가 말하는 절대 정부 같은 것이 없다면, 어떤 때에는 이익이 되는 비도덕적 행동을 하고도 별 문제없이 지낼 수 있는 경우가 있을 것이다. 결국 바이어는 이런 행동을 해서 개인적인 이득을 취하지 말아야 되는 진짜 이유를 설명하지 못하고 있다.

---

7) Kurt Baier, *The Moral Point of View*, 제 7 장, sect. 3.

2.3 보다 급진적인 접근 방식들

지금까지 우리는 도덕적인 행동이 언제나 자기 자신에게 이익이 된다는 것을 입증하려는 몇가지 시도들을 살펴보았다. 이 시도들은 성공하지 못했다. 그래서 우리는 도덕성과 이기심을 연결하는 것이 도대체 가능하기나 한지에 대해서 의심을 품게 된다. 그것이 가능하지 않다고 해보자. 이는 무엇을 뜻하는가?

이 시도들의 실패가 사실 별로 중요하지 않다고 생각하는 철학자들이 있다. 사실 어떤 이들은 이 시도 자체가 잘못이라고 믿고 있다. 프리차드가 바로 그런 철학자인데, 그는 이렇게 말하고 있다.

> 도덕 철학의 문헌을 그다지 비판적이지는 않지만 개괄적으로 알게 되면, 그 상당수가 의무와 이익 사이에 어떤 필연적인 관계가 있음을 증명하거나 아니면 어떤 때에는 그 관계가 어떤 자명한 것임을 보여주려는 시도로 점철되어 있다고 말하기가 쉽다. …이런 시도들을 읽고 있으면, 자연히 이런 시도들이 성공하기를 어느 정도 바랄 수밖에 없다. 그리고 우리는 이 소망을 이런 식으로 표현할 수도 있다. 우리 모두가 정직이 최선의 수단임을 믿을 수 있게 되기를 바란다고. 동시에 우리는 이런 시도들이 어느 정도 빗나간 것이라는 느낌 또한 금할 수 없다. 그리고 진짜 문제는 이것들이 성공적인가 아닌가하는 문제라기보다는 오히려, 도대체 이런 시도를 해야 되는가하는 문제라는 생각이 든다.[8)]

프리차드 같은 철학자들은 자기 자신에게 이익이 되지 않는 경우에도 도덕적이라야 되는 이유가 있기 때문에, 도덕성이 자기 자신에 대한 이익과 같다는 것을 증명할 필요가 없다고 생각한다. 플라톤과 홉즈처럼 궁극적으로 보면 이기심이 행동의 유일한 이유라고 본 것이 잘못이라는 것이다. 프라차드 같은 사람들은 도덕적으로 행동해야 되는 다른 이유가 있다고 믿는다. 이런 다른 이유들이 있기 때문에, 도덕적인 행동이 자기 자신에게 이익이 된다는 것을 증명할 수 없다고 하더라도, 이것이 별로 중요한 사실이 아니라고 보는 것이다.

여기서 말하는 다른 이유들이란 어떤 것인가? 그 한 가지로서 프리차드는 우리가 옳은 일을 하기를 원한다는 점을 든다.

---

8) H. A. Prichard, *Duty and Interest.*

> 어떤 사람이 의무감을 가지고 있으며 또 이 의무감이 매우 강렬한 것이라고 말할 때, 우리는 분명히 어떤 사실을 이야기하고 있다. 의무감을 가지고 있다는 말을 듣는 사람에 관한 우리의 생각을 정리해 보면, 이런 사람은 다른 어떤 것을 고려하지 않고 의무인 것을 의무로서 행하려는 자라고 하지 않을 수 없다. 한마디로 말해서 이런 사람은 … 의무인 것을 하려는 욕구를 가지고 있다. 일단 의무인 것을 하려는 욕구가 있다는 것을 인정하고 나면, 어떤 사람이 어떤 행동을 옳다고 인정할 때에도 그가 그런 행동을 하게 되려면 그것이 자기에게 이익이 된다는 확신이 있어야 한다는 일반적인 주장을 할 필요가 없게 된다. 왜냐하면 이제 이렇게 주장할 수 있기 때문이다. 어떤 옳은 행동이 이익이 되지 않는다고 해서 그가 느끼게 되는 반감이 비록 있다고 하더라도, 옳은 일을 하려는 그의 욕구가 충분히 강렬하기만 하면 그는 그런 행동을 하게 될 것이라고.[9]

또다른 철학자들은 도덕적인 행동을 해야 되는 이유로서 우리에게 다른 사람들의 안녕과 복지에 대한 관심이 있다는 점을 든다. 예를 들어서 허치슨은 유덕한 행동을 해야 되는 진짜 이유는 "우리의 본성이 이해 타산으로부터 생기는 이유들에 앞서서 다른 사람들의 안녕을 기원하는 본능을 가지고 있는데, 이 본능이 우리로 하여금 다른 사람들을 사랑하게끔 인도"하기 때문이라고 말한다.

두 사람이 한 개의 일자리를 놓고 경쟁을 벌이는 경우를 다시 한번 생각해 보자. 프리차드에 따르면, 한 사람이 다른 사람에게 피해를 주는 거짓말을 퍼뜨리지 말아야 되는 것은 이 행동이 옳은 일을 하려는 욕구와 맞부딪치기 때문이라는 것이다. 한편 허치슨에 따르면, 이 행동은 다른 사람의 안녕을 희구하는 그의 본성에 반대되기 때문에 하지 말아야 된다는 것이다.

전체적으로 이런 접근 방식을 받아들이게 되면, 분명히 도덕 훈련에 대한 생각이 바뀌게 될 것이다. 아이들에게 도덕적인 훈련을 시킬 때 도덕적인 행동을 하면 얻게 되는 개인적 이익을 강조하는 것이 잘못이라는 점을 앞에서 지적한 바 있다. 이것을 강조하게 되면, 도덕률과 이기심이 맞부딪치는 경우에도 도덕적이라야 되는 이유를 설명하지 못할 것이 분명하다. 프리차드가 대안으로 내놓는 이론에서는 도덕 훈련이 어

---

9) 같은 책.

린이에게 옳은 일을 하려는 욕구를 계발해 주어야 함을 시사한다. 허치슨의 견해는 도덕 훈련이 다른 사람들의 안녕에 대한 어린이들의 관심을 계발해야 된다는 것을 암시한다. 존 스튜어트 밀은 바로 이런 식의 도덕 훈련을 강조하고 있다.

> 인간 정신의 수준이 높아짐에 따라 개개인이 다른 모든 사람들과 일체감을 느끼게 만드는 요인들이 점점더 영향력을 발휘하게 되는데, 이 영향력이 완벽하게 작용하는 사람은 자기에게는 이익이 되지만 다른 사람에게는 도움이 되지 않는 상태란 생각하지도 않고 욕구하지도 않을 것이다. 종교라는 이름하에 이런 일체감이 도야되고, 교육, 종교 및 식견의 힘이 모여서 사람들이 어려서부터 이 일체감의 표현과 훈련에 에워싸인 상태에서 자라는 데 기여한다고 해보자. 이런 상태를 생각할 수 있는 사람이라면 그 누구도 우리의 궁극적인 기준이 충분하다는 데 이의를 제기하지 않을 것이다.[10]

프리차드-허치슨의 견해는 도덕성에 관한 또 한 가지 중요한 사실을 설명해 준다. 우리는 같은 행동을 수행한 사람들의 동기를 가려내어서, 어떤 사람은 칭찬하면서 같은 행동을 한 다른 사람은 칭찬하지 않는 경우가 있다. 참된 자선심에서 남을 도우는 사람은 사회의 칭찬을 받으려고 자선을 행하는 사람보다 더 칭찬할 만하다. 그런데 이기심이 정말로 인간 행위의 유일한 동기라면, 이런 구분은 무의미하게 될 것이다. 이제 모든 행동은 이기적인 동기의 발로이고, 도덕적인 행동으로 찬양받을 가치가 있는 사람은 아무도 없게 된다. 한편 프리차드나 허치슨이 옳다면, 칭찬받을 만한 사람과 그렇지 못한 사람의 구분이 가능하게 된다. 이기심 이외의 동기에서 행동하는 사람이 분명 칭찬받을 만한 사람이다.

어떤 철학자들은 이런 입장을 한 걸음 더 밀고 나아간다. 이런 사람들에 따르면, 도덕감에서 행한 행동만이 참으로 칭찬할 만한 행동이다. 욕구 때문에 행동한 사람은 누구나 다 참된 칭찬을 받을 자격이 없다. 심지어는 다른 사람을 도와주려는 욕구에서 행동한 사람도 마찬가지라는 말이다. 칸트는 — 여기서 사용한 "참된 칭찬"이라는 말 대신에 "존경"(esteem)이라는 단어를 사용하면서 — 이 점을 다음과 같이 표현하고 있다.

---

10) John Stuart Mill, *Utilitarianism*, 제 3 장.

능력이 있을 때 인정을 베푸는 것은 의무이다. 그런데 어떤 사람들은 매우 인정이 많은 마음을 가지고 있기 때문에, 공명심이나 이기심 같은 다른 동기들이 없이도 다른 사람들을 즐겁게 하는 일에 기쁨을 느끼고 또 자기가 한 일로 다른 사람들이 만족해 하는 것을 즐거움으로 여길 수가 있다. 나는 이런 경우에 이런 행동은, 아무리 적절하고 또 호감이 가는 것이라 할지라도, 참된 도덕적 가치가 없다고 주장하는 바이다. 이런 행동은 예를 들어서 명예를 바라는 마음과 같은 다른 성향들과 같은 위치에 속하는 것으로서, 만약에 다행히도 결과적으로 사회에 이익이 되고 의무에 합당하며 따라서 명예로운 일들을 지향하게 되면 칭찬과 장려를 받을 만하기는 하지만 존경을 받을 자격은 없는 것이다.11)

칸트는 이런 주장을 함으로써 우리가 살피고 있는 명제 — 즉 도덕적인 행동을 해야 한다고 주장하기 위해서 반드시 그것이 자기 자신에게 이익이 됨을 입증할 필요는 없다는 명제 — 에 관한 허치슨식의 해석과는 물론 상당히 대립되는 입장에 서 있다.

계속해서 칸트는 그의 독자들을 놀라게 하는 몇가지 결론들을 끄집어 낸다.

자기 자신의 처지에 대한 슬픔이 이 친구의 마음을 뒤덮고 있어서 다른 사람의 운명을 공감하는 마음은 사라졌고, 자기 처지가 너무나 불우해서 다른 사람의 곤란 따위에 어떤 감정을 느끼지는 못하지만, 그럼에도 불구하고 그는 곤궁에 처한 다른 사람들을 도와줄 힘이 있다. 이런 상황에서 그가 이런 메마른 무감정에서 용감하게 벗어나 마음이 이끌리는 바, 즉 성향과는 상관없이 오직 의무감에서 다른 사람을 돕는 경우를 생각해 보자. 이제야 비로소 그의 행동이 진짜 도덕적 가치를 가지게 된다. 게다가 만약 자연이 그의 가슴에 공감을 거의 불어넣어 주지 않아서 정직하기는 하나 기질이 차갑고 다른 사람의 고통에 무관심한 반면, 인내와 강인함의 쉽지 않은 재능을 부여받아서 다른 사람들 또한 같은 능력을 갖추기를 기대하고 또 요구하기까지 하는 사람이 있다면 — 이런 사람은 분명 자연이 빚어낸 최하품은 아닐 것인데 —, 그에게는 좋은 품성을 부여받았을 때보다 자신을 더 높이 고양시킬 수 있는 바탕이 마련되어 있는 것이 아닌가? 비록 자연이 그를 자애로운 사람으로 빚어내지는 않았지만, 이것은 분명히 옳은 말이다. 왜냐하면 여기서야말로 도덕적으로 보아 다른 모든 것에 견줄 수 없을 만큼 고귀한 인격의 가치가 드러나기 때문이다. 그는 성향의 소치로서가 아니라 의무 때문에 자선을 베푸는 것이다.12)

11) Immanuel Kant, *Foundations of the Metaphysics of Morals,* first section.
12) 같은 책.

대부분의 철학자들은 이런 결론이 지나치다고 생각했다. 이기심에서가 아니라 남을 위하는 동기에서 행동한 사람은 이미 칭찬받을 만하다는 것이다. W.D. 로스는 이런 좀더 균형있는 견해를 대표하고 있다.

칸트는 욕구에 대한 혐오감 때문에 욕구에서 나오는 모든 행위가 도덕적인 가치면에서 열등하다고 — 의무감 없이 친절과 사랑에서 한 행위 또한 가장 이기적이고 가장 잔인한 행위와 마찬가지로 가치가 없다고 — 주장하게 되었다. 의무감이 여러 동기들 중에서 최상의 동기라고 본 점에서는 그에게 동의하지만, 다른 모든 동기들을 하나같이 최하 수준에 놓는다는 점에서는 그를 따라가지 않아도 된다. 칸트는 도덕적 인생이 가치있는 어떤 유일한 요소와 전혀 가치가 없는 다른 많은 요소들 사이의 경연이라고 봄으로써 도덕적 인생을 너무 단순하게 만들고 있다. 인생은 여러 가지 정도의 가치를 가진 여러 가지 욕구들의 경연장이라는 것이 오히려 진리이다.

우리는 프리차드와 허치슨의 견해가 가지고 있는 바람직한 측면들을 살펴보았다. 그들은 자기 자신의 이익과 상충하는 경우에도 도덕적으로 행동해야 되는 이유를 제공하고 있는 듯하다. 또 여기서는 어떤 사람들의 어떤 행동이 참으로 칭찬할 만한 것인지가 만족스럽게 설명된다. 이런 장점들이 있는 반면에, 그들은 두 가지 큰 문제에 부딪치게 된다.

1. 그들의 이론 중 어느 하나가 옳다고 해보자. 이는 곧 우리가 적어도 두 가지 근본적으로 다른 동기 — 한편으로 이기심과 다른 한편으로 의무감 또는 남을 위하는 마음 — 를 가지고 있음을 뜻한다. 그런데 이 두 가지 동기가 맞부딪친다면, 우리는 어느 쪽을 택해야 할 것인가? 이 이론들은 분명 도덕적이라야 되는 이유를 제공하고 있다. 그렇기는 하지만 비도덕적이라야 되는 이유 또한 남아 있다. 이 두 이유 중에서 어느 하나를 선택해야 될 합리적 근거가 있는가? 일자리를 얻기 위해서 서로 겨루는 사람들의 경우를 다시 한번 생각해 보자. 허치슨이나 프리차드의 견해가 옳다면, 헛소문을 퍼뜨리지 말아야 될 이유("다른 사람들의 안녕"에 대한 관심, 혹은 "옳은 일을 하려는 욕구")가 있기는 하지만, 헛소문을 퍼뜨려야 될 이유(이기심)도 있다. 이 두 가지 이유 중에서 어느 쪽을 택해야 되는가?

2. 그들의 이론이 옳은 것인가? 정말 우리는 이기심 이외의 동기에서 행동하는 일이 있는가? 우리는 우리들 자신의 경험을 통해서 고매한 동기에서 행동하는 듯해 보이는 사람들도 실상은 이기심에서 행동하

는 경우가 있다는 꺼림직한 사실을 알고 있다. 그리고 이것은 어느 경우에나 타당한지도 모른다.

이 장의 마지막이 되는 다음 두 개 절에서 이 두 가지 반론들을 살펴보려고 한다.

2.4 진짜 동기는 무엇인가?

인간의 동기가 무엇인지를 묻고 있는 두번째 반론을 먼저 살펴보자. 허치슨과 프리차드는 **심리학적 이기주의**(psychological egoism) — 이기심이 행위의 유일한 동기 내지 이유라는 주장 — 를 공격하고 있다. 그들은 그 외에 다른 이유들이 있어야만 한다고 주장하고 있는 것이다.

그들은 이런 견해를 확립하기 위해서 어떤 주장을 펴는가? 그들은 우선 우리들이 이 견해의 옳음을 경험으로 느끼고 있다고 생각한다. 그래서 허치슨은 이렇게 쓰고 있다.

> 그런데 이런 생각이 옳다는 것을 우리에게 가장 효율적으로 확신시켜 주는 것은 자신의 덕행을 음미함으로써 즐거움을 얻으려는 생각이나 의도와는 상관없이 다른 사람의 안녕을 바라는 마음이 우리에게 있는지 없는지를 스스로에게 물어보는 것이다.

둘째로, 그들은 이기심의 발로가 아닌, 다른 사람들의 행동의 예가 분명히 있다고 생각한다. 마지막으로, 그들은 (앞에서 보았듯) 어떤 사람들은 칭찬할 만하다는 사실을 설명할 수 있는 이론은 자기네들의 이론뿐이라는 점을 지적한다.

물론 프리차드와 허치슨은 비이기적인 동기에서 행동하는 사람들이 이기심의 지배를 동시에 받는 경우도 있다는 것을 인정한다. 그들이 주장하려는 것은 이기적인 동기와 더불어 다른 비이기적인 동기가 있을 수도 있다는 것이다.

> 모든 사람이 이타심뿐만 아니라 이기심도 가지고 있으므로 이 두 원리가 합쳐져서 한 개의 행위를 유발할 수도 있다는 사실과, 이런 경우에 이 두 원리는 동일한 물체를 운동하게 만드는 두 개의 힘으로 간주해야 된다는 사실에 주목

해야 한다. … 그러므로 만약 어떤 사람의 이타심이 매우 강렬해서 이기심과 상관없이 혼자서도 어떤 행동을 유발하기에 충분한 것이라면, 비록 그가 공익 이외에 그 행위의 결과로 나타나는 개인적인 이익도 염두에 두고 있었다고 하더라도, 이 사실로 인해서 그의 행위의 이타성이 줄어들지는 않는다. 이기심이 없었더라면, 그가 그처럼 많은 공익을 도모하지 못했으리라고 생각한다면, 이기심의 효과를 뺀 나머지를 계산하면 된다. 이것은 순수한 이타심의 소산인 것이다.[13]

많은 사람이 이런 주장의 타당성에 대해서 회의적이다. 그런 사람들은 사람들이 진정으로 원하는 것은 자기 자신에게 이익이 되는 것뿐이라고 믿는다. 이런 생각의 근거가 되는 논증으로 세 가지를 들 수 있다.

1. 언뜻 보기에 비이기적이라 생각되는 행위들을 살펴보면, 실상 숨겨진 이기심의 발로인 경우가 가끔 있다.

2. 이타적인 동기나 의무감에서 행동하는 것으로 생각되는 사람들이 사실은 다른 사람들의 행복을 관조하는 기쁨이나 자신의 유덕함에 대해서 느끼는 즐거움을 얻기 위해서 행동하는 것이다. 그러므로 그들은 사실상 자기 자신의 기쁨을 얻기 위해서 행동하는 것이고, 그 행위의 동기는 이기심이다.

3. 어쨌든 우리는 어떤 욕구이건간에 자기의 욕구를 만족시키기 위해서 행동한다. 그러므로 우리의 행동은 이기심의 발로이다.

첫번째 주장은 상당한 직관적 호소력을 가지고 있다. 우리 모두가 이런 식으로 기만당하고 있는 것이다. 우리는 고귀하고 관대한 행동을 했다고 해서 어떤 사람을 존경하곤 하지만, 결국에는 이런 행동을 유발한 참으로 이기적인 동기들을 발견하게 된다. 이런 체험은 사람들의 동기에 대해서 어느 정도 회의적인 태도를 불러일으키기는 하지만, 그럼에도 불구하고 이기주의(egoism)가 일반적으로 참임을 확립하기에는 충분하지 못하다. 사람이 이기적인 동기에서만 행동한다는 것이 이것으로 확립되지는 않는다. 어쨌든 허치슨과 프리차드가 끌어다 대는 증거는 이기주의가 타당하지 못함을 암시한다.

둘째 주장은 좀더 깊이있는 것이다. 여기서는 허치슨-프리차드 명제가 어떤 심리학적 진리를 포함하고 있음을 인정한다. 그러나 이 명제는 바로 그 진리의 성격을 잘못 해석하고 있다는 것이다. 우리를 움직이는 것은 옳은 일을 하려는 욕구나 다른 사람들의 행복을 바라는 마음이 아

13) F. Hutcheson, 앞의 책.

니다. 진짜로 우리를 움직이는 것은 자기 자신이 옳은 일을 하고 있다고 생각함으로써 또는 다른 사람들의 행복을 봄으로써 얻게 되는 기쁨이다. 이렇듯 우리를 움직이는 것은 자기 자신의 기쁨을 바라는 마음이므로 이기주의가 옳다. 슐릭은 이런 견해를 강력하게 제시하고 있다.

자기가 죽는다는 생각은 보통 가장 끔찍한 생각들 가운데 하나이다(어떤 불행들에 비해서는 죽음이 오히려 편안한 안식처로 느껴지므로, 가장 끔찍하다고는 말할 수 없을 테지만). 그럼에도 불구하고 우리는 인생살이와 역사를 통해 비참한 상태, 때로는 죽음의 상태를 초래할 수밖에 없는 행동을 하는 사람들이 있음을 본다. 뿐만 아니라, 그런 행동을 하는 사람 자신이 이런 결과가 자기가 하는 행위의 목적들 가운데 하나임을 분명히 깨닫고 있다. 순교자는 이상을 위해 고통과 죽음을 받아들이고, 또 어떤 사람은 벗을 위해서 자기의 생명이나 "행복"을 바친다. 이런 사람들이 가장 즐겁고 또 조금도 거리낌이 없는 감정적 색조를 지닌 동기에서 이런 결심을 한 것이라고 진지하게 말할 수 있을 것인가?

이것은 사실이기 때문에, 진리를 말하고자 하는 사람이라면 결코 다른 말을 할 수 없으리라는 것이 나의 단호한 신념이다. 그렇다면 장렬한 영웅적 행위의 동기를 분석하고 이해하려는 시도를 할 필요가 있다. 영웅은 "대의를 위해서" 행동한다. 그는 어떤 이상, 어떤 명확한 목적을 실현하기를 원한다. 그 목적, 그 이상에 관한 생각이 그의 의식을 완전히 지배하고 있기 때문에, 다른 생각이 들어설 여지가 거의 없음에 틀림없다. 이는 적어도 영감에 대해서는 타당한 말인데, 영감없는 영웅적 행위란 있을 수 없다. 스스로의 고통과 파멸에 관한 생각이 있다는 것은 사실이다. 그러나 이 생각이 그 자체로서는 아무리 고통스러운 것이라고 하더라도, 목표에 대한 전망이 우세해서 이를 막고 억압한다. 결국 목표에 대한 전망이 승리해서 "뜻에 따른 행동"(act of the will), 불가피한 재난에 대한 생각이 분명하고 끈질기게 그에게 부딪쳐오면 올수록 점점더 철저하고 강렬해지는 노력으로 표현된다. 목표에 대한 이처럼 단호한 전망이 가지는 놀라운 힘의 원천은 무엇인가? 이런 힘이 어디서 나오는가? 그것은 물론 감동(emotion)에서 비롯한다. 영감은 인간의 운명에 대해서 주어진 최고의 기쁨이다. 어떤 것의 영감을 받는다는 것은 그것을 생각할 때 가장 강렬한 기쁨이 뒤덮는다는 것을 뜻한다. 영감의 힘에 의해서 어떤 희생을 무릅쓰고라도 친구나 아니면 다른 사람을 고통과 파멸에서 구해내기로 결심하는 사람에게는 이 행위에 대한 생각이 너무나도 기쁘고 더할 수 없을 만큼 즐거운 것이어서, 자기 생명을 보호하고 고통을 피한다는 생각은 안중에도 없다. 그리고 이런 영감 때문에 모든 박해와 모욕을 무릅쓰고 대의를 위해 싸우는 사람은 자신의 생각에서 순수하게 고양된 기쁨을 느끼는 것이며, 그래서 자신의 불행, 자신의 고통에 대한 생각이 그를 전혀 가로막지 못한다. 그에게는 고통 때문에 목표를 관철하지 못한다는 것이 고통 그 자체보다 더 불쾌한 것이다.[14]

그럼에도 불구하고 이 두번째 논증이 정말로 성공하지는 못한다. 우선, 이런 주장이 옳다고 하더라도 여전히 도덕적으로 행동해야 될 이유가 있다. 자기 자신이 올바르다고 생각함으로써, 아니면 다른 사람의 행복을 봄으로써 느끼게 되는 기쁨도 결국 프리차드의 정의감이나 허치슨의 이타심과 마찬가지로 옳은 행동을 해야 할 이유가 된다. 그런데 보다 중요한 것은 이런 주장이 잘못임을 보여주는 증거가 자신에 대한 반성 및 다른 사람에 대한 관찰에서 발견된다는 점이다. 예를 들어서 다음과 같은 허치슨의 주장은 옳다는 생각이 든다.

여기서도 우리의 마음을 반성해 보면 진리가 가장 잘 드러날 것이다. 많은 사람들이 이런 관계를 생각조차 한 적이 없다. 또 관대한 일을 할 때 우리는 보통 그런 기쁨의 획득을 염두에 두고 있지도 않다. 우리 모두가 다른 사람들의 행복을 보고 기쁨을 느낀다. 그러나 그들의 행복을 추구하면서 우리가 이런 기쁨의 획득을 바라고 있는 것은 아니다. 우리는 가끔 남의 불행을 보고 고통을 느낀다. 그런데 신이 우리에게 아래 두 가지 경우 중에서 어느 하나를 택하라는 제안을 한다고 하자. 한 가지는 곤란에 처한 사람에 대한 생각을 우리에게서 완전히 지워버려서, 비록 그 친구는 불행하다 하더라도 우리는 즐겁게 살 수 있는 경우이고, 다른 한 가지는 그를 불행에서 벗어나게 해주는 것이다. 만약에 우리의 궁극적인 의도나 욕구가 이 고통에서 벗어나는 것뿐이라면, 우리는 두 가지 중에서 아무 것이나 다 기꺼이 선택할 것이다. 왜냐하면 어느 편이나 다, 이런 견해에서 보면, 동정심 많은 사람이 가지고 있는 유일한 목표인 고통으로부터의 해방을 가져다 주기 때문이다. 그런데 우리는 사실 우리의 욕구가 자기 자신의 고통을 근절시키는 데 머무르지 않는다는 것을 알고 있지 않는가? 이것이 만약 유일한 목표라면, 우리는 고통을 피하는 가장 손쉬운 길로서, 눈을 돌리고 도망간 다음 불행한 이에 관한 생각을 잊어버리는 길을 택할 것이다.[15]

위에서 본 세번째 논증은 매우 흔한 혼동을 한 것이다. 여기서는 만약에 내가 나 자신의 어떤 욕구를 만족시키기 위한 행동을 한다면, 이 행동은 이기심에 바탕을 둔 것이라고 가정하고 있다. 그러나 이런 가정

14) Moritz Schlick, *Problems of Ethics*, 제 2 장.
15) F. Hutcheson, 앞의 책.

은 잘못이다. "이기심의 발로인 행위"란 나의 관심들 가운데 어떤 것, 나 자신의 행복에 대한 어떤 욕구들을 만족시키려는 생각으로 한 행위이지, 단순히 어떤 욕구든지간에 욕구를 충족시키려고 한 행위가 아니다.

이 점은 다음과 같이 표현할 수도 있다. 이 세번째 반론을 펴는 사람은 다음과 같은 도식을 염두에 두고 있다.

이기적인 것 : 욕구를 충족시키려는 행위
기　　　타 : 욕구를 충족시키려는 행위 이외의 행위

이런 도식에다가 모든 행위가 욕구를 충족시키는 것이라는 그럴듯한 가정을 덧붙인 다음, 그들은 "기타"의 항목은 공집합이고 따라서 모든 행동이 이기적이라는 결론을 내린다. 이런 논증이 가진 문제는 그들이 채택한 도식이 잘못된 것이라는 점이다. 양자를 구별하는 올바른 도식은 이런 식으로 되어야 한다.

이기적인 것 : 나 자신의 이익에 대한 욕구를 만족시키려고 한 행위
기　　　타 : 나 자신의 이익 이외의 것에 대한 욕구를 만족시키려고 한 행위

이 도식을 보면, 모든 행동이 행위자의 욕구를 만족시키기 위한 것이지만, 그렇다고 해서 모두 이기적인 것은 아니라고 주장할 수 있음을 알 수 있다. 이런 주장을 위해서 필요한 전제는 자신의 이익 이외에 다른 것을 욕구할 수도 있다는 것뿐이다. 그리고 이 전제는 분명 온당한 것이다.

2.5 이유와 동기

이제 이기주의의 논증이 잘못이라고 결론지을 수 있다. 우리의 행동에 이기심 이외의 다른 이유가 있음을 의심해야 될 이유가 없다. 이제 2장 3절의 마지막에서 남겨둔 문제들 중에서 첫번째 반론을 살펴봐야 되겠다. 한편으로 허치슨과 프리차드가 제시한 이유와 다른 한편으로 이기심 중에서 어느 편을 받아들여서 행동해야 되는가?

허치슨-프리차드 접근 방식은 이 물음에 대해서 대답하지 않고 있다.

다만 이 두 가지 형태의 이유들 중 어느 하나를 우대할 이유가 없다고 말한다. 우리는 전자의 이유에 따르기를 결심할 수도 있고, 후자의 이유에 따르기로 결정할 수도 있다. 이기심에 따르겠다고 작정할 수도 있고, 도덕적이 되기로 결심할 수도 있다. 어떤 결정을 하는가는 일단 여러 욕구들 중에서 어느 편이 강렬한지에 달려 있다. 바로 이런 이유가 우세해야 될 이유는 없다. 그러나 어떤 행동을 하든지간에, 우리는 그렇게 할 이유가 있는 것이다.

한번 더 일거리를 얻으려는 경쟁자의 예로 돌아가자. 그는 상대방에 대한 헛소문을 퍼뜨릴 이유(이기적인 욕구)가 있다. 아마 그는 또 그렇게 하지 말아야 될 이유(이타적인 욕구 내지 옳은 일을 하려는 욕구)도 있을 것이다. 이런 욕구들의 충돌에 직면한 그는 어떤 식의 행동을 할 것인지를 결정해야 될 것이다. 그리고 이 선택은 추측컨대 관련된 여러 욕구들의 강도에 의해 결정될 것이다. 그러나 일단 그가 도덕적으로 되기를 택하면 그의 행동은 좋은 이유에 바탕을 둔 것이 될 것이다. 이제 "왜 도덕적으로 행동해야 되는가?"라는 물음에 대한 훌륭한 대답이 마련된 것이다. 이런 결론이 모든 사람을 만족시키기는 못했다. 많은 사람들은 철학이 우리가 하는 모든 선택의 이유를 설명해 주어야 된다고 생각하고 있다. 철학의 목표가 이런 것이라고 본다면, 허치슨-프리차드 접근 방식은 불만스러운 것이다. 여기서는 이유없는 선택의 존재를 인정하고 있다. 자기 자신에게 이익이 되는 것을 해야 할 이유를 따르는 것과 도덕적으로 행동해야 될 이유에 따르는 것 사이의 선택이 그것이다. 그들의 접근 방식에서는 서로 맞부딪치는 욕망들의 강도에 따라서 결정될 수밖에 없는 선택들이 남아 있는 것 같다.

그러나 허치슨-프리차드 접근 방식을 따르는 자들은 이런 반론이 잘못된 것이라고 생각한다. 행동을 해야 되는 이유가 욕구에 뿌리박고 있으며, 기본적인 욕구들 사이의 갈등은 다른 이유들로 해소할 수 없다는 생각이 이 접근 방식의 골격을 이루고 있기 때문이다. 여기에 따르면, 도덕적인 행위건 비도덕적인 행위건간에 그에 대한 이유가 있지만, 어떤 이유들을 다른 이유들에 비해서 우대해야 될 이유는 없다.

□ 더 생각해 볼 만한 문제 □

1. "어떤 행동이 장기적으로 보면 자기에게 이익이 되는지 안 되는지를 확실하게 단정할 수 있는 방법이 있는가? 어쨌든 상황이 바뀔지도 모른다. 그러므로 단기적인 이익만 생각하는 것이 최선의 방도이다." 이런 주장을 비판적으로 검토하시오.

2. 처벌 체제가 대단히 효과적이어서 옳은 일을 해야 될 훌륭한 이유가 되도록 할 수 있는 방법이 있는가?

3. 정신(the psyche)이 통일된 어떤 것이라는 생각을 유지하면서 자아의 분열(self-conflict)을 설명할 수 있겠는가?

4. 불륜한 배우자의 경우에 이성이 욕구와 충돌하는 것인가? 아니면 성적 욕구와 결혼 생활을 유지하려는 욕구가 충돌하는 것인가?

5. 이성이 지배하는 사람은 반드시 자신의 감정을 무시하는 사람인가?

6. 두 가지 쾌락을 모두 다 겪은 사람들이 선택하게 될 쾌락이 정말 그렇지 않은 쾌락보다 나은 것일까? 이는 다만 그런 사람들이 그 쾌락을 선호함을 뜻하는데 그치는 것이 아닐까?

7. 홉즈의 목적에 맞는 정부는 얼마나 강력한 정부라야 되는가?

8. 정의감은 (프리차드는 그렇게 생각하는 듯하지만) 옳은 일을 하려는 욕구와 같은 것인가? 아니면 정의감은 어떤 욕구와도 구별되는 것인가?

9. 칸트는 정의감이 어떤 것이라고 생각하는가?

10. 어떤 기본적인 욕구를 다른 것보다 우대할 궁극적인 이유는 없다는 결론은 만족스러운 것인가?

3

정의와 평등

이 장의 관심사는 평등(equality) 및 정의(justice)의 개념을 이해하려는 것이다. 우선 여러 가지 형태의 부정의(injustice)를 구별하고, 이것들과 평등 내지 불평등(inequality) 사이의 관계를 다룬 다음에, 이런 여러 가지 형태의 부정의와 관련해서 생기는 여러 가지 어려운 도덕적 문제들을 살펴보려고 한다.

본론에 앞서서 독자들이 유의해야 될 점이 하나 있다. 우리 시대의 중요한 사회적 문제들 중에서 많은 문제들이 정의 및 부정의에 관한 요구들과 관련해서 생기는 문제들이다. 소수 집단의 성원들은 기왕에 자행된 부정의의 대가가 지불되는 것이 정의라고 주장하곤 하는 한편, 다른 사람들은 이것이 그 밖의 사람들에 대한 부정의를 초래할 수밖에 없다고 주장한다. 피고용자들은 가끔 자기네들의 노동에 대한 보수가 정당하지 못하다고 주장하는 반면에 고용주들은 자기네들이 노동과 투자에 걸맞는 정당한 이익을 받지 못하고 있다고 말한다. 세사는 사람들은 집주인이 보잘 것 없는 집을 가지고 비싼 집세를 요구하고 있으니 부당하다고 주장하지만, 집주인은 자기들에게 저렴한 집세를 받고서 집을 관리 유지하기를 요구한다는 것은 부당하다고 생각한다. 매사가 이런 식이다.

유감스럽게도 여기서 이런 문제들을 다룰 수는 없다. 우리의 관심사는 이런 논쟁에서 문제가 되는 기본 개념들이다. 그 다음에 독자 스스로 이런 기본 개념들을 사회 문제에 적용할 수 있게 된다면, 이 책의 중요한 목표가 달성된 셈이다.

3.1 예비적 고찰

우선 여러 가지 부당한 경우들을 생각해 보자.

1. B는 A의 소유인 100달러를 훔치고는 A에게 돌려주지 않는다.
2. B의 차가 A의 차에 충돌해서 100달러 어치의 손해를 입혔지만, B는 A에게 보상할 필요가 없다.
3. B가 A에게 100달러를 주기로 약속해서 A는 B의 말을 믿고 100달러를 써버렸는데, B가 실제로는 약속한 돈을 주지 않는다.
4. A는 할당된 과제를 만족스럽게 수행했는데도, B는 그에게 낙제점을 준다.
5. A가 가장 우수한 글을 제출했는데, 상은 B가 받는다.
6. A가 일을 거진 다해서 배를 만들었는데, 사용은 거의 다 B가 한다.
7. A가 B보다 훨씬 더 긴급한 치료를 요하는데, B가 먼저 치료를 받는다.

이 모든 경우에 A가 받아야 할 마땅한 몫이 있는데, A가 그 몫을 가지지 못하는 데서 부정의가 성립한다. 첫번째 경우 A는 100달러에 대한 권리가 있는데, A가 그 돈을 받지 못하는 데서 부정의가 성립한다. 두번째 경우 A는 자기가 입은 손해를 보상받을 권리가 있는데, 보상을 받지 못함으로써 부정의가 성립한다. 세번째 경우 A는 B가 약속한 돈을 받을 권리가 있는데, 돈을 받지 못하는 데서 부정의가 성립한다. 네번째 경우 A는 열심히 공부했으므로 좋은 점수를 받아 마땅한데, 그렇지 못함으로써 부정의가 성립한다. 다섯번째 경우 A는 상을 받을 자격이 있는데, 그렇지 못함으로써 부정의가 성립한다. 여섯번째 경우 A는 배를 많이 사용해야 마땅한데, 그렇지 못하기 때문에 부정의가 성립한다. 일곱번째 경우 A가 먼저 치료를 받아야 되는 데도 그런 대우를 받지 못함으로써 부정의가 성립한다.

이렇게 비슷하기는 하지만, 이 경우들 각각은 중요한 차이가 있다. 우선 1~4의 경우는 5~7의 경우와 근본적으로 다르다. 파인버그는 그 차이를 다음과 같이 요약하고 있다.

> 정의는 물론 언제나 각자에게 적당한 몫을 줌으로써 성립한다. 그러나 어떤 경우에는 각자의 몫이 다른 사람의 몫과 상관없이 결정되는가 하면, 각자의 몫이 다른 사람들과의 관계를 고려해야만 결정되는 경우도 있다. 나는 전자와 같은 문맥, 기준 및 원리를 비상대적(noncomparative)이라 부를 것이고, 후자의 경우는 상대적(comparative)이라고 부를 것이다.[1]

1~3의 경우 A는 B에게 100달러를 받을 권리가 있고 이 권리는 다른 사람들이 받아야 될 몫과 상관없이 결정될 수 있다. 마찬가지로 4의 경우에도 다른 사람들이 어떤 학점을 받건간에 A는 좋은 학점을 받아야 마땅하다. 반면에 5의 경우에 A가 상을 받을 자격이 있는 것은 그가 어떤 다른 사람보다 더 훌륭한 글을 썼기 때문이다. 이 경우 A의 몫은 다른 사람들의 성과를 살펴보고 그들에게 적당한 몫이 무엇인지를 살펴보아야 비로소 결정될 수 있다. 마찬가지로 6의 경우 A가 배를 더 많이 사용할 자격이 있는 까닭은 그가 B보다 더 많은 일을 했기 때문이다. 또 7의 경우에도 A가 더 긴급한 상태에 있기 때문에 먼저 치료를 받을 권리가 있는 것이다. 여기서 보듯 1~4의 경우는 비상대적 부정의(noncomparative injustice)의 예이고, 5~7의 경우는 상대적 부정의(comparative injustice)의 예이다.

이 경우들이 가지고 있는 두번째 차이점은 이 경우들 각각에서 A에게 적당한 몫이 배당되는 이유가 다르다는 것이다. 1의 경우 A가 100달러에 대한 권리를 가지는 것은 그 돈이 원래 그의 것이었기 때문이다. 2의 경우 그 이유는 B가 자신이 초래한 손해를 배상해야 되기 때문이다. 3의 경우는 B가 약속을 했기 때문이다. 4의 경우 A는 좋은 성적에 걸맞는 과제를 해내었기 때문에 좋은 성적을 받아야 된다. 5의 경우 A는 가장 좋은 글을 썼기 때문에 상을 받을 만하다. 6의 경우 A는 보다 많은 일을 했기 때문에 배를 보다 많이 사용할 자격이 있다.

---

1) Joel Feinberg, "Non-comparative Justice," *Philosophical Review*, 1974.

7의 경우 A가 우선적으로 치료를 받아야 되는 것은 그의 경우가 더 절박하기 때문이다. 이렇듯 여러 가지 방식으로 정의의 요구(claims for justice)가 발생하는 것이다.

위의 경우들이 가지고 있는 두 가지 종류의 차이점은 물론 서로 연결된 것이다. 언제나 A가 어떤 몫을 받아야 되는 이유가 있다. 위에서 보았듯이 그 이유는 경우에 따라 다르다. 그러나 어떤 일군의 경우에는 그 이유들이 다른 사람의 몫과 상관없이 결정되는데, 그런 경우가 바로 비상대적 부정의에 해당되는 경우이다.

여기서 언급해 두어야 될 대단히 중요한 차이점이 하나 더 있다. 이는 경우 6을 보면 가장 분명하게 드러난다. 6의 경우 어떤 바람직한 것, 즉 배의 사용권이 A와 B에게 배분되어야 한다. 정당한 분배는 B와 A가 자기들 각각에게 맞는 사용권을 나누어 갖는 것이다. 이 경우 A가 B보다 더 많은 일을 했기 때문에(나머지 조건들이 모두 같다고 하면), 각자에게 공정한 몫은 각각이 한 일의 양의 비례에 따르는 것이다. 경우 6은 비율상의 부정의(proportionate injustice)의 좋은 예인 것이다.

어떤 경우가 이런 경우인지를 가려낼 수 있는 기준이 있는가? 우선 배분해야 될 어떤 이익(또는 손해)이 있어야 된다. 그리고 이 이익을 차지할 권리(또는 손해를 피할 권리)가 있다고 주장하는 사람들이 여러 명이라야 된다. 아리스토텔레스는 이런 경우를 다음과 같이 설명하고 있다.

> 정당한 것이란 바로 이런 것, 즉 비율에 따르는 것이다. 부정의란 비율을 어기는 것이다. 그래서 실제 나타나는 바와 같이 한편은 너무 커지고, 다른편은 너무 작게 된다. 정당하지 못한 행동을 하는 사람은 너무 많은 이익을 가지는 반면, 정당하지 못한 대접을 받는 사람은 너무 작은 이익을 받는 것이다. 손해의 경우에는 거꾸로 된다. 사람들이 많은 손해보다는 작은 손해를 더 좋아하기 때문에, 작은 손해는 많은 손해에 비해 보면 이익으로 간주되는 것이다.[2)]

이런 경우에 관한 두 가지 핵심적인 사실을 기억해 둘 필요가 있다.

1. 비율상의 부정의는 모두가 다 상대적 부정의에 속한다. 비율상 정의의 경우 각 사람에게 적당한 몫은 결국 적당한 비례에 따른 몫인데, 이것은 다른 사람들의 몫과의 비교를 통해 결정된다. 한편 엄밀하게 말해서 비율상의 정의라고는 할 수 없지만, 상대적인 정의에 속하는 경우

---

2) Aristoteles, *Nichomachean Ethics*, 제 5 권.

(예를 들어서 5와 7의 경우)가 있다. 여기서 문제시되는 이익(상 또는 우선적인 치료)은 여러 사람들에게 나누어 줄 수 없고, 한 사람에게 줄 수밖에 없는 것이다.

2. 비율상 정의의 어떤 경우—6의 경우—에 상충하는 요구의 근거는 그 전에 한 일의 양이다. 그런데 이것은 모든 비율상 정의에 대해서 다 타당한 것은 아니다. 예를 들어서 두 사람이 여러분의 도움을 요구할 경우 그들의 필요에 따라 도움을 할당하는 것이 정당한 일일 것이다. 이는 비율상 정의의 예이다. 그런데 여기서는 기왕에 한 일이 아니라 필요가 요망의 근거가 된다. 이런 이야기는 물론 이런 경우 요망의 적절한 근거가 무엇인가라는 전반적인 문제를 불러일으킨다. 이 기본적인 문제를 이제 깊이있게 다루어 보자.

3.2 정의와 평등

정의를 다룰 때 사람들은 자주 평등도 언급하게 되는데, 보통은 평등과 정의가 같은 것이라고 생각한다. 이런 견해에서는 사람들을 불평등하게 대우하는 것이 곧 부정의가 된다. 이제 곧 이런 견해가 잘못임을 보여줄 것인데, 우선 정의와 평등의 관계가 무엇인가라는 보다 일반적인 문제를 살펴보자. 이 문제는 상대적 정의의 경우에 발생하는 것이므로 이 경우를 다루어야 되는데, 여기서는 비율상의 부정의와 비비율상의(nonproportionate) 상대적 부정의를 따로 검토할 것이다.

5와 7과 같은 비비율상 정의의 경우 정의는 자연히 사람들을 평등하게 대우할 것을 요구한다. 그러나 이것은 모든 사람들이 꼭같이 상을 받아야 된다거나 모든 사람들이 꼭같이 우선적인 치료를 받아야 된다는 뜻은 아니다. 이것은 오히려 이런 뜻이다.

(1) 상은 가장 좋은 글을 쓴 사람에게 돌아가야 되고, 가장 위급한 사람이 우선적인 치료를 받아야 한다. 다른 요소들은 적당한 이유가 되는 경우에만 고려된다. 예를 들어서 인종, 성별, 심판이나 의사의 개인적 취향 따위의 요소들을 고려해서는 안 된다.

(2) 모든 사람에게 상을 다툴 평등한 기회, 우선적인 치료를 고려할 대상자가 되는 평등한 기회가 주어져야 한다. 이런 기회의 평등은 적당한 이유가 있을 때에만 거부할 수 있다.

정의의 요구를 이렇게 설명하는 것은 별로 정확하지 못하다. 당연히 다른 많은 문제들을 제기할 수 있는 것이다. 우선 (1)을 살펴보자. 어떤 이유들은 적당한 이유이고 다른 이유들은 그렇지 못한 까닭은 무엇인가? 예를 들어서 병치료의 경우 환자가 치료비를 낼 수 있는지를 생각하는 것이 적당한가? 사회에 대한 환자의 잠재적 기여도를 생각하는 것이 적당한가? 치료를 받지 못해서 죽게 될 경우 안타까와 할 이가 더 많은 사람을 우선적으로 치료해야 되는가? 가장 좋은 글에 수여되는 상의 경우 글의 질뿐만 아니라 여러 작가들이 겪은 어려움을 고려하는 것은 적절한가? 이것이 가장 좋은 글에 대해서 주는 상의 경우에는 적절하지 못하다면, 대학 입학 허가의 경우에는 어떤가? 우리는 평등한 상태가 어떤 것인지를 판단할 경우에 고려해야 될 사항들에 대해서 할 말이 분명히 더 많이 있기 때문에, 이런 물음들은 계속 나타날 것이다. (2)를 살펴보면 같은 식의 문제가 생긴다는 것을 알 수 있다. 기회의 평등이란 무엇을 뜻하는가? 그리고 기회의 평등을 거부하기에 적당한 이유란 어떤 것들인가? 예를 들어서 어떤 글을 쓰기 위해 상당한 비용(예를 들어 연구 비용)이 들었다고 해보라. 기회의 평등이란 경쟁자들 각각이 글을 준비하기 위해서 같은 액수의 돈을 사용해야 된다는 조건을 포함하는가? 그렇지 않으면 경쟁자들 스스로 필요한 돈을 벌 수 있다면 그것만으로 충분한가?

이 장의 뒤에서 이런 문제들을 보다 자세히 다루어야 될 것이다. 여기서는 일단 정의는 이런 경우에 모든 사람이 모든 방식으로 평등한 대우를 받을 것을 요구하지는 않는다는 점만을 잠정적으로 말해두자.

비율적 정의의 경우 평등의 개념이 관건이 된다. 그러나 이 개념은 적당한 비율이 무엇인지를 밝힘으로써 정의되어야 한다. 그래서 6의 경우 만약 A와 B가 같은 양의 일을 했다면(그리고 다른 모든 상황이 같다면), 정의는 이들 모두가 평등하게 배를 사용해야 된다고 말할 것이다. 그러나 한 사람이 다른 사람에 비해 더 많은 일을 했기 때문에(그리고 다른 모든 상황은 생각컨대 동일하기 때문에), 정의는 일을 많이 한 A가 배를 더 자주 사용할 권리가 있다고 말한다.

이 설명 또한 별로 엄밀하지 못하다. 모든 사람의 몫은 그의 타당한 요구에 비례한 것이어야 한다고 말할 수는 있다. 그러나 어떤 요구가 타당한 것인가? 조선의 경우 필요한 나무 값을 누가 지불했는지가 적당한 이유가 되는가? 또 거기에 투입된 노동에 비해서 비용은 얼마만한 비중을 차지해야 되는가? 또 배를 만들겠다는 생각을 한 사람이 있다면, 이 사실도 고려해야 되는가?

비율상 정의의 경우들 대부분이 이런 문제들을 불러일으키는데, 나중에 이런 문제들을 좀더 자세히 살펴봐야 될 것이다. 그런데 여기서 언급해 둘 것은 비율상 정의의 경우에도 다른 상대적 정의의 경우와 마찬가지로 모든 사람들이 모든 방식으로 동일한 대우를 받을 필요는 없다는 것이다. 사실 어떤 경우는 분명 "정당한 불평등"(just inequalities)의 예들이라 생각된다. 이는 널리 받아들여지고 있는 한 견해, 즉 철저한 평등주의(radical egalitarianism)의 입장이 잘못임을 말해 준다.

이런 입장에서 보면 불평등은 모두 옳지 못하고 또 제거해야만 한다. 그런데 여태까지의 분석이 옳다면, 이런 생각은 잘못된 것이다. 어떤 불평등(예를 들어서 A가 노력의 대가로 상을 받는 것, A가 배에 대해서 더 많은 사용권을 가지는 것)은 근거있는 것이고, 또 제거하면 안 되는 것이다. 만약 이런 불평등을 제거한다면, 자격있는 사람이 응분의 몫을 받지 못하므로 이것이야말로 부정의이다. 베도의 말을 들어보자.

> 다른 철학자들은 어떤 불평등은 정당하기 때문에 옳은 것이라는 보다 흥미로운 입장에 선다. "공로에 따른 분배," "필요에 따른 분배," "노력에 따른 분배," 그리고 "기왕의 약속대로의 분배" 등등 분배적 정의(distributive justice)의 원칙들은 모두 다 평등주의에 반하는 원리라 생각된다. 그렇지만 이런 원칙들에 의거해서 행위가 정당화되고 또 평등주의 원리에 입각한 비난들을 물리치는 경우가 많이 있는 것 같다. 우리는 언제나 어떤 사람은 어떤 것을 받을 만하고 다른 사람은 다른 어떤 것을 받을 만하다고 말하곤 하는데, 이런 말을 함으로써 우리는 이 준칙들 가운데 하나를 끌어대고 있는 것이며 우리의 이런 행위가 옳고 정당하다고 생각하는 것이다. 여기서 보듯이 이런 불평등은 정당한 불평등이라고 간주되고 있는 듯하다.3)

여기서 유의해야 될 점이 두 가지가 있다.

1. 우리의 분석과 베도의 논증이 지적하고 있듯이 철저한 평등주의의 실패는 정당한 불평등이 있음을 보여준다. 그런데 어떤 불평등이 정당한 것인가? 이 질문이 상대적 정의에 관한 모든 논의를 지배하게 되었는데, 이 장의 나머지 부분의 초점은 바로 이 질문에 모일 것이다.

---

3) Hugo Bedau, "Radical Egalitarianism," *Nomos*, 제 9 권.

2. 철저한 평등주의는 옳지 못하지만, 그래도 이것이 이론적으로나 실천적으로나 진지한 교훈을 남기고 있음을 기억해야 한다. 평등주의의 근저에 놓여 있는 올바른 이론적 통찰은 불평등한 대우는 어떤 사람이 다른 사람들에 비해 더 많은 몫을 받을 자격이 있음을 보여줌으로써 정당화되어야 한다는 주장에 있다. 만약 이를 입증할 수 없다면, 모든 사람을 평등하게 대우해야 된다. 그리고 진지한 실천적 교훈은 많은 기존의 불평등이 이렇게 정당화될 수 없으므로 폐지되어야 함을 일깨워 주는 데 있다. 아마도 이런 점들 때문에 철저한 평등주의가 실제로 가지고 있는 것보다 더 많은 설득력을 행사해 왔을 것이다.

3.3 고전적 원리들

이 절에서는 "정당한 불평등"을 다룰 것이다. 우선 몇가지 고전적인 원리들을 살펴보자. 이 원리들이 다루고 있는 것은 모든 상대적 정의의 경우가 아니라 비율상의 정의의 경우뿐이지만, 이 단계에서 이것들을 생각해 보는 것은 많은 도움이 될 것이다.

그 원리들은 이런 것들이다.

1. 능력에 따른 분배
2. 성과에 따른 분배
3. 투여한 노력에 따른 분배
4. 필요에 따른 분배

이것들은 모두 비율상 정의의 원리들이다. 이것들 모두가 재화를 일군의 사람들에게 어떤 비율에 따라서 배분하는 데 관한 것이다. 이것들이 주장하는 바는 무엇인가? 원리 1은 재화가 관련된 사람들의 능력비대로 분배되어야 한다는 것이다. 어떤 사람이 더 많은 능력을 가지고 있을 경우에만 그에게 더 많은 것을 주는 것이 정당하다. 원리 2는 관련된 사람들이 생산해낸 양에 따라 분배가 이루어져야 한다는 것이다. 더 많은 것을 생산해낸 사람에게만 더 많은 것을 줌이 정의이다. 원리 3은 관련된 사람들이 투입한 노력에 비례해서 분배가 이루어져야 된다는 것이다. 더 많은 노력을 한 사람에게만 보다 많은 것을 줌이 정의이다. 원리 4는 관련된 사람들의 필요에 비례해서 분배가 이루어져야 한다는 것이다. 더 많은 것을 필요로 하는 사람에게만 더 많은 것을 줌이 정의이다.

3장 2절에서 보았듯이 비율상 정의의 주된 요구는 각자가 자기의 합당한 요구에 비례해서 몫을 받아야 한다는 것이다. 그리고 주된 문제는 어떤 요구가 합당한지가 분명치 않다는 것이다. 위의 원리들 각각은 결국 이 문제를 해결하기 위한 서로 다른 시도들이다. 이 원리들 각각은 결국 요구의 합당함을 보장해 줄 수 있으리라 생각되는 어떤 것을 명시한다. 그러므로 이 원칙들 각각이 비율상 정의의 타당한 원칙이 될 수 있는 상황을 생각할 수 있다는 점을 기억해 두는 것이 중요하다. 예를 들어서 원리 1은 고등 교육의 분배에 대해 타당한 원리인 듯하다. 많은 경우 후보들의 능력에 비례해서 교육의 기회를 줌이 정의로와 보인다는 말이다(예를 들어서 I.Q. 검사, 또는 대학 입학 시험). 급히 덧붙여야 될 말인데, 이는 오늘날 유행하는 능력 측정법들을 받아들인다는 뜻이 아니다. 이런 것들이 학생들의 잠재력에 대한 올바른 척도가 될 수 있는지에 관한 의심은 매우 타당하다고 생각한다. 그러나 어쨌든 많은 경우 능력에 따라 교육의 기회를 주는 것, 즉 원칙 1에 따르는 것이 정의로와 보인다.

원리 2는 임금의 경우에 적용함이 좋을 듯하다. "성과" 임금 체제(piece work system of wages)에 따르면 임금은 "성과"(piece), 즉 일의 결과로 생산된 양에 따라 지급되는데, 이 체제는 어느 정도 정의를 반영하고 있다. 여기서도 성과 임금 체제가 일반적인 임금 체제가 되어야 한다고 주장하려는 것은 아니다. 이 체제에도 결국 결점이 있을지 모른다. 또 생산성 이외의 요인들을 고려해야 되는 경우도 물론 있을 것이다. 내가 주장하고 있는 것은 다만 (원리 2에 따라) 생산성에 비례해서 임금을 주는 체제가 정당해 보이는 경우가 많이 있다는 것이다.

원리 3에 관해서 말하자면, 부모가 자식들의 노력만큼 자식들을 칭찬함이 정의인 듯하다. 왜냐하면 많은 경우 중요한 것은 반드시 노력의 결과가 아니라 노력 그 자체이기 때문이다. 물론 여기서도 정당한 역할을 해야 되는 다른 요인들이 있을 수 있다. 우리가 말하는 것의 전부는 원리 3이 적어도 어떤 경우에 비율상 정의의 원리로 된다는 것이다.

마지막으로 그리고 마찬가지 제한구를 단다면, 원리 4는 음식, 주거지 및 병의 치료 같은 기본적인 필수품들을 분배할 경우에 적당한 원리인 것 같다.

이 원리들에 관해서 주의해야 될 두번째로 중요한 점은 이것들 각각이 어떤 맥락에서 옳아 보인다는 바로 그 사실에서 지적되고 있다. 이것들 중 어떤 것도 일반적 정의론(general theory of justice)의 역할을 할 수는 없을 듯하다. 니콜라스 레셔의 말을 들어보자.

> 위의 규범들 모두가 동일한 결함을 가지고 있다. 이것들 모두가 일원론적이다. 이것들 모두가 다른 것은 모두 고려하지 않고 생산에 관련된 오직 한가지 요구(그것이 필요이건 노력이건, 아니면 생산성이건간에)만을 인정하고 있다. 다른 모든 것을 배척해 버리고, 요구가 인정되는 한 가지 특정한 근거를 유일한 권위를 가진 규범으로 만든다. 그 결과 이 규범들은 모두 지나치게 배타적(hyperexclusiveness)이라는 귀족주의적인 결점을 안고 있다.[4]

이 점을 다음과 같이 말할 수도 있다. 우리가 찾고 있는 것은 주어진 경우에 어떤 불평등이 정당한 것인지를 말해 주는 일반 이론이다. 위의 원리들 각각은 어떤 불평등들이 정당함을 말해 준다. 그러나 이것들은 결국 정당한 것은 어떤 경우에나 동일한 유형의 불평등이라고 말하고 있다. 원리 1은 능력에 따른 불평등만이 정당하고, 이런 불평등은 언제나 정당하다고 말한다. 원리 2는 생산성에 따른 불평등만이 정당하며 이런 불평등은 언제나 정당하다고 말한다. 다른 경우도 마찬가지이다. 그런데 이것은 옳지 못하다. 능력(또는 생산성, 또는 노력, 또는 필요)에 따른 불평등도 어떤 경우에는 정당하고, 어떤 경우에는 정당하지 못하다. 우리가 필요로 하는 일반 이론은 어떤 경우 이것이 정당하고 어떤 경우에는 그렇지 못한지를 말해 주는 것이어야 한다.

이 유명한 비율상 정의의 원리들은 또 한 가지 문제를 가지고 있는데, 이것도 이 원리들이 극복되어야 함을 보여준다. 이 원리들은 일견 그럴듯하지만, 이것들 각각에 대해 주저해야 될 이유가 있다. 그리고 이 이유는 매우 심각한 것이므로, 일반적 정의론만이 이 원칙들을 유지해야 될 것인지 아닌지를 말해 줄 수 있다.

이 문제의 심각성을 드러내기 위해 우선 원칙 1을 살펴보자. 사람의 능력이란 대부분 그의 유전적 특성과 유아기의 교육으로 결정되는 것이며, 그가 이것들로 인해서 칭찬이나 비난을 받을 자격이 없다는 사실은

4) Nicholas Rescher, *Distributive Justice*, pp. 81~82.

중요하고 또 기억해 둘 만하다. 사실이 그렇다면, 왜 어떤 사람은 단순히 더 능력이 많다는 것 때문에 더 많은 혜택을 누려야 된단 말인가? 이는 곧 태생이라는 우연한 사실로 사람들을 평가하는 예가 아닌가? 이것이 정당한 일인가? 존 롤즈는 이렇게 쓰고 있다.

어떤 사람들은 아마 보다 우수한 재능을 타고난 사람은 그것을 가능케 한 자질과 탁월한 인격의 대가를 받을 만하다고 생각할 것이다. 그는 이런 점에서 보다 값어치 있는 사람이기 때문에 이로써 성취한 더 많은 이익을 누릴 만하다. 그러나 이런 견해는 분명 잘못이다. 출생 당시의 사회적 지위의 혜택을 누릴 자격이 있는 사람은 아무도 없는 것과 마찬가지로, 타고난 재능의 분배에 있어서의 등급의 혜택을 누릴 자격이 있는 사람 또한 아무도 없다는 것은 우리의 숙고 판단에서 요지부동인 점들 가운데 하나라 생각된다.[5]

이 문제는 원리 2, 즉 각각의 생산량에 따라 분배하는 것이 정당하다는 주장이 해결하고 있다고 생각하는 사람이 있을지 모른다. 여기에 따르면 사람들이 보수를 받는 것은 각각의 타고난 능력 때문이 아니라 이 능력으로써 각각이 한 일 때문이다. 그러나 이런 생각 또한 옳지 못하다. 사람들이 해내는 일의 양은 그들의 타고난 능력에 의해 상당한 정도까지 결정되기 때문이다. 능력이 많은 사람은 더 많은 일을 할 수 있다. 여기서 보듯이 원리 2도 결국 타고난 재능, 출생이라는 우연성에 따라 보수를 주는 것이다. 원리 2의 한 형태에 대한 반박의 글을 쓰면서 마르크스는 이 점을 지적하고 있다.

어떤 사람은 다른 사람보다 육체적으로 또는 정신적으로 우수해서, 같은 시간에 더 많은 노동을 하거나 아니면 더 오랫동안 노동을 할 수 있다. 그런데 노동이 척도가 되려면 그것이 지속성이나 강도로써 정의되어야 한다. 그렇지 않으면 척도가 될 수 없기 때문이다. 이 평등한 원리[원칙 2 또는 그 변종들]가 평등하지 못한 노동 때문에 불평등한 권리로 된다. 모든 사람을 다른 사람들과 마찬가지로 노동자로만 대우하는 까닭에, 여기서 계급 차이가 인정되지는 않는다. 그러나 이것은 암암리에 개인간의 불균등한 재능을 인정하며, 그래서 생산능력을 타고난 특권으로 인정한다.[6]

---

5) John Rawls, *A Theory of Justice*, pp. 103~104.
6) Karl Marx, *Critique of the Gotha Program*, 제 2 부.

원리 3을 따르는 많은 사람들은 자기들의 견해가 이런 곤란을 피하고 있다고 생각한다. 자신이 가진 모든 능력을 최대한으로 발휘하려는 노력만이 대가를 받음이 정당하다는 것이다. 예를 들어서 이런 경우를 생각해 보라. A는 타고난 재능이 뛰어나서, 거의 노력하지 않고도 뛰어난 성과를 거두는 학생이다. 반면 B는 좀 모자라는 능력을 최대한으로 발휘해서 우수한 성과를 얻는 학생이다. 이런 경우 A가 더 좋은 성적을 받는다면, 이는 주로 타고난 재능 때문에 보상을 받는 것이다. 그러니 B가 더 높은 점수를 받아야 되지 않겠는가? 그래야만 정말로 이 두 학생에게 합당한 것에 따른 분배가 이루어질 것이다.

이런 주장의 문제점은 재능에는 여러 가지 종류가 있음을 간과한 데 있다. B는 한 가지 타고난 재능—인내 내지 열심히 노력하려는 경향—을 가지고 있는 것이다. 그러므로 원칙 3에 따름은 곧 또 하나의 천부적 재능에 따라 보수를 주는 것이라 봄이 마땅하다.

원리 1~3은 한마디로 말해서 의심스럽다. 이것들 모두가 어떤 방식으로건 재능에 따른 분배를 뜻하는 것이고, 이런 체제의 정당성을 의심해야 될 이유는 심각한 것이다. 이런 생각 때문에 많은 사상가들은 원리 4, 즉 정의는 사람들의 필요에 따라 분배하는 데서 성립한다는 원리를 생각하게 되었다.

그러나 여기에도 어려움이 있다. 우선 이를 채택하면 모든 사람들이 그전보다 못하게 될 가망이 있다. 원리 4는 사람들이 자기 몫을 받기 위해서 해내야 되는 일에 관해서는 아무런 제한도 가하고 있지 않기 때문에, 이것을 택하게 되면 작업 의욕이 전체적으로 줄어드는 결과를 초래할 것이다. 그래서 아마 모든 사람들이 그 결과로 나타나는 재화의 부족으로 곤란을 겪게 될 것이다. 그러므로 원리 4는 정의 원리가 될 수 없다고 주장하게 된다. 호스퍼스의 말을 인용해 보자.

> 사람들의 보수는 그의 필요에 따라야 된다고 주장할런지 모른다. 가장 많이 필요한 사람이 가장 많은 것을 받아야 된다. 어떤 사람들은 필요가 특별한 경우에만 제한적으로 분배의 기준이 되어야 한다고 말할 것이고, 또다른 사람들은 필요가 분배의 기준이 되어서는 안 된다고 생각할 것이다. 어쨌든 이것이 유일한 기준이라고 생각하는 사람은 거의 없을 것이다. 그렇게 되면, 일은 곧 정체상태에 머무르게 될 것이고, 보수로 줄 재화가 더 이상 남지 않게 될 것이다. 물론 가난한 사람(needy, 재화가 필요한 사람)이 굶도록 방치해서는 안 된다. 특히 일할 생각은 있지만 자기들의 잘못 아닌 다른 이유 때문에 일거리가 없는

사람들의 경우에는 더욱 그렇다. 일할 능력은 있지만 일하려 들지 않는 사람("사회가 나를 먹여 살릴 책임이 있다")이라도 물론 굶어 죽게 만들어서는 안된다. 이런 사람은 가능한 한 정신 요법의 치료를 받도록 해야 된다.(이런 자들은 굶어 죽도록 내버려 두어야 한다고 말할 사람도 있을 것이다. 그러나 그 가족들도 이런 취급을 받아야 되는가?) 그렇지만 분배가 전적으로 필요에만 바탕을 둘 수는 없다. 비노동자가 노동자와 같은 대우를 받는다면, 일하려는 사람이 어디 있겠는가? 물론 그런 사람도 있을 것이다. 그러나 그런 사람들은 재화가 필요한 대중의 몫까지 일을 해야 되므로, 훨씬 더 많은 일을 해야 된다.7)

호스퍼스가 주장하듯이 원리 4를 받아들이면 분명 어떤 사람들이 일한 덕택에 다른 사람들이 무위도식하는 사태가 생길 수 있다. 이것은 정의롭지 못한 제도인 노예 제도와 비슷하다. 그래서 많은 사람들은 이것이 정의의 본질이라기보다는 오히려 일종의 부정의라고 생각한다. 생산자들의 몫을 거두어들여서 곤란한 사람들(needy)에게 나누어 주는 조세 체제를 논하면서, 로버트 노직은 다음과 같이 말하고 있다.

노력해서 얻은 것에 세금을 매기는 것은 노동의 강요나 마찬가지다. 어떤 사람들은 이 주장이 명백한 진리라고 생각한다. n시간 동안 일해서 얻은 것만큼을 거두어들임은 n시간을 빼앗는 거나 마찬가지다. 다른 사람을 위해서 n시간 더 일하라고 강요하는 거나 같다. 다른 사람들은 이 주장이 터무니없다고 생각한다. 그러나 이런 사람들이라도 만약 노동의 강요에 반대하는 사람이라면, 직업 없는 히피들에게 곤란한 사람들을 위해 일하라고 강요하는 데 대해 반대할 것이다. 또 곤란한 이들을 위해서 매주 5시간씩 더 일하라고 강요하는 데에도 반대할 것이다. 그런데 다섯 시간 분의 임금을 세로 받는 것은 이런 사람들이 보면 다섯 시간의 일을 강요하는 것과 다르다. 왜냐하면 여기서는 어떤 지정된 노동을 세로 매기는 데 비해서 작업의 선택 범위가 훨씬 더 넓기 때문이다(그렇지만 노동 강요 체제의 정도차를 생각할 수 있다. 예를 들어서 어떤 한 활동을 지정해 주는 경우, 두 가지 활동을 가지고 선택의 여지를 주는 경우, 등등). 이런 이유 외에도, 기본적으로 필요한 것들을 얻기 위해서 필요한 액수를 제한 나머지에 대해서 말하자면 비례세를 매기는 방안을 생각해 볼 수 있다. 이런 경우에는 기본적으로 필요한 것들을 충당할 만큼만 벌고 세금을 전혀 안 낼 수도 있고, 또 어떤 한정된 시간만큼 더 일을 하도록 강요하는 것은 아니기 때문에,

7) John Hospers, *Human Conduct*, 제 9장.

이런 체제는 일을 더 하라고 강요하는 것이 아니라고 생각하는 사람들이 있다. 주어져 있는 다른 가능성들이 매우 나쁜 것이기 때문에 어떤 일을 하게 되는 것도 결국 그 일을 하도록 강요당한 것이라고 생각하는 사람들이 동시에 이런 생각도 가진다면, 이는 강요가 무엇인지에 관해서 매우 이상한 견해를 가지는 것이다. 그러나 이 두 견해 모두 옳지 못하다. 침략을 금하는 부수적인 원칙을 어기면서 다른 사람들이 의도적으로 개입해서 힘으로 위협한 결과, 행동 가능한 범위 — 여기서는 세금을 치르는 것과 (아마 더 결과가 나쁜 것으로서) 호구지책에 그치는 것 — 를 한정한다면, 그 조세 체제는 노동을 강요하는 체제이고 제한된 선택의 범위를 가지면서도 강요가 아닌 다른 체제들과 구별된다.[8)]

우리는 이 절에서 비율적 정의의 고전적 원리들 모두가 두 가지 종류의 비판에 직면함을 보았다. 우선 이것들이 어떤 경우에는 그럴듯해 보이는 반면, 다른 많은 경우에는 상당히 의심스러운 것이다. 게다가 이론적인 측면에서도 심각한 반론을 제기할 수 있다. 이런 점 때문에, 그리고 이런 원리들이 심지어 비비율적인 상대적 정의의 문제나 기회 균등의 문제에만 가도 쓸모없는 것이 된다는 사실 때문에, 대부분의 철학자들은 이 원리들을 버리고 상대적 정의에 관한 보다 일반적인 이론을 찾아가는 올바른 방침을 택했다.

3.4 두 가지 결과주의적 정의론

영국의 공리주의(utilitarianism) 사상가들의 저서에서 정의론의 기초를 닦으려는 시도를 볼 수 있다. 우선 밀이 제시하고 있는 공리주의 정의론을 간략하게 살펴보자.

죤 스튜어트 밀은 도덕성의 다른 모든 측면들로부터 정의를 구별시키는 특징을 간파하는 것으로 이야기를 시작한다. 정의는 언제나 사람들이 자기 몫을 받는 것, 즉 받을 권리가 있는 것을 받는 것을 뜻한다.

이 점 — 도덕적 의무의 상관물인 권리 — 이 정의로움과 덕행 내지 관대함을 가르는 차이 즉 종차가 되는 것 같다. 정의는 하면 옳은 것, 하지 않으면 나쁜 것을 뜻할 뿐만 아니라, 나아가서 어떤 개인이 우리에게 그의 도덕적 권리로서

8) Robert Nozick, *Anarchy, State, and Utopia,* 제 7 장.

요구할 수 있는 것을 뜻한다. 우리의 덕행이나 관대함을 요구할 도덕적 권리를 가진 사람은 아무도 없다. 왜냐하면 우리는 어떤 사람에 대해서도 이런 미덕을 발휘해야 될 도덕적 강요를 받고 있지 않기 때문이다.[9]

그런데 무엇에 대한 권리를 가지고 있다는 것은 무슨 뜻인가? 이런 권리의 근거는 무엇인가? 밀은 다음과 같은 공리주의적인 대답을 마련하고 있다.

어떤 것이 어떤 사람의 권리라는 것은 그가 법의 힘에 의해서건 아니면 교육과 여론을 통해서건, 어쨌든 자신이 그것을 소유할 수 있도록 해주어야 된다는 요구를 사회에 대해서 함이 타당하다는 뜻이다. 그래서 사람들은 공정한 경쟁에서 버는 것에 대한 권리가 있다고 말한다. 왜냐하면 사회는 가능한 한 많은 것을 이런 식으로 벌려는 그의 노력을 다른 사람들이 방해하는 것을 금지해야 되기 때문이다. 그러나 그가 노력해서 3백 파운드를 벌는지는 모르지만, 그렇다고 해서 매년 3백 파운드를 받을 권리는 그에게 없다. 왜냐하면 사회는 그가 그만한 돈을 벌게끔 해주어야 될 의무가 없기 때문이다. 그래서 내 생각에 권리를 가진다는 것은 내가 그것을 소유할 것을 보장할 의무가 사회에 있다는 뜻이다. 사회가 그렇게 해야 될 이유가 무엇인지를 물어 들어온다면, 나는 사회 전체의 이익 즉 공리를 이유로 들 수밖에 없다.[10]

한마디로 말해서 공리주의 이론은 사회 전체의 관심을 종합한 결과 각자가 소유해야 되는 재화를 가지게끔 하는 것이 정의라는 것이다.

일견 이 이론은 매우 추상적인 것으로 보인다. 그러나 밀은 여러 가지 실천적인 문제들에 이 이론을 적용했는데, 그 중 하나는 앞 절에서 우리가 다룬 문제이다.

협동적 산업체에서 재능이나 솜씨를 우대하는 것은 정당한가, 그렇지 못한가? 부정으로 대답하는 사람은 최선을 다한 사람이면 누구나 같은 대우를 받아야 된다고 말한다. … 반대편에서는 능력있는 노동자가 사회에 더 많은 이익이 된다고 주장한다. … 이런 사람은 공헌이 더 많기 때문에 그 대가로 사회가 더 많은 보수를 주어야 된다는 것이다. … 정의라는 이름 아래 두 입장 중 하나를 택하는 것은 전혀 근거없는 것이다. 공리만이 어느 편이 옳은지를 결정할 수

---

9) John Stuart Mill, *Utilitarianism*, 제 5 장.
10) 같은 책.

있다.[11]

탁월한 공리주의 사상가인 밀은 정의가 사회 전체에 이익이 되는 방향으로 재화를 분배하는 데서 성립한다고 말하고 있는 것이다.

밀 이후의 공리주의자들은 이런 정의론에서 평등주의를 끌어내곤 했다. 그들의 주장에 따르면, 사회 전체의 이익은 사회가 재화를 분배함에 있어서 높은 수준의 평등을 초래하게끔 조직되어 있는 경우에 최고 수준에 달한다는 것이다. 옌크스는 이런 평등주의적 공리주의의 입장을 잘 요약하고 있다.

첫번째 전제는 모든 사람의 행복이 같은 가치를 갖는다는 것이다. 이 전제에서 사회는 최대 다수의 최대 행복을 가져오도록 조직되어야 한다는 벤담의 경구까지의 거리는 얼마되지 않는다. 게다가 인생살이의 좋은 것들 대부분에 대해서 수확 체감의 법칙이 적용된다. 이 법칙을 경제학의 용어로 설명하면, 수입이 작은 사람이 수입이 많은 사람보다 수입 추가분의 가치를 더 높이 평가한다는 것이 된다. 일정량의 돈을 가지고 사람들에게 최대한의 만족을 줄 수 있도록 분배하는 최선의 방법은 모든 사람에게 같은 액수의 수입을 나누어 주는 것이라는 결론이 여기서 나온다. 수입의 격차는("필요"의 차이에 바탕을 둔 것이 아니라면) 언제나 사회 전체의 만족도를 감소시킨다. 왜냐하면 높은 수입을 받는 사람들이 얻게 되는 것보다 더 많은 양의 만족을 낮은 수입을 받는 사람들이 잃어 버리기 때문이다.

수입 평등에 반대하는 주된 이유는 어떤 사람들은 다른 사람들보다 사회 복지 향상에 더 많은 기여를 하고 있으므로 더 많은 보답을 받을 만하다는 것이다. 자기가 맡은 것보다 더 많은 기여를 하는 사람들이 보답을 받지 못하면(그리고 맡은 바에 미달하는 사람들을 벌 주지 않으면), 생산성이 떨어지고 그래서 모든 사람들이 손해를 보리라는 주장은 이 이유를 가장 흔한 방식으로 표현한 것이다. 좀더 현학적인 사람들은 사람들의 수입에 영향을 미치는 모든 결정이 집단적으로 내려진 경우에라야만 사람들이 평등한 수입 분배에 찬성하리라는 이유를 들 것이다. 각자 자유로이 선택을 하도록 내버려 둔다면, 다른 사람들이 내린 잘못된 판단으로 인한 모든 손실을 배상하기를 기대할 수는 없다.

우리는 이런 주장 모두가 타당함을 인정한다. 사람이 공동의 이익에 기여하기 위해서는 자극제가 필요할 것이다. 그리고 사회적 내지 도덕적 자극제는 억압

---

11) 같은 책.

적이고 또 매우 강제적으로 되기 쉬운 것이어서, 사람들은 이것보다 금전적 자극제를 더 좋아한다. 다시 말해서 우리는 덕행이 보답받아야 함을 믿고 있고, 또 개인에 따라 덕성에 상당한 차이가 있으리라는 것을 인정한다. 그렇지만 이런 것은 수입이 앞으로도 계속 현재와 같이 불평등해야 함을 뜻하지는 않는다. 예를 들어서 전체 노동자의 5분의 1에 해당하는 사람들이 가장 생산적인 사람들이어서 국민 총생산의 2분의 1을 생산한다고 하더라도 이런 사람들이 2분의 1을 분배받아야 된다는 결론은 나오지 않는다. 이런 사람들과 나머지 사람들의 생산성을 자극하기에는 그 3분의 1 또는 4분의 1로도 충분할 것이다.[12)]

이런 공리주의 정의론은 정의의 문제에 공리주의 입장을 확대 적용한데 지나지 않는다. 1장에서 이미 공리주의를 비판한 바 있기 때문에, 여기서 다시 비판을 가하지는 않겠다. 여기서 다시 공리주의를 끌어들이는 것은 롤즈가 최근에 그의 저서 《사회 정의론》(*A Theory of Justice*)에서 내놓고 있는 일반적 정의론을 그것과 비교하기 위함이다. 이 이론은 정의론을 정초하려는 몇 안 되는 시도들 가운데 하나이기 때문에 상당한 주목을 받았다. 그러므로 이 이론을 상당히 주의깊게 살펴보도록 하자.

롤즈의 정의론에는 기본적인 원칙이 두 개 있다.

첫째 : 개개인은 다른 사람들에게 마찬가지의 자유를 허여하는 한 최대한으로 광범위한 기본적 자유를 누릴 권리를 가져야 한다. 둘째 : 사회적·경제적 불평등은 (1) 그것이 모든 사람에게 이익이 되리라는 기대를 가짐이 합당하고 또 (2) 모든 사람들에게 개방되어 있는 직위나 직책에 따른 것인 경우에만 용납되어야 한다.[13)]

첫번째 원리는 평등의 원리(principle of equality)이고, 두번째 원리는 어떤 불평등이 정당한지를 결정한다. 우리의 주된 관심사는 후자 즉 정당한 불평등이기 때문에 롤즈의 두번째 원리에 초점을 맞추자.

밀이 제시한 정당한 불평등의 원리 — 사회 전체의 이익을 극대화시키는 불평등이 정당하다 — 와 롤즈의 원리 사이에는 두 가지 중요한 차이점이 있다. 밀에 따른다면, 어떤 불평등이 있음으로 해서 사회 전체의 이익이 극대화되는 한 이는 정당한 불평등이다. 재화가 어떻게 분배되는지, 어떤 사람이 그것을 얻을 기회를 가지는지 따위는 문제가 되지

12) Christopher Jencks, *Inequality*, 제 1 장.
13) John Rawls, 앞의 책, p.60.

않는다. 그러나 롤즈에 따르면 이 두 요소가 매우 중요한다. 이것들이야말로 문제의 핵심이다. 롤즈의 견해에서 보면, 생산된 재화가 모든 사람에게 이익이 되게끔 분배되고 또 보다 유리한 직위를 차지할 공평한 기회가 모든 사람들에게 열려 있을 경우에만 불평등은 정당하다.

롤즈의 두번째 원리가 결국 어떤 것인지를 좀더 구체적으로 살펴보자. 이런 낯익은 문제를 생각해 보자. 사람들이 필요와는 상관없이 자기들의 기여도에 비례해서 보수를 받게끔 경제가 조직되어야 하는가? 이런 식의 불평등이 있는 사회가 정의로운 사회인가? 롤즈의 두번째 원리는 위의 문제에 대해서 이런 대답을 내놓을 것이다. 이런 체제하에 사는 사람들은 더 많이 생산하려는 강렬한 자극, 다른 사람들을 도와주려는 생각 때문에 나타나는 것보다 훨씬 더 강한 자극을 받을 것이다. 이렇게 해서 생산이 늘어난다는 것은 나누어 줄 수 있는 재화가 훨씬 더 많음을 뜻한다. 그래서 아마 모든 사람에게 혜택이 돌아갈 것이다. 그러므로 생산이 증가한 결과로 생기는 보수를 더 많이 받을 기회가 모든 사람에게 골고루 주어지기만 한다면, 그 체제는 정당한 체제이다.

이런 대답은 사실의 문제에 관한 어떤 전제를 깔고 있다. 그 중 가장 중요한 전제는 생산이 늘어나면 모든 사람에게 이익이 된다는 것이다. 그런데 이 전제가 옳지 않다면 어떻게 되는가? 이런 체제에서 어떤 사람들 — 아마 비생산 계급 — 은 더 손해를 보게 된다면 어떻게 되는가? 롤즈에 따르면 이런 식의 불평등은 정당하지 못하다. 여기서는 다른 사람들의 이익을 위해서 희생되는 사람이 있다. 그런데 밀이라면 이 결론에 반대할 것이다. 밀의 입장에서 볼 때, 이런 분배 체제는 사람들의 행복의 총량을 늘이기만 하면 — 비록 어떤 사람들은 곤란하게 만들더라도 — 정당하다.

롤즈는 분명 불평등을 정당화하려는 사람들에게 매우 많은 요구 조건을 내놓는다. 정당한 불평등에 대해 그토록 강력한 요구 조건을 내놓는 이유는 무엇인가? 그 이유는 두 가지이다. (1) 롤즈는 이 원리들이 합리적인 사람들이 사전에 동의할 수 있는 유일한 원리이며, (2) 합리적인 주체들이 사전에 받아들일 수 있는 원리들만이 받아들일 만한 원리라고 생각한다. 그의 표현에 따르면,

> 나의 기본적인 착상은 사회의 기본 구조에 관한 정의 원리들이 원초적(original) 합의의 대상이라는 것이다. 이 원리들은 자기들 자신의 이익을 추구함을 목표

> 로 삼는 자유롭고 합리적인 사람들이 평등한 출발선(initial position)에서 협동의 기본적 계약 조건을 드러내는 원리로서 받아들이게 될법한 원리이다.[14]

롤즈는 이 주장을 뒷받침하기 위해서 매우 복잡한 논증을 펴는데, 여기서 이 논증을 살펴볼 수는 없다. 그러나 롤즈 이론의 다른 한 측면은 특히 주목할 만하다. 그는 기회의 평등을 매우 강조한다. 불평등은 보다 유리한 지위를 얻을 수 있는 기회가 실제로 모든 사람에게 열려 있을 경우에만 정당화된다. 모든 사람에게 이익이 되는 어떤 사회적 불평등이 있다고 하더라도, 어떤 사람들은 보다 유리한 직위를 차지할 기회를 얻을 수 없게 되어 있다면 이런 제도는 정당하지 못한 제도이다.

가장 예리한 롤즈 비평가 중 한 사람인 브라이언 배리는 롤즈의 정당한 불평등의 원리가 근본적으로 잘못된 것이라고 주장한 바 있다. 롤즈의 원리는 불평등이 어떤 결과, 즉 모든 사람에게 유리한 상황을 초래할 경우에 불평등을 허용한다. 배리가 지적하는 문제는 이것이 정의 원리의 가장 중요한 점을 놓치고 있다는 것이다. 정의 원리는 사람들이 한 일과 사람들의 인격에 따라서 사람들의 상벌을 결정할 것, 즉 어떤 경우에는 불공평한 대우를 할 것을 요구한다는 것이 배리의 주장이다.

> 정의는 결과주의적인 가치가 아니다. 정의는 어떤 사람의 인격 및 그가 한 일과 그에게 제공되는 혜택 내지 그가 받게 되는 손실 사이의 어떤 적절한 관계에서 성립한다. 정당한 분배의 기준이 장려 임금의 폭을 결정해 주지는 않는다. 어떤 사람이 어떤 일을 하도록 하기 위해서는 얼마를 지급하는 것이 불가결한 때도 있고, 그 사람이 그런 일을 하도록 하는 것이 매우 중요한 경우도 있다. 그렇지만 이 두 조건이 만족된다고 해서 그 보수가 자동적으로 정당화되는 것은 아니다.[15]

배리의 요점은 이렇게 표현할 수도 있다. 정당한 불평등에 관한 롤즈의 이론과 밀의 공리주의 이론은 비슷한 기본 구조를 가지고 있다. 양쪽 다 불평등의 정당성 여부가 그런 불평등한 사회 구조를 채택한 결과에 의해 결정된다고 주장한다. 그러므로 양 쪽 모두 앞에서 살펴본 비율적 정의의 격언들과 같은 고전적 정의 원리들이 적당한 결과를 초래할 경

14) 같은 책, p. 11.
15) Brian Berry, "On Social Justice," *The Oxford Review*, 1967.

우에만 준수되어야 한다고 주장하는 것이다(물론 밀과 롤즈는 적당한 결과에 관해서 — 즉 정당한 불평등에서는 모든 사람에게 이득이 돌아가야 되는지에 관해 — 다른 견해를 가지고 있다). 롤즈가 사람들이 해내는 일의 양을 가지고 불평등을 정당화하려고 드는 것은 바로 이것 때문이다. 그런 자극제가 있음으로 해서 모든 사람에게 혜택이 돌아간다. 이런 점에서 롤즈의 이론도 공리주의와 마찬가지로 — 위의 격언들 같은 규칙들에 나타나 있는 — 고전적 정의관에서 벗어난 것이다. 고전적 정의관에 따르면 불평등의 정당성 여부는 개개인의 인격이나 지위, 과거 및 현재의 행위에 의해 결정된다. 개인이 과거에 행한 일이나 현재의 필요 따위에 의해 결정된다. 그래서 배리는 밀이나 롤즈의 정의관을 모두 물리치고, 결과주의적이 아닌 원리들에로 되돌아가기를 꾀하는 것이다.

공리주의 정의론과 근자에 나타난 롤즈의 이론 모두에 대해서 두번째 반론을 제기할 수 있다. 우선 정치적 이상(ideal)에는 여러 가지가 있으며, 정의란 그 가운데 겨우 하나에 지나지 않음을 지적해 둔다. 다른 정치적 이상은 자유와 평등, 박애와 민주 정신이다. 이 장의 앞부분에서 이미 평등과 정의가 동일한 이상이 아님을 보았다. 사실 정당한 불평등 같은 것도 있다. 이제 두번째 반론은 정의와 자유의 두 이상 사이에 막대한 충돌이 생기는 것을 피하려면 롤즈식 정의관과 공리주의 정의관을 모두 거부하는 수밖에 없다고 주장한다. 이런 주장을 뒷받침하는 기본적인 생각을 하예크가 쓴 다음과 같은 글에서 찾을 수 있다.

> 우리는 평등 자체에 대해서 반대하지 않는다. 다만 진짜 목표로 예정된 분배 체제를 사회에 강요하려는 사람들이 표면상으로는 평등의 요구라는 가면을 쓰고 있음을 지적하려는 것뿐이다. 우리가 반대하는 것은 평등이 명하는 바이건 불평등이 명하는 바이건간에 여하튼 계획적으로 선택한 분배 체제를 사회에 강요하려는 모든 시도들이다. 보다 정당하고 보다 평등한 분배를 실현하기 위해서 강권을 사용하는 데 반대한다고 해서 이런 이상들이 바람직함을 부정하는 것은 아니다. 그러나 모름지기 자유로운 사회를 실현하려고 한다면, 어떤 특정한 것이 바람직하다고 해서 강권을 사용할 충분 조건이 되지 못함을 알아야 한다.[16]

이런 주장을 좀더 주의깊게 살펴보기 위해서 우선 자유(freedom and liberty)가 무엇을 뜻하는지를 생각해 보자. 자유를 이야기하는 사람들은

16) Friedrich Hayek, *Constitution of Liberty*, 제 6 장.

가끔 민주적 절차에 따른 자치(self-government)를 뜻한다. 또 자유는 의지의 자유(freedom of the will)를 뜻하기도 한다. 그런데 이런 주장을 펴는 사람들이 뜻하는 바는 좀 다른 것이다. 이런 사람들이 사용하는 자유라는 단어는 한 사람이 다른 사람에게 어떤 방식으로 행동하라고 강요하지 않는 인간 상황을 뜻한다. 하예크 같은 사람들이 뜻하는 자유의 이상은 곧 비강제(noncoersion)의 이상이다.

어떤 방식으로 행동하라고 강요한다는 것은 무슨 뜻인가? 예를 들어서 어떤 사람이 다른 사람의 위협 때문에 어떻게 행동한다면, 그것은 강요된 행동이라고 말한다. 그래서 A가 B에게 자기를 태우고 사건 현장을 벗어나지 않으면 B를 쏠 것이라는 말을 하고, B는 이 협박 때문에 A의 도주를 도와준다면, 우리는 B가 A의 강요를 받은 것이라고 생각한다. 강요에 대한 도덕적인 반대는 강력하다. 우리는 위협을 해서 다른 사람들이 어떻게 행동하게 만드는 것은 비도덕적이라고 생각한다. 이것이 모든 경우에 타당한 것은 아니다. 우리의 형법 체제는 사람들이 어떤 일을 하고 다른 어떤 일을 하지 못하게 하는 수단으로서 형벌의 위협을 사용한다. 여기서는 사람들이 바람직한 일은 하고, 하면 안 되는 일(예를 들어서, 살인이나 절도)은 하지 못하도록 강요를 하고 있는 셈이다. 그렇기는 하지만, 보통은 강제가 정당하지 못하다고 생각한다. 정당한 경우와 그렇지 않은 경우에 대한 구별을 포함하는 강제에 관한 엄밀한 분석은 매우 중요하지만, 여기서 이것을 다룰 필요는 없다. 우리는 이미 여기서 다루고 있는 반론—밀과 롤즈가 뜻하는 바 정의의 추구는 정당하지 못한 강제를 초래한다—을 이해하기에 충분한 사전 지식을 얻었기 때문이다.

주된 문제는 이들이 내놓는 정의 원리들이 모범이 되는 어떤 형태를 내세우는(patterned) 정의 원리라는 점에 있는 듯하다. 이 원리들은 재화의 정당한 분배란 어떤 모범적인 형태에 따른 것이라야 된다고 말한다. 이 모범은 사람들의 필요나 노력에 따른 분배 형태일 수도 있고, 사회 전체가 가지는 재화의 양을 늘이는 방향으로 분배하는 체제일 수도 있다. 하여간에 중요한 점은 어떤 모범형이 있다는 것이다. 만약 이런 정의를 이상으로 진지하게 추구한다면, 이는 어떤 모범을 강요하는 것이다. 그리고 이는 곧 정부의 간섭과 강제가 늘어남을 뜻한다. 로버트 노직의 말을 인용해 보자.

최종 상태 정의 원리나 분배 형태 정의 원리라면 어느 것이나 다 국민 생활을 끊임없이 간섭하지 않고서 지속적으로 실현될 수가 없다. 여러 가지 다양한 방식으로 행동하기를 택하는 사람들 때문에 — 예를 들어서, 인가된 분배 형태에서 어떤 재화나 용역을 가질 권리가 있는 사람들이 다른 사람들과 거래를 해서 그것들을 주어 버리기 때문에 — 어떤 인가된 형태는 조만간 다른 어떤 인가되지 않은 형태로 바뀌게 될 것이다. 한 형태를 유지하려고 한다면, 자원이 사람들의 소원대로 흘러가는 것을 막기 위해서 끊임없는 간섭을 하거나, 아니면 자주(즉 주기적으로) 간섭해서 어떤 이유에서 다른 사람으로부터 자원을 물려받은 사람들에게서 물려받은 자원을 빼앗아오는 방법을 택해야 한다.[17]

노직은 과도하고 부당한 정부의 간섭은 우리들에게서 소원대로 자산을 사용하거나 혹은 남에게 넘겨 줄 자유를 박탈할 것인데, 이를 피하려면 모범형을 내세우는 정의의 이념을 전적으로 포기해야 된다고 주장한다.

노직 같은 사람들이 보여준 것은 모범형을 내세우는 정의의 이념과 정부의 간섭이나 강제를 받지 않고 재화를 교환하고 양도할 수 있는 자유의 이념 사이에 갈등이 있다는 점이다. 이들은 자유의 이념을 수용하고 모범형을 내세우는 정의의 이념을 거부한다. 그러나 이런 식의 정의의 이념을 유지하고 자유의 이념을 포기해야 된다고 주장하는 사람들 — 특히 사회주의 진영에서 — 도 있다. 이런 사상가들은 이런 식의 정의가 보다 뜻깊은 형태의 자유에 대한 사회적 기초를 제공한다고 믿는다.

자유주의 윤리(Liberal Morality)에서 특히 주목을 받는 자유는 주로 세 가지 계급 — 기업가, 자문을 직업으로 하는 사람 및 지성인 — 의 이익을 대변한다. 그러나 다른 자유들도 물론 있는데, … 대중들은 이런 자유를 너무 자주 박탈당한다. 특히 여가와 관련된 자유, 이해 관계와 상관없는 지식을 얻는 자유, 자신의 취향을 개발하는 자유, 친구 및 가족과의 생활을 즐길 수 있는 자유 즉 참된 기회 등이 그런 것이다. 이런 자유, 존재의 자유(freedom to be)는 법으로 만들어낼 수 없는 것이다. 그러나 가능한 모든 수단을 동원해서 그에 대한 가장 명백한 장애물들을 제거하는 것은 우리의 의무이다. 모든 형태의 경쟁적(자유) 경제 체제에 수반하는 경제적 낭비와 경제적 불확실성은 이런 장애물들에 속한다.[18]

---

17) R. Nozick, 앞의 책, 제 7 장.
18) "Liberal and Socialist Morality, *Philosophy*, 1949.

토니도 비슷한 점을 지적하고 있다.

특권층들은 언제나 어떤 종류의 사회적·경제적 문제들에도 국가가 간섭하지 않게 될 때 이런 무위(inaction)의 결과로 나타나는 것이 자유라는 생각을 해왔다. 사실은 대중에 관한 한 그 결과는 자유가 아니라 압제(tyranny)이다.[19]

모범형을 내세우는 정의관을 보호하려는 이런 시도는 있지만, 그래도 대단한 강제를 수반하지 않으면서 추구될 수 있는 정의론을 내놓을 수 있다면 더할 나위 없이 좋은 일일 것이다.

3.5 새로운 정의론의 골격

지금까지 살펴본 정의론들에 관한 분석에서 배워야 될 교훈이 몇가지 있다.

1. 정의와 평등은 동일한 이상이 아니다. 정당한 불평등도 있다.
2. 밀이 지적했듯이, 모든 사람이 자기가 받을 권리가 있는 것을 받는 데서 성립한다는 것이 정의의 특징이다.
3. 무엇이 정당한지를 결정하려면 여러 가지를 고려할 필요가 있다. 어떤 맥락에서는 중요한 것이 다른 맥락에서는 그렇지 못하다.
4. 배리가 주장한 바 있듯이, 여기서 고려해야 될 것은 미래에 나타날 결과가 아니다. 어떤 사회 조직이 초래하는 결과는 문제가 되지 않는다. 오히려 관련된 당사자들의 현재나 과거에 있어서의 상황, 인격 및 행동에 관한 사실들이 고려되어야 한다.
5. 정의는 재화를 분배하는 어떤 포괄적인 사회 형태에서 성립하는 것이 아니다.

어떻게 해야 이런 교훈들을 모두 모아서 한 개의 포괄적인 정의론을 구성할 수 있을 것인가? 다음과 같은 근사치가 우선 떠오른다. 사람들은 여러 가지 권리가 있다. 그들이 이런 권리를 갖는 것은 그들의 인격, 행위 및 과거와 현재의 상황 등 여러 가지 요인들 때문이다. 이런

19) R. Tawney, *The Attack and Other Papers.*

권리를 가짐으로써 나타나는 어떤 결과 때문이 아니라는 말이다. 요인들이 달라지면 그로 인해 발생하는 권리도 달라진다. 정의는 이런 권리들을 만족시키는 것이다. 이런 만족은 사람들 사이의 어떤 평등을 산출하는데, 이것은 정당한 평등이다. 이는 또 어떤 불평등을 낳기도 하는데, 이것은 정당한 불평등이다.

무엇을 개인의 권리라고 보는지에 따라 이런 정의론에도 자연히 여러 가지 형태가 있게 된다. 그 한 형태를 이제 제시하게 될 터인데, 그에 앞서서 한 가지 지적해 두고 싶은 점이 있다. 이 이론의 어떤 특정한 형태를 받아들이지 않는 경우, 여기서 거부받는 것이 사람들이 어떤 권리를 갖는지에 관한 어떤 견해일 수가 있다. 우리의 일반적 정의론, 즉 지금까지 살펴본 정의론들과는 다른 어떤 정의론에는 여전히 동의할 수 있다는 말이다.

사람들은 어떤 권리를 가지는가? 이 질문에 대해서 어떻게 대답할 것인가? 제 1 장에서 한 주장이 옳다면, 일반적인 원리들과 개별적인 사례들에 관한 우리의 직관에 호소해야 된다. 그러나 여기서 모든 주장의 근거를 직관에서부터 끌어올 수는 없다. 골자가 되는 결론들을 개관하는 것이 여기서 할 수 있는 일의 전부이다.

사람들이 가지는 권리에는 네 가지 종류가 있는 듯하다.

1. 어떤 침해를 받지 않을 권리. 사람들은 살해, 폭행, 강요, 모욕 등을 받지 않을 권리가 있다. 이런 권리는 (적어도 처음에는) 모든 사람들이 평등하게 가지고 있다.

2. 기본적인 삶을 위해서 필요한 것들에 대한 권리. 사람들은 일정한 수준의 의식주 및 질병의 치료에 대한 권리가 있다. 이런 권리들도 모든 사람이(적어도 처음에는) 평등하게 가지는 것이다.

3. 자신의 행동으로 인해 발생하는 권리. 사람들은 자기 노동의 결과에 대해서 권리를 가진다. 특히 원래는 자기 소유가 아닌 자원에 노동을 가해서 그것의 질을 개선한 경우 그에 대한 권리를 가진다.

4. 다른 사람들의 행위로 인한 권리. 명시적으로건 암시적으로건 다른 사람들이 자기에게 약속한 일에 대해서 권리를 가진다. 배우자(결혼의 경우), 부모(자기를 낳음으로써), 이웃 사람(자기와 같은 사회에서 사는데 동의함으로써) 등이 묵시적으로 약속한 모든 일이 그런 것이다. 사람에 따라 받은 약속이 다르기 때문에 이런 권리는 결코 모든 사람이 꼭

같이 가질 수 없다.

여기서 주의해야 될 점이 적어도 두 가지가 있다. 첫째, 권리들을 만족시켜 주지 않아도 되는 이유들도 많이 있다. 어떤 상황에서는 어떤 권리를 빼앗는 것이 정당할 수도 있다. 예를 들어서 A가 B를 공격하려고 하는데 B가 그것을 막는 방법은 A를 공격하는 것뿐이라면, 그렇게 하는 것이 정당하다. 왜냐하면 여기서 A는 침해받지 않을 권리를 잃어버렸기 때문이다. 국민 전체의 더 많은 이익이나 다른 권리들을 만족시킬 필요에 대해서 고려한 결과 어떤 권리를 희생할 수도 있다. 그래서 공공 복리를 위해 필요하다면 나의 재산을 국가에 바칠 수 있다. 이런 경우 권리를 제한당한 사람에게는 보상을 해주어야 한다. 또다른 사람들의 권리를 만족시켜야 될 의무 때문에 어떤 권리를 포기해야 되는 일도 있다. 그래서 국가는 나의 재산의 일부를 세금으로 받아서 다른 사람들의 권리를 만족시키는 데 사용한다.

두번째 유보 조항은 이 권리들, 특히 두번째 종류의 권리들은 정도의 문제일 수 있다는 것이다. 이 사실은 우리의 정의론의 실천적 함축에 상당한 변화를 가져온다. 제 2 유형의 권리들의 범위가 광범위하게 되면, 이를 만족시키기 위해 소요되는 자원의 비율이 높아진다. 그리고 이것은 모든 사람들이 평등하게 누리는 권리이므로, 자원의 분배에 있어서 더 많은 평등이 초래된다.

이런 정의관에서 보면 어떤 사회가 정당한 사회인가? 라는 질문에 대해 완벽하게 대답할 수는 없다. 다만 이것은 모든 사람이 제 1 및 제 2 유형의 권리를 향유하는 사회가 되리라는 것은 알 수 있다(자신의 권리를 포기하거나 잃어버린 사람이나 자신의 권리를 박탈당한 대가를 받은 사람은 예외이다). 다시 말해서 이런 예외들을 제외하면 정의로운 사회는 모든 사람들에게 어떤 기본적인 욕구를 충족시켜 주는 사회이다. 그것은 어떤 사람도 살해·폭행·강요 등을 받지 않는 사회이기도 하다. 그런데 정의로운 사회의 다른 측면들은 한편으로 우리들 자신의 행위(우리가 어떤 일을 했는가)와 다른 한편으로 다른 사람들의 행위(그들이 우리에게 해주겠다고 약속한 것)에 따라 결정된다. 바로 이런 요인들이 사람들이 가지는 다른 권리들을 결정한다. 여기서 보듯이 완전히 결정되어 있는 어떤 정의로운 분배 형태는 있을 수 없다. 정의의 많은 요구들은 사람들의 자유로운 행위에 의해 결정된다.

여기서 골격을 살펴본 정의관은 불완전하고 또 아직 완전한 형태를 갖추지 못한 상태이다. 그러나 이것은 구체화시켜가면 갈수록 점점더 우리의 직관과 잘 들어맞는 정의관이다.

□ 더 생각해 볼 만한 문제 □

1. "모든 사람은 조물주에게서 어떤 양도할 수 없는 권리를 부여받고서 평등하게 태어났다." 이런 생각은 어떤 점에서 철저한 평등주의(radical egalitarianism)와 구별되는가?

2. 철저한 평등주의를 옹호하기 위해서 어떤 주장을 펼 수 있는가?

3. 사람들의 업적, 능력, 필요 따위를 잴 수가 있는가? 만약 그렇지 않다면, 전통적인 정의 원리들을 어떤 식으로 사용할 수 있는가?

4. 경우가 다르면 서로 다른 정의 원칙들이 적당해 보인다는 사실을 설명할 수 있는가?

5. 사람들의 능력이 출생이라는 우연적인 사건의 결과라면, 능력에 비례해서 보상을 해주는 것이 정당화될 수 있는가?

6. 사람들이 정말로 어떤 것을 필요로 하는지, 아니면 그것을 가지게 되면 사정이 좀더 나아지는 데 불과한지를 어떻게 결정할 것인가?

7. 수입이 적은 사람들이 수입이 많은 사람보다 초과 수입을 더 높이 평가한다는 것은 사실인가? 그에 대한 예외의 가능성을 생각할 수 있는가?

8. 기회의 평등이란 무엇을 뜻하는가? 모든 사람들이 스스로의 목표를 추구할 권리만 있다면, 기회의 평등이 있는 것인가? 만약 그렇지 않다면, 그 외에 무엇이 더 필요한가?

9. 강제를 받지 않을 자유(freedom from coercion)는 적극적인 형태의 자유에 비해 더 중요한가, 아니면 덜 중요한가?

10. 모든 권리들이 동시에 충족될 수는 없는 경우라면 어떤 권리들이 우선하는지를 어떻게 결정할 것인가?

4

국가의 존재 근거와 법률에 따를 의무

여러분이 오랫동안 압박을 받아온 어떤 집단의 한 성원이라고 생각해 보자. 여러분의 권리는 끊임없는 침해를 받았고, 여러분은 매우 공정하지 못한 대우를 받았다. 기타 등등. 그 결과 여러분은 빈곤과 결핍의 상태에서 살았다. 여러분은 괜찮은 후보에게 투표하고 법률에 호소함으로써, 정치 체제의 힘을 빌어 이 상태를 개선하려는 노력을 기울였다고 하자. 그런데도 때로는 여러분 집단의 성원들에게 완전한 참정권이 주어져 있지 않기 때문에, 또 때로는 더 많은 권력을 가진 다수 집단이 여러분의 집단에 반대하는 까닭에 여러분의 노력이 좌절을 받았다고 하자. 마지막으로, 사태를 개선하는 방법 — 여러분을 차별 대우하는 당국에 대해 시위를 하는 것, 도시마다 항의 집회를 여는 것 등 — 이 있음을 확신하게 되었으나 안타깝게도 이런 일들은 불법 행위라고 하자. 이런 때 여러분은 어떻게 할 것인가? 이런 경우에는 법을 어겨도 좋은가?

여러분의 나라가 불법적·비도덕적 전쟁에 참가하고 있고, 이 전쟁 때문에 수만 명의 무고한 사람들이 엄청난 고통을 받고 있다고 해보자. 여러분은 이미 정상적인 정치 과정을 통해 참전을 중단하기를 호소한 바 있다. 여기서도 이런 노력은 실패였다. 또 마지막으로 여러분들 자신이 마침내 군에 들어가서 전쟁을 하라는 명령을 받은 경우를 생각해 보라. 이 명령에 따르는 것이 법적 의무이다. 그러나 이런 전쟁을 위해 싸우는 것은 매우 부도덕한 일이라는 것도 여러분은 잘 알고 있다. 어떻게 할 것인가? 이런 경우에는 법을 어겨도 좋은가?

60년대의 민권 운동과 반전 운동(antiwar movements)에서 이런 문제들이 중요한 관심사로 부각되었다. 이런 문제들에 대해서 여러 가지 다양한 반응이 있었다는 것은 놀라운 일이 아니다. 우선 마르틴 루터 킹의 주장에 동조하는 사람들이 있다.

> 여러분은 기꺼이 법을 어기려는 우리의 생각에 대해 많은 걱정을 한다. 이는 물론 옳은 걱정이다. 우리는 국민 학교에서의 인종 차별이 불법적이라는 1954년 대법원의 결정에 따르라고 열심히 촉구한다. 그래서 우리가 의식적으로 법을 어기는 것을 보면 이상하고 또 역설적이라는 생각을 가지기가 쉽다. "어떤 법률은 어기기를 촉구하면서 다른 어떤 법률은 따라야 한다고 말하는 이유가 무엇인가?"—이런 질문이 자연스럽게 나온다. 그에 대한 대답은 두 가지 종류의 법이 있다는 것이다. 어떤 법률은 정당하고, 어떤 법률은 정당하지 못하다. 나는 "정당하지 못한 법률은 법률이 아니다"라는 아우구스티누스의 말에 동의하고 싶다. …내가 지적하려는 차이를 여러분이 깨달아 주었으면 한다. 나는 결코 광적인 인종 차별주의자들처럼 법을 피하고 무시하기를 촉구하지 않는다. 그렇게 하면 혼란, 즉 무정부 상태(anarchy)에 빠지게 된다. 정당하지 못한 법을 어기는 사람은 벌을 받을 각오를 하고, 공개적으로, 자랑스럽게 그렇게 해야 된다. 양심에 비추어 봐서 정당하지 못한 법을 어기고 나서 기꺼이 감옥에 들어가 벌을 받음으로써 그에 관한 사회의 관심을 환기하는 자야말로 법에 대해서 정말로 최대의 경의를 표하는 자라고 말하고 싶다.[1)]

한편 이런 법률에 대한 불복종이 불법인 동시에 비도덕적이라고 생각하는 사람들도 있다.

> 그러므로 국가는, 자기와 자기의 동료들은 불법 행위가 되리라는 인식하에 숙고하고 선택할 수 있다는 킹 목사의 입장을 받아들일 수 없다. 나는 말하건대, 이런 입장은 불법이고 바로 그 이유 때문에 포기해야 된다. 뿐만 아니라 이런 입장은 자유 정치의 원리를 파괴하는 것이며, 바로 킹 목사 자신이 조장하려는 바인 시민권에 대한 위협으로서 비도덕적이기도 하다.[2)]

---

1) Martin Luther King, "Letter from Birmingham City Jail."
2) Louis Waldman, "Civil Rights—Yes: Civil Disobedience—No," *New York State Bar Journal*, 1965.

이런 논쟁의 배후에는 국가 및 그 법률의 성격과 타당성에 관한 근본적인 철학적 물음이 깔려 있다. 이런 물음들은 또 우리가 법률에 따라야 되는 이유와 그 한계에 관한 물음이기도 하다. 시민 불복종에 관한 1960년대의 일대 논쟁에 참가한 사람들은 거의 다 이런 문제들을 명시적 주제로 삼지 않았다. 그러나 그들의 입론은 분명, 이런 문제들에 관한 어떤 묵시적인 대답을 전제하고 있었다. 이 사실은 별로 놀라운 일이 아니다. 철학적인 쟁점들이 정치적 논쟁이나 실천적 정치 행위의 와중에서 명시적으로 조리있게 다루어지는 일은 거의 없다. 그러나 우리는 이 장에서 좀더 비판적이고 반성적인 접근 방식을 택할 것이다. 우리는 근본적인 문제로서 국가와 그 법률의 합법성 및 거기에 따를 의무의 본성과 범위를 먼저 다룰 것이다. 이런 문제를 다룬 다음에야 비로소 시민 불복종의 문제에로 돌아가게 된다.

4.1 무정부주의의 주장

한 가지 형태의 법률들—어떤 행동을 금지하거나 요구함으로써 행동을 규제하는 법률들—의 합법성만이 우리의 관심사이다. 이런 법률들 속에서 자라난 우리들은 모두가 여기에 매우 익숙해져 있고, 그래서 이런 법률이 없는 삶이 어떤 것인지를 상상할 수가 없다. 그러나 노력해 보자. 일단 한 가지 점은 분명하다. 법이 없다면, 우리는 지금보다 더 많은 선택의 여지를 가질 것이고, 또 그것들 가운데 몇가지는 우리가 실제로 선택할 것이다. 단지 법을 어기면 받게 되는 벌에 대한 두려움 때문에 못하거나 하는 일들이 많이 있다. 그러므로 이런 법률 체계는 일종의 강요 체제이다. 국가는 법률 및 처벌 제도의 힘을 빌어서 우리가 어떤 방식으로 행동할 것을 강요한다.

국가 및 그 법률 체계의 이런 성격을 알고 나면 이런 제도들에 관한 근본적인 물음들이 매우 선명하게 드러난다. 국가의 강요를 정당화하는 것은 무엇인가? 강요는 모두 나쁘지 않는가? 그렇다면, 이는 곧 국가와 그 법률이 정당하지 못함을 뜻하는 것이 아닌가?

국가와 그 법률의 정당성에 대한 여러 가지 도전이 있다. 그러나 이런 도전은 대부분이 특정한 국가, 특정한 법률에 대한 도전이다. 다른 국가, 다른 법률의 정당성을 전제하고 있는 경우가 대부분이다. 예를 들어서 국민들에 대한 포학한 압제자라는 이유로 국가를 비난하는 것은 특정한 국가에 대한 도전일 뿐, 여기서 다른 국가, 모든 사람의 복지를 위해 민주적으로 다스려지는 국가의 정당함은 전제되고 있다. 그런데 여기서 다루는 도전은 한층 더 근본적인 도전이다. 여기서는 행동을 규제하는 법률 및 이를 보조하는 행정 체제를 가진 모든 국가(결국 모든 국가)의 정당성이 도전을 받는다. 결국 이 도전은 무정부주의, 즉 모든 국가가 정당하지 못하다는 견해를 뒷받침한다. 데이빗 노빅은 무정부주의의 기본 입장을 이렇게 설명하고 있다.

> 무정부주의의 핵심은 개개인의 자유에 대한 강조인데, 개인의 완전하고 자유로운 발전을 저해하는 모든 권위, 그 가운데서도 특히 국가에 대한 부정과 비난은 여기서 나온다. 모든 권위의 거부는 정치 사상사에서 무정부주의의 중요한 공적인 동시에, 여타 정치 이론이나 사회 이론—이것들 중에서 어떤 것, 예를 들어서 자유주의(liberalism)는 다른 어떤 점에서는 무정부주의와 비슷하기도 하고 심지어는 같은 기반에서 출발하기도 하는데—과 무정부주의를 구별시키는 특징이 된다. 법률과 정부, 사유 재산 제도, 포괄적인 사회 경제 체제 및 여기서 받아들여지는 행동 양식, 악에 대한 처방으로서 제시되고 고취되는 수단과 방법에 관한 비판 및 이론은 이 기본 사상과 연결되는 것이다.[3)]

이런 주장의 핵심적인 전제는 사람들에게 어떤 행동을 하도록 강요하는 것은 모두 나쁘다는 것이다. 그런데 이 전제가 옳은가? 이런 도덕률에 대해 적어도 두 가지 예외가 있는 듯하다. 그것들은 무정부주의의 도전을 물리치는 데 도움이 될지도 모른다.

1. 어떤 사람들(예를 들어 어린이, 정신 박약자)은 그 행동을 적당한 위치에 있는 사람들(예를 들어 부모, 보호자)이 규제하는 것이 옳다. 어떤 특정한 경우에 대해서 반대를 할 수는 있지만, 어떤 경우에는—어린이나 정신 박약자들의 이익을 위해서 한다면—이런 규제가 정당하다는 생각 자체는 옳고 적합한 생각인 듯하다. 그래서 어떤 사람들은 국가란 시민들 자신의 이익을 위해 정당한 규제와 강요를 행사하는 보호자라고 말함으로써 무정부주의에 대해서 대답한다. 그렇지만 이런 식의 온정적(paternalistic) 강제가 어린이와 박약자들에게는 아무리 유익하다고 하더

3) David Novick, "The Place of Anarchism in the History of Political Thought," *Review of Politics*, 1958.

라도, 충분한 능력을 갖춘 어른들에 대해서 적용할 경우에는 문제가 많은 것이다.

우리들 대부분은 이런 식의 온정적 간섭주의를 흔쾌히 배척할 터이지만, 바로 우리들 자신의 법률 체계에서 그것이 차지하는 역할은 막대한 것이다. 많은 법률들은 우리들을 자기 자신으로부터 보호하는 것, 말하자면 우리들에게 자신의 이익을 위해 행동하도록 강요하는 것이 목표인 듯하다. 다음과 같은 법률들이 그렇다.

자살을 금하는 법률
오토바이를 타는 사람은 안전모를 착용해야 된다는 법률
퇴직 연금 제도에 가입해야 된다는 법률(사회 보장법)
돈을 빌 경우 일정한 비율 이상의 이자를 주어서는 안 된다는 법률
성인들 쌍방의 동의하에 사사로이 이루어지는 성행위를 규제하는 법률
반사회적 행동을 초래하지 않는 약물의 복용을 규제하는 법률

이런 법률들이 정당화되는 까닭은 사회가 강요하는 바가 우리들 자신에게 해로운 어떤 일을 하지 말라는 것이기 때문이라 생각된다. 만약 그들 자신의 이익을 위해서라면 충분한 능력이 있는 어른들에게 강요를 해도 좋다는 견해를 거부한다면, 이런 법률들이 정당한 근거를 댈 수 있을런지 의심스럽다.

2. 강요에 반대하는 규칙에 대한 두번째 반례는 정치 철학에서 훨씬 더 중요한 문제이다. B가 가질 권리가 있는 어떤 것을 A가 B로부터 빼앗으려고 하는 경우를 생각해 보자. 예를 들어서 A는 B를 죽이려고 한다. 우리는 무력을 사용해서(또는 무력을 사용하겠다고 협박함으로써) A의 그런 행동을 막는 데 대해서 반대하지 않을 것이다. 강요가 권리의 침해를 막는 길이라면, 강요에 대해 반대하지 않는 것이다. 그렇다면, 국가는 우리들 자신의 권리 보호를 위해 필요한 강제력을 행사하는 정당한 기구라고 생각할 수 있을지 모른다.

그런 국가는 얼마만큼 방대한 것이어야 되는가? 문제는 어떤 권리들이 정당한 보호를 받아야 된다고 생각하는지에 달려 있다 여러분이 생각하는 권리는 어떤 침해를 받지 않을 권리뿐이라면, 시민들이 살해, 폭행 등을 받지 않도록 할 수 있을 만한 강제력을 가져야 되고, 그 이상 가져서는 안 된다. 노동의 결과에 대한 권리, 약속받은 것에 대한 권리를 인정한다면, 국가는 시민들이 이런 권리를 침해받지 않도록 할

만한 강제력도 있어야 한다. 마지막으로 어떤 기본적인 욕구에 대한 권리를 인정한다면 국가는 물론 이 욕구들의 충족을 보장할 만한 강제력이 있어야 한다.

이것들 가운데서 가장 포괄적인 것을 선택한다고 하더라도, 그 결과로 나타나는 국가는 현존하는 어떤 국가보다도 훨씬 축소된 권력을 가진 국가일 것이다. 그런 국가는 아마 고속도로를 건설할 힘도, 자연 공원을 세울 능력도 없을 것이다. 독점 사업을 규제하지도 못할 것이고, 또 근대 국가의 다른 여러 기능들을 수행하지도 못할 것이다. 한마디로 이런 국가는 권리 보호를 위해서만 강제력을 사용한다. 이 기능을 넘어서서 국민 전체의 복지 향상을 피할 수는 없다. 많은 사람들은 이것이 매우 불완전한 국가라고 생각한다. 훨씬 더 방대한 국가가 정당화될 수 있음을 보여줌으로써 무정부주의의 도전을 물리치려고 하는 것이다. 이제 보다 방대한 국가를 정당화하려는 시도를 살펴보자.

4.2 사회 계약론

한 개의 중요한 철학적 전통이 옳다면, 무정부주의자들의 도전을 물리치는 셈이 된다. 이런 전통에서는, 강요를 받는 사람들의 동의에 근거를 둔 정부의 강요를 정당화할 수가 있다. 이를 사회 계약론(social contract theory)이라 부르는데, 그 이유는 여기서 말하는 정부가 국가와 국민의 합의에서 발생하며, 또 그로부터 정당성의 근거를 얻기 때문이다. 아마 미국 독립 선언서의 앞머리에서 이런 견해를 진술한 가장 낯익은 구절을 볼 수 있을 것이다.

> 우리는 모든 사람이 양도할 수 없는 어떤 권리를 조물주에게 부여받고, 평등하게 태어났으며, 생명, 자유 그리고 행복의 추구는 이런 권리라는 것이 자명한 진리라고 주장하는 바이다. 정부는 이런 권리들을 보장하기 위해서 국민들에 의해 세워졌으며, 그 권력의 정당성은 피지배자인 국민들의 동의에 있다.

위의 인용문은 이 전통의 주춧돌이 되는 세 가지 명제를 밝히고 있다. (1) 사람들의 어떤 권리는 정부와 무관한 것이며, 자유권(자기 뜻대로 행동하며, 강요당하지 않을 권리)은 이런 권리에 속한다. (2) 이런 권리를 가진 사람들이 단결해서 정부를 형성한다. 왜냐하면 자연 상태보다는 정부의 통치하에 살기를 선택할 상당한 이유가 있기 때문이다. (3) 정부의 정당성은 모든 사람이 정부의 존재 및 법률을 시행하기 위한 강제력의 행사에 동의했다는 사실에서 나온다.

이 세 명제, 특히 두번째 명제를 어떻게 해석하는가에 따라 이 전통에 속하는 서로 다른 입장들이 생긴다. 두번째 명제에 대한 서로 다른 해석들은 매우 중요하다. 그러므로 여기에 관한 몇가지 견해들을 살펴보자.

플라톤은 그의 대화편 《국가》에서 적어도 사회 계약론의 일부와는 어느 정도 비슷한 견해를 내놓고 있다. 그 책 제 2 권에서 그는 국가의 기원을 찾는 일에 착수한다. 사람들은 왜 모여서 사회를 이루고 살게 되었는지를 알아보려는 것이다. 그는 이것이 물질적 이익을 얻기 위한 것이라고 주장한다. 어떤 형태의 공동체를 이루고 삶으로써, 협동 노동과 노동 분업의 혜택을 누릴 수 있다.

> 국가는 인간의 필요에 따라 생긴 것이라 생각된다. 자급 자족을 할 수 있는 사람은 아무도 없지만, 모든 사람이 많은 욕구를 가지고 있다. 다른 어떤 방식으로 국가가 발생했다고 생각할 수 있겠는가? 그럴 수 없다. 우리에게는 많은 욕구가 있고, 그것을 충족시켜 주기 위해서는 많은 사람이 필요하기 때문에, 사람들은 어떤 일에는 어떤 사람의 도움을 받고 다른 어떤 일에는 다른 사람의 도움을 받는다. 이렇게 해서 도움이 되는 사람들끼리 한 곳에 모여 살게 되는데, 이들의 무리를 일러 국가라고 한다.[4)]

여기서 보듯이 플라톤은 물질적 측면에서의 이익을 강조한다. 그러나 근세의 탁월한 사회 계약론자인 홉즈와 로크는 국가가 우리들이 기득권을 가진 것들을 보호하는 기능을 강조한다. 제 2 장에서 보았듯이 홉즈는 자연 상태에서의 생활에 대해 매우 비관적인 생각을 가지고 있다. 그는 이것이 공포와 투쟁의 생활이 되리라고 본다. 그래서 사람들은 모여서 국가를 조직하게 된다는 것이다. 자신들의 안전과 생명을 위해 모이는 것이다.

> (원래 다른 사람들에 대한 지배와 자유를 사랑하는) 사람들이 스스로에게 구속을 가하고 국가에서 살게 되는 궁극적인 원인, 목적 내지 계획은 그래야 자신

---

4) Platon, *Republic*, 제 2 권.

을 보호하고, 만족스러운 삶을 영위할 수 있으리라는 생각 때문이다. 다시 말해서 사람들의 욕망을 억제하는 어떤 보이는 권력이 없을 때 —앞에서 본 바 있듯이— 사람들의 자연스러운 욕망의 피할 수 없는 결과로 나타나는 비참한 전쟁 상태로부터 벗어나는 것이 그래야만 가능하다는 예견 때문이다.[5)]

로크는 자연 상태에서의 생활에 대해 보다 낙관적인 견해를 가지고 있다. 그렇지만 국가가 있으면, 두 가지 중요한 점에서 우리의 권리— 특히 재산권— 보호에 도움이 된다는 것이 그의 생각이다. 우선 첫째로, 국가가 제정한 법률은 각각의 권리의 한도를 분명히 밝히고, 또 사법부의 판결은 그에 관한 문의와 의심에 대해 평화로운 해결책이 된다. 둘째로, 국가는 우리가 가진 권리를 부당하게 빼앗으려는 자들로부터 우리를 효과적으로 보호할 수 있다.

여기서 관심거리가 될 사회 계약론은 로크의 이론보다는 플라톤의 이론에 가까운 것이다. 우리는 사람들이 국가를 조직하는 데 동의한 까닭은 자기네들의 권리의 보호뿐만 아니라 사회 전체의 복지 향상을 위해서도 강제력을 사용하기를 원하기 때문이라는 사실에 주목할 것이다. 플라톤과 다른 중요한 차이점은 그가 사회 전체의 복지 향상에 있어서 물질적 측면을 지나치게 강조한다는 것밖에 없다.

우리는 사회 계약론의 두번째 명제에 관한— 사람들이 국가를 조직하는 데 동의하는 까닭에 관한— 서로 다른 의견들을 살펴보았는데, 이는 법률의 준수와 시민 불복종의 문제를 다루게 되면 여기에 관한 견해가 매우 중요한 것으로 되기 때문이다. 이제 사회 계약론을 좀더 일반적으로 검토하고, 그것이 안고 있는 문제점들을 살펴보기로 하자.

사회 계약론의 기본적인 생각은 이런 것이다— 정부의 강제가 정당한 까닭은 강제를 받는 사람들, 즉 국민들이 사전에 여기에 동의를 했기 때문이다. 사람들이 모여서 국가를 세울 때, 이미 이런 동의가 이루어졌다. 그리고 이미 동의한 이상 나중에 강요를 거부할 수는 없다.

제일 먼저 생각해야 될 문제는 국민들의 동의가 정말로 그런 일을 할 수 있는가 하는 것이다. 국가의 강제에 동의한다는 것은 곧 자신의 자유를 포기하는 일이 될 것인데, 많은 철학자들은 스스로 자유를 포기한다는 것은 결코 정당하지 못하다고 주장하고 있다. 이런 철학자들에 따르면, 그런 포기 행위는 성격상 자동적으로 무효가 되며, 그러므로 동

5) Thomas Hobbes, *Leviathan*, 제 17 장.

의가 있었다 하더라도 국가가 시민에게 강요를 하는 것은 옳지 못하다는 것이다. 루소는 이런 생각을 다음과 같이 설명하고 있다.

> 자유를 포기함은 자기의 인간성, 인간으로서의 권리와 동시에 의무를 포기하는 것이다. 모든 것을 포기하는 사람에게 대가로 줄 수 있는 것은 아무 것도 없다. 이런 포기는 사실 인간성 자체에 대한 반역이다. 의지의 자유를 모두 빼앗는다는 것은 인간의 행위가 가진 모든 도덕적 의미를 빼앗는 것이라는 말이다.[6)]

다음과 같은 예를 생각해 보면, 이런 반론의 힘이 한층 더 선명하게 드러난다. 어떤 사람이 자발적으로 노예가 되겠다는 결정을 했다. 그래서 그의 주인은 그에게 아무 것이나 다 강요할 수가 있다. 그리고 이런 결정을 한 사람은 자기 행동에 책임을 질 수 있는 성인이라고 하자. 이 결정은 그의 권리에 속한다고 말할 것인가? 아니면 그의 행위는 불합리하고 부당하며 무효라고 말해야 될 것인가? 또 그렇다면 정부의 강요를 받는 데 동의한 시민들에 대해서도 같은 말을 해야 되지 않겠는가?

사회 계약론을 옹호하는 사람들은 물론 이것이 좋은 비유가 아니라고 말할 것이다. 노예와 시민 사이에는 중요한 차이가 있는데, 노예의 동의는 부당한 반면 시민의 동의는 정당한 이유를 이 차이로 설명할 수 있다는 것이다. 그 차이는 이런 것들이다.

1. 노예는 주인에게 자기의 모든 행위를 완전히 규제할 수 있는 권리를 주었다. 반면에 시민이 동의한 국가에서 제정될 수 있는 강제법은 매우 제한된 것이어서, 시민들의 기본권은 이런 제한들 때문에 보호를 받는다.

2. 노예는 주인이 내리는 명령의 결정에 대해서 발언권이 전혀 없다. 그러나 시민이 동의하는 국가는 시민 자신이 민주적 과정을 통해 참여하는 국가이다. 그는 어떤 법률이 제정될 것인지를 결정하는 데 참가할 수 있으며, 그래서 자신의 권리와 이익을 보호하는 조치를 취할 수 있다.

3. 자연 상태를 떠나 정부가 다스리는 사회를 조직함으로써 얻는 이익이 많다. 사회 계약론의 중요한 옹호자들은 특히 두번째 명제를 옹호

---

6) Jean Jacques Rousseau, *The Social Contract,* I, 4.

하면서, 그런 혜택들을 많이 열거했다. 정부 없이 어떻게 문명 생활을 영위할 수 있는지는 상상조차 하기 어려운 일이라는 것이다. 결론적으로 말해서, 시민들은 자유의 부분적 침해에 대해 적당한 보상을 받을 수 있고, 또 사실 그런 보상을 받는다. 반면 노예가 됨으로써 얻는 이익이란 결코 그로 인해서 입는 손해에 견줄 수가 없다.

한마디로 말해서 사회 계약론자들은 루소의 주장이 굉장한 과장이라고 생각한다. 시민들이 세우기를 동의한 국가는 시민들의 기본권을 보호하기에 적당하도록 제한된 권력을 가진 것이고, 또 그런 정부는 문명 생활을 영위하는 데 막대한 기여를 하는 것이기에, 시민들의 동의는 합리적이고도 정당한 것이다. 그리고 이런 동의는 최소한의 권력을 가진 국가보다 더 방대한 국가의 존재도 정당화할 수 있다.

이런 입장에서는 정당한 정부의 형태가 엄격하게 한정된다는 점에 주의해야 된다. 정당한 국가는 기본권을 보호할 수 있도록 제한된 권력을 가진 민주 국가여야 한다. 이런 형태의 사회 계약론은 곧 자유주의 국가를 옹호하고 있다. 어떤 사회 계약론자들 — 홉즈는 그 대표적 예인데 — 은 국가 권력에 대한 이런 제한에 동의하려 들지 않는다는 점을 지적해 둔다. 홉즈 같은 사람들은 자연 상태에서의 생활이 너무나 비참하고 그런 상태를 벗어나기 위해서 필요한 권력은 너무나 막강한 것이기에 시민들은 거의 무제한적 권력을 가진 정부에 동의해야 된다고 생각한다. 그러나 여기서는 보다 우세한 자유주의적 사회 계약론에 초점을 맞추도록 하자.

어쨌든 이야기의 진행상 루소가 잘못되었고 국민들의 동의가 국가의 강제력을 정당화하기에 충분하다고 가정하자. 그렇지만 사회 계약론에 대한 반론들이 몇가지 더 있다. 데이빗 흄은 다음과 같은 두 가지 반론을 펴고 있다.

> 그러나 정부의 기초가 되는 계약은 처음의(original) 계약이라는 것인데, 그것은 너무 오래 전의 일이라서 오늘날의 세대들이 알지 못하고 있다는 생각을 할 수 있다. 미개인들이 처음으로 모여서 힘을 합해서 한 약속이 최초의 계약이라면, 이는 물론 사실상의 계약이다. 그러나 그런 계약은 옛날 일이고 또 그간 무수한 정체의 변화로 인해 말소된 계약이므로, 오늘날 어떤 권위를 가진다고 볼 수가 없다. 이런 목적에 적합한 이야기를 하려면, 국민들에게 충성의 요구를 과하는 어떤 형태의 정부가 합법적인 것이 되려면 건립 당시에 국민들의 동의와 자발적인 계약에 입각해야 된다고 말해야만 한다. 게다가 여기서 말하는

동의는 가장 먼 후대의 자손들까지도 구속해도 좋다는 선조들의 동의를 포함한 것이라야 되는데, …이런 주장은 세계의 어느 곳, 어느 때의 역사나 경험에 의해서도 정당화되지 않는다.7)

흄의 반론은 그야말로 매우 직접적인 반론이다. 사회 계약론자들은 시민들의 동의를 가지고 국가의 강제력 사용을 옹호하려고 한다. 그런데 이런 동의는 바로 그 국가에 대한 동의라야 되지, 역사의 시초에 나타난 어떤 최초의 국가에 대한 동의여서는 안 된다. 그리고 이런 동의는 그 국가의 건립 당시에 얻어진 것이어야 한다. 그런데 흄은 (1) 대부분의 국가가 시민의 동의가 아니라, 힘의 사용으로 세워졌으며, (2) 시민의 동의로 세운 국가라 할지라도 강제력은 동의를 한 시민들에게 사용할 때에만 타당할 뿐, 동의하지 않은 사람들(특히 후대의 사람들)에게는 사용할 수 없다는 점을 지적한다.

이 두 반론을 살펴보면, 국가의 존재를 정당화하는 동의는 국가가 실제로 세워진 당시에 이루어진 것이어야 된다는 대전제가 깔려 있음을 알 수 있다. 흄이 이런 전제를 한 것은 놀라운 일이 아니다. 사회 계약론을 내놓은 사람들, 플라톤, 홉즈, 로크 같은 철학자들은 사회 계약론을 국가의 기원(origin)에 관한 이론이라고 불렀다. 또 심지어는 사회 계약론이 국가가 어떻게 해서 세워졌는가에 관한 역사 이론으로서 옹호된 일도 있다. 그 결과 흄은 국가가 처음 세워지는 당시에 문제의 동의가 이루어져야 된다는 전제를 당연한 것으로 받아들였다. 그러나 현대의 사회 계약론자가 이런 것을 전제할 필요는 물론 없다. 국가의 정당성이 다른 어떤 형태의 동의에서 유래한다고 말하지 못할 이유가 없다. 이런 방식으로 사회 계약론을 옹호하려는 시도 두 가지를 다음 절에서 살펴보자.

4.3 묵시적 계약과 가상적 계약

우선 생각나는 방안은 지금 세대의 시민들이 계속적으로 하고 있는 계약에서 국가의 정당성이 유래한다는 것이다. 만약 이런 계약이 이루

7) David Hume, "Of the Original Contract."

어지고 있다면, 흄의 문제는 모두 해결된다. 시민들이 지금 동의를 하고 있다면, 국가의 기원을 거론할 필요가 없다. 설사 그것이 힘이나 협잡으로 이루어진 것이라고 하더라도, 오늘날의 시민들이 그것의 존재에 동의하는 국가는 지금 현재 정당한 국가이다. 그리고 국가가 다음 세대에 대해서도 강제력을 사용할 수 있으려면, 다음 세대의 동의가 필요하다. 이런 식의 사회 계약론에 따르면, 국민들이 구속을 받는 것은 오로지 자기 자신의 동의 때문이다.

문제는 물론 현존하는 국가의 시민들이 언제, 어디서 국가의 존재에 대해 명시적인 동의를 하는지를 알 수 없다는 데 있다. 씨족의 젊은이들이 그 완전한 구성원으로 인정을 받게 될 때 그런 명시적 동의를 해야 되는 씨족 사회들이 많이 있다. 또 몇몇 국가에도 그런 입회 의식이 있다. 그러나 어쨌든간에 이런 식의 명시적 동의가 반드시 필요하지는 않을지도 모른다. 암암리에 받아들인 묵시적 동의로 충분할지도 모른다. 그리고 이것이 필요한 전부라면, 이런 식의 사회 계약론은 올바른 이론이 될 수 있을 것이다. 우리 모두가 자기 나라에서 계속해서 살면서 거기서 오는 혜택을 누림으로써 결국 자기 나라의 존재에 동의하고 있는 것이 아닌가?

이런 형태의 사회 계약론을 처음으로 제시한 것은 플라톤의 대화편 《크리톤》이다. 이 대화편에서는 법을 어기고 도망치기보다는 정당하지 못한 사형 선고를 받아들이는 이유를 설명하고 있는 소크라테스를 그리고 있다. 소크라테스의 말을 들어보자.

> 그러면 법률은 이렇게 말할 것이다. 소크라테스여, 네가 지금 도망을 가면 우리에게 손해를 끼치는 것이라는 우리의 말이 옳은지 그른지를 한번 생각해 보아라. 우리는 너를 세상에 낳아서 기르고 교육시켰으며, 우리가 주어야 되는 모든 이익을 너와 다른 모든 시민들에게 나누어 주었다. 뿐만 아니라 우리는 나이가 들어서 다른 도시의 규범과 우리의 규범을 비교해 보고 나서 우리를 싫어하게 된 사람은 언제든지 자기 소유물을 가지고 어디나 원하는 곳으로 갈 자유가 있다는 것을 모든 아테네인들에게 주지시켜 왔다. 우리 도시를 싫어하는 사람, 그래서 다른 도시나 식민지에로 가고자 하는 사람은 자기 재산을 가지고 어디든지 원하는 곳으로 가도 좋다. 그렇지만 우리가 정의를 어떻게 시행하고 국가를 어떻게 다스리는지를 알면서도 머물러 사는 사람들은 묵시적으로 우리가 명하는 대로 행동하겠다는 약속을 하고 있는 셈이다.

이런 묵시적 또는 암시적 계약에 관해 두 가지 점을 지적해 둘 필요가 있다. 첫째로 이를 옹호하는 사람들은 국가를 떠나지 않고 있다는 사실만으로 묵시적 동의를 한 셈이라고 말하는 것이 보통이다. 그런데 국가의 존재에 묵시적 동의를 하는 방법에는 이것만 있는 것이 아니다. 우리는 여러 가지 정치 행위(예를 들어 선거에서 투표를 한다거나, 사법 기관의 힘을 빌리는 것)에 참여하는 경우에도 묵시적 동의를 한 셈이라고 말할 수 있다. 게다가 시민의 자격으로 행하는 이런 행위들을 더 많이 하면 더 많이 할수록 국법에 따를 의무가 늘어난다고도 말할 수 있을 것 같다. 마이클 월저는 이런 주장을 펴고 있다. 그는 예를 들어서 압박받는 소수 집단의 정치적 의무를 이렇게 분석하고 있다.

… 물론 압박받는 사람들에게는 정치적 의무, 나아가서 국가에 대한 의무가 없다. 노예는 주인에 대해서 의무를 가지지 않으며, 주인들로 이루어진 지배층에 대해서도 마찬가지이다. 노예와 주인의 인원 비율도, 두 집단 사이의 전략의 문제를 다룰 때 이외에는 하등 문제가 되지 않는다. 압박받는 계층의 시민권이 인정되는 경우에는 문제가 좀 어려워진다. 그들의 투표는 공정하게 처리되지만, 결과적으로 그들이 투표에서 한번도 이기지 못하는 경우를 생각해 보자. 조직의 자유는 있다. 그러나 여기에는 사소한 어려움이 너무 많고, 그래서 거대한 조직을 결성하려는 시도는 언제나 실패로 돌아간다. 사회적·경제적 차별대우는 소수파라는 그들의 정치적 지위를 조장한다(정치 역량의 부족은 또 사회경제적 차별을 조장한다. 어느 쪽이 원인이고 어느 쪽이 결과인지는 문제가 되지 않는다). 이런 정치 체제에서 그들이 발휘할 수 있는 힘은 제한된 것이다. … 나는 그들이 처한 상황을 다시금 상기시킴으로써 그 이상의 주장을 할 생각이다. 그들은 압박받고 있기는 하지만 시민이고, 형식상 자유롭고 평등하다. 나는 그들을 위한 행동이 민주 체제의 형식적 규칙들을 활용해야 한다고 말한 바 있다. 이런 일을 해나간다면, 바꾸어 말해서 이런 일을 어느 정도 성공적으로 수행한다면, 그들의 형식적 시민권을 실질적인 어떤 것(동시에 가치도 있는 것)으로 만드는 과정이 시작된 것이다. 이는 동시에 그들이 자기네들의 활동 무대인 민주 국가에서 동료와 후원자들을 포함한 시민들에 대해서 의무를 갖게 된다는 것을 뜻한다. 그렇지만 압박받는 사람들이 가진 의무의 정도는 여전히 그들에게 부여될 수 있는 책임의 정도에 따라서 결정된다.[8)]

묵시적 동의에 관해 지적해 두어야 될 두번째 중요한 점은 이런 것이

8) Michael Walzer, *Obligations*, 제 3 장.

다. 묵시적 동의가 국가를 떠나지 않고 머물러 살겠다는 결정에서 나오는 것이라면, 그 사람에게 국가를 떠날 수 있는 자유가 주어져 있는 경우에만 이런 동의가 이루어졌다고 말할 수 있다. 시민들의 국외 이주를 금지하는 국가가 나중에 와서 떠나가지 않은 시민들은 국가의 존재에 동의한 것이라고 주장해서는 안 된다. 이 점은 음미할 필요가 있다. 국외 이주권이 대단히 중요한 기본권이 되는 이유가 여기서 설명된다. 국외 이주를 금하는 국가는 여러 가지 점에서 볼 때 정당성이 없는 국가이다. 국외 이주권에 관한 몇가지 실천적인 문제들이 제기되는 것도 바로 이런 이유 때문이다. (1) 국외 이주권은 언제나 있는 것인가? 아니면 인생의 어떤 일정한 기간 동안에만 주어지는 것인가? 다시 말해서, 일정한 때를 지난 시민은 국가의 존재 및 국가가 자신의 국외 이주를 방해할 권리에 동의해 버린 것이라고 간주할 수 있는 어떤 시점이 있는가? 국가는 어떤 사람들(예를 들어 기밀 정보를 알고 있는 사람)에 대해서 국외 이주를 완전히 금할 권리가 있는가? (2) 자기 재산을 모두 다 가지고 가는 것을 묵인해야 되는가? 아니면 국외로 가지고 갈 수 있는 액수를 제한해야 되는가? (3) 이민하는 사람들이 과거에 받은 교육이나 기타 여러 가지 혜택에 대해서 보상을 할 것을 요구해도 되는가? 그리고 보상을 할 때까지 이민을 금지해도 되는가?

이런 문제들은 모두 실천적인 점에서 매우 중요하다. 그러나 이것들 중에서 이 입장이 안고 있는 이론적 난점의 핵심을 찌르는 문제는 하나도 없다. 묵시적 동의가 안고 있는 주된 난점은 그것이 모든 사람에게 적용되는가, 즉 국가가 모든 사람들에게 강제력을 사용할 수 있는 권리를 묵시적 동의가 설명할 수 있는가 하는 것이다. 흄은 다음 글에서 이런 반론을 펴고 있다.

> 외국어나 외국인의 생활 방식은 하나도 모르고, 그날그날 버는 조그만 수입으로 겨우 입에 풀칠이나 하는 가난한 농부나 직공에게 자기 나라를 떠날 자유가 있다고 단언할 수 있을까? 그렇다면 잠든 사이에 남이 배에 실어버려서 배를 떠나려면 바다에 뛰어들어서 죽는 것밖에는 달리 도리가 없는 사람에 대해서, 배에 머무르는 것은 곧 자유 의사에 따라 선장의 지배에 따르겠다는 동의를 하는 것이라고 말하는 거나 다를 바가 없지 않는가?[9]

---

9) Hume, 앞의 논문.

묵시적 계약을 옹호하는 사람들은 흄이 제기하고 있는 이런 반론의 심각성을 인정하지 않을 수 없다. 그들은 잘 해봐야 이런 반론으로 자기네들의 이론이 논박되지는 않는다고 주장할 수 있을 뿐이다. 오히려 흄의 반론이 보여주는 것은 어떤 시민들(이민갈 수 있는 진짜 기회를 가진 사람들과 다른 방식으로도 묵시적 동의를 한 사람들)에 대해서는 국가가 강제할 수 있는 권리가 더 크다는 것뿐이라는 것이 그들의 입장이 된다.

이런 결론을 피할 수 있는가? 다른 어떤 형태의 동의가 있을 경우에만 이것이 가능하다. 그런데 다른 어떤 동의가 있을 수 있는가? 그것이 국가의 건립 당시에 실제로 이루어진 동의일 수는 없다. 그런 동의는 사실상 없었을 수도 있으니까 말이다. 또 지금 실제로 이루어진 동의도 아니다. 그러면 다른 어떤 동의가 있는가?

이런 질문들은 우리를 사회 계약론의 마지막 형태에로 인도한다. 여기에 따르면, 국가의 강제력의 정당성은 현실적이 아닌, 즉 가상적인(hypothetical) 동의에 달려 있다. 이 견해의 유력한 옹호자인 존 롤즈(사실 이 견해는 3장에서 다룬 롤즈의 정의론과 밀접하게 연결되는 견해이다)는 이렇게 말한다.

> 하여간에 입헌 민주 정치 체제하에서의 정치적 의무를 설명하기에 적당한 견해는 많은 정치 사상의 모태가 되는 사회 계약설이라 생각된다. 나는 주의를 기울여서 적절한 일반성을 갖도록 해석한다면 사회 계약설이 정치 이론의 만족할 만한 토대가 된다고 주장하는 바이다. … 내가 생각하기에 옳은 해석은 이런 것이다. 사회 체제를 정비할 때에 따라야 되는 원리들, 그 중에서도 특히 정의 원리들은 모든 사람이 평등한 자유를 누리는 출발선(original position)에 선 자유롭고 이성적인 사람이라면 누구나 동의하게 될 원리들이다. 마찬가지로 사회 제도 및 사람들 사이의 관계를 다스리고, 또 사람들이 가진 천부적(natural) 의무와 여타의 다른 의무를 결정하는 원리들은 같은 상황에서 마찬가지 능력을 가진 사람들이 선택하게 될 원리이다. 사회 계약론을 이렇게 해석하면, 정의 원리들이 가상적 계약의 결과가 된다는 점에 주의할 필요가 있다. … 계약이 현실적인 것인지 아닌지는 문제가 되지 않는다. 그리고 현실적인 계약을 할 필요도 없다.[10]

이런 가상적 계약설은 일견 매우 이상해 보인다. 롤즈는 평등한 자유

10) John Rawls, "The Justification of Civil Disobedience."

를 누리고 있는 자유롭고 이성적인 사람이라면 누구나 다 그 존재에 동의하게 될 강제력을 가진 어떤 사회 조직이 있다면, 그런 사회 조직은 정당화된다고 주장한다. 그런데 어떤 현실 상황에서 이런 강요 체제에 현실적인 동의를 한 사람은 아무도 없다면, 어떤 상황에서 사람들이 거기에 동의하게 될 것이라는 사실이 무슨 의의가 있는가? 그런데 롤즈는 이런 가상적인 계약이야말로 도덕적으로 중요한 것이라고 주장한다. 사람들이 혹은 계약할 기회가 없었기 때문에, 혹은 합리성, 자유 등의 조건이 만족되어 있지 않기 때문에, 현실적으로는 계약에 실패했다는 것은 도덕적으로 중요하지 않다.

이런 식의 가상적 계약론이 일으키는 문제는 많이 있다. 우선 가상적 선택이 이루어지는 조건이 정확하게 어떤 것인지를 어떻게 결정할 것인가? 둘째 이런 가상적 상황에서 어떤 특정한 계약이 이루어지리라는 것을 확신할 수 있는가? 마지막으로, 이런 가상적 계약이 사실은 현실적인 계약 내지 계약의 실패보다 도덕적으로 더 의의가 있다는 롤즈의 생각이 옳은가?

지금까지 논의의 결과를 돌이켜보자. 처음에 살핀 무정부주의의 입장에서는 국가란 강제력을 사용하는 기관이기에 결코 정당화될 수 없는 것이었다. 이런 주장은 강제란 결코 정당화될 수 없음을 전제로 한다. 그런데 이 전제는 쉽게 물리칠 수 있었다. 그렇지만 무정부주의를 물리치고 난 결과도 완전히 만족스럽지는 못했다. 왜냐하면 여기서 손쉽게 보여줄 수 있는 것은 국민들의 권리를 보호하기 위해서 강제력을 사용하는 국가가 정당하다는 사실뿐이었기 때문이다. 우리가 원하는 것은 보다 방대한 권력을 가진 국가를 정당화하는 것이다. 이런 국가를 정당화하는 방안으로 사회 계약론을 살펴보았다. 사회 계약론의 어떤 형태도 전적으로 만족스럽지는 않았지만, 몇가지 형태는 가능성이 있는 것으로 보였다. 그 중에는 묵시적 계약론과 가상적 계약론이 포함된다.

이제 방대한 권력을 가지고 있기는 하지만 민주적인 국가의 존재가 시민들의 동의로써 정당화될 수 있다고 가정하자. 그리고 이 장의 마지막 절에서 이런 견해가 시민 불복종의 문제에 대해서 어떤 함축을 가지는지를 다루어 보려고 한다.

4.4 복종과 불복종

적어도 보다 자유주의적인 형태의 사회 계약론은 언제나 혁명적인 성격을 띠고 있었다. 예를 들어서 존 로크는 시민들의 저항권을 옹호하는 것으로서 논의를 마무리짓고 있다. 바로 이런 성격 때문에 사회 계약론은 죠지 3세에 대한 저항의 정당성을 제공하려는 미국의 개국 선조들(Founding Fathers)에게 영향을 미쳤다.

이 이론의 혁명적인 측면이 어디에 있는지를 이해하는 것이 중요하다. 혁명권의 옹호로서 이런 것이 있다. 정부는 시민들의 동의에 기초를 둔 것이다. 그래서 더 이상 동의를 받을 수 없는 정부, 국민들이 더 이상 원하지 않는 정부는 정당하지 못하고, 시민들은 그런 정부에 대해 저항할 권리가 있다. 그러나 이런 논의는 별로 힘이 없는 논의이다. 시민들은 어쨌든 그 나라의 존재에 동의했고, 그것이 제공하는 혜택을 누려왔다. 그런데 국가가 갑자기 손해를 초래한다고 해서 즉각 약속을 철회할 권리가 생길 수는 없다. 이는 갑자기 손해가 되는 것으로 드러난 계약을 취소하려고 드는 것이나 마찬가지이다.

로크의 진짜 혁명권 옹호는 이런 것이다.

> 둘째, 그러므로 정부가 해체되는 또 한 가지 경우가 있다. 그것은 입법부나 국왕 둘 중 어느 한 쪽이 책임에 반하는 행동을 할 경우이다. … 국민의 재산을 침해하고, 입법부 자신이나 아니면 사회의 일부인 어떤 무리를 국민의 생명과 자유와 재산의 주인, 즉 이것들을 마음대로 요리하는 자로 만들려고 하는 경우에 입법부는 자기에게 부여된 책무에 반한 행동을 하는 것이다. … 왜냐하면 입법부가 이런 것들을 파괴할 수 있는 권력을 가진다는 것은 결코 사회의 의지라고 생각할 수 없기 때문이다. 이런 것들은 모든 사람이 사회에 들어옴으로써 보장받기를 원하는 것이고, 국민들은 이것들을 보장받기 위해 법률에 따르기를 자청하는 것이다. 국민의 재산을 빼앗고 파괴하기를 꾀하는 입법부는 그때마다 국민들과의 교전 상태를 자초하는 것이다. 입법부가 이런 행동을 하게 되면, 국민들은 더 이상 복종할 의무가 없다.[11]

로크의 혁명권 옹호의 요점은 사람들이 국가에 동의할 때 어떤 목표

11) John Locke, "Second Treatise," 제 19 장.

를 염두에 두고 있다는 것이다. 국민들은 국가가 특히 자기들의 권리를 보호하고 보장해 주기를 바란다. 이 목표는 동의의 전제 조건, 즉 사회 계약의 일부가 된다. 그런데 시민들의 권리를 침해하고 파괴하는 국가는 사회 계약의 전제 조건을 어긴 국가이다. 국가가 먼저 계약 조건을 위반한 것이다. 계약을 한 상대방이 의무를 저버린 경우에는 더 이상 계약을 준수할 필요가 없듯이, 이 경우에도 시민은 국가에 복종할 의무가 없다.

오늘날과 마찬가지로 로크의 시대에도 이런 혁명적 견해를 받아들이면 파괴적인 사회적 충돌이 생기리라고 생각한 사람들이 있었다. 로크는 이런 예상이 지나친 것이라는 올바른 지적을 하고 있다.

> 비록 사소한 것이라 하더라도 공적인 일에서 실책이 나타날 때마다 이런 혁명이 일어나는 것은 아니라는 것이 나의 답변이다. … 국민들은 지배자의 커다란 실수, 불편하고 잘못된 많은 법률들 및 인간인 한 갖게 마련인 연약함 때문에 일어나는 모든 실책들을 불평도 하지 않고 반발도 없이 참아낼 것이다. 새로운 입법에 의해 다시금 자기네들의 안전을 보장할 수 있는 권력이 국민들 스스로에게 있다는 이론이야말로 … 최선의 반란 방지책이다. …[압박과 반란의] 죄악을 막는 가장 좋은 방법은 그들 [지배자들]에게 그것의 위험과 정의롭지 못함을 일깨워 주는 것이다.[12]

미국의 개국 선조들은 로크의 이런 입장을 전면적으로 받아들였다. 독립 선언문의 두번째 단락은 이런 입장을 내세우고 있다. 이 낯익은 문장들을 다시 읽어 가면서, 그 전반부에는 혁명을 정당화하는 로크의 입장이 나타나 있고, 그 후반부에서는 이런 이론이 무정부 상태를 초래하지 않는다는 로크와 비슷한 주장을 하고 있음을 확인해 보자.

> 우리는 모든 사람이 조물주로부터 양도할 수 없는 권리를 부여받고 평등하게 태어났으며, 생명·자유·행복의 추구는 이런 권리에 속한다는 것이 자명한 진리라고 주장하는 바이다. 정부는 이런 권리를 보호하기 위해서 국민들이 세운 것이며, 정부의 권력은 시민들의 동의로부터 나올 경우에만 정당하다. 어떤 형태의 정부라 할지라도 이런 목적을 파괴하는 역할을 하게 되는 때에는 언제나 정부를 개혁하거나 폐지하는 것이 국민의 권리이다. 그리고 나서 이런 원리들에 입각해서 새로운 정부를 세우고, 정부의 권력을 국민들의 안전과 행

12) 같은 책.

복을 가장 잘 보호하리라 생각되는 형태로 조직해야 된다. 지혜는 오랫동안 유지되어온 정부를 가볍고 일시적인 이유로 개혁해서는 안 된다고 말한다. 마찬가지로 이제까지의 경험에 비추어 보면, 인류는 비록 죄악이 있다고 하더라도 참을 만한 것인 경우에는 자기네들에게 익숙해진 제도를 폐지함으로써 그것을 바로잡기보다는 차라리 그것을 참는 경향이 있다는 것을 알 수 있다. 그러나 언제나 한가지만을 목표로 삼는 폐해와 악습이 오랫동안 계속된 결과 마침내 절대 군주 국가가 나타났을 때, 그런 정부를 타도하고 앞으로 국민들 자신의 안전을 지켜줄 새로운 정부를 세우는 것은 국민들의 권리요, 의무이다. 이 식민지가 겪은 고통과 고난이 바로 이런 것이었고, 이제 이런 필연성이 우리들로 하여금 과거의 정부 체제의 개혁을 단행하게 만든 것이다. 오늘날 대영 제국의 역사는 오로지 우리 여러 식민지들에 대한 절대 왕권의 확립만을 직접적인 목표로서 추구하는, 거듭되는 위해와 착취의 역사이다.

로크의 논의는 분명 극단적인 경우, 즉 국가가 시민들의 권리를 너무나 많이 빼앗아서 혁명이 요구되고 정당화되는 경우에 초점을 맞추고 있다. 그런데 국가가 빼앗은 것은 시민들이 가진 권리의 일부에 불과해서 혁명으로 대처하는 것은 너무 지나친 반응인 것 같아 보이는 경우에는 어떻게 되는가? 시민들은 자기네들의 권리를 침해하는 법률에 대해서만 선별적인 불복종을 할 권리가 있는가?

이런 문제는 물론 이 절의 주된 관심사인 시민 불복종의 정당성에 관련된 문제이다. 이 문제를 서로 다른 두 가지 관점 — 시민의 태도와 국가의 태도 — 에서 살펴보는 것이 좋을 듯하다.

시민의 태도 법을 위반한 대가를 치를 각오가 되어 있다면 법을 어겨도 좋다는 것은 사회 계약론의 묵시적인 함축이라고 주장하는 사람들이 있다. 그래서 해리스 워포드는 이렇게 주장한다.

홈즈(Holmes) 판사는 심지어 이런 주장까지 한 적이 있다 — 사사로운 계약의 당사자는 대가를 지불할 용의만 있다면 계약에 따르기를 거부할 권리가 있다. 나는 이런 주장까지 할 생각은 없다. 헌법을 고치지 않고도 우리의 법률 체계를 이루고 있는 사회 계약을 어길 권리가 있다고 말할 생각은 없다. 내가 주장하는 바는 우리가 한 사회 계약에 따르면 인간의 자유가 존중되어야 하며, 자유로운 사람이라면 법률들을 명령으로 보는 것이 아니라 문제의 제기로 보아야 된다는 것이다. 그리고 모든 법률은 복종할 것인가 아니면 시민 불복종의 권리를 행사하되 법을 존중한 나머지 그 결과를 전면적으로 받아들일 것인가라는 두 가지 선택의 여지를 암시하고 있다. 입법부에서 정한 것이면 아무리 나쁜 법이라도 따르는 것이 선량한 시민의 의무라는 생각을 일단 물리치고 나면, 모든 법률 하나하나에 대해서 스스로에게 이렇게 물어봐야 된다. 이 법률은 내가 지켜야 되는 법률인가? 이것은 정당한 법률인가? 이 법률은 너무나 부당한 것이어서 의회의 법률 개정이라는 지지부진한 절차를 기다릴 수가 없고, 아예 처음부터 거부할 필요가 있는가? 우리는 항상 이런 선택을 해야 된다. 이런 선택을 함으로써 우리는 자유인이 되는 것이다. 말할 수 있는 자유를 자기한테서 빼앗는 법에 따르기를 거절하는 동시에 아테네에서 도망감으로써 법으로부터 도망가는 것 또한 거절한 소크라테스가 평온한 마음으로 독배를 마신 그 날 아침 소크라테스가 느꼈던 자유에 관해서 지금 말하고 있는 것이다.[13)]

이런 주장이 충분한 설득력이 있는 것은 아니다. 시민들이 국가에서 사는 혜택과 자기 자유의 일부를 맞바꾸기에 알맞은 조건을 만들어내기만 하면 사회 계약의 목적은 완전히 달성된다. 이런 목적을 가진 계약이 동시에 우리로 하여금 — 법을 어길 경우 대가를 치른다는 조건에만 구속을 받는 — 완전한 자유를 누리게 만든다는 것이 가능한가? 물론 사회 계약을 구성하는 합의의 강도를 과장해서는 안 된다. 이 장의 처음에 인용한 바 있는, 시민 불복종을 반대하는 월드만(Louis Waldman)의 논의에서 이런 오류를 찾을 수 있다. 월드만은 사회 계약론이란 민주 사회의 법률이 언제나 준수되어야 한다는 것을 뜻한다고 가정한다. 이런 가정은 단연 잘못된 것이다. 군주국만 그런 것이 아니라 민주 사회도 시민들의 권리를 침해하는 수가 있다. 죤 스튜어트 밀은 이 점을 깨우쳐 주고 있다.

게다가 국민의 의지란 결과적으로 최대 다수 집단, 가장 강력한 집단 — 다수파 즉 자기네들의 의견이 다수의 의견으로 받아들여지도록 하는 데 성공한 사람들 — 의 의지이다. 따라서 국민들은 자기네들 중 일부를 억압하기를 원하는 경우도 있다.[14)]

그리고 사회 계약론 — 적어도 로크식의 계약론 — 에서는 비록 민주 국가라 할지라도 이런 압박을 받는 시민들은 국법 준수의 의무가 있는 것이 아니라 오히려 저항할 권리가 있다고 말한다. 아직 좀더 살펴봐야

13) Harris Wofford, "Non-violence and the Law," *Journal of Religious Thought*, 1957~58.
14) John Stuart Mill, "On Liberty," 제 1 장.

될 문제는 저항권의 행사가 선별적일 수 있는가 하는 점이다. 다시 말해서, 전면적인 저항을 하지는 않고 국가가 전체적으로 정당함을 인정하면서, 그 법률들 중 일부를 준수하지 않을 권리가 있는가?

다음과 같은 존 롤즈의 언급에서 이런 문제에 대해 대답하려는 시도를 엿볼 수 있다.

> 문제는 정당하고 효율적인 법률만을 통과시킬 것을 보장하는 절차를 만들어낼 수가 없다는 데 있다. 그래서 정당한 헌법 아래서도 부당한 법률이 통과되고, 부당한 정책이 시행되곤 한다. …민주주의 헌법에 동의하는 것은…곧 다수 원리를 받아들이는 것이다. 만약 헌법이 정당하며 우리는 거기서 나오는 혜택을 계속해서 누리는 데 동의했고 또 그럴 계획이라면, 우리는 비록 부당하다고 하더라도 다수파가 법률로 정한 것에 따라야 될 천부적 의무 및 기타의 의무(어쨌든 의무)가 있다. 이렇게 해서 부당한 법률에 따를 의무가 생긴다. 물론 항상 그런 것은 아니고, 부정의가 일정한 한도를 넘지 않는 경우에만 그렇다. 사람들의 도덕감(여기서는 정의감)에 결함이 있음으로 해서 생기는 피해를 감수해야 됨을 알 수 있다. 그러나 이것이 어느 정도 골고루 나누어져 있고, 또 그 차이가 지나친 비중을 차지하지 않는다면, 우리는 이런 부담을 감수할 생각이다.15)

롤즈의 주장에는 사실 두 가지 기본적으로 타당한 점이 있다. (1) 어떤 헌법이라도 불완전하므로, 어떤 정부에 동의하는 것은 어느 정도의 부정의는 참을 용의가 있다는 것을 뜻한다. 그러므로 모든 정당하지 못한 행위가 시민 불복종을 정당화할 수는 없다. (2) 국가가 비록 기본적으로는 정당해서 혁명이 필요한 상태는 아니라고 하더라도, 어느 정도의 한계에 도달하면 시민 불복종이 정당화된다.

롤즈의 답변이 완전한 해결책이 될 수는 없다. 여기서는 어느 경우에 얼마만큼의 시민 불복종이 정당화되는지에 관한 세부적인 문제들이 남아 있기 때문이다. 그러나 이런 세부적인 문제들을 다룰 수 있는 기본 바탕이 여기서 마련되고 있는 것이다.

어쨌든 당분간 대체로 정당한 사회의 어떤 한 법률이 부당하다고 해서 그것을 어기는 것이 정당화되지는 않는다는 롤즈의 입장을 받아들이

15) John Rawls, "The Justification of Civil Disobedience."

자. 그러나 문제가 되는 부정의가 매우 심각한 것이라면 부당한 법률을 어기는 것이 정당한 것으로 될 것이다. 그런데 이런 사실이 정당하게 법을 어기는 개인과 그런 위반을 다루어야 되는 국가에 대해서 어떤 의미가 있는가? 흔히 하는 대답은 법률의 위반이 비록 도덕적으로 정당하다고 하더라도, 개인은 국가에 대해서 그 대가를 치러야 된다는 것이다. 그 이유는 무엇인가? 마샬 코헨은 아주 탁월한 논문에서 그 이유를 설명하고 있다.

코헨은 일단 처벌을 받아들이는 행위가 시민 불복종의 행위를 정당화한다는 견해를 배척한다.

케넌(Kennan) 대사가 저지른 가장 뚜렷한 잘못은 그가 시민 불복종의 이론에서 처벌이 차지하는 역할을 오해한 데서 온다. (J. 파머나 H. 워포드 같은 사람들이 때때로 주장한 것과는 달리) 시민 불복종의 이론은 법률이 그 대가로서 정하고 있는 처벌을 기꺼이 받아들이려는 생각에 의해 불복종 행위가 정당화된다는 주장을 하지 않는다. 대가를 치르면 법률의 위반이 정당화된다는 생각은 간디를 비롯한 시민 불복종의 전통에서 나오는 것이 아니라, 홈즈(Oliver Wendell Holmes)를 비롯한 법률 실재론자들의 전통에서 나온다. 홈즈 같은 법률 실재론자들에 따르면, 법률은 보통 우리에게 어떤 선택권 — 법에 따를 것인가, 아니면 위반이 초래하는 결과를 감수할 것인가 — 을 내놓는다는 것이다. 이런 이론의 발생 배경이 되고 또 그것이 어느 정도 타당성을 갖는 것으로 보이는 계약법에 대해서도 이런 이론을 수미일관하게 주장할 수는 없다. 그리고 형법의 경우에 시민들이 이런 선택권을 가진다는 주장은 얼토당토 않은 것이다. 형벌은 형법상의 범죄에 대해 부과되는 대가(tax) 이상의 의미를 가지고 있고, 시민들은 그 대가를 지불하기만 하면 그런 행위를 해도 좋다는 선택권을 가지고 있지 않다. 처벌을 받을 각오만 되어 있다면 살인, 강간, 방화 따위의 범죄가 정당화된다는 것은 터무니없는 주장이고, 시민 불복종의 옹호자가 이런 식의 터무니없는 주장을 해서는 안 된다.[16]

실제로 시민 불복종의 행위를 정당화하는 것은 당해 법률의 부당성이라는 것이 코헨의 견해이다. 그렇다면 코헨이 시민 불복종의 행위를 한 사람은 처벌을 받아들여야 된다고 생각하는 이유는 무엇인가? 그 이유의 일부는 전략적인 것이다. 시민 불복종의 행위로 사회의 법률을 개혁

---

16) Marshall Cohen, "Civil Disobedience in a Constitutional Democracy," *Philosophic Exchange*, 1970.

하는 데 성공하려면 처벌을 받아들이는 편이 낫다.

> 전통적인 불복종자는 공개적으로 법을 어긴 다음 기꺼이 그 대가를 치른다. 이것은 그를 전형적인 범죄자와 구별하게 만드는 특징들 가운데 하나(양심에 호소한다는 것이 또 하나의 특징이다)로서, 자기 견해가 진지하다는 사실과 더불어 자기의 신념이 확고하다는 사실을 확립하는 데 도움이 된다. 유감스럽게도, 대가를 치른다고 해서 항상 자기 행동이 사실상 이해 관계를 초월한 것임을 보여줄 수 있는 것은 아니다. 징병 제도를 반대하는 청년, 빈곤에 반대하는 복지 연금 수령인은 명분이 성취된다면 분명 어떤 실질적인 이익을 얻게 된다. 이런 관심 때문에 관련된 문제에 관한 불복종자의 생각이 흐려지고 있는 것이 아닌가라는 의심을 다수파가 하게 되면, 그들의 목표가 성공하는 데 대한 치명적인 장애물이 될 수 있다. 이런 이유 때문에 (위잔스키 판사 같은 사람들이 이야기했듯이) 비도덕적이거나 불법적인 정부의 행위로 직접적인 피해를 입지 않는 사람들도 시민 불복종을 단행해야 된다. 현안에 대해 아무런 실질적 이해 관계가 없는 사람들의 동조는 확고한 견해가 없는 다수파에 대해 상당한 영향을 미칠 수 있다. 다수파라고 해서 35 % 가 넘는 사람을 단순히 징병 기피자라고 매도할 수는 없고, 매년 3500 달러 이상의 수입을 가진 사람을 무위도식하는 사람이라고 해서 배격할 수는 없다. 그래서 다수파는 현안을 다시 고려해 볼 것인데, 이것이 바로 시민 불복종의 일차적인 목표이다. … 불복종자가 기꺼이 처벌을 받으려는 데에는 다른 목표도 있다. 이것은 사이비 추종자들의 의지를 약화시키고, 그래서 비도덕이라는 비난을 받는 행동을 하지 못하게끔 하는 것이 목표다. 이렇게 자제하지 않으면, 가장 신중하고 충실한 사회 성원들이 처벌을 받지 않을 수 없는 사태에 이르게 될지도 모른다. 처벌을 감수해야 된다는 사실은 가끔 — 옳지 못한 생각에서 동의한 사람들은 말할 것도 없고 — 경솔하게 원래의 대책을 받아들인 사람들로 하여금 지지를 취소하고 심한 경우에는 반대편에 가담하게 만들 것이다. 확신이 없는 일련의 행위를 추구하면서 도덕적 신념이 야기하는 고통을 감내하라고 다른 사람들에게 촉구하는 것은 너무나 커다란 희생이다. 많은 사람들은 차라리 이런 희생을 피하고 말 것이다.[17]

법이 명하는 처벌을 기꺼이 받아들이는 데에는 비전략적인 이유도 있다. 시민 불복종은 혁명이 아니라는 것을 기억해야 한다. 비록 신념 때문에 어떤 특정한 법률은 따를 수 없지만, 시민 불복종자는 여전히 법률의 지배를 인정하고 국가의 정당성을 받아들인다. 법이 명하는 처벌

---

17) 같은 책.

을 받아들이는 것은 이런 생각을 재천명하는 방식이다. 코헨이 말하고 있듯이,

> 불복종자는 법이 명하는 처벌을 받아들임으로써 법에 대한 자신의 신념을 강조할 수 있다. 특히 민주 사회에서는 그렇게 하는 것이 매우 중요한 의의를 가진다. 불복종자가 옹호하려고 하는 가치는 결국 법률이 일정한 테두리를 가지기만 하면 법이 지배하는 민주 사회에서 가장 추구하기가 쉬운 바로 그런 가치들이다. 반드시 선택을 해야 된다면, 불복종자가 궁극적으로 받아들이는 것은 물론 다수의 의지가 아니라 정의이다. 그러나 그의 당면 과제는 다수파가 그에게 이런 선택을 강요하지 않도록 하는 것이요, 기존의 체제를 쓸 만한 것으로 만드는 일이다. 시민 불복종자의 입장에 선다고 해서 부당한 법률의 요구에는 결코 복종하지 않으리라고 생각할 필요는 없다는 점을 지적해 둔다. 사실 민주 사회의 시민은 가끔 바로 그런 일을 할 도덕적 의무가 있다. 그러나 그가 영원히 묵과해도 되는 부정의에 한계가 있듯이, 그가 참아 넘기는 부정의에도 한계가 있다. 이런 한계점에 도달했다는 신념 때문에 그는 …[18]

국가의 태도 근래의 어떤 사람들은 시민 불복종에 대해서 벌을 주지 않는 사회가 더 현명하고 정당한 사회일 것이라고 말한다. 이런 사람들은 시민 불복종이 처벌의 대상이 되기에 적당하지 못한 이유로 두 가지를 강조한다. 시민 불복종자의 동기(이는 확실히 범죄자의 동기와 다르다)와 그에 대한 사람들의 반응(이는 물론 범죄자에 대한 반응과 다르다)이 그것이다. 그래서 코헨은 이렇게 쓰고 있다.

> 불복종자가 기꺼이 대가를 치르려는 생각이 있다는 사실에서 정부가 처벌을 해야 된다는 결론은 물론 나오지 않는다. 불복종자는 심각한 도덕적 딜레머에 처했던 것이고, 그는 사회에 대해 좋은 뜻을 가지고 행동한 것일 수도 있다. 그의 처벌은 분명 사회적 분열을 야기할 수 있다. 정부는 기소 여부를 결정할 때 이런 모든 사실들 및 여타의 사실들을 고려해야 되며, 형량을 결정하는 재판관도 같은 고려를 해야 된다. 때로는 이런 문제에 대해 유연하고 신중하게 대처하는 것이 정부와 나아가서는 사회에 대해서 최대의 이익이 된다. 정부가 불복종자에게 적당한 양의 처벌을 가해야 된다는 생각은 몹시 무모하고 잘못된 생각이다.[19]

---

18) 같은 책.
19) 같은 책.

시민 불복종에 대해 처벌하지 말 것을 정당화할 수 있는 또 한 가지 고려 사항이 있다. 우리들의 법률 체계가 가진 한 가지 중요한 특징은 부당한 법률에 대해 위헌이라는 비난을 할 수 있다는 점이다. 유감스럽게도 법률을 문제삼기 위해서는 먼저 그것을 어겨야 된다. 이런 상황에서 어떤 법률이 위헌이며 따라서 타당하지 못하다고 생각해서 그 법률을 어기는 사람을 처벌하는 것이 정당한 일인가? 로널드 드워킨은 이런 생각을 다루고 있다.

> 법률이 불확실할 경우, 즉 법이 어느 편에 서는지가 판가름나지 않는 경우, 자신의 판단에 따라 행동하는 시민의 행동은 부당한 행동이 아니다. 이런 특권은 법률이 분명하가는 하지만 어떤 시민들에 대해서는 대단히 불공평하기 때문에 매우 비도덕적이라고 생각하는 사람들에게도 주어진다. 그러므로 우리가 처음에 살펴본 바 있는 추론—징병에 반대하는 사람은 미국 사회의 "경기 방식에 따르고 있지"(play the game) 않기 때문에 이런 사람을 눈감아 주는 것은 공평하지 못한 일이다—은 타당하지 못하다. 오히려 우리 사회의 이런 측면은 우리의 정부에게 관대함이라는 적극적인 책임을 지우고 있다. 왜냐하면 스스로의 견해에 따른 행동이 적절한 행동이라는 것을 믿는다면, 이런 행동을 하는 사람을 보호해 주어야 되기 때문이다.
>
> 반대자들을 재판하고 처벌하는 것이 언제나 옳지 못하다고 주장하는 것은 아니다. 법률이 자기 편에 서 있다고 생각하는 사람을 모두 무죄 석방하는 단순한 조치를 취할 수는 물론 없다. 그러나 비록 관리들이 보기에는 반대자들의 견해가 그릇된 것으로 생각된다고 하더라도, 여타의 정책들에 커다란 손실을 끼치지 않는 한도 내에서 그럴듯한 견해를 가진 반대자들을 용납하려는 시도를 하는 좀더 복잡한 조치를 취할 수 있다.[20]

이제 보통의 시민 불복종자들은 처벌을 받을 각오를 해야 되지만, 사회는 실제로 그런 처벌을 하지 말아야 될 그럴듯한 이유들이 있다는 결론을 내려도 좋을 것 같다.

지금까지의 이야기를 요약해 보자. 처음에 국가란 그 성격상 강요 체제이므로 결코 정당화될 수 없다는 주장, 즉 무정부주의의 도전을 설명했다. 최소 규모의 국가의 존재를 정당화하는 것이 유일한 관심사라면, 이런 도전은 매우 손쉽게 물리칠 수 있다. 그런데 보다 방대한 국가의

20) Ronald Dworkin, "Law and Civil Disobedience," in *Ethics and Social Justice*.

존재를 정당화할 생각이라면, 문제가 훨씬 더 어려워진다. 사회 계약론은 보다 방대한 국가를 정당화할 수 있는 최선의 이론으로 보였다. 그래서 우리는 여기에 따라서 문제를 접근했다. 그리고 그 결과를 토대로 법률에 대한 불복종의 문제를 다루었다. 사회 계약론은 철저하게 혁명적이지도 않고 또 전혀 순종적이지도 않는 결론에 이른다는 것이 밝혀졌다.

□ 더 생각해 볼 만한 문제 □

1. 어쨌든 해야 되는 일을 하도록 강요하는 경우에도 강요라는 이유로 반대해야 되는가? 만약 그렇다면, 왜 그런가?

2. 어떤 사람들이 온정적 간섭(paternalistic treatment)을 받아야 된다고 생각하는가? 예를 들어서 어린이들이 어떤 연령에 다다르면, 온정적 간섭이 더 이상 정당화되지 않는다고 생각할 것인가? 그리고 그 근거는 무엇인가?

3. 비온정주의적인 성격을 띤 다른 고려 사항들을 근거로 우리가 가진 온정주의적인 법률들이 정당화될 수 있는가?

4. 사람들이 자기 나라에 머물러 있는 이유는 달리 더 가고 싶은 곳이 없기 때문일 뿐이라는 근거로 묵시적 동의론에 반론을 펼 수 있는가?

5. 우리는 사회 계약론에 대한 루소의 반론을 물리쳤는가?

6. 이 장에서 제기된 바 있는, 이주권의 문제를 어떻게 해결해야 될 것인가?

7. 가상적 동의(hypothetical consent)에 정치적 의의가 있다는 롤즈의 생각은 정말 옳은가?

8. 우리 사회에서는 어떤 문서(들)가 국가와 시민들 사이의 계약의 내용을 담고 있는가? 그런 문서가 없는 사회에서는 무엇이 그것을 대신할 수 있을 것인가?

9. 로크는 그의 혁명론이 무정부 상태를 초래하리라는 반론을 정말로 물리칠 수 있었는가?

10. 시민 불복종이 정당화되는 지점에 이르렀는지 아닌지를 결정하려면, 어떤 것들을 생각해 봐야 되는가?

5

신의 존재

유대적-기독교적 전통에서 가장 두드러진 종교적 믿음은 신의 존재에 대한 믿음이다. 이 장에서는 이 믿음을 평가하려고 한다. 다시 말해서 신이 있음을 믿는 것이 합리적인지 아닌지를 판단하려고 하는 것이다. 이런 판단에 앞서서 우선 우리가 이 믿음을 이해하고 있는지를 확인해야 되겠다. 신이 존재한다는 말을 종교인이 할 때 그가 주장하고 있는 바가 무엇인지를 올바로 이해해야 된다.

5.1 유대적-기독교적 신관

사람들은 성스러운 동식물에서부터 자기 선조의 영혼에 이르기까지 여러 종류의 사물들을 숭배해 왔다. 그리고 이런 서로 다른 모든 것을 일컬어 신이라고 했다. 그러나 여기서 다루려는 것은 이런 신들(gods)이 아니다. 여기서 이해하려는 것은 서양인의 전통에서의 "신"(the God), 즉 유대적-기독교적 신, 여호와에 대한 믿음의 성격이다.

이 믿음을 이해하는 한 방식은 그것을 고대 그리스인의 제우스에 대한 믿음과 비교하는 것이다. 고대 그리스인들은 제우스라는 물질적 존재가 있다고 믿었는데, 그들에 따르면 제우스는 올림푸스 산 꼭대기에서 그를 닮은 다른 존재들과 같이 살고 있다는 것이다. 이런 다른 존재들은 제우스의 가족인데, 제우스는 자기 아버지를 타도함으로써 그 가족의 권좌에 오르게 되었다. 제우스는 힘이 매우 세지만, 그는 지혜도 힘도 무한하지는 않다. 그는 우선 운명의 구속을 받는다. 또 제우스는 언제나 공평무사하지도 않다. 예를 들어서 그는 젊은 처녀들을 유혹하거나 욕보이기도 한다. 제우스는 사람들에게 몇가지 요구를 하는데, 그리스인들은 현명한 사람이라면 이 요구에 따라야 된다고 생각했다.

여호와를 믿는 유대인이나 기독교인은 전혀 다른 종류의 믿음을 가지고 있다. 그들은 시간과 공간을 초월한 비물질적 존재인 여호와가 있음을 믿는다. 여호와는 전지전능하며, 언제나 선하다. 여호와는 많은 계율을 만들었다. 그리고 그는 이것을 지키는 사람에게 보답을 하고 지키지 않는 사람을 처벌할 것이다. 그런데 종교인이 계율을 지키는 것은 계율을 만든 신에 대한 존경과 사랑 때문이다.

유대적-기독교적 전통에서는 특이한 신관을 가지고 있기 때문에 신이 존재한다는 믿음은 이 전통에서 한마디로 말해서 독특한 의미를 갖는다. 그 신관의 주요 특징들은 다음과 같다.

1. 신은 비물질적 존재이다. 그는 신체가 없다. 그래서 그는 어떤 특정한 장소에 있지 않다. 이런 생각은 신이 마치 제우스와 같이 신체를 가진 존재로 그려지고 있는 성서의 여러 글귀들과 상반되는 듯하다는 점에 주의할 필요가 있다. 창세기의 앞머리에는 이런 구절이 있다. "그들[아담과 이브]은 선들 바람이 불 때 야훼 하느님께서 정원을 거니시는 소리를 들었다."

이런 구절들을 진지하게 받아들이고, 그래서 신이 신체를 가졌다고 생각한 유대인이나 기독교인들도 있었다. 그러나 대부분은 여호와에게는 신체가 없으며, 이런 글귀들은 상징적 우화로 이해되어야 한다고 주장했다. 신이 비물질적이라는 이런 교리는 일견 기독교의 수육 사상(doctrine of Incarnation) — 신이 인간의 모습을 띠고 온다는 사상 — 과 충돌한다는 점도 언급해 둘 필요가 있다(고전적 기독교 신학의 목표들 중 하나는 이런 일견상의 충돌을 설명하고 해소하는 것이다).

2. 신은 유일하다. 여호와 이외에는 어떤 신도 없다. 이 신념이야말로 유대적-기독교적 전통의 일신론(monotheism) — 신이 하나뿐이라는 믿

음—을 이룬다. 오늘날 우리는 이런 생각에 젖어 있어서, 당시에 이 생각—및 비물질성의 원리—이 얼마나 혁신적인 생각이었는지를 잊어버리곤 한다. 유대교도와 기독교도들을 무신론자라고 비난한 로마인들이 보기에는 자기네처럼 신체를 가진 여러 개의 신을 믿지 않고 유일한 비물질적 신을 믿는다는 것은 결국 신을 믿지 않는거나 마치가지였음에 틀림없다. 이런 교리는 일견 기독교의 삼위 일체 사상과 충돌한다(고전적 기독교 신학의 또 한 가지 목표는 이런 일견상의 충돌을 설명해내는 것이다).

3. 신의 힘과 지식은 무한하다. 특히 신은 운명의 지배를 받지 않는다. 이런 생각은 어느 정도 문제성이 있다. 그리고 여기서 나타나는 역설과 문제에 대해 많은 논의가 있어 왔다. 예를 들어서, 신이 만약 모든 것을 알고 있다면 그는 우리가 무엇을 할 것인지도 알고 있어야 된다. 그렇다면 우리에게 어떻게 행동할 것인지를 선택할 자유가 있다고 말할 수 있는가? 또 신이 전능하다면, 그 자신이 들어올릴 수 없을 만큼 무거운 돌을 만들 수 있어야 된다. 그런 돌을 만들어낼 수 없다면, 그는 바로 그 한계 때문에 전능한 신이라고 할 수 없다. 그러나 여기서 이런 문제들 때문에 고민할 필요는 없다.

4. 신은 언제나 선하다. 신은 완전한 어버이가 자식을 대하는 것과 마찬가지로 자비와 정의가 완벽한 조화를 이룬 태도로써 모든 피조물들을 대한다. 신은 곤란에 처한 사람들을 도와주고 보호하기를 원한다. 그리고 사람들이 신에 귀의하지 않는 경우에도 신은 자비의 손길을 내민다.

이런 모든 특징들은 여호와가 완전한 존재라는 유대적-기독교적 신관의 일부이다. 성 안셀무스의 말을 빌리면, 이런 특징들은 생각할 수 있는 가장 완전한 존재가 가진 특징들이다.

> 그런데 생각할 수 있는 가장 완전한 존재인 주 여호와는 어떤 분인가? 모든 존재 중에서 최상의 존재인 주 여호와는 혼자 힘으로 존재하는 유일한 존재이며, 다른 모든 것들을 무에서 만들어내는 존재일 수밖에 없지 않는가? 왜냐하면 이런 특징을 갖지 않는 존재는 생각할 수 있는 한 가장 완전한 존재보다는 불완전하기 때문이다. 그리고 그런 존재는 신이라고 생각할 수가 없다. 그러므로 최상의 존재가 결여하는 선이란 … 그러므로 신은 정당하고, 복스러우며, 가지는 것이 가지지 않는 것보다 나은 모든 속성을 가진다.[1]

1) St. Anselmus, *Proslogium*, 제 5 장.

유대적-기독교적 신은 물론 많은 다른 특징들이 있다. 그는 우주의 창조주, 인간에게 신의 의지를 계시하는 자, 기적의 수행자 등등으로 생각되고 있다. 그러나 우리는 위에서 언급한 특징들에 대해서만 주의를 기울일 것인데, 이런 특징들은 모두가 신을 최고도의 완전한 존재로 생각하는 데 필요한 특징들이다.

유대교인들과 기독교인들은 왜 이런 신관을 가지고 있는가? 그들이 여러 개의 유한한 물질적 신들이 있다는 희랍적 신관에 불만을 품은 이유는 무엇인가? 여기에 대한 대답의 일부는 초기의 유대교도들과 기독교도들에게 영향을 미쳤던 여러 가지 역사적이고 사회학적인 요인들과 관련되어 있다. 그러나 나는 종교적인 이유로 적어도 두 가지를 들 수 있다고 생각하는데, 오늘날에도 이런 이유들은 이런 신관을 선호하게 되는 타당한 이유가 된다. 하나는 신과 인간의 관계에 관련된 것이고, 나머지 하나의 이유는 신의 구제라는 종교 사상과 관련된 것이다. 이 점을 설명하기 위해, 다시 한번 여호와와 제우스를 비교해 보자.

고대 희랍인들은 말하자면 제우스와의 교역 관계 같은 것을 가지고 있었다. 제우스는 인간에게 어떤 것들(예컨대, 희생)을 요구했고, 인간들은 제우스가 어떤 일(예컨대 비옥한 토지)을 해주기를 바랬다. 사람들은 제우스가 자기네들이 바라는 일을 해주리라는 기대를 가지고 제우스의 소원을 충족시켜 주었다. 신과 인간의 관계에 대한 바로 이런 식의 견해를 플라톤은 그의 대화편 《에우튀프론》에 있는 다음 구절에서 공격하고 있다(이 글을 읽으면서 플라톤이 소크라테스라는 극중 인물을 통해 자기 생각을 나타내고 있음을 기억하라).

소크라테스 : 그렇다면, 에우튀프론, 경건은 신들과 인간들이 서로 교역을 하기 위해 필요한 기술이로군.

에우튀프론 : 원하신다면, 그렇게 말해도 좋습니다.

소크라테스 : 그러나 나는 진리 이외에 다른 어떤 것도 특별히 좋아하지는 않네. 그러니 나에게 말해 주게나. 우리들이 드리는 선물로 신들이 얻는 이익이 무엇인지를. 신들이 우리에게 주시는 혜택은 분명하지. 우리에게 있는 좋은 것은 모두 신이 주신 것이니까. 그러나 그 대가로 우리들이 신들에게 어떤 좋은 일을 해드릴 수 있는지는 결코 그처럼 분명치가 않지. 신들은 우리들에게 모든 것을 주지만 우리는 신들에게 아무 것도 드리지 않는다면, 이는 우리들에게 일방적인 이익이 되는 대단히 불공평한 거래라고 하지 않을 수 없겠지.

오늘날에도 어떤 사람들은 신과 인간의 관계를 무역 관계로 보는 견해를 주장한다(이런 견해의 변종으로서, 신과 인간의 관계에 관한 "보험 정책" 견해라고 부를 만한 것을 주장하는 사람들이 있다. 여기에 따르면, 신은 없을지도 모른다. 그러나 신이 만약 있다면 원하는 일을 일년에 한두 번 정도 해주라는 것이다). 그러나 대부분의 종교인들은 새로운 관계 — 신은 인간이 받들고, 숭배하고, 모방해야 될 이상이 되는 관계 — 를 원한다. 제우스는 분명 이런 사람들의 요구를 만족시킬 수 있는 신이 아니다. 돌이켜보면, 이런 사람들에게 가장 적절한 견해는 유대적-기독교적 신관이라는 생각이 든다.

이번에는 구원(salvation)의 문제를 살펴보자. 세상을 둘러보면 부정의가 종종 승리한다는 생각, 악이 범람하고 선한 사람이 고통을 받고 있다는 생각을 하게 된다. 무고한 사람들이 종종 비극이라는 대가를 받는다. 이런 생각은 상당한 불안을 불러일으키는 것이기에 사람들은 이 문제를 다룰 수 있는 여러 가지 방안을 생각했다. 때로는 이런 인상이 사실임을 인정하고 이것을 참을 수 있는 심리적 장치를 찾으려고 하는 경우도 있다. 이런 인상이 잘못된 것이라고 주장하는 매우 다른 접근 방식에서는 궁극적으로 정의가 승리할 것이라고 본다. 악하고 죄 지은 사람들은 고통을 받을 것이요, 착하고 죄 없는 사람들은 보상을 받으리라는 것이다. 이런 접근 방식은 자연히 여러 가지 문제들을 불러일으키는데, 그 중 가장 중요한 문제는 어떻게 해서 이런 사태가 바로잡아질 것인가 하는 것이다. 바로 여기서 종교 사상가들은 신을 끌어들인다. 유대교와 기독교에서는 신이 충분한 시간이 지난 뒤에 개인과 전 우주의 상황을 바로 잡아주리라고 생각한다. 이런 점에서 유대적-기독교 사상은 낙관주의적이다. 제우스는 분명 질서 교정자로서의 역할을 담당할 수 있는 그런 종류의 신이 아니다. 그런 일을 하기에는 제우스의 능력이 너무나 제한되어 있다. 도덕적으로 완벽하며, 지혜와 힘을 겸비한 신이 필요한 것이다. 그래서 우리는 유대적-기독교적 신관에 도달하게 된다. 남아 있는 유일한 문제는 그런 존재가 실제로 있느냐 하는 것이다.

5.2 신 존재를 옹호하는 주장들

많은 사람들이 신의 존재를 증명하려는 시도를 했다. 신이 있음을 이미 믿고 있는 사람들도 이런 시도를 하는데, 그 이유는 두 가지가 있다. 첫째는 비신자들을 확신시키는 것이요, 둘째 이유는 자기 자신의 신념을 공고히 하기 위한 것이다. 가장 충실한 신자들도 때로는 의심을 가지기 마련이고, 합리적 증명에 의해 자기의 믿음을 뒷받침할 수 있음을 안다는 것은 상당한 심리적 만족감을 준다.

이런 철학적 옹호들 중에서 대부분은 일상적 종교인들이 자기네들의 신앙을 지키려고 내놓는 직관적 옹호를 개선한 것에 지나지 않는다. 철학자가 되기 훨씬 전부터 그들을 인도해 온 것은 바로 이런 직관적 견해들이므로, 이 사실은 별로 놀라운 일이 아니다. 그러므로 우선 일상적 신앙인들이 제시하는 직관적인 신 존재 옹호를 열거해 보자.

1. 신은 존재함에 틀림없다. 그렇지 않다면 어떻게 해서 우주가 생겼는가? 다른 어떤 것이 그 원인이 되었을까?

2. 우리가 세계를 연구해 보면, 세계가 일정한 방식으로 움직이고 있음을 알 수 있다. 그 한 사례로 인체의 갖가지 구조와 조직이 서로 작용하는 방식을 생각해 보라. 이렇게 정연하고 복잡한 질서를 가진 체계가 우연히 생겨났다고 생각할 수 있는가? 그렇지도 모른다고 말하는 것은 마치 우연히 부는 바람 때문에 많은 쇠 조각들이 모여서 우수한 기능을 가진 시계가 생겨났다고 말하는 거나 마찬가지이다. 세계가 이렇듯 정연하고 복잡한 질서를 가진 체계를 가진 까닭은 조물주인 신이 계획에 따라서 세계를 만들었기 때문이라고 말하는 편이 훨씬 더 그럴듯하다. 이런 옹호(목적론적 신 존재 옹호의 직관적 형태)를 강력하게 제시한 것은(비록 이 옹호를 공격하기 위해서 제시한 것이기는 하지만) 데이빗 흄이 쓴 《자연 종교에 관한 대화》(*Dialogues Concerning Natural Religion*)이다.

> 세상을 둘러보아라. 세계와 그 모든 부분들을 찬찬히 살펴보아라. 그러면 세계가 한 개의 거대한 기계로서, 무한히 많은 작은 기계들로 이루어져 있음을 알게 될 것이다. 이 여러 기계들은 모두가 그 가장 미세한 부분까지 매우 정확하게 조립되어 있어서, 그것들을 살펴본 모든 사람들의 경탄을 자아낸다. 세계 곳곳에서 나타나는 목적과 수단 사이의 신기한 일치는 비록 인간이 고안하고 만들어낸 것을 훨씬 능가하기는 하지만 그것 — 인간의 계획, 사유, 지혜 및 지성 — 과 매우 흡사하다. 이렇듯이 두 가지 결과가 매우 흡사한 까닭에, 우리는 유추의 규칙에 따라 원인 또한 비슷하리라고 추리하게 된다. 그래서 대자연의 창조주는 그가 산출해낸 작품이 뛰어난 만큼 인간보다 훨씬 큰 능력을 가지고 있

기는 하지만, 인간의 마음과 어느 정도 비슷하다는 결론을 내리는 것이다.

3. 많은 종교인들은 혹은 환상으로 혹은 신비적 체험을 통해 신이 존재함을 실제로 경험한 바 있다. 그러므로 신은 분명 존재한다. 경험에 의해 여타 사물들이 존재함을 아는 것과 마찬가지 방식에 의해 우리는 신이 존재함을 안다.

4. 신은 역사상 여러 번에 걸쳐 기적을 행함으로써 자신이 원하는 바를 인간사에서 실현했다. 이런 기적들은 자연의 법칙을 어기고 있으므로, 자연계의 원인에 기인한 것이라고 할 수 없다. 그러므로 기적의 발생은 신의 개재로써만이 설명될 수 있으며, 신의 존재를 입증한다.

5. 신은 모든 도덕률의 원천이다. 신이 없다면 모든 도덕률이 타당성을 잃게 될 것이다. 뿐만 아니라, 신과 종교가 없다면 인생은 무의미하고 목적이 없는 것이 될 것이다. 그런데 도덕률은 타당하고, 또 인생은 의미와 목적을 가진 것이므로, 신은 존재한다.

얼핏보면 이런 신 존재 옹호들은 인상적이다. 그리고 이것들을 모두 모으면 신의 존재를 믿어야 할 강력한 근거를 제시하고 있는 듯하다. 그러나 첫인상은 우리를 오류에로 이끄는 수도 있다. 그러므로 이런 옹호들의 철학적인 형태들을 좀더 면밀하게 살펴보자.

우주론적 신 존재 옹호라고 불리우는 첫번째 옹호는 성 토마스 아퀴나스의 여러 저서에서 발견된다.

> 움직이는 모든 것은 다른 것의 힘을 받아서 움직인다. 어떤 것—예를 들어서, 태양—이 움직인다는 것은 감각적으로 분명한 사실이다. 그러므로 그것은 자신을 움직이게 하는 다른 어떤 것의 힘을 받아서 움직인다. 이 원동자는 움직이거나 아니면 움직이지 않거나이다. 만약 후자라면 우리는 어떤 부동의 원동자(unmoved mover)를 설정해야 된다는 결론에 도달한다. 그런데 다른 원동자를 무한히 끌어들일 수는 없다. 그러므로 어떤 부동의 원동자를 설정하지 않을 수 없다.[2)]

이 옹호를 검토해 보면, 그 요점은 이런 것임을 알 수 있다. 세상에는 움직이고 있는 물건들이 있다. 이 운동은 다른 모든 운동과 마찬가지로 원인을 요구하는데, 이 원인은 또다른 어떤 원인을 요구한다. 이런 원

---

2) St. Thomas Aquinas, *Summa Contra Gentiles*, I, 13.

인들의 계열이 무한히 계속될 수는 없다. 그러므로 그 계열의 맨 처음에 스스로는 움직이지 않는 원인, 즉 신이 있어야 된다.

그러나 이 옹호는 여러 가지 증명되지 않은 가정들에 의존하고 있다. 우선 모든 운동에 원인이 있어야 된다는 것, 즉 원인이 없는 사건은 있을 수 없다는 것이 전제되고 있다. 문제가 되는 사건(태양의 운동)을 선행하는 원인들의 무한 계열—시작이 없는 계열—은 있을 수 없다는 것도 전제되어 있다. 대부분의 철학자들은 이런 가정들 때문에 이런 형태의 우주론적 옹호를 거부했다. 이를 거부한 또 한 가지 이유는 신이 최초의 원인, 즉 부동의 원동자라고 결론지을 근거가 없다는 데 있다. 왜 부동의 원동자가 예를 들어 한갓 물질이어서는 안 된단 말인가?

적어도 한 명의 철학자, 사무엘 클라크는 성 토마스가 우주론적 옹호를 제시하는 방식은 비록 문제가 있다고 하더라도 우주론적 옹호 뒤에 있는 기본적인 생각은 타당하다고 주장한다. 클라크는 뉴튼의 추종자인데, 그는 뉴튼의 과학적 업적에서 우주가 무한히 방대함이 입증된다고 생각했다. 이 사실은 우주가 무한한 원인들의 계열을 포함한 무한한 역사를 가진 체계라고 볼 수 없다는 성 토마스의 전제가 잘못임을 암시한다. 그래서 클라크는 토마스가 사용한 의심스러운 가정을 쓰지 않는 새로운 형태의 우주론적 옹호를 찾기를 원했다.

클라크는 우리의 시선을 개별적 대상 내지 사건에서부터 전 우주에로 돌려야 된다고 생각했다. 모든 개별적 대상 내지 사건이 그 전의 어떤 대상이나 사건으로 설명될 수 있다고 생각해도 좋다는 것이다. 또 시작이 없는 원인들의 무한한 계열이 있다고 해도 좋다. 그러나 여기서도 설명되지 않는 어떤 것이 있다. 무한한 우주 전체의 원인은 무엇인가? 이런 원인을 발견하기 위해서는 우주 밖에 있는 신을 끌어들여야 된다. 클라크의 말을 들어보자.

> 무한한 연속체란 불가능한 것으로 생각된다는 근거에서 그것[무신론]을 물리치려는 생각은 없다. … 만약 그런 무한한 행렬을 비자존적 존재들(dependent beings)의 끝없는 연속체라고 생각한다면, 이런 존재자들의 전 계열에 속하는 존재들의 존재원인이 바깥에 있을 수 없음은 분명하다. 왜냐하면 거기에는 세계에 있는(혹은 있었던) 모든 것들이 포함된 것으로 가정했기 때문이다.[3]

---

3) Samuel Clarke, *Demonstration of the Being and Attributes of God*, 제 2 부.

클라크의 신 존재 옹호가 성 토마스의 옹호보다 나은 점이 한 가지 더 있다. 앞에서 이야기했듯이 성 토마스의 경우에는 제 1 원인이 우주 내에 있는 어떤 사물(들)이 아니라 바로 신이라는 것을 입증할 길이 없다. 클라크의 경우에는 이런 문제가 생기지 않는다. 세계 전체의 원인을 이야기하는 클라크의 경우에는 그것이 우주 밖에 있는 어떤 것이어야 된다고 말할 수 있는 것이다.

그렇지만 클라크의 옹호에도 문제는 있다. 성 토마스와 마찬가지로 그도 모든 것에 원인이 있어야 된다는 것을 전제한다. 그런데 이 전제가 잘못되었을 수도 있다. 그리고 우주에는 원인이 없을지도 모른다. 그뿐만 아니라 클라크는 분명한 근거를 제시하지도 않고 세계 전체의 원인이 그 일부로서의 개체들의 원인과는 별개의 원인이라야 된다고 가정한다. 폴 에드워드가 쓴 유명한 구절은 철학자들이 이런 가정에 의문을 품는 이유를 잘 설명하고 있다.

> 계열 전체의 원인이 있어야 된다는 요구는 계열이 그 구성 요소들을 넘어서서 있는 어떤 것이라는 잘못된 가정에 바탕을 둔 것이다. … 그러나 다시 생각해 보면 이 가정이 잘못임이 드러난다. 개별적 구성 요소들을 모두 다 설명하고 나서도 설명되지 않는 어떤 것이란 없다. 다섯 명의 에스키모인 집단이 길 모퉁이에서 있는 것을 본 나는 이 무리가 뉴욕에 오게 된 원인을 알고 싶은 생각이 들었다고 하자. 그래서 조사해 본 결과 이런 사실들을 알게 되었다.
>
> 첫번째의 에스키모인은 북극 지방의 혹한이 싫었다, 그래서 좀더 따뜻한 지방으로 이주할 결심을 했다. 두번째의 에스키모인은 첫번째 에스키모인의 남편이다. 그는 그녀를 몹시 사랑하는 까닭에 그녀없이 살 수가 없었다. 세번째 에스키모인은 이 두 사람의 아들이다. 그는 너무 어리고 연약해서 양친의 의견을 받아들일 수밖에 없었다. 네번째 에스키모인은 텔레비젼에 출연하라는 뉴욕 타임즈의 광고를 보고 왔다. 다섯번째 에스키모는 네번째 에스키모를 줄곧 감시하게끔 고용된 사립 탐정이다.
>
> 이제 다섯 명의 에스키모들 각각이 뉴욕에 오게 된 원인을 설명한 것으로 가정하자. 그런데 이런 질문을 하는 사람이 있다면 어떨까? "그건 그래. 그런데 그 무리 전체는 어떤가? 그것이 뉴욕에 온 까닭은 무엇인가?" 이는 분명 터무니없는 질문이다. … 마찬가지로 개별적 구성 요소들의 원인과는 별개로 그 계열 전체의 원인을 묻는 것 또한 터무니없는 질문이다.[4]

---

4) Paul Edwards, "The Cosmological Argument," *The Rationalist Annual*, 1959.

이제 우주론적 증명은 증명되지 않은 가정을 하고 있기 때문에 실패했다는 결론을 내려도 되겠다.

이제 목적론적 신 존재 옹호(teleological argument)라고 알려져 있는 두 번째 옹호를 살펴보자. 여기에 따르면 우주라는 정연한 질서를 가진 체계를 설명하려면 신의 존재를 가정해야 된다는 것이다. 이런 주장에서는 자연 과학이 탐구하는 원인, 즉 자연적 원인(natural causes)으로서는 이런 체계를 설명할 수 없다는 것을 분명히 전제하고 있다. 그러나 이런 전제는 근대 과학의 발달에 따라 진지한 도전을 받았다. 그 실례 두 가지를 살펴보자.

목적론적 신 존재 옹호를 지지하는 사람들은 정연한 질서를 가진 안정된 체계인 태양계(태양, 혹성, 혜성 등)야말로 초자연적인 위대한 설계자의 행위로서만 설명될 수 있는 체계라고 생각한 적이 있었다. 그런데 유감스럽게도 (18세기말의) 칸트와 라플라스 이후의 과학자들은 바로 그런 체계가 지성을 가진 존재의 인도를 받지 않는 힘, 즉 순전히 자연적인 힘에 의해 생겨날 수 있다는 점을 설명해냈다. 유기체들에서 발견되는 질서 정연한 체계들에 대해서도 마찬가지 설명을 하곤 한다. 다아윈의 진화론의 귀결들 가운데 하나는 이런 질서 정연한 체계들이 결국 변이와 자연 도태의 작용만으로도 설명될 수 있다는 것이다. 이렇게 해서 자연 과학의 발달은 결국 우주 내의 질서 정연한 체계들을 비종교적으로 설명하기에 이르렀고, 그래서 목적론적 신 존재 옹호의 뿌리를 흔들어 놓았다.

두 가지 점에 주의할 필요가 있다. (1) 그렇다고 해서 이런 체계들이 — 말하자면 과학에서 발견된 바로 그런 힘들을 사용해서 — 신이 계획하고 만들어 낸 것이 아니라는 주장은 나오지 않는다. 여기서 주장한 것은 신이 없어도 이런 체계들이 생길 수 있으리라는 점을 과학자들이 보여주었다는 것과 그러므로 이런 체계들이 신 존재를 입증하는 근거로 사용될 수 없다는 것뿐이다. (2) 여기서 종교와 학문이 충돌하게 되는 매우 중요한 계기를 발견한다. 왜냐하면 이것은 학문이 신 존재에 대한 믿음의 합리적 기초에 도전하는 한 실례이기 때문이다.

두번째 문제는 좀더 살펴볼 가치가 있다. 학문과 종교의 충돌을 이야기하는 사람들은 보통 한편으로 과학의 어떤 특정한 결론과 다른 한편으로 성서의 어떤 특정한 구절 내지 특정한 종교적 가르침 사이의 충돌을 생각하고 있다. 그런 충돌은 사실 오랜 세월에 걸쳐 곳곳에서 나타났다. 코페르니쿠스의 지동설이 처음 나왔을 때, 사람들은 지구가 태양의 주위를 돈다는 주장이 잘못이라고 말하곤 했다. 이런 사람들의 주장에 따르면, 성서에 여호수아 당시에 태양이 정지한 일이 있다는 놀라운 사실을 이야기하는 구절이 있으므로 움직이는 것은 지구가 아니라 태양이라는 것이다. 또 다아윈의 진화론이 처음 나왔을 때, 이 이론은 결코 옳지 않다고 주장한 사람들이 있었는데, 그 이유는 이 이론이 창세기에 나오는 이야기에 위배되기 때문이다.

이런 것들은 중요한 충돌이 아니다. 종교인들은 보통 해당되는 구절들을 상징적으로 재해석해서 과학적 발견들과 모순되지 않게 함으로써 이런 충돌을 피한다. 그래서 종교인들은 창세기가 생물들이 어떻게 해서 생겨나게 되었는지를 직접적으로 설명하는 것이 아니라, 어떤 주제(우주의 존재가 신에 의존한다는 것, 인간은 창조의 절정이라는 것 등)를 교훈으로 삼는 신화에 불과하다고 말할 수 있다. 모든 종교인들이 흔쾌히 이런 주장을 하는 것은 아니다. 이런 구절들을 쓰여진 그대로 받아들이는 사람들도 있다. 국민 학교에서 다아윈의 진화론을 가르치는 데 대한 논쟁들이 미국의 여러 주에서 계속되는 까닭이 여기에 있다. 그러나 어쨌든 이런 재해석의 여지가 있다는 것은 종교와 학문 사이의 충돌 가운데 어떤 것들은 해소될 수도 있다는 것을 뜻한다. 그러나 과학이 발달해서 신의 존재를 끌어들이지 않고서도 우주의 질서와 조화를 설명한다면, 이것은 비록 간접적인 충돌이기는 하지만 종교와 학문 사이에 훨씬 더 심각한 충돌을 일으킨다. 우리는 여기서 종교적 믿음의 합리성의 기초가 허물어지는 사례를 보고 있는 것이다.

위에서 든 세번째 옹호, 즉 종교적 경험에 근거한 신 존재 옹호에서는 신에 대한 인간의 직접적인 경험에서 신이 있음이 입증된다고 주장한다. 종교적 지식에 관한 이런 식의 접근 방식은 오늘날 매우 성행하고 있다. 오늘날에는 이성에 근거한 지식보다는 경험적 지식을 우대하는 경향이 분명히 있다. 우리와 같은 시대에 속하는 당대의 많은 사람들은 우리(또는 다른 어떤 사람)가 직접적으로 경험할 수 있는 대상에 대해서만 실제로 무언가를 알 수 있다는 견해를 가지고 있다. 이런 경향은 약물을 복용할 때 나타나는 비정상적인 심리 현상들이 널리 알려짐으로써 강화되었다. 그러므로 이 옹호를 면밀하게 검토해 보자.

종교적 경험에는 두 가지 종류 — 환상적 경험과 신비적 경험 — 가 있다. 환상적 경험은 감각적 경험의 일종으로서, 정상적인 감관을 통해서 이루어진다. 그런데 이 경우에 경험되는 대상은 진기한 대상들이어서, 종교인들은 이것이 신의 나타남이라고 생각한다. 예를 들어서 모세가 불타는 숲에서 들려오는 소리를 들었을 때, 그는 환상적 경험을 한 것이다. 그는 매우 있을 법하지 않는 장소에서 들려오는 소리를 들었던 것이고, 그래서 이것이 신의 소리라고 단정했다. 신비적 경험은 이 경우와 전혀 다르다. 이것은 전적으로 비감각적인 경험이다. 그래서 이것은 우리가 보통 하는 경험들과는 전혀 다른 성격의 것이 되며, 신비주의자들은 이것이 설명될 수 없는 어떤 것이라고 생각한다. 그럼에도 불구하고 신비주의자들은 그런 경험이 어떤 것인지에 관해 최소한 힌트라도 주려는 시도를 했다. 그런 글을 하나 인용해 보자.

> 그것은 나의 마음과 의지를 저항할 수 없는 힘으로 사로잡았고, 영원이라 생각되는 시간 동안 지속되었으며, 재빠른 감각들의 연속과 더불어 사라졌다. 내가 이런 식의 황홀경을 싫어한 까닭은 나 자신에게도 그것을 설명할 수 없기 때문이다. 나는 지금도 그것을 이해시킬 수 있는 말을 찾을 수가 없다. 거기에 들어서면 시간, 공간, 경험 및 우리들이 기꺼이 우리 자신에 속하는 것으로 열거하리라 생각되는 경험의 여러 가지 요소들의 소멸이 점차적이지만 재빨리 진행된다. 이런 일상적 의식의 조건들이 줄어드는 데 비례해서 심층적 내지 본질적 의식의 강도가 더해진다. 그리고 마침내 순수하고, 절대적이며, 추상적인 자아만이 남게 된다. 우주의 형식은 없어지고, 내용은 사라진다. 그러나 자아는 지극히 생생하고 날카로운 형태로 남아서, 실재에 대한 매우 강렬한 의혹을 품고 말하자면 그 주변의 거품들이 사라지듯 존재가 사라지는 것을 받아들일 채비를 갖춘다.[5)]

신비주의자들은 이런 경험에서 심오한 진리를 배운다고 주장한다. 대부분의 신비주의자들에 따르면 여기서 배운 기본적인 진리는 모든 차별이 환상이며 궁극적 실재는 통일체로서의 우주라는 것이다. 종교적 신비주의자들은 한 걸음 더 나아가서 이 통일체를 신과 동일시한다.

이제 종교인들이 이런 경험을 한다는 것을 인정한다고 하더라도 — 우리는 당연히 그렇게 해야 되는데 —, 몇가지 문제가 남아 있다. 이런 경험이 환상이 아니라는 것을 어떻게 주장할 수 있는가? 이런 사람들은 정말 실재하는 어떤 것을 경험한 것인가? 또 그렇다면 그들이 경험한

5) William James, *Varieties of Religious Experiences,* Lectures 16 and 17.

것은 무엇인가? 특히 그들이 경험한 것은 신인가? 또 그렇다면 그것은 어떤 종교의 신인가?

여기서 두 가지 점을 언급해 둘 필요가 있다. 그 첫째는 종교적 경험과 약물의 관계에 관한 것이다. 근자에 이 관계에 대해서 많은 논의가 있어 왔다. 환각제 같은 약물들을 복용하고 난 뒤에 신비적·종교적 경험을 한 적이 있다고 보고한 사람들이 많이 있다. 이것은 사실 새로운 현상이 아니다. 윌리엄 제임스는 20세기초에 질소 산화물(웃음 가스)의 복용이 종교적 경험의 원인이라는 점을 지적했다. 그리고 수세기에 걸쳐 그런 목적을 위해 약물을 사용한 종교적 전통들도 많이 있다. 철학적으로 중요한 문제는 이런 사실들이 종교적 경험의 타당성에 어떤 영향을 미칠 수 있느냐 하는 것이다. 물론 어떤 사람들은 약물을 사용해서 종교적 경험을 유발할 수 있으므로 종교적 경험이란 환상에 불과하다고 생각한다. 그러나 이런 결론은 나오지 않는다. 이런 사실들이 모두 옳다고 하더라도, 이런 약물들 자체가 사실 특별한 지식의 원천일지도 모른다. 바로 제임스도 이런 태도를 취했던 듯하다.

> 나는 그때 한 가지 불가피한 결론에 도달했다. 그리고 이 결론이 참이라는 생각은 그 후 변한 적이 없다. 사람들이 보통 합리적 의식이라고 부르는 평상시의 깨어 있는 의식은 한 가지 특별한 형태의 의식에 불과하며, 아주 얇은 막으로 구분되는 그 주변을 이것과는 전혀 다른 어떤 잠재적 형태의 의식들이 둘러싸고 있다는 것이 그 결론이다. 이런 의식들이 있다는 생각을 전혀 하지 않고도 삶을 살아나갈 수는 있다. 그러나 어떤 자극을 받으면, 이런 것들—아마도 어디선가는 적절한 기능과 작용을 하고 있는 뚜렷한 정신의 형태들—이 완전한 모습을 가지고 나타난다.[6)]

두번째로 언급해 둘 필요가 있는 점은 사람들은 이런 상태에서 자기네들이 경험한 신을 자기네들이 믿고 있는 종교의 신과 같은 것으로 보곤 한다는 사실이다. 여기서도 종교적 경험의 신빙성이 줄어든다고 생각하는 사람들도 물론 있다. 그러나 이런 결론 또한 나오지 않는다. 하여튼 이런 모든 사람들이 경험하는 공통된 종교적 진리가 있는데, 이 사람들은 이 한 개의 진리를 종교적 배경에 따라 서로 다른 기호로 서술하고 있는 것뿐일 수도 있기 때문이다.

---

6) 같은 책.

이제 종교적 경험을 배척하는 몇가지 전통적인 이유들이 충분하지 못함을 보았다. 그러나 종교인들도 이런 체험들이 환상이 아님을 입증하는 데는 이르지 못했다. 그러므로 신의 존재를 증명하기 위해서 이런 체험들을 근거로 삼을 수는 없다. 종교적 경험에서 경험되는 대상이 무엇인가라는 문제는 여전히 해결되지 않은 채로 남아 있다.

우리는 종교적 경험에 근거한 신 존재 옹호를 다루면서 이런 경험들이 발생한 적이 있음을 인정했다. 그래서 남은 문제는 이로써 신의 존재가 입증되는가 하는 것뿐이었다. 다음에 다루는 옹호, 즉 기적에 근거한 신 존재 옹호의 경우에는 문제가 되는 사건이 실제로 일어났는지에 대해 의문을 품어야 된다고 생각하는 철학자들이 많이 있다. 이런 철학자들은 기적이 단순히 어떤 진기한 사건에 불과한 것이 아니라 바로 자연계의 법칙에 위배되는 사건이라는 점을 상기시킨다. 그래서 이런 사건들이 일어났다고 생각하는 것보다는 그렇지 않다고(그리고 이런 사건을 보았노라는 보고는 실수이거나 아니면 거짓말이라고) 생각하는 것이 더 타당성이 있다는 것이다. 이런 주장을 가장 강력하게 편 것은 데이빗 흄이다.

> 기적은 자연 법칙의 위반이다. 그리고 경험 법칙을 확립한 것은 변경될 수 없는 확고한 경험이므로, 기적에 대한 반론은 문제의 성격상 상상할 수 있는 경험에 근거한 논증들 중에서 가장 완전한 것이다. … 그러므로 모든 기적들에 대해서 그것과 대립되는 일관된 경험이 있어야 된다. 그렇지 않으면 그 사건이 기적이라고 불리지 않았을 것이다. 그리고 일관된 경험은 증명에 해당되는 것이므로, 이제 문제의 성격상 모든 기적의 존재에 대한 직접적이고도 완전한 반론이 주어진 셈이다. 이제 당연한 귀결로서 이런 말을 할 수 있다(그리고 이것은 음미할 가치가 있는 일반 원칙이다). 기적에 대한 어떤 증언이라고 하더라도 그것이 허위가 되는 일이 그것이 입증하고자 하는 사실보다 더 기적적인 어떤 증언이 아닌 한 결코 기적의 발생을 확립하기에는 충분하지 못하다.[7)]

사실 아무리 충실한 신자라고 하더라도 어떤 기적이 일어났다는 주장에 대해서는 의심을 품는데, 이는 보통 특정한 기적에 대한 증거가 미약함에 근거한 것이다. 반면에 흄은 도대체 우리들이 어떤 기적이건간에 기적의 발생을 알 수 있는지를 묻는다. 그는 기적의 발생에 대한 증

7) Divid Hume, *Inquiry Concerning Human Understanding*, sect. 10.

거가 충분히 강력할 수는 결코 없다고 생각한다. 이런 극단적인 주장을 한 흄이 옳건 그르건간에 어쨌든 흄은 소위 기적의 발생을 인정하기 전에 매우 강한 정도의 증거가 있어야 된다는 점을 깨우쳐 주고 있다.

어떤 사건을 기적이라고 주장하는 데 대한 증거가 너무나 많아서 그렇게 믿는 것이 정당한 경우를 생각해 보자. 그렇다면 신의 존재가 입증되는가? 그럴 수도 있다. 그러나 그 사건이 정말로 오로지 신만이 일으킬 수 있다는 의미에서 기적이라는 사실이 확립되어 있는 경우에만 그렇다. 그런데 이것을 어떻게 확립할 것인가? 이 사건이 특수한 자연원인에 기인한 진기한 현상에 지나지 않을 가능성을 여하히 배제할 수 있을 것인가?

여기서 세계를 설명하는 학문의 힘이 늘어남에 따라 종교적 논증의 타당성에 의문을 던지게 되는 경우를 또 한번 보게 된다. 특수한 사건들이 점점더 과학적으로 설명되어감에 따라 기적이라 주장되는 사건들이 진짜 기적이라는 확신은 점점더 줄어든다. 오늘날의 과학이 그것을 설명할 수 없다고 하더라도 그것이 앞으로의 과학에서 설명될 수 있는 가능성은 여전히 남아 있다. 그리고 기적이라 생각된 사건들이 나중에 과학적으로 설명된 과거의 수많은 사례들에 비추어 보건대, 어떤 사건이 신의 존재를 확립하는 기적의 발생이라는 주장에 확신을 가진다는 것은 거의 불가능하다.

마지막으로 소위 가치에 근거한 신 존재 옹호를 살펴보자. 다음 장에서 이 옹호에서 주장하는 바 도덕의 타당성 및 인생의 의미가 신의 존재에 근거한 것이라는 주장을 다룰 것이다. 여기서 언급하려는 것은 이런 주장이 설령 옳다고 하더라도 신의 존재가 도출되지는 않으리라는 것이다. 이 주장에서 끌어낼 수 있는 것은 다만 신이 존재하거나 아니면 도덕률이 부당하고 인생이 무의미하다는 것뿐이다. 종교 철학자들은 가끔 두번째 가능성을 간과하는 듯하다.

우리는 직관에 기초를 둔 신 존재에 대한 전래의 옹호들이 잘못되었음을 보았다. 이는 신이 존재하지 않음을 뜻하지는 않는다. 다른 타당한 증명들이 있을지도 모르는 일이고, 또 신의 존재가 증명될 수는 없지만 신은 존재할 수도 있다. 우리가 존재함을 증명할 수 있는 것만이 존재한다고 생각해서는 안 된다. 그리고 사실 신에 대한 신앙은 증명없이 신의 존재를 믿는 것이다. 최종적으로 이런 신앙의 타당성을 검토하기에 앞서서, 신 존재에 대한 무신론자들의 논박을 검토해 보자.

5.3 신 존재를 논박하는 주장들

우선 종교적 신념에 대해 제기되어온 낯익은 반론들 몇가지를 들어보자. 그 다음에 그것들 각각에 대해 면밀한 검토를 할 것이다.

1. 역사를 고찰해 보면 종교적 신념이 인간의 발전을 저해한 일이 너무 자주 일어남을 알 수 있다. 많은 과학적 진보들이 받아들여지기까지에는 종교적 반동주의에 대한 투쟁이 있어야만 했다. 교회가 갈릴레오를 재판하고 투옥한 것은 이런 광범위한 현상의 한 사례에 불과하다. 종교적 가르침은 마찬가지 방식으로 정치 사회적 발전을 가로막았으며, 독재와 부정의를 지탱하는 도구가 되었다. 그 한 예로서 왕권 신수설이라는 종교 사상을 생각해 보라. 그러므로 앞으로도 인류가 진보를 계속하려면, (신에 대한 믿음을 포함한) 이런 종교적 신념들을 배척해야 된다. 그래서 러셀은 이렇게 쓰고 있다.

> 세상을 돌아보면, 인간적인 감정의 최소한의 향상, 형법에 있어서의 모든 개선, 전쟁을 줄이려는 모든 조치, 유색 인종의 처우 개선을 향한 모든 조치, 노예 제도의 완화, 모든 도덕적 진보 등 세상에서 이룩된 바 있는 모든 발전들을 세속적 조직을 가진 교회는 언제나 반대해 왔다는 사실을 알게 된다. 나는 신중히 검토한 결과 교회 조직을 가진 기독교는 언제나 그래 왔듯이 지금도 세상에서 이루어지는 도덕적 진보의 숙적이라는 결론을 내린다.[8)]

2. 사람들이 신을 믿는 유일한 이유는 신에 대한 믿음이 자기네들의 심리적 욕구를 만족시킨다는 것이다. 프로이트를 인용해 보자.

> 일정한 때가 되면 처음으로 자연계의 질서와 법칙에 대한 관찰이 이루어지고, 그와 동시에 자연계의 힘이 인간적인 특성을 잃게 된다. 그러나 인간의 무력함은 여전히 남아 있는 것이고, 그와 더불어 아버지에 대한 사람들의 동경과 신들[에 대한 갈망]도 남게 된다. 신들은 세 가지 기능을 수행한다. 신들은 자연의 공포를 쫓아낸다. 신들은 죽음에서 특히 잘 드러나는 운명의 잔인함을 완화시킨다. 그리고 신들은 문화적 공동체 내에서의 삶이 인간에게 부과하는 고통과 결핍을 보상해 준다.[9)]

---

8) Bertrand Russell, "Why I Am Not a Christian."

종교적 믿음이 이렇게 심리적 기원을 가진 것이라는 점을 알게 된 이상, 합리적인 사람이라면 초월해야 되는 환상에 지나지 않는다고 해서 종교적 믿음을 거부해야 되지 않겠는가?

3. 세상에 산재하는 무수한 악들을 생각한다면 어떻게 신의 존재를 믿을 수 있겠는가? 좋은 사람과 나쁜 사람이 똑같이 고통을 받게끔 악이 분배되는 일도 가끔 있고, 또 더 나쁜 경우에는 나쁜 사람이 잘 살고 좋은 사람이 고생을 하는 일도 있기 때문에 신의 존재는 훨씬 더 믿을 수 없는 일이 된다. 어떻게 이런 모든 사실들이 신의 존재와 조화될 수 있는가? 《밤》이라는 소설에서 위즐(Eile Wiesel)은 가장 충실한 신자가 악의 숨김없는 진상에 부딪쳤을 때 이런 생각이 얼마나 강력하게 파고드는지를 묘사하고 있다.

> 물론 그렇다. 그런 식으로 말할 권리는 없다. 정말이지 신의 신비한 뜻을 헤아리기에는 인간은 너무나 왜소하고 연약하며 보잘 것 없는 존재이다. 나는 피와 살을 가진 평범한 인간에 지나지 않는다. 나는 또 눈을 가진 인간이고, 그들이 여기[강제 수용소]서 무엇을 하고 있는지를 볼 수도 있다. 신의 자비는 어디에 있는가? 신은 어디에 있는가? 어떻게 자비로운 신이 있음을 믿을 수 있는가? 내가? 아니면 다른 어떤 사람이?

첫번째 논박 즉 종교적 신념들은 인간의 발전을 저해하는 까닭에 배척해야 된다는 주장에는 많은 문제가 있다. 우선 종교 사상이 지적 혹은 사회적인 발전에 유용하게 사용된 사례들이 많이 있다. 노예 폐지론에 대해서 종교가 중요한 영향을 미친 것은 그 한 실례에 불과하다. 모름지기 균형있는 견해라면 종교적 믿음의 긍정적인 측면들 또한 간과할 수 없다. 러셀 같은 사람들이 가진 견해는 분명히 일방적이다. 둘째로 이런 역사적 증거들은 모두가 종교적 신앙을 가진 사람들이 이 신앙을 어떻게 사용해 왔는가라는 문제에 대해서 영향을 미칠 뿐이다. 이런 증거들이 이런 신념들의 근본적인 성격과 반드시 관련되는 것은 아니다. 설령 종교적 신념들이 보통 반동적인 역할을 했다는 것이 사실이라고 하더라도 — 우리는 그렇지 않다고 주장하는 바이지만 —, 이것이 모든 종교적 신념들은 근본적으로 반동적이라는 사실을 보여주지는 않는다. 다

9) Sigmund Freud, *The Future of an Illusion*, 제 3 장.

만 종교인들이 종교적 신념들을 반동적인 목적을 위해 오용했다는 것을 보여줄 뿐이다. 그리고 더 나아가서 이런 모든 사실들은 종교적 신념들의 진리에 관한 문제에 대해서는 전혀 아무런 영향을 미치지 못한다. 설령 종교적 신념들이 근본적으로 반동적이라 하더라도, 그래서 종교적 신념들이 거짓이라는 결론은 나오지 않는다.

이와 매우 흡사한 문제들이 두번째 논박—종교적 신념들은 그 심리적 연원에 비추어 보건대 배척받아야 된다는 주장—에 대해서도 발생한다. 우선 많은 심리학자들은 종교적 믿음에 대한 이런 식의 심리적 설명 자체를 문제삼을 것이라 생각된다. 그런 문제들을 제쳐놓고 프로이트가 옳다고 가정한다고 하더라도 종교적 신념들(특히 신에 대한 믿음)이 거짓이라는 결론이 나올 수 있는가? 허다한 심리적 이유들이 모여서 참된 신념을 발생케 하는 수도 있다. 그러므로 종교적 신념의 심리적 연원은 그 진리성과는 무관한 문제라 생각된다.

이제 신 존재에 대한 세번째 논박—악에 근거한 논박—을 살펴보자. 이것은 어려운 문제에 속하는 것이어서 독실한 신자들도 이 논박이 자기들의 신념에 대한 근본적인 도전임을 인정하고 있다. 우선 이 논박에 관해 지적해 둘 것은 이 논박이 유대적-기독교적 신관에 대한 도전에 불과하다는 것이다. 이 점을 설명하기 위해서 제우스의 존재에 대한 다음과 같은 매우 힘이 없는 반론을 생각해 보자.

a. 세상에는 악이 존재한다.
b. 제우스가 만약 존재한다면, 세상에는 악이 존재하지 않을 것이다.
c. 그러므로 제우스는 존재하지 않는다.

이런 논박은 *b*를 믿을 이유가 전혀 없는 까닭에 매우 잘못된 논박이다. 제우스란 신은 가끔 부당하게 행동하는 일도 있다. 그러므로 제우스가 악의 직접적인 원인일 가능성도 있다. 더우기 그는 전능한 신도 아니고 전지한 신도 아니다. 그러니 제우스는 악을 제거할 방도를 알지 못할 수도 있고, 또 설령 안다고 하더라도 그렇게 할 수 있는 능력이 없을 수도 있다. 요컨대 제우스가 설령 존재한다고 하더라도, 세상의 악을 설명할 수 있는 방법은 얼마든지 있는 것이다. 그런데 여호와의 경우에는 사정이 다르다. 여호와는 언제나 선하다. 그러므로 그는 악이 없는 세상을 원할 것이다. 또 그는 전지한 까닭에 악을 제거하는 수단을 알고 있음에 틀림없다. 그리고 전능한 신 여호와는 이를 위해 필요한 일을 할 수 있는 능력이 있다. 그렇다면 세상에 악이 존재하는 까닭은 무엇인가? 악의 존재는 곧 신의 비존재를 보여주는 것이 아닌가?

세번째 신 존재 논박이 가진 두번째 특징은 이것이 단순히 세상에 어떤 악이 있다는 사실을 근거로 한 것이 아니라는 점이다. 이 논박은 세상에 존재하는 악에 대한 전체적인 조망에서 출발한다. 대부분의 세상 사람들이 기아와 질병 따위로 인해 끊임없는 고통과 불행의 상태에서 살고 있다는 것은 놀라운 사실이다. 게다가 악의 분배는 공평하지 못하다. 어떤 사람들은 다른 사람들보다 훨씬 더 많은 고통을 받고 있을 뿐만 아니라, 이런 불균형이 개개인의 가치에 따른 것 또한 결코 아니다. 그 한 실례로서 난치의 병을 안고 태어나는 아이들과 극심한 결핍과 가난의 운명을 띠고 태어나는 아이들을 생각해 보라. 이런 어린이들에게 이런 고통이 합당하다고 말할 사람은 아무도 없을 것이다. 악에 관한 이 모든 점들을 기억해 둘 필요가 있다. 앞으로 보게 될 테지만, 악을 설명해내려는 많은 시도들이 이런 점들을 간과할 수밖에 없는 까닭에 실패하게 된다.

이제 여호와의 존재에 대한 논박을 요약하면 이런 것이다.

A. 세상에는 매우 많은 악이 존재하는데, 악의 분배는 공평하지도 않고 정당하지도 않다.

B. 여호와는 전지전능하며 언제나 선한 신이라 생각되므로, 이런 신이 존재한다면 악은 결코 존재할 수 없을 것이다.

C. 그러므로 여호와는 존재하지 않는다.

이제 종교인들이 이런 반론을 물리치려고 사용하는 여러 가지 수단들을 살펴보자. 어떤 사람들은 악의 존재 자체를 부정하려고 하는가 하면, 다른 사람들은 *A*에서 말하고 있는 악에 관한 사실들을 부정하려고 한다. 그런데 가장 많은 도전을 받는 것은 *B*이다. 대부분의 종교인들은 신이 이런 모든 악의 존재를 방관하고 허용하는 까닭을 설명하려고 한다 — 그런 설명을 신정론(theodicy)이라 부른다. 우선 *A*에 대한 도전들을 먼저 살펴보자.

어떤 사람들은 세상에 악이 있다는 생각이 신앙의 부족에서 오는 환상이라고 주장한다. 또 이 환상은 신앙을 돈독하게 함으로써 제거할 수 있다는 것이다(이런 주장을 하는 사람들은 심지어 의학적 치료를 받지 말아야 된다고까지 주장한다). 어쨌든 신의 존재에 위협이 되는 악이란 존재하지 않는다는 것이 이런 사람들의 주장이다. 이런 생각은 몇가지 명백한 문제를 안고 있는 것으로 생각된다. 우리가 겪는 고통과 악은 선과 꼭 마찬가지로 실재하는 듯하다. 그러므로 선은 실재하되 악은 환상이라는 주장은 매우 의심스러운 주장이다. 예를 들어 질병으로 인해 나타나는 것으로 보이는 고통을 생각해 보자. 병이란 환상에 불과하다는 주장을 잠정적으로 받아들인다고 하더라도, 고통은 여전히 실재한다. 그러므로 어떤 형태의 악의 경우에는 이런 이론이 전체적으로 터무니없는 것이다.

또 어떤 사람들은 악이란 선의 결여일 뿐 세상에 악이라는 존재가 있는 것은 아니라고 주장한다. 그런데 어떤 형태의 악(예를 들어 굶주림)은 특정한 선의 결여에 불과한 것으로 봐도 좋겠지만, 어떤 형태의 악(예를 들어서 병)은 어떤 것의 적극적인 존재를 포함하는 것으로 생각된다. 그리고 이것이 보다 중요한 문제인데, 비록 모든 악이 선의 결여일 뿐이라고 하더라도, 문제가 해결된 것은 아니다. 신은 왜 선의 존재를 허락하지 않았는지가 아직도 설명해야 될 문제로 남는다. 어떤 학생이 시험 답안지에 쓴 것처럼, 이런 해결책에서 신은 악을 만들어낸 혐의, 작위적 범죄를 벗게 되지만, 선을 만들어내지 않은 죄, 부작위적 범죄로 기소된다.

이번에는 세상에 악이 존재하는 것을 완전무결한 신이 왜 방치하는지를 설명함으로써 B를 물리치려는 시도를 살펴보자. 우선 몇가지 전통적인 신정론들을 열거해 본다.

1. **대조 신정론** 만약 완전한 세계가 있다면, 우리는 그것을 음미할 수도 없고 알아낼 수도 없을 것이다. 왜냐하면 어떤 것이 선임을 알고 음미하는 것은 그 반대가 되는 악을 함께 경험하는 경우에만 가능하다. 그래서 신은 악이 세계에 공존하게 만든 것이다.

2. **목적 신정론** 즐거움으로 가득차고 곤란이 없는 인생, 극복해야 될 미완성과 악이 없는 인생은 목적도 없고 의미도 없는 인생이다. 그래서 신은 인생에 의미와 목적을 부여하기 위해서 세상에 악을 창조했다.

3. **도덕성 신정론** 우리가 가질 수 있는 최상의 선은 용기, 자비, 박애의 도덕성이다. 그런데 이런 도덕성은 악과의 투쟁에서 발생하고 계발된다. 그래서 우리로 하여금 이런 탁월한 도덕성을 가지도록 하기 위해서 신은 악이 존재하는 세계를 창조할 수밖에 없었다.

4. **경고와 처벌 신정론** 악은 신이 죄 지은 자를 처벌하고 죄 지으려는 자를 경계하는 도구이다. 그러므로 악은 세계에 정의를 실현하는 도

구이다.

5. **자유 의지 신정론** 신은 인간에게 자유 즉 어떻게 행동할 것인지를 선택하는 능력을 선사하기를 원했다. 그런데 일단 이런 자유를 받은 인간은 잘못된 행동을 할 수가 있고 또 가끔 그렇게 하기도 한다. 세상에 있는 악은 인간이 자유를 남용한 결과이다.

이런 신정론들은 모두 다 유대적-기독교적 신관의 어떤 요소도 희생하지 않으면서 악을 설명하기를 시도하는데, 이 점에서 신의 개념에 제한을 가함으로써 악의 문제를 해결하려는 시도와 구별된다. 존 맥타가트는 후자의 입장을 이렇게 표현한다.

> 신을 믿는 사람들이라면, 신이 실재로는 전능한지 않다고 말하면서 신의 선함을 유지하는 것이 가장 좋은 방법이라 생각된다. 왜냐하면 신이 만약 전능하지 않다면 신이 선한 인격을 가진다는 데에 별로 문제가 없게 되기 때문이다.10)

위에서 든 신정론을 주장하는 사람들은 맥타가트가 이야기하는 귀결들을 분명히 받아들이지 않을 것이다. 그러나 신의 능력을 제한하면 신 존재에 관한 문제들이 해소됨은 분명하다.

> … 선을 향한 제한된 능력을 가진 신의 노력은 이제까지 드러난 모든 사실에 비추어보건대 거의 완전히 실패할 수밖에 없다. 이는 별로 산뜻한 교리가 아니다. 그럴려면 신의 궁극적 승리를 보장해 주는 어떤 다른 교리가 보완을 해야 된다. 그러나 이 교리는 우주의 운명이 전능한 능력을 가지고 있지만 더 좋은 세계를 만들 생각이 없는 존재의 손에 달려 있다는 신념보다는 희망적인 교리이다.11)

위에서 든 신정론들에 대해 언급해 둘 필요가 있는 또 한 가지 점은 그것들 모두가 공통된 형식을 가지고 있다는 것이다. 그것들 모두가 우선 어떤 선을 들추어낸 다음, 이 선이 존재하는 세계는 악도 좀 포함해야 된다고 주장한다. 그리고 마지막으로 세상에 존재하는 악은 이 선을 위해 필요한 것으로 설명되고 정당화된다고 말한다(신정론의 옹호자들은 이 세계가 모든 가능한 세계들 중에서 최선의 세계라는 주장에 빠진다고 말하곤 하는 까닭이 이런 구조적 특성에서 설명된다). 그런데 여기서 말하는 선이라는

---

10) John McTaggart, *Some Dogmas of Religion.*
11) 같은 책.

것이 세상에 존재하는 모든 악을 정당화하고 보상하기에 충분할 만큼 가치가 있는가? 만약 그렇지 않다면, 신이 이런 모든 악의 존재를 방치한 이유가 여전히 문제로 남는다. 또 선이 실현되기 위해서는 사실 악이 있어야 된다는 주장에 대해 의문을 제기할 수 있다. 전지 전능한 신이라면 왜 악이 없이도 선이 실현되는 세계를 만들어낼 수 없는가? 예를 들어서 우리가 선에 반대되는 악을 경험하지 않고도 선을 감지하고 소중히 여기도록 만들면 되지 않는가? 그러나 가장 중요한 문제는 이런 신정론들 중 어떤 것도 악이 매우 성행하며 또 악의 분배가 공정하지 못하다는 점을 설명하지는 못한다는 사실이다. 예를 들어서 앞의 세 신정론은 우리가 선을 소중히 여기고, 인생에 목적을 가지게 되며, 도덕성을 계발하는데 왜 그만큼이나 많은 악이 필요한지를 설명하지 못한다. 처벌과 경계의 신정론은 왜 죄 없는 자가 고통을 받는지 또 악은 왜 도덕성에 따라서 분배되어 있지 않은지를 설명하지 못한다. 그리고 자유 의지의 신정론은 인간의 행위 때문에 나타난 것이 아닌 악(예를 들어서, 질병, 천재지변)을 설명하지 못한다.

이런 문제를 해결하려고 노력한 종교인들도 있지만, 많은 종교인들은 그런 시도가 성공할 가능성이 희박하다고 생각했다. 그래서 이런 사람들은 다른 접근 방식을 택했다. 그들은 우선 모든 신정론들에 내재하는 기본적인 사상 — 세상에 있는 악은 신이 뜻하는 훌륭한 목표의 실현에 이바지한다 — 을 받아들인다. 그러나 그들은 전통적 신정론에서와는 달리 그 훌륭한 목표가 무엇인지를 말하려는 노력을 거부한다. 그들에 따르면 신의 목적은 인간의 이해력을 넘어서는 신비라는 것이다. 이런 생각은 욥기에 발견된다. 그 끝부분에 보면, 욥은 회오리 바람에서 들려오는 소리를 듣는다.

> 부질없는 말로 나의 뜻을 가리는 자가 누구냐? 대장부답게 허리를 묶고 나서라. 나 이제 물을 터이니 알거든 대답해 보아라.
> 내가 땅의 기초를 놓을 때 너는 어디에 있었느냐? 그렇게 세상물정을 잘 알거든 대답해 보아라.

이런 접근 방식은 타당한가? 두 가지 그럴듯한 반론이 있는 듯하다. 우선 이런 모든 악을 필요로 하는, 인간으로서는 헤아릴 수 없는 어떤 훌륭한 목적이 있을 가능성은 매우 희박하다. 그러므로 이 최후의 신정론은 "최후의 보루"에 불과한 설득력이 없는 접근 방식이라 생각된다. 그렇다면 이 모든 악들이 추구하는 목적을 인간의 제한된 마음, 제한된 세계관으로서 헤아릴 수 있는 가능성이 있다고 생각할 이유가 있는가?

어느 편이 옳은가? 문제는 세상의 악이 추구하는 바 한층 고귀한 선이 무엇인지를 알아내는 능력이 우리에게 있는지에 달려 있는 것 같다. 나는 이 문제에 대해 어떻게 대답해야 될지 모르겠다. 그러므로 악의 존재에 근거한 신 존재 논박이 신이 존재하지 않음을 결정적으로 증명한 것은 아니라는 결론을 내릴 수 있겠다. 여기서 신의 존재을 주장함이 설득력이 없는 것으로 되었는지는 결정할 수 없는 문제이다. 그래서 이제 신념 — 즉 증명도 반증도 되지 않은 문제에 대해서 가지는 믿음 — 에 관해 다루게 된다.

5.4 신 앙

신념의 문제를 다룰 때, 지금까지 드러난 것에 관한 한 신의 존재는 증명될 수도 반증될 수도 없다는 사실을 기억해 둘 필요가 있다. 그러므로 여기에 관해서 세 가지 태도가 가능한 것 같다.

(1) 신의 존재가 비록 증명되지는 않았으나 신의 존재를 믿는 것 (유신론의 신념을 가지는 것).

(2) 신의 존재가 비록 반증된 것은 아니지만 신이 존재하지 않는다고 믿는 것 (무신론의 신념을 가지는 것).

(3) 이 문제에 관해 어느 쪽도 믿지 않는 것(불가지론자가 되는 것).

이성적인 사람이라면 어떤 태도를 취할 것인가? 19세기말 미국의 위대한 사상가 두 명 — 클리포드와 제임스 — 이 이 문제를 다루었는데, 오늘날에도 이 수준을 능가하는 글은 없기 때문에 이 두 사람의 주장을 살펴봄으로써 이 장을 맺도록 하자.

클리포드의 견해는 어떤 문제에 관한 어떤 신념이건간에 다 비도덕적이라는 것이다. 그에 따르면 도덕적인 사람은 믿을 만한 충분한 이유가 있는 것만을 믿는다는 것이다. 증거가 충분하지 않는 경우에 도덕적인 사람은 결정을 내리지 않는다. 이런 태도는 인류 발전에 대한 두 개의 커다란 장애물 — 미신과 쉽사리 믿는 소박한 태도 — 을 피하는 유일한 길이다.

충분하지 않은 이유를 가지고 믿는 일을 할 때마다 우리는 냉정하고 공정한 태도로 증거를 평가하고, 의심하고, 자제하는 힘을 약화시키는 것이다. 우리 모두가 잘못된 신념 및 그 결과로 나타나는 치명적으로 잘못된 행위를 받아들이고 유지한 결과 막대한 피해를 보고 있다. 그리고 잘못된 신념 하나를 받아들이는 경우에 나타나는 악은 대단하고 광범위하다. 그러나 쉽사리 믿어버리는 성격이 안정되고 지속되는 때에, 충분하지 않은 이유로 믿어버리는 습관이 장려되고 변경되지 않는 때에 한층 더 광범위하고 막대한 악이 초래된다. … 불충분한 증거로 어떤 것을 믿는다고 하더라도 단순히 그 믿음 때문에 나타나는 피해는 대단치 않은 것일 수도 있다. … 그러나 그런 일을 하는 사람은 인류에 대해서 커다란 피해 ─ 자기 자신이 쉽사리 믿는 사람이 된다는 것 ─ 를 끼치지 않을 수 없다. 사회가 받는 위협은 옳지 않은 것을 믿어야 된다는 사실 ─ 이것도 물론 대단한 위협이기는 하지만 ─ 에 그치는 것이 아니다. 사회는 아무 것이나 쉽게 믿는 버릇을 들이게 되고, 그래서 그런 일이 생길 때 조사하고 탐구하는 버릇을 잃게 된다. 그리고 이런 사회는 야만의 나락으로 떨어질 수밖에 없는 것이다.[12)]

클리포드는 결국 충분한 증거가 없는 모든 문제에 대해서 불가지론의 태도를 견지해야 된다는 도덕적 주장을 펴고 있다.

제임스도 대부분의 경우에 대해서는 클리포드와 입장이 같다. 그러나 그는 어떤 특별한 경우가 있다는 것이다. 어떤 경우에는 신념이 합리적인 동시에 타당하다. 우리는 어떤 경우는 특별하다는 주장에 대해서 주의할 필요가 있다. 이런 주장은 모두가 정당한 근거없이 어떤 것을 예외로 취급해야 된다고 말하는 "특별 변론"(special pleading)에 불과할 가능성이 있다. 그러므로 우리는 제임스가 자신의 특별한 경우를 어떻게 설명하는지를 찬찬히 검토해 보고, 그것이 보통의 규칙에 대한 예외로 취급되어야 한다는 주장의 가부를 평가해야 된다.

제임스는 태도의 결정이, 그의 표현으로, 강요되고(forced), 위태롭고(lively), 중요한(momentous) 경우라야만 신념이 정당화된다고 말한다. 선택이 강요된다 함은 우리가 회의적 태도를 유지하려고 하면 결국 어느 한 개의 신념을 가진 것과 마찬가지의 행동을 하지 않을 수 없다는 뜻이다. 우리가 두 개 중 어느 한쪽을 믿어버리는 심리적 경향이 있을 때 신념이 위태롭다고 한다. 중요한 경우란 말은 많은 일이 둘 중에서 어떤 것을 믿는가에 달려 있는 경우를 말한다. 이런 경우에 가지는 신념은 합리적

12) William Clifford, "The Ethic of Belief."

이란 것이 제임스의 주장이다. 그는 종교적 신념에 관해 이렇게 말하고 있다.

> 종교는 중대한 선택의 기회를 내놓는다. 지금도 우리는 믿으면 어떤 불가결한 선을 얻고 믿지 않으면 그것을 잃는다고 생각한다. 둘째 종교는 그야말로 강요된 선택이다. 여기서는 회의적인 태도를 취하고 사태를 좀더 관망함으로써 문제를 피할 도리가 없다. 왜냐하면 종교가 거짓인 경우에는 이렇게 해서 잘못을 피할 수 있을 테지만, 종교가 참인데 이렇게 한 경우에는 적극적으로 믿지 않겠다는 선택을 한 것과 꼭같이 손해를 볼 것이기 때문이다. 어떤 여자와 결혼한 뒤에 천사 같은 아내가 될런지를 확신하지 못하는 청년이 결혼 신청을 하기에 앞서 끝없이 망설이는 것과 마찬가지이다. 다른 여자와 결혼하는 것이 이 여자를 천사 같은 아내로 맞아들일 수 있는 가능성을 결정적으로 막아버리는 것과 마찬가지로 이 여자와 결혼하는 것 또한 그런 결과를 초래하지는 않을까? 그러므로 종교에 대한 "충분한 증거"가 발견될 때까지 회의주의자가 되는 것이 의무라고 가르치는 것은 곧 종교적 가설이 참일 수 있다는 희망보다 그것이 오류일 수 있다는 의심을 더 중요하게 취급하는 것이 현명하고 옳은 일이라고 주장하는 셈이다.[13]

신의 존재를 믿는 데 대한 제임스의 옹호는 이 신념이 한갓 지적 신념에 그치지 않고 인간들이 사는 방식에 막중한 영향(이는 다음 장에서 다룰 것이다)을 미친다는 자각에 깊이 의존하고 있다. 종교적 신념의 이런 성격 때문에 신의 존재에 관한 물음이 강요된 선택이 되는 것이다. 한편 신념의 합리성을 따질 때에는 이런 실용적인 측면들은 제쳐놓아야 된다고 생각하는 사람들도 많이 있다. 반면에 제임스의 입장에서 보면 신념과 실천 사이에는 밀접한 관계가 있으므로 신념과 불가지론 중 어느 쪽이 더 합리적인 태도인지를 결정할 때 그것들 각각의 실천적 함축을 고려하는 것이 옳은 일이다.

신념에 관한 제임스의 옹호는 인상적이다. 그러나 (제임스 자신이 이 점을 알고 있었는지는 분명하지 않지만) 제임스의 옹호는 (클리포드의 공격이 유신론적 신념과 무신론적 신념에 대해서 다 적용되는 것과 마찬가지로) 이 두 가지 신념에 대해서 다 적용되는 옹호라는 점을 기억해 둘 필요가 있다. 그러므로 이제 두 가지 종류의 신념이 모두 "신이 존재하는가?"라는 물음에 대한 합리적이고 타당한 대답이라는 결론을 내릴 수 있다.

13) William James, "The Will to Believe."

□ 더 생각해 볼 만한 문제 □

1. 사람들이 숭배해 온 신 및 신을 숭배하는 방식들이 가진 공통된 특징이 있는가?

2. 신이 만약 전능하다면, 영국 해협을 헤엄쳐서 건널 수 있어야 된다. 그런데 신은 신체가 없으므로, 그렇게 할 수 없다. 신 개념에서 나타나는 이런 외관상의 모순을 어떻게 해결할 것인가?

3. 유대적-기독교적 전통의 주된 흐름을 다치지 않고 그 신관을 어떤 식으로든 수정하는 것이 가능한가?

4. 원인들의 무한한 계열을 믿는 데 대해서 어떤 반론을 펼 수 있는가? 그리고 그런 반론들은 타당한가?

5. 전 세계에 대해서도 에드워드가 에스키모인들의 경우에 대해서 한 것과 같은 말을 할 수 있는가? 아니면 전 세계의 경우는 특수한 경우로서 그 원인을 묻는 것이 정당한 물음인가?

6. 세계가 오늘날의 과학에서 말하는 방식으로 생겨난 것이면서도, 신의 계획의 일부로 나타난 것이라고 말할 수 있을까?

7. 약물로 신비적 체험을 일으킬 수 있다는 사실이 그런 체험이 환상이라는 증거가 되는지 안 되는지를 어떻게 결정할 수 있는가?

8. 기적이 일어났다고 결론을 내리는 것이 합당할 만한 상황이 있는가?

9. "욥 신정론"(Job theodicy)은 악의 존재의 문제에 대한 해결책인가, 아니면 그런 문제를 다루기를 회피하려는 막다른 시도인가?

10. 신앙에 대한 제임스의 옹호는 아무 것이나 자기 마음에 드는 종교적 믿음을 가지는 것을 정당화하는가? 아니면 여기에도 어떤 제한이 남아 있는 것인가?

6

종교적 믿음이 미치는 영향

5장에서 우리는 신의 존재에 대한 여러 가지 지적인 옹호와 논박들을 다루었다. 그 과정에서 우리는 신의 존재에 대한 믿음을 지적인 문제로 취급했다. 그런데 이렇게 보면 신앙을 전체적으로 전망할 수 없게 된다. 신의 존재를 믿는 대부분의 사람들은 동시에 이 신념이 인생에 대해 심오한 영향을 미친다고 믿는다. 이 장에서 우리는 이런 영향 및 귀결들의 성격을 살펴봄으로써 전망의 균형을 유지하려고 한다.

그 귀결들 가운데 일부는 윤리적 귀결이다. 많은 종교인들은 자기들의 신념이 자기네 도덕률의 골격을 이루고 있다고 믿고 있다. 또 여기서 한 걸음 더 나아가 종교적 믿음이 뒷받침하지 않는 도덕적 믿음은 모두가 무의미하다고 주장하는 사람들도 있다. 이 장의 1절과 2절에서는 이 두 주장을 다룰 것이다.

종교적 신념의 다른 귀결들은 인생의 의미와 목적에 관한 것이다. 이 개념들이 비록 완전히 분명한 개념은 아니지만, 누구나가 여러 가지 형태의 인생들 사이의 차이를 직관적으로 느끼고 있으리라 생각된다. 어떤 인생은 매우 의미있는 인생이고, 다른 어떤 인생은 무의미한 인생이다. 종교인들은 자기네 인생의 의미와 목적이 주로 종교적 신념에서 나온다고 주장한다. 또 어떤 사람들은 종교적 측면이 없는 인생은 하나같이 무의미하다는 보다 극단적인 주장을 하곤 한다. 이 장의 3절에서는 이 두 주장 — 소극적인 형태의 주장과 적극적인 형태의 주장 — 을 모두 살펴 볼 것이다.

또 종교인들은 기도에서부터 다이어트나 옷 입는 방식 등에 대한 제한에 이르기까지 매우 다양하고 광범위한 종교 행위 내지 종교 의식이 종교적 믿음 때문에 채택된다고 생각한다. 이 장의 마지막 절에서는 이런 주장도 한번 검토해 볼 것이다.

6.1 도덕이 종교를 필요로 하는가?

우선 도덕에 미치는 종교의 영향에 관한 주장 가운데 가장 강력한 주장, 즉 도덕이란 종교의 후원을 받지 않으면 무의미할 수밖에 없다는 주장을 살펴보자. 이런 주장은 현재의 표현대로라면 매우 애매모호하다. 그래서 보다 완전한 형태의 주장이 필요하다. 종교적 저서들을 살펴보면, 이 주장에 세 가지 전혀 다른 형태가 있음을 알 수 있다.

1. **동기에 관한 주장** 사람들이 도덕적으로 되는 데에는 이유가 필요하다. 도덕은 가끔 우리에게 커다란 희생을 치를 것을 요구한다. 그러므로 도덕적인 행위가 자기 자신에게 이익이 된다는 것은 꼭 들어맞는 말이 아니다. 또 이런 희생을 치르는 데 다른 어떤 이유가 있을 수 있는지도 분명치 않다. 그런데 종교는 이런 이유의 유일한 원천이다. 우리의 행위를 심판하고 그에 따라 상과 벌을 내리는 신이 있다면, 어쨌든 옳은 일을 할 이유가 있는 셈이다. 이 이유는 우리가 세상에서 치러야 되는 희생을 충분히 능가하는 것이다.

2. **인식론적 주장** 옳은 일을 하기를 원한다는 것은 물론 좋은 일이다. 그러나 무엇이 옳고 무엇이 그른지를 헤아리는 일이 남아 있다. 사람들이 옳은 일을 하고 있다고 생각할 이유가 어디 있는가? 사람들마다 서로 전혀 다른 도덕관을 가지고 있다. 그리고 이 서로 다른 관점들이 설득력있는 추론의 지지를 받고 있는 경우도 있다. 이런 혼란에서 벗어나는 유일한 방법은 도덕적 지식의 참된 원천인 신의 계시에 의지하는 것이다.

3. **존재론적 주장** 왜 어떤 행동은 정당하고, 다른 행동은 부당한가?

어떤 행동이건 한 개의 행동일 뿐, 그 자체로서 옳은 것도 아니고 그 자체로서 그른 것도 아니라고 말하는 사람들이 있다. 그런데 이런 말이 사실이라면, 행동의 가치는 어디에서 오는가? 가치의 원천은 신의 의지이다. 우리가 할 것을 신이 바라는 행위는 옳고, 우리가 하지 않기를 신이 바라는 행위는 그르다. 그래서 신의 의지는 이런 매우 기초적인 도덕적 구별의 유일한 원천이다.

이 세 주장들의 차이를 이해할 필요가 있다. 존재론적 주장은 도덕적인 것과 비도덕적인 것 사이의 매우 기본적인 구별을 지으려는 시도이다. 이 주장은 그 근거를 신의 의지에로 돌리고, 그 외에 다른 어떤 근거도 있을 수 없다고 주장한다. 인식론적 주장은 거기까지 나아가지는 않는다. 이 구별에 대한 우리의 지식이 신의 계시에 의존한다는 것이 그 주장의 전부이다. 동기에 관한 주장은 그 구별의 근거나 그에 관한 우리의 지식의 근거와는 상관없는 주장이다. 여기서는 다만 신의 보상에 대한 욕구와 신의 처벌에 대한 두려움이 도덕적으로 행동하는 진짜 동기라고 주장할 뿐이다.

동기에 관한 주장을 먼저 살펴보자. 많은 종교 체계에서 여러 가지 형태로 나타나는 사후 세계(영혼의 불멸에 의해서건, 육신의 부활을 통해서건, 아니면 다른 어떤 형태로건간에)에 대한 믿음은 이런 주장에서 부분적으로 설명된다. 신의 처벌이나 보상이 현세에서 이루어지고 있다고는 생각되지 않으므로, 종교는 신의 심판이 이루어지는 다른 존재 양식을 설정하는 것이다. 그러나 동기에 관한 주장이 신의 심판이 이루어지는 방식에 관한 특정한 견해를 함축하는 것은 아니다. 예를 들어 천상의 행복이나 지옥의 불꽃 같은 전통적 견해를 여기서 반드시 인정해야 되는 것은 아니다. 이 주장이 함축하는 바는 도덕적 행위의 동기가 되기에 충분한, 신이 내리는 어떤 형태의 처벌과 보상에 대한 믿음밖에 없다. 그리고 많은 종교 사상가들은 신의 심판 과정에 대해서 매우 고상하고 고차적인 모델을 제시하고 있다는 점을 이야기해 둘 필요가 있다.

> 옳은 사람들이 추구하는 선은 … 앞으로의 세계에 태어나는 것이다. 사악한 자들이 받게 되는 처벌은 이런 인생을 얻지 못하고 제외되어서 죽는 것이다. … 앞으로의 세계에서는 육체적 쾌락이 없으리라고 현자들은 말하고 있다. 옳은 사람들은 신의 존재에 대한 명상에서 기쁨을 얻는다.[1]

1) Maimonides, *Laws of Repentance*, 제 8 장.

여기서 이런 믿음들—내세 및 신의 처벌과 보상에 대한 믿음—이 오늘날 종교인들 사이에서도 얼마나 배척받고 있는지를 말해 두는 것이 옳은 일일 것 같다. 육신이 파괴된 뒤에도 비물질적 영혼이 남아 있다는 생각에 대해서 사람들이 느끼는 의구심이 어느 정도 이런 경향의 원인이 된다. 이 의구심이 정당한지 어떤지는 다음 장에서 인간의 본성을 다룰 때 생각하게 될 문제이다. 어쨌든 사람들은 영원의 축복이나 천벌 같은 것에 대한 믿음이 지적으로나 도덕적으로나 받아들일 수 없는 것이라고 생각하는 것 같다. 이런 생각 때문에(완벽한 이유는 없지만) 사후 세계 및 신의 처벌과 보상의 사상 전체를 배척하는 것이다.

이런 단호한 거부는 상당히 잘못된 것이라 생각된다. 사후 세계 및 신의 처벌과 보상에 대한 믿음은 많은 종교 윤리관에서 중추적인 역할을 한다. 그리고 이 장의 뒤에 나오는 절들에서 밝혀지는 일인데, 이런 믿음은 인생의 의미에 관한 여러 종교적 견해에서도 마찬가지 역할을 한다. 종교의 근본적인 주장은 정의와 선이 궁극적으로 승리한다는 것이다. 종교인들로서는 이런 믿음들을 한꺼번에 포기하는 것보다는 문제성이 있는 요소들을 가려내서 선별적으로 수정하는 것이 더 바람직한 태도라는 생각이 든다. 이런 믿음들을 한꺼번에 포기하게 되면, 자연계에서 인간의 지위에 대한 종교적 견해에 메울 수 없는 틈이 생긴다.

동기에 관한 주장에로 되돌아와서, 이 주장이 가지고 있는 많은 문제들을 언급할 필요가 있다. 앞에서(제 2 장에서) 이미 도덕적 행위의 여러 동기들은 이기심에 바탕을 둔 것도 아니고, 신의 처벌 및 보상에 바탕을 둔 것도 아니라는 점을 밝혔다. 그러므로 종교가 도덕적으로 행동하는 이유의 단 하나뿐인 원천이라는 주장은 분명히 잘못된 것이다. 아마도 보다 중요한 것은 어쨌든 보통 표현되는 대로의 동기에 관한 주장에는 도덕적으로나 종교적으로나 불만스러운 요소가 있다는 것이다. 만약에 도덕적인 사람이 신의 보상을 받고자 하는 이기적인 동기에서 도덕적인 행동을 하는 것이라면, 그의 행위는 명예나 칭찬을 얻으려고 기부금을 내는 행위보다 하등 나을 것이 없다. 그런 동기에서 한 행동은 보상받을 가치가 없다. 그런 행동을 했다고 해서 높임을 받을 이유가 없다. 그런 까닭에 안티고누스는 이렇게 말한다.

보답을 받기 위해 주인을 섬기는 하인의 방식으로 신을 섬겨서는 안 된다, 보답을 생각지 않고 주인을 섬기는 하인의 방식으로 신을 섬겨라.[2)]

사람들이 도덕적으로 행동해야 되는 이유에 관한 몇가지 다른 종교적 견해들에 대해서는 이런 반론이 타당하지 못하다. 예를 들어서 종교인들은 가끔 이런 견해를 제시한다. 사람들은 자기가 사랑하는 사람들의 욕구와 소망을 충족시키기 위해서 희생을 한다. 예를 들어서 어버이는 자식을 위해서 자기 자신을 희생하고, 연인들은 상대방을 위해 자기 자신을 희생한다. 그런데 이것은 사랑하는 사람들의 행복을 보는 즐거움 때문에 희생을 치르는 것과는 다르다. 참된 사랑이라면, 그냥 사랑하는 사람을 위해서 희생을 치른다. 신을 사랑하는 경우에 대해서도 마찬가지 말을 할 수 있다. 신을 사랑하는 사람은, 사람들이 옳은 일을 하는 것이 신의 소망임을 알고 있기 때문에, 신의 소망을 만족시키기 위해서 노력하는 것이다. 이븐 파쿠다의 말을 들어보자.

> 그래서 신에 대한 사랑의 잔은 넘치고, 인간은 오로지 신만을 생각하게 된다. 그는 온 마음을 다해 신을 사랑하고, 자신의 마음을 신에게 바치며, 신에 의지한다. 그가 관심을 가지는 유일한 것은 신에 대한 봉사요, 그는 오로지 신이 자기에게서 바라는 것만을 생각하고 또 행한다.[3]

신에 대한 사랑에 관한 이런 견해는 도덕적으로 행동하는 또 하나의 종교적 동기를 내놓는 데 지나지 않는다는 사실에 주목할 필요가 있다. 도덕이 종교적 믿음을 전제로 한다는 것이 이것으로 증명된 것은 결코 아니다. 왜냐하면 제 2 장에서 다룬 바 있는 비종교적인 동기가 배척된 것은 결코 아니기 때문이다.

이제 신이 도덕적 지식의 유일한 원천이라는 인식론적 주장을 살펴보자. 지식과 단순한 믿음 사이에는 물론 중요한 차이가 있다. 매우 많은 사람들이 분명히 종교적 믿음은 없지만, 도덕적 믿음을 가지고 있다. 그렇다면 이런 도덕적 믿음은 계시에 근거하지 않은 믿음일 가능성이 매우 높다. 그러므로 인식론적 주장에서는 이런 무신론적 도덕적 믿음은 단순한 믿음일 뿐 지식은 아니라고 말해야 된다. 이런 믿음은 도덕적 지식의 유일한 원천인 신의 계시에 바탕을 둔 것이 아니므로 한낱 믿음일 뿐이다.

이와 같이 인식론적 주장은 사실상 다음과 같은 두 가지 주장으로

2) Antigonus of Soko, *Avot*, 제 1 장.
3) Bahya ibn Pakudah, "Divine Love" in *Duties of the Heart*.

나누어진다. (1) 신의 계시는 도덕적 지식의 원천이다. 그리고 (2) 도덕적 믿음의 원천에는 여러 가지가 있지만, 도덕적 지식의 원천은 신의 계시 하나밖에 없다.

이 단계에서 위의 두 주장을 평가한다는 것은 매우 어려운 일이다. 우선 우리는 단순한 믿음과 참된 지식의 차이를 아직 다루지 않았고, 또 일반적으로 말해서 지식과 그 일부로서의 도덕적 지식의 원천이 될 수 있는 것에 어떤 것이 있는지를 살펴보지 않았다(이런 문제들은 제 10 장에서 다루어진다). 그렇지만 이 두 가지 인식론적 주장이 모두 심각한 문제가 있음을 비록 초보적으로나마 지적할 수 있으리라고 생각한다.

우선 주장 (1)을 살펴보자. 만약에 신의 계시라 생각되는 어떤 것 R이 정말로 신의 계시임을 알고 있다면, 우리는 물론 R을 도덕적 지식의 원천으로 사용해도 좋다. 전적으로 믿을 만한 신의 말보다 더 좋은 도덕적 지식의 원천이 어디에 있단 말인가? 그렇지만 R이 정말로 신의 계시라는 확신을 가질 수 있는가? 서로 대립되는 많은 것들이 각각 신의 계시라고 주장되고 있음을 생각해 보라. 종교마다 자기네들의 계시가 있다. 그러므로 R이 정말로 신의 계시라는 것이 지식으로 되려면, 이 사실이 증명될 수 있어야 한다. 그렇지 않은 경우에는 기껏해야 R이 계시라는 믿음이 있을 뿐이다. 그런데 이것이 믿음에 불과하다면, R은 도덕적 지식의 원천이 될 수 없고, 기껏해야 도덕적 믿음의 원천이 될 뿐이다. 그러므로 (1)을 주장하는 사람들이라면, 신의 계시라고 생각되는 어떤 것은 진짜 계시임을 증명해야 되며, 이를 증명하지 못한다면 주장 (1)은 곤경에 처하게 된다.

이를 증명하기 위한 시도로 어떤 것들이 있는가? 전통적으로 종교인들은 두 가지 접근법 — 계시 외적 접근법과 계시 내적 접근법 — 을 시도해 왔다. 전자는 특정한 계시에 동반하는 기적들이 계시의 증거라고 주장한다. 후자의 접근법에서는 계시의 성격 자체가 계시의 증거로 사용될 수 있다고 주장한다.

성경에서 계시 외적 접근법의 몇가지 사례를 찾을 수 있다. 신이 이집트로 들어가라는 명령을 내렸을 때, 모세는 이스라엘의 자손들에게 보여줄 표적을 신에게 원했다. 다시 말해서 모세는 신의 명령이 계시임을 확인하는 증거로서 기적을 행하는 능력을 자기에게 부여해 줄 것을 원한 것이다. 그러나 계시 외적 접근법에는 어려운 문제가 있다. 제 5 장에서 보았듯이, 어떤 일이 기적이라는 것을 확인할 수 있는 경우가 있는지 없는지가 분명하지 않다. 그리고 이 확증이 없는 경우에 어떤 사건의 놀라운 (기적적인) 성격을 가지고 계시의 진실성을 확립한다는 것은 거의 불가능하다.

계시 내적 접근법은 어떤가? 종교인들은 계시의 심오한 성격이 바로 신에게서 나온 것이라는 증거라고 주장한다. 이런 접근법은 순환 논증의 오류를 범하고 있으므로, 여기서 사용할 수가 없다. 우리가 알아내려고 하는 것은 가치 및 도덕에 관한 아직 참임이 알려져 있지 않는 일련의 믿음들이 신의 계시라고 해서 지식의 지위를 획득할 수 있는가 하는 점이다. 그런데 이제 거꾸로 소위 계시가 전하는 바로 그 가치들 — 이는 물론 계시가 그 자체로서 가지고 있는 성질의 한 중요한 부분을 이루는 것인데 — 을 끌어들여 진짜 계시임을 보장한다면, 이런 주장은 정말 순환적이고 아무 것도 얻는 바가 없다.

이제 주장 (1)은 옳지 않은 것으로 생각된다. 주장 (2)는 사정이 좀 다르다. 이것이 옳지 않음을 증명하려면, 신의 계시 말고 다른 어떤 도덕적 지식의 원천이 있음을 증명해야 될 것이다. 이 글에서는 아직까지 지식에 관한 기본적인 이론 자체가 정립되어 있지 않기 때문에, 지금 당장 이런 일을 하려는 시도는 성급한 일이 아닐 수 없다. 지금으로서는 도덕 신학자들이 대체로 주장 (2)를 거부해 왔다고 말해 두는 수밖에 없다. 도덕 신학자들은 종교적 및 도덕적 진리를 인간의 이성으로 확립할 수 있는 것과 신의 계시에 의해서만 확립할 수 있는 것으로 구분하려고 한다. 성 토마스는 이렇게 말한다.

> 도덕적 가르침은 어느 것이나 다 자연의 법칙에 속한다. 그러나 모두가 동일한 방식으로 그런 것은 아니다. 왜냐하면 모든 사람이 자연적 이성에 의해 … 해야 된다거나 혹은 하지 말아야 된다고 판단하는 일들이 있기 때문이다. 또 어떤 일들은 현명한 사람이 좀더 찬찬히 검토해 보면 의무라고 판단되기도 한다. … 그리고 어떤 일을 판단하는 데에는 인간의 이성이 신의 명령을 필요로 한다.[4]

이런 생각은 물론 주장 (2)에 대한 도전이다. 왜냐하면 적어도 어떤 종류의 도덕적 진리에 대해서는 도덕적 지식의 다른 원천이 있다는 것이 전제되고 있기 때문이다.

---

4) St. Thomas Aquinas, *Summa Theologica*, Part I of Second Part, Question 100, Article 1.

마지막으로 신이 우리에게서 원하는 것이 도덕을 결정한다는 존재론적 주장을 살펴보자. 대부분의 철학자와 신학자들은 옳은 것과 그른 것의 차이가 신의 의지에 의해서 생긴 것일 수는 없다고 생각해서 이 주장에 의심을 품었다. 이런 사람들이 내놓은 반론들 가운데 하나는 신이 어떤 것을 바라는 이유에 관련된 것이고, 다른 또 하나의 반론은 의지와 옳은 것의 관계에 관련된 것이다.

첫번째 반론을 맨 처음으로 제시한 것은 플라톤의 《에우튀프론》에서이다. 이 대화편에서 에우튀프론은 경건이 무엇인지를 소크라테스에게 설명하려고 하는데, 경건이란 신의 사랑을 받는 것이라는 주장을 내세운다. 다시 말해서 경건이라는 도덕성은 신의 태도나 욕구에 바탕을 둔 것이라는 것이다. 소크라테스는 이런 주장에 대해서 다음과 같은 반론을 편다.

> 소크라테스 : 그러면, 에우튀프론, 경건에 관해서는 어떻게 말할까? 자네 말대로, 그건 모든 신에게 사랑받는 것이 아닌가?
>
> 에우튀프론 : 그렇지요.
>
> 소크라테스 : 그것이 경건한 것인 때문인가, 그렇지 않으면 다른 무슨 이유 때문인가?
>
> 에우튀프론 : 바로 경건한 것이기 때문이지요.
>
> 소크라테스 : 따라서 경건한 것이기 때문에 사랑받는 거고, 사랑받기 때문에 경건한 것은 아니지.

소크라테스가 지적하고 있는 것은, 어떤 것을 사랑하거나 또는 우리가 어떤 일을 하기를 원하는 신의 태도가 그 일이나 사물 자체가 가지고 있는 속성 즉 그것 본래의(intrinsic) 속성에 바탕을 둔 것이라야 된다는 점이다. 신의 태도가 이 사물 본래의 속성의 근거가 될 수는 없다. 존재론적 주장은 앞뒤가 뒤바뀐 주장이다.

왜 소크라테스는 어떤 것 — 예를 들어서 우리의 행위 — 에 대한 신의 태도가 그것 본래의 속성에 바탕을 두어야 한다고 생각하게 되었는가? 소크라테스가 이런 결론에 이르게 된 사유 과정을 재구성해내기란 그리 어렵지 않으리라고 생각된다. 신이 어떤 것을 사랑하고 또 우리가 어떤 일을 하기를 바라는 데에는 이유가 있어야 된다. 그렇지 않으면 신은 그때그때의 기분에 따르는 변덕스럽고 제멋대로인 신이 될 것이다. 그러나 이것은 분명히 우리의 신관과 들어맞지 않는다. 사실 우리의 신판을 받아들인다면, 신이 원하는 행위나 사물 본래의 속성 이외에 다른 이유는 있을 수 없다.

이런 생각은 분명히 신의 의지가 제멋대로가 아니라는 전제에 입각한 것이다. 신의 이유가 무엇인지를 우리가 알지는 못한다—우리가 그 이유를 반드시 알아야 된다고 생각할 까닭은 없다—고 하더라도, 어쨌든 이유는 있다. 신의 의지가 이런 것이라는 생각은 많은 사람들이 받아들이고 있다. 그러나 신의 자의성이야말로 신의 권위와 능력을 보여주는 것이라고 보는 신학적 전통도 있다는 사실을 지적해 둘 필요가 있다. 죠나단 에드워즈의 말을 들어보자.

> 이런 모든 것들을 자기 마음대로 명령하는 것이야말로 신에게 합당한 일이다. 신의 영광과 위대함 때문에 신은 모든 다른 것들에 비해 무한히 높은 지위를 차지하는 것이며, 바로 이런 이유에서 신은 다른 모든 것을 지배하는 군주가 되는 것이다.

이런 전통에 속하는 사람들이라면 물론 소크라테스의 주장에 대해서 전혀 개의치 않을 것이다. 이런 사람들은 모든 신이 성스러움을 사랑하는 것은 "그것이 성스러운 것이기 때문"이라고 생각해야 될 이유가 없다.

철학자들이 존재론적 주장에 대해서 제기해 온 두번째 반론은 어떤 것의 의지가—심지어는 신의 의지조차도—도덕적 차이의 근거가 될 수 있는가 하는 것이다. 우리가 어떤 일을 하기를 원하고 또 우리에게 그렇게 하라고 명령하는 사람이 있다고 생각해 보라는 것이다. 이때 그 사람이 상당한 권력이 있는 매우 중요한 사람이라면, 그 행동을 해야 될 상당한 이유가 될 수 있다. 그러나 그렇다고 해서 그것이 옳은 행동이 되지는 않는다. 또 그 사람이 우리가 사랑하는 사람이라면, 우리는 그 행동을 하고 싶은 생각이 들 수도 있다. 그러나 여기서도 그 행동이 옳은 행동으로 되는 것은 아니다. 그렇다면 우리에게 행동을 요구하는 것이 신이라고 해서 무슨 차이가 있겠는가? 신의 의지가 어떻게 옳은 행동을 만든단 말인가?

신의 경우에는 사정이 다르기 때문에 이런 주장은 잘못된 것이라고 말하는 사람이 있을런지도 모른다. 신의 의지는 항상 옳다. 그러므로 신은 항상 우리가 옳은 일을 하기를 원한다. 그러나 이런 생각은 잘못된 것이다. 왜냐하면 이런 주장을 하는 것은 곧 존재론적 주장이 틀렸음을 인정하는 것이기 때문이다. 신의 의지에 따르는 것은 신의 의지가 항상 옳은 것이기 때문이라고 말한다는 것은 옳음과 그름의 근거가 신의 의지 아닌 다른 어떤 것에 있음을 인정하는 것이다. 카이 닐슨의 말을 들어보자.

> 세상 형편, 실재의 본성에 관한 어떤 정보도 그것만으로서는 무엇이 옳은 것인지, 어떤 일을 해야 되는지를 말해 주지 못한다. 신이 존재하며 신이 명령을 내린다는 지식도 마찬가지이다. "신이 x를 원한다"는 진술은 도덕적 발언이 아니다. x를 해야 되는지 어떤지를 알려면, 신이 원하는 것이 선한지 어떤지를 알아야 된다. 그리고 신이 원하는 것이 선한지를 알려면, 그것이 선한지 아닌지를 신의 의지와 상관없이 판단해야 될 것이다. 신이 어떤 것을 원한다는 사실에서 그것이 선하다는 결론은 나오지 않는다. 만약 이런 결론이 나온다면, "신이 원하는 것이 옳은가"라는 질문은 수사 의문문이 될 것인데, 사실은 그렇지 않다. "x는 남자 어버이다"라는 진술은 "x는 아버지다"라는 진술과 같은 반면에, "신이 x를 원한다" 또는 "신이 x를 명령한다"는 진술은 위의 경우에서와 같은 의미에서 "x는 선하다"는 진술과 동일한 진술은 아니다. "프레드는 남자 어버이다. 그런데 그는 아버지인가?"라는 질문과는 달리, "신이 그것을 뜻한다. 그런데 그것은 선한가?"라는 질문은 무의미한 질문도 아니고, 질문 속에 대답이 주어져 있는 질문도 아니다. 도덕적 행위자는 신이 원하거나 명령하는 것은 모두 선한지에 대해서 별도의 결정을 필요로 한다.[5)]

대부분의 철학자들은 여기서 다룬 두 개의 반론이 옳다고 믿게 되었고, 그래서 신의 의지에서 도덕의 근거를 찾으려는 마지막 시도인 존재론적 주장을 배척하게 되었다.

6.2 종교가 도덕에 영향을 미칠 수 있는가?

도덕과 종교의 관계를 다루는 사람은 두 가지 서로 다른 주장을 구분해야 되는데, 그 첫째는 어떤 종교적 신념들이 참인 경우에만 도덕이 성립할 수 있다는 주장이요, 그 둘째는 종교가 도덕의 영역에 어떤 차이를 가져올 수 있다는 주장이다. 6장 1절에서 우리가 살펴본 것은 첫

5) Kai Nielson, "Religion, Morality, and Bertrand Russell," *The Amherst Review*, 1959.

번째 형태의 주장이 거짓이라는 사실이다. 도덕의 기초를 놓는데 종교가 필요한 것은 아니다. 그러나 이것이 두번째 형태의 주장 또한 거짓임을 뜻하지는 않는다. 종교가 도덕에 공헌할 수 있는 가능성은 남아 있다.

사실 우리는 종교가 할 수 있는 두 가지 공헌을 이미 살펴본 바 있다. 비종교적 동기도 있을 수 있기는 하지만, 신에 대한 사랑은 도덕적으로 행동하는 또 하나의 동기가 될 수 있다. 그리고 우리의 도덕적 믿음에는 비종교적 원천이 있을 수 있지만, 종교적 가르침도 어쨌든 도덕적 믿음의 또 하나의 원천이 될 수 있다. 이 절에서 우리는 이 두 가지 말고 다른 어떤 점에서 종교가 도덕에 기여할 수 있는지를 살펴보려고 한다. 특히 우리는 도덕적 믿음의 참됨이 어떤 종교적 믿음의 참됨에 달려 있는 경우가 있는지를 살펴볼 것이다.

우선 이런 공헌의 간단한 사례를 하나 살펴보자. 사유 재산권에 관해 다음과 같은 주장을 하는 철학적 전통이 있다. 지구의 천연 자원들(토지, 광물 등)이 처음에는 그 어느 누구의 소유도 아니었다. 모든 사람이 그것들을 사용할 자유가 있었다. 그런데 사람들이 이 자원들을 사용하고 거기에 노동을 가한 결과 새로운 자원이 생겨났는데, 이 자원에 대해서는 그 생산자가 정당한 권리를 가지게 된다. 천연 자원에 자신의 노동을 가하는 과정이 바로 사유 재산권의 기원이다. 노동자가 자신이 생산해낸 것을 소유하지 못하게 되면, 그 노동은 그 사람 자신의 노동이라고 할 수 없게 된다. 그러나 사실은 물론 그렇지 않다. 그러므로 그의 소유를 그에게서 빼앗으려고 하거나 또는 그의 소유를 그가 원하는 대로 사용하지 못하게 하려는 사람은 그의 기본권의 일부를 침해하는 것이다. 자신이 가공해서 만들어낸 재산을 자기 이익의 촉진을 위해 사용하는 것은 사람이 가진 권리이다. 죤 로크의 말을 들어보자.

> 토지와 그리고 인간 이하의 모든 생물은 모든 사람의 공유물이지만, 인간의 신체는 개개인이 소유하는 재산(property)이다. 신체의 노동이나 손으로 한 일은 말하자면 개개인에게 고유한 어떤 것이다. 개인이 어떤 것을 자연 그대로의 상태에서 벗어나게 만든 경우에 그는 그것에 대해서 노동을 가한 것이다. 다시 말해서 그는 자연 그대로의 것에다가 그에게 속하는 어떤 것을 부가하며, 그렇게 함으로써 그것을 자신의 소유물, 즉 재산으로 만든다.[6]

---

6) John Locke, "Second Treatise," 제 5 장.

이런 윤리적 전통을 비종교적인 관점에서 공격하는 방식도 여러 가지가 있고, 또 철학자들은 이 전통이 타당한지에 관해서 상반된 견해를 보인다. 그러나 여기서 중요한 것은 이 전통에 대한 종교적 공격 방식이 있다는 점이다. 이 전통에서는 처음에는 누구의 소유도 아닌 자원이 있음을 전제로 한다. 그리고 개개인은 어떤 연유로 그것에 관한 절대적 소유권을 가지게 된다는 것이다. 그런데 전 우주를 소유하는 참된 주인은 그 창조주인 신이라는 종교적 반론이 있다. 인간은 기껏해야 이런 자연자원들을 관리하는 신의 청지기 노릇을 할 수 있을 뿐이다. 인간은 잘해야 그것들을 신의 계획에 따라서 사용하라는 (예를 들어서 특정한 개인의 영리가 아니라 사회 내지 인류 전체의 이익을 위해서 사용하라는) 허락을 받은 데 불과하다. 그러므로 이것은 종교가 도덕에 공헌하는 한 예이다. 신이 우주의 창조주이고 궁극적인 주인이라는 생각은 사유 재산권에 관한 견해에 영향을 미칠 것이다.

신이 전 우주의 창조주요, 주인이라는 생각은 그 적용 범위를 확장해서, 신이 지배하는 영역의 일부를 이루는 인간에 대해서도 적용되게 되었다. 그 결과 어떤 철학자들은 이런 생각을 응용해서 자살이 비도덕적이라는 주장을 폈다. 그래서 소크라테스는 자기 생명을 스스로 빼앗는 것이 왜 나쁜 일인지를 다음과 같이 설명하고 있다.

> 만일 자네 소유인 황소나 당나귀가 … 마음대로 자살을 한다면, 자네는 화를 내지 않겠는가? … 이제 문제를 이렇게 보면, 인간은 마땅히 기다려야 되고 신이 자기를 부르실 때까지 자살해서는 안 된다고 말하는 이유를 알 수 있겠지.[7]

비종교적 관점에 선다면, 자살에 대해서 어떤 도덕적 반론이 있을 수 있는지 정말 이해가 되지 않을 것이다. 물론 자살이 어리석은 일인 경우는 많이 있다. 그러나 이것은 자살 행위의 지혜로움에 대한 반론일 뿐, 그 윤리성에 대한 반론은 아니다. 또 어떤 경우에는 자살을 함으로써 자신의 의무를 저버리고, 그래서 옳지 못한 행동을 하게 되는 일도 있다. 그러나 이 사실은 모든 자살에 대한 도덕적 반론의 근거는 되지 못한다(자살에는 언제나 그런 의무가 있을 경우 — 이런 주장은 매우 설득력이 없는 것으로 생각되는데 — 에만, 그런 반론이 가능하다). 그래서 많은 비종교적 윤리 사상가들은 특별한 의무가 없을 때에는 언제나 자기 자신의 생

7) Platon, *Phaedo.*

명을 빼앗을 권리가 있다는 결론을 내렸다. 우리는 자기 생명의 절대적 주인인 것이다.

소크라테스의 지적은 신이 삼라만상의 주인이라는 생각을 받아들이면, 전혀 다른 도덕적 상황이 전개된다는 것이다. 그렇게 되면, 개인이 죽기를 원한다고 하더라도 그에게는 자살을 할 권리가 없다. 자살을 하는 사람은 자기 주인인 신의 하인을 없애는 것이다. 이것이 자살에 대한 도덕적 반론이라는 것이 소크라테스의 생각이다.

그런데 자살에 대한 종교적 태도에 관해 두 가지 점을 더 지적해 둘 필요가 있다. 첫째로 모든 종교 체제가 다 자살에 대해서 이런 태도를 취하는 것은 아니다. 자살해도 괜찮다고 생각하는 종교 체제도 있다. 이런 경우에는 최소한 신이 모든 인간의 주인이라는 생각을 거부하거나, 아니면 신이 자기 하인들에게 각자 자기 생명에 대해서 결정을 해도 좋다는 허락을 내렸다고 믿는다. 둘째로 일반적으로는 자살을 인정하지 않는 종교 체제들 중에서도 어떤 경우에는 자살이 허용된다고 생각하는 종교 체제들이 있다. 강요에 의해 대단히 나쁜 어떤 행위를 하느니 차라리 자살을 하는 것이 아마도 그런 경우일 것이다. 그래서 많은 종교 전통에서는 고통을 받은 나머지 다른 나쁜 행동을 하게 되는 사태에 처하느니 차라리 자살하는 것이 유덕한 행위라고 생각하는 일도 있다. 예를 들어서 고문 때문에 많은 죄 없는 사람에게 파멸을 초래할 비밀을 폭로하는 사태를 피하기 위해서 자살을 하는 사람은 유덕하다고 말할 수 있을 것이다. 이런 예외들이 지금까지 살펴본 자살에 대한 반론과 조화될 수 있는가? 나에게는 그렇다는 생각이 든다. 자신을 파괴하는 데 대한 결정적인 반론은 결국 인간의 주인인 신의 허락 없이는 그렇게 할 권리가 없다는 것이다. 종교인이라면 이런 경우들은 신의 허락이 내린 경우라고 생각할 것임에 틀림없다.

지금까지의 이야기를 정리해 보자. 신이 우주의 창조주요 주인이라는 종교 사상이 우리들의 도덕적 믿음에 영향을 미칠 수 있음을 보았다. 우리의 도덕적 믿음에 영향을 미치는 다른 종교적 주장들도 물론 많이 있다. 그런 주장들이 어떤 것인지 또 그 귀결이 어떤 것들인지를 알려는 생각은 당연하다고 하겠다. 그러나 우리의 목표에 관한 한, 종교의 기초를 전혀 필요로 하지 않는 순전히 세속적인 도덕 체계들도 있기는 하지만, 종교적 믿음이 도덕 체계에서 중요한 역할을 할 수도 있다는 결론으로 충분하다.

6.3 종교와 인생의 의미

우리는 가끔 의미있는 행위와 의미없는 행위를 구별한다. 때로는 여기서 한걸음 더 나아가 인생을 의미있는 인생과 의미없는 인생으로 나누기도 한다. 예를 들어서 슈바이쩌는 대단히 의미있는 인생을 살았지만, 다른 사람들은 무의미한 것들을 추구하는 데 정신이 빠져서 인생을 소모해 버린다. 그러나 이 차이를 설명하려고 하면, 우리는 그것이 매우 어려운 일임을 알게 된다. 이 절에서 우리는 인생의 의미에 대한 한 가지 견해를 펴보려는 시도를 할 것이다. 그리고 나서 그에 입각해서 종교가 인생의 의미에 기여하는 점을 다룰 것이다.

우선 떠오르는 가정은 적당한 목표에 도달하는 인생이 의미있는 인생이라는 것이다. 그리고 이 목표는 어떤 행동을 정당화하는 근거가 된다. 그래서 무위도식이 무의미한 행동이라고 생각되는 까닭은 바로 그것이 어떤 현실적인 목표를 달성하는 데 아무 소용이 없기 때문이다. 반면에 즐겁고 만족스러운 직업을 얻기 위해서 몇 해 동안 훈련을 받는 것은 의미있는 행동이다. 여기서는 행동이 지향하는 바 뚜렷한 목표와 목적이 있기 때문이다.

의미있는 행위와 무의미한 행위를 이렇게 구분하는 것은 행위에 있어서 수단과 목적의 구분에 바탕을 두고 있다. 행위 자체는 수단이요, 그것이 초래하는 결과는 목표이다. 가치있는 어떤 목표에 도달하게 되는 행위는 의미있는 것이요, 그렇지 않은 행위는 무의미하다.

이런 설명 방식에는 두 가지 문제점이 있다. 우선 여러분이 대단히 오랜 기간 동안 어떤 일을 한다고 하자. 그런데 그런 일을 해서 얻게 되는 결과는 어떻게 되어도 상관이 없는 매우 사소한 어떤 것이라고 하자. 이런 경우 여러분의 행동이 어떤 목표에 도달하기는 한다. 그러나 이런 행동은 아마 무의미하다는 생각이 들 것이다. 결과가 여러분이 들인 노력에 걸맞지 않은 것이고, 그런 까닭에 일종의 무의미한 행동이 나타나는 것이다. 둘째로 어떤 행동들은 그 자체로서 의미있는 행동이다. 이런 행동들의 의미는 어떤 목표를 위한 수단이라는 데서 오는 것이 아니다. 예를 들어서 즐겁게 배를 탄 일, 좋은 테니스 경기 등이 그것 말고 다른 어떤 목표에 도달하는 데 도움이 되기 때문에 의미있는 일이 되는 것은 아니다.

행위의 의미에 관한 좀더 나은 가정은 이렇게 요약할 수 있을 것이다.

1. 그 자체로서 바람직한 어떤 것들이 있는데, 이런 것들을 우리는 목적이라고 부른다.

2. 어떤 행동들은 목적인데, 이런 행동의 수행은 의미있는 일이다.

3. 그 외의 행동들은 목적이 아니다. 이런 행동들을 수행함으로써 거기에 드는 노력에 걸맞는 목표가 완수되지 않는 한, 이런 행동들은 무의미하다.

플라톤은 대화편 《국가》에서 유덕한 행위에 관한 다음과 같은 질문들을 내놓고 있다.

> … 그것이 초래하는 결과를 원하기 때문이 아니라 그것 자체를 소중하게 여기는 까닭에 사람들이 가지고 싶어하는 어떤 좋은 것들이 있다는 데 동의하겠는가? 예를 들어서 어떤 즐거움들은 해를 끼치지도 않는 동시에 그 자체로서 즐거움이 되는 것 이외에는 나중에 다른 어떤 좋은 결과를 초래하지도 않는다고 할 수 있지.
>
> 그런 좋은 것이 있다는 것을 인정합니다.
>
> 또 어떤 것들, 예를 들어서 이해력, 시력, 건강 따위는 그 자체로서도 그렇고 그 결과에 의해서도 그렇고 사람들의 사랑을 받지 않는가? 내 생각에 이런 것들은 한꺼번에 두 가지 이유 때문에 사람들이 소중히 여기는 것 같은데.
>
> 그렇습니다.
>
> 자네는 또 세번째 종류의 좋은 것을 가려낼 수 있겠는가? 여기에는 훈련, 병에서 치유되는 것, 의술, 돈을 버는 일 등이 모두 포함되는데, 이런 것들은 힘들고 고통스럽기는 하지만 도움이 된다고 말할 수 있지. 그 자체만 떼어놓고 보면 우리는 이런 것들을 받아들이지 않을 텐데, 우리가 이런 것들을 받아들이는 것은 다만 그에 대한 보상으로 나오는 다른 여러 가지 혜택들 때문이지.
>
> 정말 그렇군요. 세번째 종류도 인정해야 되겠습니다.
>
> 자네는 정의가 이런 것들 중에서 어디에 속한다고 생각하는가?

이 인용문의 마지막에서 제기한 문제를 우리 식으로 표현하면, 정당한 행위, 유덕한 행위가 의미가 있는가 하는 것이다. 이런 설명은 물론 대단히 도식적이다. 여기에는 특히 어떤 일들이 바람직한 까닭은 무엇인지, 즉 그것들을 목표이게끔 하는 것은 무엇인지에 관한 설명과 어떤 경우에 결과가 거기에 들인 노력에 걸맞게 되는지에 관한 설명이 첨가되어야 한다. 그러나 이런 설명이 비록 도식적이기는 하지만, 우리의 목표를 위해서는 그런대로 쓸 만한 것이다. 이제 이런 설명을 기초로 의미있는 인생과 무의미한 인생의 차이를 살펴보자.

의미있는 인생과 의미있는 행위 사이의 관계에 대해서 두 가지 전혀 다른 견해가 있다. 이 두 모형은 다음과 같이 요약할 수 있다.

1. 의미있는 인생이란 의미있는 행위가 두드러지게 많은 인생이다.

2. 대부분의 행위가 한 개의 잘 조화된 목표를 지향하는 인생이 의미있는 인생이다(그리고 이런 목표를 그 인생의 의미라고 부른다).

이런 두 견해 사이에는 물론 대단히 중요한 차이가 있다. 전자에서 인생의 의미는 매우 다양한 범위를 가진 의미있는 행위들의 수행에서 발견되며, 이런 행위들이 반드시 서로 관련되는 것도 아니고 또 반드시 한 개의 기본적인 목표를 추구하는 것도 아니다. 후자의 견지에서 본다면, 개별적인 행위는 이런 점에서 의미있는 행위일 수가 있지만 행위의 전체로 이루어지는 인생이란 한 개의 목표를 지향하는 경우에만 의미를 얻게 된다.

첫번째 모형을 받아들이면, 인생의 의미에 관한 비종교적인 견해를 전개할 수 있다는 것은 상당히 분명한 일이다. 사람들이 바람직하고 가치있는 일이라고 생각하는 것(즐거운 경험, 만족할 만한 대인 관계, 이해를 얻음, 남을 돕는다는 기분 등)은 사실 많이 있다. 이런 목표에 도움이 되거나 아니면 직접 이런 목표를 실현하는 행위를 할 기회는 많이 있으므로, 의미있는 행위들로 가득찬 인생은 가능하다. 물론 그렇다고 해서 모든 인생의 의미가 이처럼 손쉽게 주어진다는 것은 아니다. 어떤 인생 — 시련과 고통으로 가득찬 인생, 고된 노예 생활, 대단히 지루하고 단조로운 인생 — 의 경우에는 이런 식으로 의미를 불어넣어 준다는 것이 매우 어려운 일일 것이다(인생이 무의미함을 선언하는 행위로서의 자살이 적당한가라는 문제가 특히 심각하게 되는 것은 이런 인생의 경우이다). 그러나 세속적인 삶은 대체로 첫번째 모형에서 이야기하는 방식으로 의미를 얻을 수 있다고 말할 수 있다.

종교를 통해서 인생은 특별한 의미, 아니 어쩌면 그 유일한 의미를 얻게 된다고 주장하는 종교 사상가들은 보통 두번째 모델을 염두에 두고 있다. 그들에 있어서 종교는 모든 것을 포괄하는 조화로운 목표를 사람들에게 제공하는데, 그것이 곧 인생의 의미이다. 이런 인생은 어떤 것일까? 성 토마스의 책에서 뽑아낸 다음 글귀는 우리에게 시사하는 바가 있다.

모든 것들의 최종적인 목표는 신과 같이 되는 것이라는 점은 이제까지 한 이야기에서 분명해진다. 그런데 선만이 참으로 목표가 될 만한 성격을 가진 것이다. 그러므로 엄밀히 말하자면, 온갖 사물은 선한 존재인 한에 있어서의 신과 같이 되려고 하는 것이다. … 모든 생명체가, 심지어는 이성이 없는 생명체조차도, 신을 최종의 목표로 지향하고 있으며, 또 신을 어느 정도 모방하는 한 모두가 이 목표에 도달하기는 하지만, 지성을 가진 존재는 특별한 의미에서 즉 그 고유한 기능을 발휘함으로써, 신을 이해함으로써 신에 도달한다. 결국 이것 즉 신을 이해함이 지성적 존재의 목표일 수밖에 없다. … 이제 인간의 궁극적인 행복이 모든 혹은 많은 생명체에서처럼 희미한 어떤 견해로 신을 아는 데서 성립할 수도 없고, 또 사변적 학문(speculative sciences)에서처럼 증명에 의해 신을 아는 데서 성립할 수도 없으며, 앞에서 증명했듯이 신앙을 통해서 신을 아는 데서 성립할 수도 없다는 점과 동시에 현세에서 신에 관한 보다 높은 차원의 지식, 신을 본질에서 파악하는 데에 도달할 수는 없다는 점을 생각하건대, … 그리고 인간의 궁극적인 행복은 앞에서 말했듯이 신에 관한 어떤 지식에서 찾아야 되는 까닭에 인간의 행복이 현세에서 실현된다는 것은 불가능하다.[8)]

인생의 의미 — 우리가 열망하는 바이며 그를 위해 다른 모든 것을 희생하는 목표 — 가 어딘가 인간의 자연 수명을 벗어난 곳에 위치한다는 것은 많은 종교 사상의 공통점이자, 동시에 대단히 흥미로운 점이다.

종교인들의 견해가 두번째 모델 쪽으로 기우는 것은 왜인가? 인생의 의미가 될 만한 한 개의 목표는 대단히 고귀한 것이어야 된다는 것이 종교인들의 생각이 아닌가 한다. 이 목표는 인생의 모든 시련과 고통을 상쇄할 만한 것이라야 된다. 그러므로 영원의 지평에 있는 종교적인 목표라야 이런 일을 할 수가 있다. 비종교적 사상가들 중에도 이런 평가에 동의한 사람들이 있다. 그러나 그들은 여기서 나오는 종교적 결론을 받아들일 생각이 없는 까닭에, 인생이 의미를 얻게 되는 과정에 대해서 전혀 다른 견해를 내놓았다. 그 예로 까뮈를 보자.

신들은 시지프스에게 바위를 쉬지 않고 산꼭대기로 밀어올리는 벌을 내렸다.

8) St. Thomas Aquinas, *Summa Contra Gentiles*, Ⅲ.

산꼭대기에 올려 놓은 바위는 자기 무게 때문에 저절로 굴러 내려온다. 신들은 어떤 이유에선지 희망도 쓸모도 없는 노동보다 더 무서운 처벌은 없다고 생각한 것이다. … 여러분은 벌써 시지프스가 부조리의 영웅(absurd hero)임을 눈치챘을 것이다. 신들에 대한 경멸, 죽음에 대한 증오, 그리고 삶에 대한 정열이 무를 성취하는 데 혼신의 힘을 다하는 저 참혹한 처벌을 그에게 안겨준 것이다. 이것은 지상에 대한 정열의 대가로 치러야 되는 것이다. 지하 세계의 시지프스에 대해서는 아무 것도 알려져 있지 않다. 신화들만이 상상력이 생기를 불어 넣어주기를 기다리고 있을 뿐이다. 이 신화에는 혼신의 힘을 기울여서 저 커다란 돌을 들어올리고 굴려서, 수백 번이나 비탈길을 밀고 올라가는 이야기가 나올 뿐이다. 일그러진 얼굴, 바위에 찰싹 달라붙은 뺨, 흙묻은 돌덩이를 떠받친 어깨, 바위를 버티는 발, 새출발을 위해 한껏 내뻗은 두 팔, 흙투성이의 양 손, 너무나 인간적인 모습. 가이없는 무천의(skyless) 공간과 시간의 자로 잰 오랜 노력 끝에 비로소 목적이 이루어진다. 그러자 시지프스는 바위가 잠깐만에 저 아랫 세상으로 굴러떨어지는 것을 목격한다. 그는 또다시 저 돌을 정상에로 밀어올려야 된다. 그는 터덜터덜 평지로 내려간다.

저 잠깐 동안의 멈춤, 저 내려감 — 그 동안의 시지프스가 나의 관심을 끈다. 그렇게나 바위 가까이에서 애쓴 얼굴은 이미 바위 그 자체이다! 결코 끝을 알지 못하는 고통을 향해 무겁지만 단호한 걸음걸이로 내려가는 저 사람을 보라. 고통과 마찬가지로 확실하게 돌아오는 휴식 시간과도 같은 저 시간은 의식(consciousness)의 시간이다. 고지를 떠나서 신들의 소굴로 차츰차츰 내려오는 저 모든 순간에, 그는 자기의 운명을 넘어선다. 그는 그의 바위보다도 단단하다.

이 신화가 비극이라면 그것은 이 신화의 영웅에게 의식이 있기 때문이다. 만약에 그의 걸음걸이마다 성공의 희망이 그를 뒤덮는다면, 사실 어디서 그의 고뇌를 찾을 것인가? 오늘날의 노동자는 그 생애의 날마다 같은 일을 한다. 이 운명도 마찬가지로 부조리이다. 그러나 그것은 그들이 의식을 하게 되는 드문 순간에만 비극이다. 힘없는 반항자, 신들의 프롤레타리아 시지프스는 자신의 상태가 얼마나 비참한지를 속속들이 알고 있다. 그는 내려오는 동안에 바로 이것을 생각한다. 그의 고문의 관건이었던 명료함은 동시에 그의 승리의 왕관이다. 경멸로 극복할 수 없는 운명이란 없다.[9)]

좀더 충격이 적고 또 어쩌면 보다 타당성있는 접근법은 두번째 모형을 통째로 거부하고 인생의 의미에 관한 첫번째 접근법에로 돌아가는 길일 것이다. 여기서 요점은 어쨌든 인생의 의미에 관해서 이런 특이한

9) Albert Camus, *Myth of Sisyphus.*

종교적 견해가 있다는 것이다.

6.4 종교와 종교 의식

거의 모든 종교 신자들은 의식(ritual)을 행한다. 가장 잘 알려진 예로 기도 같은 의식은 매우 광범위하게 행해지고 있다. 예를 들어서 음식물에 대한 규제 같은 다른 의식들은 그 정도가 덜하고, 몇몇 종교에서만 나타난다. 그리고 동일한 형태의 의례적 행위(ritual activity)가 몇몇 종교에서 공통적으로 나타나는 경우에도, 세부적인 점에서는 물론 차이가 있게 마련이다. 그래서 의례적 행위는 종교적 삶의 중심을 이루는 동시에 여러 개의 서로 다른 종교적 삶을 구분할 때 중요한 역할을 한다. 종교가 삶에 영향을 미치는 또 하나의 예가 여기 있는 것이다. 이 장의 마지막 절이 되는 여기서 우리는 의례적 행위에 관한 다음과 같은 여러 가지 의문점들을 생각해 볼 것이다. (1) 종교 의식이 다른 행위들로부터 구별되는 특징은 무엇인가? (2) 이런 행위의 목표는 무엇인가? (3) 이런 행위들은 신학적 신관과 조화를 이룰 수 있는가?

우선 정의부터 살펴보도록 하자. 종교적 행위의 정의로 다음과 같은 것들이 있다.

1. 종교 의식 행위는 신이 명한 것으로 생각되는 행위이다.
2. 종교 의식 행위는 신이 명한 것으로 생각되고 또 합리적 근거가 없는 행위이다.
3. 종교 의식 행위는 그것을 하는 사람이 어떤 종교적 믿음 때문에 하는 행위이다.
4. 종교 의식 행위는 특정한 종교 단체에 대해서만 구속력을 가지는 것으로 생각되는 행위이다.
5. 종교 의식 행위는 신에 대한 봉사로 수행되는 행위이다.
6. 종교 의식 행위는 신에 대한 공경으로 수행되는 행위이다.

정의 1에는 물론 결점이 있다. 우선 신이 자기에게 대단히 많은 도덕적 행위를 수행하라는 명령을 내린다고 믿고 있는 종교 신자들도 가끔 있다. 그러므로 이 정의는 도덕적 행위와 종교 의식으로 하는 행위를 구별하지 못하고 있다. 게다가 정의 1은 모든 종교 의식이 신이 명한 것이라는 믿음을 함축한다. 그런데 이런 생각을 받아들이고 싶어하지 않는 종교 사상가들("진보적 신학자들" more liberal theologians)도 많이 있는데. 이런 사람들은 신의 명령에 의하지 않은 종교 의식들이 있다고 생각한다. 정의 2는 위의 첫번째 문제를 해결하려는 시도이다. 여기서는 도덕적 행위는 합리적 근거가 있는 반면에 의식으로 하는 행위는 합리적 근거가 없다고 함으로써 두 가지를 구별한다. 그러나 이 정의도 좋지 못하다. 앞으로 보게 될 것인데, 의식에 관한 신학의 상당한 부분은 최소한 일부의 의식에 대해서 그 합리적 근거를 설명하고 전개하는데 바쳐지고 있다. 게다가 정의 2에서도 종교 신자들은 모든 의식이 신의 명령이라는 주장을 받아들여야 된다.

정의 3은 두 가지 점에서 모두 만족스러운 듯하다. 합리적 근거가 있는 의식이라고 하더라도 여전히 종교적 측면이 있으므로, 정의 3에 따르면 의식이 된다. 게다가 정의 3에 따른다면, 의식이 반드시 신이 명한 것일 필요는 없다. 그렇지만 6장 3절에서 나타난 결과로 미루어 보건대 정의 3은 만족스럽지 못하다. 우리는 여기서 어떤 도덕적 믿음이나 행위(예를 들어서 재산에 대한 청지기 역할)는 종교적 믿음(예를 들어서 신이 주인이라는 생각) 때문에 생기는 것임을 보았다. 그러므로 정의 3은 종교 의식과 도덕적 행위를 구별하지 못하고 있다. 그래서 정의 4가 나오게 되는데, 이 정의는 도덕이란 보편성을 띠는 것으로 생각되는 반면에 종교 의식은 어떤 단체에 특유한 것이라는 생각에 바탕을 두고 있다. 이런 생각이 가진 문제는—적어도 많은 종교의 경우—종교나 도덕을 믿는 사람들은 의식이나 도덕적 행위가 보편적으로 준수되어야 한다고 생각하지만, 종교나 도덕적 행위나 모두 다 보편적으로 준수되고 있지는 않다는 점이다. 그래서 4도 또한 도덕적 행위와 종교 의식을 구별하지 못한다. 마찬가지로 정의 5도 이런 구분을 하지 못하고 있는데, 왜냐하면 종교인들은 도덕적 행위건 아니면 종교적 행위건간에 자기들의 모든 행위가 신에 대한 봉사로 수행된다고 믿고 있기 때문이다. 그리고 6에 대해서도 같은 문제가 생긴다.

문제의 진상은 도덕과 종교의 구분이 종교 단체 내에서는 그다지 중요하지 않다는 것이다. 종교적 믿음의 테두리 내에서는 두 가지를 구별할 만한 이론적인 근거가 거의 없다. 두 가지는 모두 다 신을 존중하고 신의 명령에 따르는 것이기 때문이다. 합리적 근거를 가진 것과 그렇지 못한 것, 보편성을 띤 규칙과 일부 사람들에게만 적용되는 규칙 등의 구분은 중요한 것이지만, 이것들 중에서 어떤 것도 도덕과 종교(의식)의 구분과 일치하지는 않는다. 물론 종교의 밖에서 보면 문제는 전혀 달라진다. 비종교적 관찰자들은 종교 단체의 구성원들만이 수행하는 행위가 종교 의식이라고 생각하곤 한다. 물론 이런 구분은 정당하지 못하다. 왜냐하면 이런 행위들 중에는 종교 의식 행위와 구별되는 도덕적 행위들도 많이 포함되기 때문이다. 결론적으로 말해서, 종교 의식이 무엇인지를 선명하게 설명하는 것은 종교 의식의 분명한 사례들(예를 들어서 기도)을 열거하는 것보다 훨씬 더 어려운 일이다.

하여간에 종교인들은 종교 의식의 수행이 대단히 중요한 일이라는 확신을 가지고 있다. 종교인들에게는 그 이유가 매우 분명하다. 의식의 수행은 인간들이 신의 욕구와 소망을 충족시키는 행위이다. 그 대가로 인간들은 신의 축복과 비호를 받는다. 그리고 이런 것들은 성공적인 인생을 위해서 불가결한 요소들이기 때문에 의식은 대단히 중요한 일이다. 그런데 이런 생각은 앞에서(5장 1절) 본 바 있는, 신과 인간이 "교역 관계"(trading)를 가진다는 견해에 해당된다. 그러므로 종교 사상가들은 종교 의식에 관해서 차원높은 신관과 좀더 자연스러운 조화를 이루는, 새로운 견해를 모색할 필요가 있다. 그래서 나타난 새로운 접근 방식의 골자는 종교 의식이 인간의 사상과 정서를 형성하고 도야한다는 것이다. 그래서 사디아 벤 요셉은 이 전통을 대표하는 글에서 정결에 관한 성서의 계율을 다음과 같이 설명하고 있다.

> 인간들이 그로 인해서 육신의 비천함을 안다는 것, 정결하지 못한 기간 동안 기도를 드리지 못하게 됨으로써 기도의 참된 가치를 알게 된다는 것, 정결하지 않은 상태에서는 들어가지 못하게 되는 성당을 사랑할 줄 알게 된다는 것, 그리고 마지막으로 그로 인해서 신에 대한 두려움에 마음을 바치게 된다는 것이 그 혜택이다.[10)]

이런 접근법은 신학적인 견지에서 보면 분명히 무역 관계 접근법보다 훨씬 나은 접근법이다. 그러나 이 접근법은 종교적 전통주의(religious traditionalism)에 대해서 근본적인 문제점을 제기한다. 대부분의 종교에는 전통적 의식들이 있는데, 그 중에서 많은 의식들이 — 적어도 첫눈에는 — 오늘날의 상황에 맞지 않는 것이다. 신이 어떤 의미에서 이런 의

10) Saadiah ben Joseph, *Book of Beliefs and Opinions.*

식들의 수행을 요구한다고 말한다면, 이런 의식들을 고수해야 된다는 주장을 할 수가 있다. 그러나 의식을 수행함으로써 우리들에게 나타나는 결과가 그 목표의 전부라면, 전래의 의식 대신에 오늘날에 좀더 적합한 의식을 수행하는 것이 어쩌면 현명한 길이 아닐까?

그러나 이런 점들만 문제가 되는 것은 아니다. 종교 단체의 동일성을 유지하는 데에는 몇몇 전통적 의식을 지키는 것이 불가결한 요소라는 점을 알아야 된다. 현대적인 의식으로 바꾸게 되면 종교의 동일성과 지속성이 줄어들 가능성이 있다. 이런 생각 때문에 많은 종교 단체에서는 전통적 의식을 고수하면서, 거기에 현대적인 의미를 부여하기를 피하는 것이다. 이것은 미묘하고 복잡한 과정이고, 또 그 결과도 여러 가지 형태로 나타난다.

이런 문제들을 여기서 더 이상 추궁할 수는 없지만, 예민한 종교인이라면 곧 이런 문제들에 부딪치게 되리라고 생각한다. 의식에 관한 올바른 이론은 이런 문제들과의 대결을 거쳐야만 전개될 수 있는 것이다.

□ 더 생각해 볼 만한 문제 □

1. 사후 세계에 대한 전통적인 믿음에서 명백히 반대할 만한 요소는 무엇인가? 그리고 진지하게 검토하고 평가할 가치가 있는 것은 어떤 것인가?
2. 신의 보상과 구원을 바라는 사람이 성인이 될 수 있는가?
3. 신의 계시라고 주장되는 것들 중에서 만약 진짜 신의 계시가 있다면, 어떤 것이 진짜 신의 계시인지를 결정할 수 있는 만족할 만한 방법이 있는가?
4. 신의 의지는 자의적이라는 에드워드의 신관을 대부분의 사람들이 거부하는 까닭은 무엇인가? 또 그런 사람들의 생각은 옳은가?
5. 신에 대한 두려움은 도덕적으로 지상의 권력에 대한 두려움과 구별되며, 그것과 같은 태도를 포함하지도 않는다는 것을 조리있게 주장할 수 있는가?
6. 재산권에 관한 로크적 전통을 거부하는 비종교적인 이유가 있는가?
7. 자살에 대한 비종교적인 도덕적 반론이 있는가?
8. 종교 윤리와 예외를 인정하지 않는 윤리 사이에 어떤 관계가 있는가? 만약 있다면, 그것은 어떤 관계인가?
9. 인생의 의미에 관한 두 가지 모형 중에서 어떤 것을 왜 선택할 것인가?
10. 의식에 있어서 전통과 혁신의 상반되는 요구 사이에 어떻게 조화를 꾀할 것인가?

7

자연계에서 인간의 지위

앞으로 두 장에서는 관심의 초점이 좀더 지상으로 내려오게 된다. 적어도 이 장에서는 인간의 본성을 이해하고 물질적 세계의 여타 성원들과 인간의 공통점과 차이점을 밝히는 데에 관심을 가지게 된다.

여기서 다루게 되는 문제는 신체와 정신의 관계에 관한 문제로서 보통 심신의 문제(mind-body problem)라고 일컬어진다. 그런데 저자는 이 문제를 두 가지 시각—자연계에서 인간의 위치라는 시각과 죽음에 직면한 인간 존재의 시각—에서 볼 때 문제 자체와 그리고 그 의의가 가장 잘 드러난다고 생각하는 것이다.

모든 인간 존재는 어느 시점에 도달하면 신체의 기능이 멎게 된다. 이를 죽음이라고 부른다. 물론 신체의 어떤 기관이 멎은 지가 오래인 데도 다른 어떤 부분들은 계속해서 작용하는 경우도 있다. 예를 들어서 두뇌는 더 이상 작용하지 않는 데도 심장은 비교적 오랫동안 작동하는 경우들이 많이 있다. 그러므로 죽는 순간이 정확하게 언제인지는 분명하지가 않다. 이런 경우 그 사람이 살아 있는지 아니면 죽었는지가 사실 분명치 않은 것이다. 이런 경우들이 있기는 하지만, 어쨌든 우리는 신체의 주요 기관들이 모두 다 정지한 사람은 분명히 죽은 것이라고 생각한다.

죽음은 어떤 의미가 있는가? 죽음은 분명히 인간 존재의 끝이라고 생각하는 사람들이 있다. 이런 사람들에 따르면, 우리는 신체가 기능을 하지 않으면 더 이상 존재하지 않는다는 것이다. 이런 견해에서 보면 죽음이란 존재의 또 하나의 측면이 아니라 존재의 끝이다. 죽음에 관한 이런 견해는 보통 인간이란 작용중인 신체에 지나지 않는다는 인간관에 바탕을 두고 있다. 이것은 유물론적 인간관(materialist conception)이다. 인간은 물질로 이루어진 신체가 작용하는 한에 있어서 존재한다. 신체가 작용을 멈추면, 인간도 더 이상 존재하지 않는 것이다.

이런 접근법은 여러 가지 근본적인 문제들을 불러일으킨다. 존재하기를 멈추는 것은 항상 나쁜 일인가, 아니면 때로는 좋은 일인가? 죽음은 인생에 의미를 더해 주는가?(인간의 존재란 제한된 것에 불과하다는 사실은 주어진 인생을 의미있는 일을 하는 데 사용할 이유가 된다고 볼 수도 있다). 아니면 죽음으로 인해서 인간 존재의 의미가 줄어드는가?(살아 있는 동안 어떤 일을 성취하는지에 상관없이 최종적인 운명은 비존재라면, 어떻게 의미있는 행동이 있을 수 있는가?)

죽음을 다르게 볼 수도 있다. 죽음은 인간 존재의 일부, 즉 신체를 가진 부분의 끝일 뿐이다. 죽은 뒤에 인간은 신체가 없는 형태로, "죽은" 신체와는 별개로 삶을 계속한다. 이런 생각은 보통 다음과 같은 인간관에 바탕을 두고 있다. 인간은 물질적 신체와 비물질적 정신의 독립된 두 부분으로 이루어져 있다. 죽은 뒤에 신체는 더 이상 작용을 계속하지 않지만, 비물질적인 부분, 즉 정신은 여전히 존재한다. 이런 인간관은 이원론적 입장(dualist position)으로서, 유물론적 인간관의 대안이 된다.

이제 자연계에서 인간의 위치가 어떤 것인가라는 시각에 서보자. 인간은 물론 바위나 책상 따위의 생명이 없는 대상들과 여러 가지 점에서 비슷하다. 인간도 이런 것들과 마찬가지로 어떤 주어진 순간에는 한 개의 장소에 있고, 일정한 무게, 모양 그리고 형태를 가지고 있다. 또 인간은 여러 개의 원자들로 이루어져 있고, 그런 까닭에 물리학 및 화학의 모든 법칙들의 지배를 받는다. 인간은 자신의 환경을 이루고 있는 물리적 세계와는 전혀 동떨어진 존재가 아니라, 분명히 그 한 부분을 이룬다. 그렇지만 인간에게는 바위나 책상 따위와 구별되는 측면도 있다. 우선 인간은 어떤 외부의 대상에서 영양을 취하는 능력이 있다.

인간은 그것들, 예를 들어서 음식을 흡수한 다음, 변화시켜서 자신의 일부로 만든다. 둘째로 인간은 이동의 능력이 있다. 인간은 어떤 자리에서 다른 자리로 옮겨 다닌다. 바위나 책상은 힘을 가하면 움직일 수 있다. 그러나 인간은 스스로 힘을 내어서 움직이는 능력이 있다. 세째, 인간은 고통, 쾌락 따위를 느낄 수 있고 자기 주변의 세계를 지각하는 능력이 있다. 네째, 인간은 대단히 많은 종류의 정서 — 사랑, 두려움, 희망 등 — 를 가질 수 있다. 그리고 마지막으로, 인간은 이론적이고 실천적인 여러 가지 지적 활동을 수행할 수 있다. 이런 모든 점에서 인간은 단순히 인간을 둘러싸고 있는 자연계의 일부로 취급될 수 없다. 스트로슨의 다음과 같은 말은 인간의 양면성을 표현하고 있다.

> 사람(person)이라는 개념은 의식의 상태를 부과하는 술어들과 물체적 특징, 물리적 상태 등을 부과하는 술어들이 동시에 적용될 수 있는 개체들로 이루어진 그런 존재 형태에 적용되는 개념이다.[1]

스트로슨은 언급하지 않고 있지만, 인간만이 이런 특징을 가진 것은 아니라는 점을 언급해 둘 필요가 있다. 예를 들어서 어떤 동물들은 이 모든 활동들에 조금씩이나마 참가할 능력이 있는 것으로 생각된다. 그리고 식물들은 최소한 첫번째 활동에는 참가할 능력이 있고, 어쩌면 더 많은 능력을 가지고 있을 수도 있다. 이 점은 여러 가지 도덕적인 문제들과 직접적으로 연결되므로, 언급할 가치가 있다.

예를 들어서 음식물로 삼으려고 동물을 죽이는 경우를 생각해 보라. 대부분의 사람들은 이런 일이 도덕적으로 무방하다고 생각한다. 그러나 인간에 대해서 같은 일을 한다면 그들은 몹시 비난할 것임에 틀림없다. 그런데 방금 언급한 것이 사실이라면, 이런 차별 대우를 유지할 수 있겠는가? 인간의 어떤 특징이 이런 차별 대우를 정당화하는가? 임신중절을 둘러싼 도덕적인 문제들에 대해서도 마찬가지 지적을 할 수 있다. 임신한 지 3개월이 지나면(그 이전부터인지도 모르지만), 태아는 어떤 형태로든지간에 이런 모든 활동에 참가할 수 있는 능력이 있다. 그럼에도 불구하고, 다른 형태의 인간 생명이라면 빼앗아도 좋다고 말할 준비가 되어 있지 않으리라 생각되는 상황에서도 태아의 생명은 빼앗아도

1) P. F. Strawson, *Individuals*, p. 104.

무방하다고 생각하는 사람들이 있다. 이런 도덕적 차이를 정당하게 만드는 특징은 또 무엇인가?

이 점은 다음과 같이 표현할 수도 있다. 스트로슨은 사람의 한 가지 기본적인 특징을 부각시켰다. 그런데 위의 도덕적인 문제들은 인간에게 다른 기본적인 특징이 더 있는가 하는 의문을 불러일으킨다. 만약 그렇지 않다면, 우리는 어떤 문제들, 예를 들어서 태아나 동물의 권리에 관한 문제들을 재검토해야 되는 것이다. 이 점을 지적해 둔 다음, 이제 관심의 초점을 스트로슨이 지적한 특징들에로 돌리자.

서양 사상사에서 보면 인간성의 양면성에 대해서 두 가지 기본적인 접근법이 있었다. 그 중 하나는 위에서 본 이원론적 접근법인데, 이 양면성을 대단히 진지하게 받아들인다. 여기에 따르면, 인간이 물리적 대상들과 공유하는 성질들은 사실상 신체의 성질이고, 반면에 인간에게 고유한 성질과 행위들은 정신의 성질이라는 것이다. 나머지 접근 방식은 위에서 본 유물론적 접근법인데, 여기서는 인간이란 신체에 지나지 않는데 다만 신체가 복잡한 구조와 조직을 갖춤으로써 이런 모든 특별한 활동들에 참여하게 된 것뿐이라고 주장한다.

이 장에서는 이 두 접근법을 검토해서 각각의 장단점을 가려낼 것이다. 동시에 여러 가지 다른 문제에 대해서 이것들이 함축하는 바도 다룰 것이다.

7.1 심신 이원론

이원론자들은 인간에 대해서 다음과 같은 주장들을 펴고 있다.

1. 인간은 공간 속에 자리잡고 있는 물리적 대상인 신체와 공간 속에 놓여 있지 않는 비물질적 정신의 두 가지로 이루어져 있다.
2. 생각하고, 감정을 느끼고, 지각하며, 결정을 내리는 것은 정신이다.
3. 정신과 신체 사이에는 상호 작용이 있다. 그래서 정신의 생각과 결정은 육체가 어떤 식으로 움직이고 행동하게 되는 원인이 되는 반면에, 신체가 받은 물리적 자극은 정신이 어떤 지각을 하는 원인이 된다.
4. 순전히 물리적인 인간의 특징들은 신체의 특징이다.

주지하듯이 데카르트의 글에 이런 견해가 나타난다.

> 우리는 자신에게 있는 것으로 경험되면서 동시에 전혀 생명이 없는 물체에도 존재함을 관찰할 수 있는 것은 무엇이나 다 오로지 우리의 신체에만 귀속되는 특징이다. 반면에 물체에 속한다고는 결코 생각할 수 없으면서 우리들에게서 발견되는 특징은 우리의 정신에 속하는 것이다. 그래서 물체가 생각을 한다고 볼 수는 절대로 없기 때문에, 우리들에게서 발견되는 여러 가지 생각은 모두 다 정신에 속한다고 생각할 이유가 있는 것이다. … 우리들과는 상관없이 존재하는 대상들, 즉 감관의 대상들에 관한 생각들의 원인은, 적어도 우리의 생각이 참인 경우에는, 이런 대상들이다. 이 대상들은 외부 감각 기관에 어떤 운동을 일으키고 이 운동은 신경계를 타고 전달되어서 다시 두뇌에서 운동을 일으키는데, 이 운동은 영혼이 대상을 지각하는 원인이 된다. … 어떤 것을 원한다는 바로 그 이유 때문에 자신과 밀접하게 연결되어 있는 [신체의] 미세한 선[송과선]에다가 자신의 욕구와 관련된 결과를 낳기에 적당한 어떤 운동을 일으키는 것이 영혼이 하는 일의 전부이다.2)

어떤 이원론자들은 여기서 한 걸음 더 나아간다. 그들에 따르면, 인간은 사실상 영혼만으로 되어 있는데, 신체는 영혼과 붙어 있는 물질적 대상일 뿐이라는 것이다. 이런 사람들은 심지어 육체는 정신의 감옥 내지 무덤에 비유함이 적당하다고까지 주장하는 수가 있다. 신체가 정신에 일으키는 욕구나 지각은 영혼의 고유한 활동을 저해한다. 그러므로 최선의 방책은 가능한 한 이것들(특히 욕구)을 무시하는 것이다. 종교적 저서에서 대단히 광범위하게 나타나는 이런 극단적인 이원론을 플라톤의 대화편 《파이돈》에서 소크라테스가 표명하고 있다.

> 좀 전에 보았듯이 정신을 가능한 한 육체로부터 분리시키고, 정신이 육체와의 모든 접촉을 끊고 혼자 집중해서, 현재에나 미래에나, 신체의 모든 속박에서 벗어나, 스스로 사색에 몰두하는 데 익숙해지도록 하는 데서 정신의 정화가 이루어진다.

그렇지만 모든 이원론자들이 이처럼 한 걸음 더 나아간 주장을 했던 것은 아니다. 그래서 이 주장을 제쳐놓고, 위에서 요약한 바 이원론의 보다 중심되는 테마를 집중적으로 살펴보자.

---

2) René Descartes, *Passions of the Soul*, 제 1 부.

왜 이원론을 주장하는가? 앞에서 이미 이원론이 매력을 갖게 되는 몇가지 요인을 보았다. 이원론은 인간성의 어떤 부정할 수 없는 이중성을 분명히 직접적으로 설명하고 있다. 특히 또 하나의 물질적인 존재인 인간이 다른 물질적 대상들은 수행할 수 없는 여러 가지 행위를 수행할 수 있는 이유가 무엇인지를 말해 준다. 이원론자들의 설명에 따르면, 이런 행위는 정신의 행위인데, 인간이 이를 수행할 수 있는 까닭은 인간이 신체뿐만 아니라 정신도 가지고 있기 때문이라는 것이다.

이제 동물들에도 영혼이 있는가 하는 의문이 곧바로 제기된다. 어쨌든 동물들도 보통의 물리적 대상들은 수행할 수 없는 많은 행동을 수행할 수가 있다. 이 문제에 관해서 열띤 논쟁이 있었던 17, 8세기에 동물도 영혼이 있다는 견해(아리스토텔레스와 중세의 많은 사상가들이 좀 다른 방식으로 주장했던 견해)를 받아들일 만반의 준비가 되어 있는 이원론자들도 있었다. 데카르트에 대한 답변에서 아놀드는 이렇게 말하고 있다.

> 이리의 몸에서 반사되는 빛이 양의 눈으로 들어가서 시신경의 미세한 섬유들에 운동을 일으키고, 이 운동은 다시 두뇌로 전달되어서, 뛰라는 지령을 양에게 내리는 데 알맞은 신경의 운동을 일으키는 이 모든 일들이 정신의 매개가 전혀없이 일어날 수 있다는 것은 믿을 수 없는 일이다.[3)]

그러나 당시 대부분의 사상가들은 데카르트와 마찬가지로 동물의 행위는 그 육체에 관한 개별적인 사실들로 충분히 설명될 수 있으리라고 생각했다. 이제 인간에 대해서도 같은 말을 할 수 있지 않을까라는 의문이 자연스럽게 떠오른다. 인간 특유의 능력은 어쩌면 인간 신체의 복잡하고 특유한 구조로 설명될 수 있는지도 모른다.

이제 한 가지 새로운 지적을 할 수 있다. 보통의 대상들은 수행할 수 없는 행위를 인간들은 수행할 수가 있다는 사실은, 유물론자들의 설명이 부적절함이 입증되지 않는 한, 이원론의 근거가 되기에는 분명히 불충분하다. 이 중요한 문제는 7장 2절과 3절에서 다루어질 것이다.

이원론이 관심을 끄는 두번째 요인은 사후 세계의 가능성이 남게 된다는 것이다. 모든 사람이 깨닫고 있는 사실 — 많은 사람들이 거기에 관해서 생각하지 않으려고 노력하지만 — 은 우리는 죽는다는 것이다. 모든 사람들이 자신의 신체는 죽고 나서 얼마 안 되는 기간 내에 대부분

---

3) Antoine Arnauld, *Objections to Descartes's Meditations*, Ⅳ, 1.

이 파괴되리라는 것을 알고 있다. 이것은 생명의 끝인가? 아니면 인간은 그 후에도 어떤 방식으로건 존재하는가? 이렇게 해서 사후 세계의 문제가 대두된다. 이원론에서는 인간의 주된 부분인 영혼이 신체가 파괴된 뒤에도 살아남을 수 있으므로, 인간이 어떤 형태로든 살아남을 수도 있다는 것을 암시한다(사실 심령 현상을 믿는 사람들은 심령 현상이 이원론의 증거라고 생각하는 일이 가끔 있다).

이 점에 관해서 우선, 이원론자가 사후 세계의 존재를 반드시 인정해야 되는 것은 아니라는 점을 알아야 된다. 이원론 자체는 이 문제에 대해 중립적이다. 이원론에서는 죽어서 신체가 파괴된 뒤에도 인간의 주된 부분이 살아남을 수 있는 가능성을 열어 놓고 있다는 것이 정당하게 말할 수 있는 것의 전부이다. 둘째로 이원론이 이런 가능성을 열어 놓는다는 사실이 이원론이 참이라는 근거가 되지는 않는다. 그러기 위해서는 인간에게 실제로 사후 세계가 있음이 확인되어야 한다. 기껏해야 이원론이 널리 퍼지는 데 이 점이 상당한 기여를 했다고 말할 수 있을 뿐이다.

전통적 유물론에서는 이원론에 대해서 두 가지 반론을 제기한다. 첫번째 반론(상호 작용에 대한 반론)은 이원론의 주장을 겨냥한 것이고, 두번째 반론(다른 사람의 정신에 관한 반론)은 지식의 문제와 관련되는데, 이원론이 이 문제에 대해서 가지는 함축을 다룬다.

상호 작용에 대한 반론 이 반론은 정신과 신체 사이에 상호 작용이 있다는 이원론의 주장 3에 관한 것이다. 이원론자들이 이런 주장을 하는 것은 놀라운 일이 아니다. 인간의 생각과 느낌이 행동에 영향을 미치고 또 물리적 자극이 인간의 지각과 생각에 영향을 미친다는 것은 분명한 일인 것같이 생각된다. 그런데 이 반론은 만약에 정신과 신체가 전혀 다른 성격을 띤 것이라는 이원론자들의 주장이 옳다면, 이런 상호 작용이 어떻게 일어날 수 있는지를 묻는다. 데이빗 흄의 말을 들어보자.

> 소위 정신적 실체가 물질적 실체에 영향을 미쳐서 아무리 미세한(refined) 생각이라도 가장 큰 물질에까지 힘을 발휘할 수 있다고 하는데, 정신과 물질의 이런 통일성보다 더 신비로운 원리를 온 세상 어디에서 찾을 수 있겠는가? 우리들이 마음 속으로 바라는 것만으로 산을 움직이고 혹성의 궤도를 바꿀 수 있다고 하더라도, 이보다 더 신기하고 이해하기 어려운 일은 아닐 것이다.[4)]

전통적으로 이 반론에 대처하는 기본 전략은 다음과 같은 것이다. 정

4) David Hume, *Inquiry Concerning Human Understanding,* section 7.

신과 물질 사이에 어떤 관계가 있다는 사실은 분명 인정할 필요가 있다. 어쨌든 인간의 생각과 느낌이 시간적으로 그에 뒤따라 일어나는 신체의 운동과 관계를 맺고 있음은 분명한 일이다. 그러나 이 관계가 인과적인 것이라야 될 까닭은 없다. 이 관계를 좀 다른 방식으로 설명할 수 있다면, 상호 작용의 문제는 해소된다. 그러면 인과적이 아닌 다른 관계란 어떤 것인가?

연결의 관계(relation of correlation)가 바로 그것이다. 뒤에 오는 신체의 운동이 앞서 나타나는 생각이나 느낌과 연결되어 있기는 하지만, 생각이나 느낌이 신체 운동의 원인이 되는 것은 아니다. 감각 기관에 들어오는 물리적 자극들은 그에 뒤따르는 지각과 사유와 연결되지만, 그것들의 원인이 되지는 않는다. 그러면 이런 연결 관계의 원인은 무엇인가라는 또 하나의 의문이 생긴다. 예를 들어서, 어떻게 행동하려는 결정이 그에 뒤따라 수행되는 그런 행동의 원인이 되는 것이 아니라면, 보통 그런 행동과 연결되는 이유는 무엇인가? 이 명백하고도 설득력있는 반론에 대처하기 위해서 17, 8세기의 이원론자들은 신을 끌어들였다. 그런데 신을 끌어들이는 방법에는 두 가지가 있었다. 말브랑쉬(Malebranche) 같은 사람들은 기회-원인론(occasionalism)이라는 견해를 내세웠다. 여기에 따르면 신이 언제나 매개 기능을 함으로써 연결 관계가 유지된다는 것이다. 반면에 라이프니쯔 같은 사람들은 연결 관계가 예정된 조화(pre-established harmony)에 따른다고 생각했다. 즉 신이 우주를 창조할 때 연결 관계가 언제나 성립하게끔 세계를 만들었다는 것이다. 라이프니쯔의 한 서한에 있는 다음과 같은 구절을 읽어 보면, 이런 생각을 좀 이해할 수가 있다.

> 본인은 신이 우주를 창조할 때, 영혼과 신체가 각각 자신의 고유한 법칙에 따라서 움직이지만 그 현상에 있어서는 일치하도록 만들었다고 봅니다. M. 선생, 당신은 이것이 기회 원인(occasional causes)의 가설과 일치한다고 생각합니다. …그런데 본인은 당신과 생각이 다릅니다. …각각의 실체들에 일어나는 모든 일들은 신이 그것들을 창조할 때에 부여한 최초 상태의 결과입니다. 그리고 신의 이례적인 간섭을 제외한다면, 그 뒤에 나타나는 일치는 실체들 스스로 자신의 이전 상태와 [거기에 따라] 자연스럽게 일어나는 변화에 따르는 데에서 성립하는 것입니다.[5]

5) Leibniz. *Letter to Arnauld*, April, 30, 1687.

이런 연결 이론들(theories of correlation)은 교묘한 이론이기는 하지만, 대부분의 이원론자들에게서 배척을 받았다. 신을 이런 식으로 끌어들이는 것은 일종의 지적 기만이라는 것이다. 풀리지 않는 모든 문제를 신을 끌어들여서 해결해서는 안 된다. 뿐만 아니라 인과적 관계와 그 대안으로 끌어들인 관계가 서로 다른 것인지가 분명치 않으므로, 이런 접근 방식 자체가 실제로는 존재하지 않는 구분에 바탕을 둔 것일 수도 있다.

근래의 이원론자들은 상호 작용의 문제 자체가 두 개의 실체 상호간에 어떤 작용이 있기 위해서는 그것들이 서로 매우 닮은 것이라야 된다는 근거가 없고 잘못된 가정에서 유래한 것으로서, 사이비 문제라고 주장한다. 이런 사람들은 서로 다른 실체라는 이유만 가지고서 두 개의 실체 상호간에 어떤 작용도 있을 수 없다고 생각해야 되는 까닭은 무엇인가라고 반문한다. 제롬 샤퍼는 상호 작용의 문제를 각하하는 데 대한 이런 주장을 다음과 같이 제시하고 있다.

> 인과 관계는 사실로서 존재한다. 일견 인과 관계로 드러나는 것을 그 사건들이 인과적으로 연결되기에는 너무나 다른 종류의 사건이라는 초경험적인(a priori) 근거에서 거부하는 것은 학문적 추론의 원리에 위배된다.

다른 사람의 정신의 문제 이 반론은 그리 손쉽게 물리칠 수 없는 반론이다. 이 반론은 우선 이원론에 따른다면 정신이란 공간적 위치가 없는 비물리적 대상이라는 점을 지적한다. 그러므로 정신은 외감(external senses)으로 지각될 수가 없다. 사실 이원론자들은 인간에게 내성(introspection)의 힘, 자신의 정신에서 일어나는 일을 지각하는 능력이 있다고 생각한다. 이렇게 해서 사람들은 자기에게 정신이 있다는 것을 직접적으로 알 수 있다. 마찬가지로 이 정신이 어떤 생각을 하고, 어떤 감정을 느끼며, 또 어떤 결정을 내리는지를 안다. 그런데 다른 사람들의 정신(또는 마음)의 경우에는 어떤가? 다른 사람들에게 정신이 있다는 것을 어떻게 알 수가 있는가? 또 그것은 알 수가 있다고 하더라도, 거기서 어떤 일이 일어나는지는 어떻게 알 수가 있는가? 이원론은 사실상 다른 사람들에 대한 절대적인 무지를 인정하는 것이 아닌가? 그렇다면 이원론은 잘못된 입장이 아닌가?

이원론은 이런 문제 — 다른 사람들의 마음을 어떻게 알 수 있는가? — 를 다루어야 된다. 다른 어떤 사람이 우리를 사랑한다(또는 사랑하지 않는다)는 것을 어떻게 해서 아는가? 다른 사람이 무엇을 믿는지를 어떻게 알아낼 수 있는가? 이런 문제들에는 철학적인 문제도 있고 실천상의 문제도 있다. 그리고 사실을 말하자면, 우리는 이런 것들을 모르는 일도 자주 있다. 그러나 많은 경우에 우리는 다른 사람들이 무엇을 생각하고 무엇을 느끼는지를 짐작할 수가 있다. 이것은 어떻게 해서 가능한가? 우리는 아마 다른 사람들의 행동을 보고 이런 것을 짐작해낸다. 예를 들어서 (아파서) 몸부림치는 사람이 있으면, 우리는 그것을 보고 그런 행동을 근거로 그 사람이 고통을 받고 있다고 추리한다. 그리고 어떤 사람이 우리에게 어떻게 행동하는지를 보고 우리는 그 사람이 우리를 사랑하고 있다는 결론을 내린다.

바로 이런 사실들이 이원론자들의 문제인 것이다. 이원론에 따르면, 고통이란 우리의 정신이 느끼는 감각(sensation)이다. 그런데 만약 다른 사람의 몸부림이 우리가 관찰할 수 있는 것의 전부라면, 다른 사람의 정신에 고통이 일어나고 있다는 추리가 어떻게 가능한가? 이원론자들에 따르면, 사랑이란 정신에 일어나는 감정이다. 그런데 어떤 식의 행동만이 우리가 관찰할 수 있는 것이라면, 다른 사람의 정신에 사랑이라는 감정이 일어나고 있다는 추리가 어떻게 가능한가? 한마디로 말해서, 신체의 운동만이 우리가 관찰할 수 있는 것의 전부라면, 이원론자들은 정신에서 일어나고 있는 일들을 어떻게 추리해낼 수 있는지를 설명해야만 한다.

이원론자들은 물론 그런 추론이 정당하다고 주장할 것이다. 그러나 이 정당성에 대한 설명이 있어야 되는 것이다. 이원론자들의 설명에는 주로 두 가지 종류가 있는데, 한 가지는 유추에 입각한 설명(analogy account)이고, 다른 하나는 설명에 입각한 해명(explanation-account)이다.

유추식 설명에 따르면, 사람들은 우선 자기 자신의 경우를 보고 정신에서 일어나는 일과 신체의 행동 양식 사이의 관계를 배운다는 것이다. 예를 들어서 사람들은 정신이 사랑을 느끼면 신체가 어떻게 행동하는지를 알게 된다. 그 다음에 다른 사람들의 경우에도 마찬가지일 것이라고 추측한다. 다른 사람들이 그와 비슷한 행동을 할 때에는, 사랑을 느끼고 있는 것이다. 죤 스튜어트 밀의 글을 보자.

나는 다른 사람들도 나와 같은 감정을 느끼고 있다는 결론을 내린다. 우선 다른 사람들도 나와 같은 신체를 가지고 있는데, 나의 경우에는 이것이 감정을 느끼는 전제 조건임을 나는 알고 있기 때문이다. 둘째로 나의 경험에 비추어 보면 어떤 감정의 결과로 나타남을 알 수 있는 행동이나 기타 외부적인 표시들을 다른 사람들이 보여주기 때문이다.[6]

이런 설명은 불완전한 것으로 생각된다. 다른 사람의 경우에도 마찬가지라고 가정하는 근거는 무엇인가? 우리 자신의 경우에 있어서 정신과 신체의 관계만이 알려져 있다면, 다른 사람에 대해서도 마찬가지 연결이 나타나리라고 확신할 수 있는가? 예를 들어서 다른 사람들은 어쩌면 사랑이 아니라 다른 감정을 느끼고 있는지도 모른다. 또 어쩌면 아무 감정도 없을 수도 있지 않는가? 어쨌든 우리 자신의 경우와의 유추는 다른 사람들의 마음에 대한 모든 지식을 제공하기에는 너무나 박약한 토대이다. 최소한 몇 번은 다른 사람들이 비슷한 생각과 느낌을 가지고 있는지를 확인할 도리가 있다면, 문제는 다르다. 허버트 파이글의 글을 보자.

다른 사람의 심리 상태를 추리하는 것이 가진 철학적인 문제는 직접적이고 독립적인 점검이 불가능하다는 데서 온다. 다른 사람에게 어떤 심리 상태가 실제로 일어나고 있다는 것을 나 자신에게 확신시킬 수 있는, 필요 충분 조건이라는 의미에서의 기준은 하나도 없는 것 같다. 그러므로 타인의 마음에 관한 유추 논증은 일반적인 유추 논증과 근본적으로 다르다. 보통의 경우에는 결론이 참인지를 확인하는 직접적인 증거를 얻을 수가 있다. 예를 들어서 두 사람의 신체에 비슷한 점이 많다는 사실과 그 중 한 사람은 두뇌가 있다는 사실을 근거로 다른 사람에게도 두뇌가 있으리라고 추리한다면, 이 결론 자체는 분명히 직접적인(해부학적인) 검사가 가능하다. 어쨌든 이 결론은 이 유추 논증의 전제들이 가진 것과 같은 정도의 확실성을 가지고 검증된다고 말해도 된다. 그런데 A라는 사람이 자기 자신의 심리 상태가 어떤 식의 행동(또는 결과적으로 두뇌의 작용)에 규칙적으로 동반한다는 사실을 근거로 다른 사람, 예컨대 B의 행동(내지 두뇌 작용)에도 마찬가지 심리 상태가 동반하리라고 추리하는 경우를 생각해 보자. 이 경우 A는 자신의 결론이 참임을 확인할 수 있는 과정을 알고 있지 않을 뿐더러 상상조차도 할 수가 없다. 어쨌든 이 유추 논증의 전제들이 참임을 아는 것과 같은 방법으로 확인할 수는 없다.[7]

---

6) J. S. Mill, *Examination of Sir William Hamilton's Philosophy*, 제 12장.
7) Herbert Feigl, "Other Minds and The Egocentric Predicament," *Journal of Philosophy*, 1958.

유추에 근거한 접근법에 대한 이런 반론이 결정적이라고 보지 않는 철학자들도 있다. 이런 사람들은 다른 사람들이 어떤 생각이나 감정을 가지고 있는지를 직접 확인할 도리가 없다고 하더라도 별로 문제가 되지 않는다고 주장한다. 나는 생각과 감정이 있지만 다른 사람은 그렇지 못하다고 할 만한 근거가 되는 두 사람 사이의 차이점이 발견되지 않는 한 유추 논증은 타당하다는 것이다. 이런 주장을 한 사람으로 에어를 들 수 있다.

두 사람 사이의 유추는 결코 완전할 수 없다. 이는 두 사람이 다른 사람이라는 데서 곧바로 나오는 결론이다. 그리고 이 유추가 완전하다고 가정해서도 안 된다. 왜냐하면 이런 가정은 곧 두 사람을 한 사람으로 취급하는 것이기 때문이다. 그러나 다른 한편, 이 유추는 매우 폭넓은 것일 수가 있고, 또 현재보다 좀더 폭넓은 것으로 생각하는 것은 언제나 가능하다. 다른 사람이 어떤 생각이나 느낌, 어떤 내적 경험을 가진 것으로 보는 견해의 합리적 근거는 그가 다른 어떤 속성들을 가지고 있음을 아는 데에 있다. 이런 속성들과 위에서 든 그런 경험 사이에 어떤 고정된 연결 관계가 있다는 것이 그 전제이다. 내 친구의 이빨의 상태, 신경 조직, 움츠리는 모습 등을 보고 나는 그가 아프다고 추리한다. 이런 속성들과 고통의 감정 사이의 연결 관계는 원칙적으로 내가 검사할 수 있는 것이다. 그렇지만 그의 경우에는 이런 관계가 성립하지 않을 수도 있다는 반론이 나올 것이다. 어떻게 안단 말인가? 그런데 그의 경우에는 성립하지 않는다면, 그 까닭은 그가 다른 어떤 속성들, 규칙에 대한 반례가 되는 어떤 다른 속성들을 가지고 있기 때문이다. 예를 들어서 최면 상태에 걸려서 아픔을 느끼지 못한다는 것이 그의 또다른 속성이라면, 그의 경우 이런 관계가 성립하지 않는다. 그러나 그가 어떤 속성을 가지고 있건간에, 내가 그 속성이 더 있으면 문제가 달라지는지 아닌지를 밝힘으로써 규칙을 시험한다는 것은 최소한 생각할 수 있는 일이다. 때로는 나 자신이 직접 문제가 되는 속성을 획득함으로써 시험해 볼 수도 있다. 물론 나로서는 획득할 수 없는 속성들도 많이 있다. 예를 들어서 내 생일이 만약 목요일이라면, 수요일에 태어난 사람들은 그런 상황에서 고통을 느끼지 않는다는 가설을 직접 시험해 볼 수는 없다. 그렇지만 그것이 중요한 요인이라고 생각할 이유는 없고, 반면에 그렇지 않다고 생각할 만한 간접적인 증거는 많이 있다. 그리고 이런 논증이 옳다면, 실제로 시험할 수 없는 속성들은 비록 많다고 하더라도, 원칙상 내가 시험할 수 없는 속성은 하나도 없을 것이다. 나의 친구가 고통을 느끼는 데 관한 규칙에 예외가 될 만한 속성은 하나도 없지만, 그가 다른 사람 아닌 바로 그 사람이라는 바로 그 사실 때문에 예외가 되는 것은 아닐까? 이런 경우라면 그가 정말로 고통을 느끼는지를 다른 사람이 어찌 알겠는가? 여기에 대한 대답은 그가 다른 사람 아닌 바로 그 사람이라는 설명 자체가 바로 어떤 속성을 가리킨다는 것이다. 불가능한 일이기는 하지만 그가 가진 모든 속성을 시험해 보고 이 속성들은 모두 다 고통을 느끼는 상태에 관한 일반적 가설에 대한 반례가 되지 못한다는 점을 밝혀낼 수만 있다면, 우리의 지식은 이 점에서 그의 지식과 다름없이 훌륭한 것이다. 더 찾아내야 될 어떤 것도 남아 있지 않는 것이다.

요컨대 내가 나인 한 동시에 다른 어떤 사람도 아니라는 것은 필연적 진리이다. 내가 다른 어떤 사람이 가지고 있는 모든 속성을 가지면서도 그와 다른 어떤 사람이 되는 경우는 생각할 수도 없다는 것도 필연적인 진리이다. 그리고 이것이 그의 생각과 느낌을 내가 정말로 알기 위해서 만족시켜야 되는 조건이라면, 그의 생각과 느낌은 내가 결코 알 수 없는 어떤 것이라는 것도 필연적인 진리이다. 반면에 나 자신이 실제로 가지고 있는 속성이건 아니면 그렇지 않은 속성이건간에 그것과 다른 어떤 속성이 연결되는 정도를 내가 시험하지 못할 논리적 근거는 없다. 그리고 다른 사람에게도 경험을 부여할 때 내가 주장하는 것은 어떤 경험을 가진다는 속성이 다른 속성들과 동시에 나타난다는 것밖에 없다. 문자 그대로 나의 경험에서 문자 그대로 그의 경험에로 추리하는 것이 아니라, 어떤 속성들이 여러 상황에서 결부되어 있다는 알려진 사실에서 다른 상황에서도 그런 연결 관계가 나타나리라는 결론을 끌어내는 것이다. 이것은 정상적인 귀납적 추론이다. 나는 긍정적인 유추를 아무리 밀고 나간다 하더라도 결국은 자기 자신의 경험 안에서 맴돌고 있는 것이라는 사실 때문에 이 추론이 조금이라도 타당성을 잃어야 될 이유가 없다고 생각한다.8)

유추에 의한 설명을 고수하려는 이런 시도에도 불구하고, 많은 철학자들은 보다 만족스러운 다른 설명 방식을 찾는 것이 바람직하다는 결론을 내렸다. 그래서 다른 사람의 정신에 대한 지식을 설명이라는 개념을 써서 해명하려고 한다.

이것을 이해하려면 지금까지 관찰된 것에서 아직 관찰되지 않은 것에로 추리를 하는 근거를 알아야 된다. 예를 들어서 여러분이 살인자가 누구인지를 알아내려고 하는 탐정이라고 해보자. 여러분은 관찰된 자료들(단서)을 많이 모은다. 그리고 그것들을 근거로 관찰되지 않은 어떤 것(x가 살인자라는 사실)을 추리해낸다. 이런 추론을 정당화하는 근거는 무엇인가? 집사의 지문이 흉기에서 발견되었고, 잃어 버린 1만 달러가 스위스의 은행 구좌에 있음이 밝혀졌다는 것 따위가 단서라고 해보자.

8) A. J. Ayer, "Our Knowledge of Other Minds," *Theoria*, 1953.

추론 결과 내려진 결론, 즉 집사가 살인자라는 결론은 실마리에 대한 최선의 설명 방식이라 생각되므로 정당화된다. 집사가 살인한 것이 아니라면, 흉기에 나타난 지문은 왜 생겼는가? 또 돈은 왜 스위스 은행 구좌에 있는가? 보다 나은 설명 방식이 만약 있다면, 그래서 이런 질문들에 대해서 대답할 수 있다면, 이 추론은 정당하지 못하다.

이것은 관찰된 것에서 관찰되지 않은 것에로 추론을 하는 대단히 일반적인 방식이라 생각된다. 좀더 흥미있는 예로서 과학자들이 모든 물질은 원자들로 구성되어 있다는 이론을 받아들이게 되는 추론 과정을 생각해 보자. 모든 물질을 이루고 있다는 원자를 본 사람은 아무도 없다. 그렇지만 모든 사람들이 원자가 있음을 믿는다. 왜 그런가? 원자론이 사실 여러 가지 관찰된 현상들(예를 들어서 화학 원소들이 결합해서 화합물을 만드는 방식) 모두를 가장 잘 설명하는 이론이라고 생각되기 때문이다. 이것이 원자론이 참이라는 추론을 정당화해 주는 것이다.

그런데 마찬가지 형태의 추론에 의해서 우리는 다른 사람들의 느낌과 생각을 알게 된다는 것이다. 다른 사람이 몸을 뒤트는 것을 보고 우리는 그가 고통을 받고 있다고 추리하는데, 이것은 그가 고통을 받는다는 것이 그의 신체가 그런 식으로 움직이는 데 대한 최선의 설명 방식이기 때문이다. 한 남자가 어떤 방식으로 행동하는데, 이 사실을 가장 잘 설명하는 것은 그가 그녀를 사랑한다는 사실이라면, 우리는 그가 그녀를 사랑하고 있다는 추론을 한다. 일반적으로 말해서 다른 사람의 생각과 느낌을 믿는 것은 이 믿음이 다른 사람들의 행동을 가장 잘 설명해 주기 때문이다. 프라이스의 말을 들어보자.

> 그런데 이 논증은 유추 논증에 그치는 것이 아니다. 여기서 확립하고자 하는 가설을 다른 관점에서 볼 수도 있다. 이 가설은 일견 불가해한 일련의 사건들 [지적인 언어 행위들]에 대한 간단한 설명 방식을 제공한다. …만약에 내가 사용하는 것과 같은 기호들을 사용하고, 또 그것들을 나와 같은 원리에 따라서 결합하는 나와는 다른 어떤 정신이 있으며, 음성들은 이 정신이 자발적으로 생각하는 도중에 내놓은 것이라면, 이런 소리들이 발생하는 까닭을 설명할 수가 있다.[9]

9) H. H. Price, "Our Evidence for The Existence of Other Minds," *Philosophy*, 1938.

이제 이원론자들이 상호 작용에 대한 반론과 다른 사람의 정신의 문제에 대해서 대처할 수 있는 방도가 있다는 것을 알 수 있다. 그렇지만 많은 철학자들은 차라리 인간을 유물론적으로 설명하고 싶어한다. 이원론자들이 이런 문제들을 만족스럽게 설명해내지 못했다고 생각하는 것이 그 이유의 일부이다. 그러나 그것 말고 다른 이유도 있는데, 그 이유를 좀더 자세히 살펴볼 필요가 있다.

철학의 본성과 기능에 대해 서로 다른 몇가지 생각들이 있다. 그 중 하나는 위에서 언급한 유물론적 접근 방식에 대한 최종적인 근거를 이해하는 데 있어서 대단히 중요하다. 여기에 따르면 철학의 목표는 세계의 본성에 관해 생각하는 포괄적인 방식을 제시하는 것이다. 바꾸어 말해서 이런 견해에서는 철학이 여러 가지 사물들의 본성에 관한 단일한 시각을 제시하기를 요구하는 것이다. 이런 철학관에서 출발해서 이원론은 받아들일 수 없는 입장이라는 결론을 내린 사람들이 있다. 그런 철학자들 가운데 한 사람인 스마트는 이런 주장을 다음과 같이 제시하고 있다.

> 포괄적인 사유 방식이란 모든 지적인 작업들이 서로 조화로운 관계를 갖도록 하는 어떤 것이라 생각된다. 예를 들어서 신학과 같은 어떤 학문 분야는 여러 가지 다른 학문들과 조화로운 관계를 유지할 수 없음이 밝혀질 수도 있다. 이것들을 조화시키려는 시도는 결국 논리나 과학적 사실들을 위반하게 될 것이다. 아니면 견강부회를 낳을 수도 있다(예를 들어서 생물의 진화를 변이와 자연 선택에 의한 기계적인 과정으로 설명하는 것이 대체로 옳지만, 인간의 경우는 기계적인 진화 과정이 단절되는 예외로서 인간에게는 불멸의 영혼이 있다고 주장하는 이론을 생각해 보라). 이것이 사실이라면, 그런 비정상적인 학문 분야(branch of discourse)는 배척을 받아야 된다. 우리의 전 개념 체계를 재구성할 때 이런 것들이 그 일부로 들어올 수는 없다.[10]

이런 주장을 제대로 평가하려면, 먼저 스마트 같은 철학자들이 단일한 인간관을 제시할 때에 중요한 역할을 한다고 생각하는 과학적 사실들을 검토할 필요가 있다. 그런 사실들에는 크게 두 가지 종류가 있다. 첫째는 생명의 기원에 관한 것이요, 둘째는 인류의 기원에 관한 것이다.

생명의 기원은 오랫동안 인류의 골머리를 썩여온 문제이다. 물론 생명은 신의 창조 행위에 의해 생겨난 것이라는 종교적 견해가 있기는 하

10) J. J. C. Smart, *Philosophy and Scientific Realism*, 제 1 장.

다. 그런데 생명의 기원을 비종교적으로 설명할 수 있는가? 주지하다시피 파스퇴르는 일련의 유명한 실험을 통해 유기물인 생명체가 무기물에서 자동적으로 생겨난다는 고래의 견해를 공격한 바 있다. 그 결과 켈빈경(Lord Kelvin)이나 헬름홀쯔(Helmholtz) 같은 19세기의 중요한 과학자들은 지구상의 생명체가 우주의 다른 곳에서 지구에로 이식된 것일 수밖에 없다는 결론을 내렸다. 그런데 우주 공간의 상태(혹한, 강렬한 방사선 등등)를 생각하건대 생명체가 살아남을 수 있는 가능성은 극히 희박하므로, 이런 생각은 물론 대단히 비현실적이다.

러시아의 위대한 과학자 오파린(A. I. Oparin)은 사실상 생명의 기원에 대한 과학적이고 합리적인 설명을 제시한 최초의 사람이었다. 오파린의 견해에 따르면, 생명체는 비생명체에서 발생했다는 것이다. 태양이 강렬하게 비쳐서 점점더 복잡한 구조를 지닌 유기 화합물이 형성되고, 마침내 가장 간단한 생명체가 나타난다. 오파린은 그의 주요 저서 《생명의 기원》(*Origin of life*, 1936년에 러시아어로 처음 출판됨)에서 이 과정의 주요 단계들을 밝히고, 이런 모든 과정들이 화학적으로 가능함을 보여주었다.

이제 간단한 생명체들이 있는 세상을 가정하자. 그런데 이것이 오늘날의 세상에 살고 있는 보다 복잡한 생명체들의 기원을 설명하는 단초가 될 수 있는가? 과학적 정신을 가진 철학자들은 진화론에서 여기에 대한 대답을 찾으려고 한다(진화론은 19세기에 다윈이 처음 내놓은 생각인데, 그 이래로 폭넓은 발전을 보았다).

이 이론은 간단하게 말해서 두 가지 요소로 이루어져 있다. 그 중 하나는 원래의 생명체들에서 새로운 형태의 생명체가 어떻게 발생하는지를 설명한다. 그리고 다른 하나는 일단 발생한 새로운 형태의 생명체가 보존되는 메카니즘을 설명한다. 오늘날의 진화론에서 새로운 생명체의 기원을 설명하는 것은 변이(mutation) 과정이요, 어떤 새로운 형태가 보존되는 까닭을 설명하는 데 기여하는 것은 자연 도태(natural selection)의 과정이다(새로 태어나는 당시의 환경에 잘 적응하는 생명체들이 살아남는다는 것이다).

그런데 이런 것들이 유물론과 이원론의 논쟁과 무슨 상관이 있는가? 스마트 같은 사람들은 아마 이렇게 주장할 것이다. 단일하고 통일된 인간관을 제시하고자 하는 사람은 인류의 기원에 관한 이런 요인들을 고려해야만 한다. 과학 이론들에 주목하게 되면, 지구가 처음에는 비유기체인 화학적 원소들밖에 없었다는 사실을 알 수 있다. 오랜 시간이 지남에 따라서 유기 화합물이 생겨나고, 마침내 생명체라고 말해도 좋을 만큼 복잡한 구조를 가진 유기체가 태어났다. 그리고 나서 진화의 과정을 거쳐 훨씬 더 복잡한 생명체들이 생겨났고, 마침내 인간이 이 지구상에 나타났다. 영혼은 이런 일련의 과정 중 어느 지점에서 나타난 것인가? 아마 좀더 현학적인 표현을 사용한다면, 이원론적 인간관보다는 유물론적 인간관이 이런 과정과 더 잘 들어맞는 것이 아닌가? 만약 그렇다면, 이는 적어도 유물론을 받아들여야 될 약간의 이유가 되는 것이 아닌가?

이런 논증을 펴는 사람들은 이것이 이원론을 결정적으로 물리친다고는 생각지 않는다. 이는 사실 온당한 일이다. (1) 인류의 기원에 대한 이런 설명에 대한 증거가 상당히 강력하기는 하지만, 그것이 절대적이고 결정적이라고 말한다면 옳지 못한 말임에 틀림없다. 그리고 (2) 이원론자들은 이원론이 인류의 기원에 관한 과학의 견해와 여전히 조화될 수 있는 것이라고 주장할 수가 있다(예를 들어서 종교적 이원론자들은 가끔 어느 정도의 복잡성을 띤 생명체가 나타난 뒤에야 신은 신체를 정신과 결합시켰다고 주장하곤 한다). 하여간에 이제 유물론을 좀더 면밀히 살펴보아야 될 충분한 이유가 있으므로, 여러 가지 형태의 유물론을 살펴보기로 하자.

유물론에는 크게 두 가지 형태가 있는데, 그 중 하나는 **행동주의**(behaviorism)요, 다른 하나는 **두뇌의 상태 이론**(brain-state theory)이다. 이 두 이론을 차례로 살펴보자.

7.2 행동주의

인간을 그 주변의 물질로부터 구분하는 가장 중요한 특징은 지각하고, 느끼고, 생각하는 따위의 능력이다. 이원론자들은 이런 행위들이 정신의 행위라고 생각한다. 인간은 정신을 가지고 있다는 바로 그 이유 때문에 물질적 대상들과 구분되는 것이다. 유물론자인 행동주의자들은 정신이 있음을 부정한다. 대신에 이런 행위들은 신체가 어떤 방식으로 행동하는 것에 불과하다고 주장한다.

행동주의자들이 뜻하는 것이 어떤 것인지를 좀더 잘 이해하기 위해서 몇가지 예를 들어서 살펴보자. 마틸다는 존을 사랑한다고 하자. 이원론에 따르면, 마틸다의 사랑은 마틸다의 정신이 느끼는 감정이고, 이 감정이 마틸다로 하여금 죤에 대해서 어떤 방식으로 행동하게 만든다. 그녀는 이 감정 때문에, 예를 들어서, 그가 듣는 것과 같은 강의를 듣게 될 수도 있다. 그러나 행동주의자에 따르면, 그녀의 사랑은 그런 행동들과 별개의 것이 아니다. 해리는 오늘 비가 오리라고 믿는다고 하자. 이원론자들에 따르면, 이 믿음은 해리의 정신에 일어나는 어떤 것으로서 해리로 하여금 어떤 식으로 행동하게 만든다(예를 들어서 해리는 우산을 가지고 나갈지도 모른다). 행동주의자에 따르면 해리의 믿음은 날씨와 관련된 해리의 모든 행동들에 불과하다.

간단히 말해서 행동주의자들은 인간의 특수성이란 인간의 신체가 어떤 특별한 방식으로 행동할 수 있는 구조를 가지고 있다는 것뿐이라고 생각하는 것이다. 인간의 특수성은 정신이 있다는 데서 오는 것이 아니다. 에어의 말을 들어보자.

> 의식이 있는 인간과 의식이 없는 기계의 차이는 결국 서로 다른 형태의 지각 행동들의 차이로 환원된다. …어떤 대상이 의식이 있다는 말은 그것이 생각할 수 있는 모든 시험에 대해서 의식의 경험적인 징표들을 보여주리라는 말과 같다. 이런 말을 할 때 나 자신이 원칙적으로 관찰할 수 없는 어떤 사건들의 발생에 대해서 어떤 형이상학적인 가정을 하는 것은 아니라는 말이다.[11]

여기서 살펴보고 있는 행동주의의 주장과 오늘날의 실험 심리학에서 많이 나타나는 행동주의 방법론 사이의 차이점을 기억해 둘 필요가 있다. 많은 심리학자들은 심리학적 연구가 직접적으로 관찰할 수 있는 인간의 행동을 다루어야 되고, 이런 행동들 뒤에 있는지 없는지도 모르는 관찰할 수 없는 생각, 느낌, 감정 따위를 다루어서는 안 된다고 주장한다. 그래야만 심리학이 객관적인 학문이 되리라는 것이 그들의 주장이다. 이런 생각은 행동주의적 접근 방식의 고전적 선언문, 죤 와트슨의 《행동주의》(*Behaviorism*)에 이미 나타나 있다.

> 행동주의자는 이렇게 말한다. 왜 우리가 관찰할 수 있는 것을 심리학의 진짜 영역으로 삼지 않는가? 심리학의 영역을 관찰할 수 있는 대상들에로 제한하자. 그리고 이런 대상들에 관한 법칙들을 밝혀내도록 하자. 그런데 우리는 무

11) A. J. Ayer, *Language, Truth, and, Logic*, 제 7 장.

엇을 관찰할 수 있는가? 우리는 행동 — 유기체가 말하는 것과 말하지 않는 것 — 을 관찰할 수 있다. 그리고 말한다는 것은 곧 행동하는 것, 즉 일종의 행동이라는 점을 지적해 둔다. 남에게 말하는 것이나 자기 자신에게 말하는 것(생각)은 야구와 꼭 마찬가지로 객관적인 어떤 행동이다. …의식이라는 어떤 것이 있고 우리는 내성에 의해 그것을 분석할 수 있다는 이 기본 가정을 받아들인 결과 심리학자들의 수자만큼이나 많은 분석들이 나타나게 되었다. 그리고 심리학의 문제들을 실험에 의해서 다루고 해결하며, 표준적인 방법을 제시할 도리가 없게 된 것이다.

여기서는 이것이 심리학적 연구에 있어서 좋은 방법론인지 어떤지의 문제에는 관심이 없다(그렇지 않다고 생각하는 사람들도 많이 있다). 설사 이것이 좋은 방법론이라고 하더라도 우리가 다루고 있는 행동주의의 주장을 지지하는 데에는 도움이 되지 못한다는 것이 여기서 지적하려는 것의 전부이다. 심리학자들이 생각, 느낌, 감정 따위보다는 행동을 다루는 것이 더 낫다고 하더라도, 이 사실이 이런 심리 상태들이 행동 이외의 어떤 것이 아니라는 점을 보여주는 것은 결코 아니다.

왜 행동주의를 지지하는 철학자들이 있는가? 대부분의 유물론자들과 마찬가지로 그들도 이원론자들은 자기네들이 안고 있고 문제들(특히 다른 사람의 정신의 문제)을 만족스럽게 해결할 수 없다고 보는 것이 그 이유의 일부이다. 그리고 부분적으로는 사람들이 다른 사람의 정신 생활을 알게 되는 과정에 관한 통찰 때문에 행동주의를 지지하게 된다. 사람들은 결국 다른 사람들의 행동을 관찰함으로써 그들의 정신 생활에 관해 어떤 주장을 하게 된다. 이 사실은 최소한 그들의 정신 생활이 사실은 그들의 행동에 불과하다는 것을 암시하는(물론 이를 증명하는 것은 아니지만) 것이 아닌가? 하여간에 이런 것들이 행동주의를 옹호하게 만드는 주요 고려 사항들인 것 같다.

생각, 느낌 내지 감정이 직접 행동으로 표현되는 경우에는 행동주의적 분석이 별로 문제성이 없는 것 같다. 행동주의자들은 이런 심리 상태를 이렇게 표현된 행동들과 같은 것으로 본다. 그런데 예를 들어서 어떤 믿음이나 감정을 가지고 있기는 하지만 거기에 따라 행동하지는 않는 경우에는 어떻게 되는가? 이런 경우는 심리 상태에 대응하는 어떤 행동이 나타나지 않고도 심리적 사건이 일어나는 경우가 아닌가? 그리고 이런 경우가 있다는 것은 심리 상태가 신체의 행동으로 환원될 수 없음을 보여주지 않는가? 이런 반론에 대해서 행동주의자들은 행동

(behavior)과 어떻게 행동하려는 경향 즉 행동에로의 경향성(disposition to behavior)을 구별한다. 그리고 심리 상태는 신체의 행동 또는 신체적 행동의 경향성과 같다는 것이다. 그래서 설사 믿음이나 감정에 따라서 행동하지 않는 경우라 할지라도 그렇게 행동하려는 경향은 있는 것이고, 문제의 심리적 사건은 이런 경향성과 일치하는 것으로 봐야 된다는 것이다. 길버트 라일은 이렇게 쓰고 있다.

앞에서 이미 사람의 행동을 서술하고 설명하기 위해서 우리들이 흔히 사용하는 수많은 단어들은 사건이 아니라 경향성을 표시한다는 주장을 펼 기회가 있었다. 어떤 사람이 어떤 것을 안다거나 무엇이 되기를 갈망하고 있다는 말은 그가 어떤 특정한 순간에 어떤 일을 하거나 아니면 겪고 있는 중이라는 말이 아니다. 이것은 그가 필요한 때 어떤 일을 할 수 있는 능력이 있다는 것, 그가 어떤 상황 아래서 어떤 일을 하기가 쉽다거나 어떤 감정을 느끼기가 쉽다는 것을 뜻한다.

이 사실 자체는 일상 문법의 (거의) 따분한 사실에서 별로 벗어나지 않는다. "알다," "소유하다," 또는 "갈망하다" 등의 동사는 "뛰다," "일어나다," 또는 "아프다" 등의 동사들과는 다른 방식으로 사용된다. "그는 2분 동안 이러이러한 것을 알았다. 그리고 나서 (알기를) 멈추었고 한숨 쉰 뒤에 다시 (알기) 시작했다"는 것은 말이 되지 않는다. "그는 차츰차츰 대주교가 되기를 갈망하고 있었다," "그는 지금 자전거를 가지고 있는데 몰두하고 있다" 등도 마찬가지다. 또 이처럼 경향성을 나타내는 용어들로 설명된다는 것이 인간의 특징도 아니다. 우리들은 동물, 벌레, 수정, 그리고 원자 같은 것들을 설명하는 데에도 인간들의 경우와 꼭 마찬가지로 이런 용어들을 사용한다. 우리는 언제나 실제로 일어나고 있는 일뿐만 아니라 일어나리라고 기대할 수 있는 일에 대해서도 말하고 싶어한다. 우리는 언제나 사건을 보고하는 데 머무르지 않고 사건을 설명하기를 원한다. 그리고 세상 일들이 지금 어떻게 되어 가고 있는지뿐만 아니라 세상 일들을 어떻게 조정할 수 있는지를 말하려고 한다. 게다가 어떤 단어를 경향성을 표시하는 단어로 분류하는 것은 단순히 그것이 사건을 표시하는 데 쓰이지 않는다는 점을 지적하는 데 지나지 않는다. 경향적 단어에는 매우 많은 종류가 있다. 취미는 습관과 같은 것이 아니다. 그리고 취미와 습관은 모두 다 솜씨, 매너리즘(mannerism), 유행, 공포 및 직업들과 구별된다. 둥지를 짓는다는 속성은 날개 달린 동물이라는 속성과 다르고, 전도체라는 속성은 탄성체라는 속성과 다른 종류에 속한다.

그럼에도 불구하고 우리들이 인간 특유의 행동을 서술할 때 사용하는 주요 개념들 가운데 많은 수가 경향적 개념이라는 점은 특별하고 주목할 만한 가치가 있는 사실이다. 왜냐하면 초-기계주의의 전설(para-mechanical legend)이 널리 퍼진 결과 많은 사람들이 이런 개념들이 실제로 사용되는 방식을 잊어버리고, 대신에 이런 개념들을 숨어 있는 어떤 원인과 결과를 이야기할 때 사용되는 개념들로 생각하게 되었기 때문이다. 이런 경향적 단어들을 포함하는 문장은 참·거짓을 가리는 것이 가능한, 생략된 가언적 진술(hypothetical statements)—즉 내가 "반가언적" 진술(semi-hypothetical statements)이라고 부르려고 하는 것—이 아니라, 증거를 내놓는 수 없는 어떤 특정한 사실을 보고하는 정언적인(categorical) 진술로 해석되어 온 것이다. "힘"(Force)이라는 단어를 힘을 내놓는 원인이 되는 숨겨져 있는 어떤 것을 가리키는 것으로 생각한 낡은 오류는 물리학에서 극복된 지 오래이다. 그러나 그와 비슷한 오류가 정신에 관한 많은 이론들에서는 아직도 살아 있다. 그리고 아마 생물학에서는 아사 상태에 있는데 불과한 것 같다.[12]

이렇게 수정된 행동주의조차도 많은 어려움을 안고 있는 까닭에 많은 철학자들은 행동주의를 거부하기에 이르렀다. 그 어려움이란 요약해서 말하자면 이런 것들이다.

1. 행동주의는 우리가 자신의 심리 상태를 알고 있다는 사실을 정당하게 반영할 수가 없다. 다른 사람들이 생각이나 감정을 가지고 있다는 것을 알기 위해서는 그들의 행동을 관찰하는 수밖에 없다. 그렇지만 자기 자신의 경우에는 자신의 신체적 행동을 관찰하지 않고도 생각이나 행동들 가운데 적어도 일부를 내성(직접적인 관찰)에 의해 파악할 수가 있다. 그러므로 적어도 자기 자신의 생각이나 행동은 신체 행동으로 환원될 수 없는 것이라는 생각이 든다.

2. 행동주의에서는 신체의 행동 또는 어떤 식으로 행동하려는 경향성을 심리적 사건과 같은 것으로 간주하려고 한다. 그런데 이때 같은 것으로 간주되는 신체의 행동은 어떤 것인가? 예를 들어서 사랑의 감정을 생각해 보자. 어떤 행동이 그 감정과 같은 것인가? 사랑을 느끼는 사람들이 얼마나 많은 서로 다른 행동을 보여주는지를 생각해 보라. 그래서 행동주의자들이 택할 수 있는 가장 좋은 방법은 사랑을 여러 가지 다양한 행동들과 같은 것으로 보는 것—사랑을 느낀다는 것은 이런 식으로나 또는 저런 식으로, 아니면 또다른 어떤 방식으로 행동하는 것이라고 말하는 것—이다. 그러나 이런 대답에도 문제가 있다. 왜냐하

12) Gilbert Ryle, *Concept of Mind*, 제 5 장.

면 이 목록은 언제나 불완전하리라 생각되기 때문이다. 그 이외에도 사랑을 표현하는 방식은 많이 있을 수 있다. 대부분의 다른 복잡한 생각이나 느낌에 대해서도 마찬가지 이야기를 할 수 있을 것이다. 그러므로 행동주의자들이 심리적 사건에 대한 만족할 만한 분석을 내놓을 수 있는 가능성은 매우 희박하다.

3. 이 점이 가장 중요한데, 행동주의에서는 정신과 신체의 행동 사이의 관계가 가진 한 가지 기본적인 측면을 무시하고 있다. 우리는 보통 심리 현상을 근거로 신체의 행동을 설명한다. 우리는 예를 들어서 어떤 사람이 어떤 식으로 행동하는 것은 그가 사랑에 빠져 있기 때문이라든가 혹은 그가 적의 추적을 받고 있다고 생각하기 때문이라고 말한다. 그런데 행동주의자들이 옳아서 신체의 행동만이 있다면, 무엇을 가지고 신체의 행동을 설명할 것인가?

스키너 같은 세련된 행동주의자들은 이런 반론들을 예상하고 있었다. 다음 구절은 스키너가 어떻게 응수할 것인지를 어느 정도 짐작하게 해준다.

> 행동주의자들이 감정, 느낌, 생각 등 정신 생활의 특징들의 존재를 부정한다는 주장은 상당한 해명을 필요로 한다. 방법론적 행동주의와 몇가지 형태의 논리실증주의에서는 개인적 사건(private events)의 타당성에 관해서는 대중의 일치된 견해(public agreement)를 얻을 수 없으리라는 생각에서 개인적 사건들을 논의의 영역에서 몰아내었다. 내성은 과학적인 작업이라고 할 수 없다고 해서 배척을 받았고, 빌헬름 분트(Wilhelm Wundt)나 티치너(E. B. Titchener) 같은 사람들의 심리학은 그에 따라서 비난을 받았다. 자아의 관찰(self-observation)이나 자아에 대한 지식(self-knowledge)의 가능성이나 또는 이런 것들이 가지고 있을 수도 있는 효용을 부정하는 것은 아니지만, 느끼고 관찰되고 그래서 알려지는 것이 어떤 성격의 것인지를 묻는 것이다. 여기서 내성은 복구되지만, 철학자들이나 내관 심리학자들이 "성찰"(specting)의 대상이 된다고 생각한 것은 복구되지 않는다. 그리고 자기 신체를 자기가 실제로 얼마만큼이나 관찰할 수 있는지를 묻는 것이다.
>
> 심리주의(mentalism)는 행동에 대해 다른 설명 체계를 제공하는 듯한 인상을 줌으로써 어떤 행동에 앞서서 일어나면서 그것을 설명할 수 있을지도 모르는 외부의 사건들을 무시하도록 한다. 방법론적 행동주의는 여기에 정반대되는 기능을 하는 것이다. 사전에 일어나는 외부의 사건들만을 다룸으로써 방법론적 행동주의는 자아에 대한 관찰이나 자아에 대한 지식에서부터 관심을 돌린다.

또 여기서는 합의에 의한 진리를 고집하지 않는 고로, 피부 안에 있는 개인적인 세계에서 일어나는 사건들을 고려할 수가 있다. 방법론적 행동주의는 이런 사건들이 관찰할 수 없는 것이라고 말하지도 않고, 이런 사건들을 주관적이라고 해서 배척하지도 않는다. 다만 관찰되는 대상들이란 어떤 것인지, 그리고 신뢰할 수 있는 관찰이란 어떤 것인지를 물을 뿐이다.

이 입장은 다음과 같이 말할 수 있다. 느낌과 내적 성찰(introspective observation)의 대상은 의식(consciousness), 정신(mind) 등의 비물리적 세계 즉 정신 생활(mental life)이 아니라 관찰자 자신의 신체이다. 이는 내성이 일종의 생리학적인 연구라고 주장하는 것이 아니다. 그리고 느낌이나 내적 성찰의 대상이 행동의 원인이라고 주장하려는 것도 아니다(이는 방법론적 행동주의의 핵심이다). 유기체는 당시의 구조적 특성 때문에 어떤 행동 양식을 보이는 것은 사실이지만, 그 구조적 특성의 대부분은 내성으로 파악할 수 있는 범위를 벗어난다. 그래서 당분간은 방법론적 행동주의자들이 주장하듯이 사람들의 환경 및 발생의 역사로 만족해야 되는 것이다. 내적 성찰의 대상이 되는 것은 이 역사의 부산물들이다.[13]

대부분의 철학자들은 이런 응수가 적절하지 못하다고 생각하고, 행동주의를 거부하게 되었다. 그러나 행동주의를 포기한다고 해서 모든 형태의 유물론을 포기하는 것은 아니다. 이제 이 장의 마지막 절에서 행동주의가 맞부딪치는 이런 반론들을 받지 않아도 되는 새로운 형태의 유물론을 살펴볼 것이다.

7.3 두뇌 상태 이론

여기서 다루게 될 두번째 형태의 유물론을 소개하기에 가장 좋은 방법은 아마도 당분간 정신과 신체의 상호 작용에 대한 이원론적 견해를 재검토하는 길일 것이다. 여러분이 만나고 싶지 않은 어떤 사람이 오는 것을 보고서 옆길로 피하는 경우를 생각해 보자. 이원론자들에 따른다면, 여러분이 그 사람을 보았을 때 어떤 일이 일어나는 것인가? 우선 어떤 광선이 여러분의 감각 기관에 들어와서 여러분의 신경에 어떤 반응을 일으키고, 이 반응은 두뇌에까지 전달된다. 그 결과 두뇌에서는

13) B. F. Skinner, *About Behaviorism*, 제 2 장.

두뇌의 어떤 상태가 나타나고, 이 상태는 다시 여러분의 정신이 그 사람을 보는 원인이 된다. 그래서 정신은 옆길로 가야 되겠다는 결정을 내리게 된다. 이 결정은 다른 어떤 두뇌 상태를 야기하는데, 이 상태는 다시 근육들에 이어진 신경에 반응을 일으켜서 마침내 여러분의 근육이 수축되고 그 결과 여러분의 신체는 옆길로 향해 움직이게 된다. 이런 과정을 도표로 표시하면 다음과 같다.

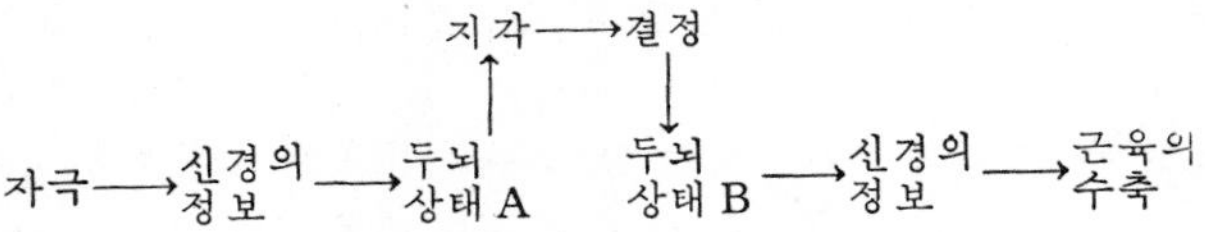

```
                      지각 ──→ 결정
                       ↑         ↓
자극 ──→ 신경의 ──→ 두뇌      두뇌    ──→ 신경의 ──→ 근육의
         정보       상태 A    상태 B       정보        수축
```

정신에서 일어나는 두 가지 사건을 없애 버리고 두뇌 상태 A가 두뇌 상태 B의 원인이라고 보면, 이 도표는 분명히 더 간단해진다. 이는 바로 두번째 형태의 유물론에서 제안하는 바인 것이다. 여기에 따르면 여타 물리적 대상들과 구별되는 인간의 특성은 인간의 두뇌와 신경 조직에 있는 것이지, 인간에게 정신이 있다는 사실에 있는 것이 아니다.

이 이론을 보는 또 하나의 방식은 다음과 같다. 우리는 7장 2절에서 행동의 원인을 설명할 수 없다는 것이 행동주의의 난점이라는 점을 지적했다. 이원론자들은 물론 정신에서 일어나는 심리적 사건을 행동의 원인으로 취급한다. 그러나 그 도중에 이원론자들도 두뇌의 상태나 신경의 정보 등을 언급하게 된다. 그렇다면 정신을 없애 버리고 행동의 원인은 바로 그 두뇌 상태라고 봄으로써 인간의 행동에 대한 설명을 간단하게 만들면 왜 안 되는가라는 것이 유물론자들의 물음이다. 스마트의 말을 들어보자.

> 과학은 점차로 유기체를 물리-화학적 기계(physiochemical mechanism)로 볼 수 있는 관점을 제시하고 있는 것으로 생각된다. 언젠가는 인간의 행동조차도 기계론적 용어들로 해명되는 날이 오리라는 생각이 든다. 과학적 관점에서 보는 한, 세계에는 물리적인 요소들이 점점더 복잡하게 배열된 것 이외에는 아무것도 없는 듯하다.…감각, 의식의 상태 따위는 물리학적 세계관으로 해명되지 않고 있는 단 하나의 현상이라 생각된다. 그리고 여러 가지 이유 때문에 나는, 그냥 이런 현상이 있을 수 있다고 믿어 버릴 수는 없다. 감각 현상을 제외한 모든 것이 물리학으로 해명된다는 것이 나에게는 정말 믿을 수 없는 일인

것으로 생각된다.14)

이런 식의 유물론(이를 우리는 두뇌의 상태 이론이라 부르는데, 그 이유는 명백하다)에는 두 가지 형태가 있다. 첫번째 형태에서는 지각, 생각, 느낌 내지 감정 따위의 심리 상태의 존재를 믿는다. 다만 여기에 따르면, 이런 심리 상태들은 비물질적인 정신에 일어나는 어떤 사건이 아니라는 것이다. 이것들은 곧 인간 두뇌의 상태이다. 스마트의 말에 따르면,

> "나에게 잔상(after-image)이 나타나고 있다"는 말은 에누리 없는 진짜 보고이며, "나는 고통을 받고 있다"는 말은 단순히 "두뇌의 행동을 대신하는" 것 이상의 일을 하고 있다. … 그렇지만 이 사실을 인정한다고 해서 두뇌의 진행 과정에 대응되는 비물질적인 어떤 것이 있음을 인정하는 것이 되는지는 분명치 않다. … 감각 진술(sensation statement)이 어떤 것에 대한 보고라면, 여기서 보고의 대상이 되는 어떤 것은 사실상 두뇌의 진행 과정이라는 것이 여기서 주장하고 있는 것의 전부이다. 감각이란 두뇌의 진행 과정일 뿐이며, 그것과 구별되는 그 어떤 것도 아니다.15)

두번째 형태의 두뇌 상태 이론은 좀 다른 생각을 가지고 있다. 여기서는 만약에 심리 상태가 있다면 그것은 신체와 구별되는 정신에 일어나는 어떤 일이 되리라는 것을 인정한다. 그러므로 여기서는 심리적 사건이란 존재하지 않으며, 인간 행동의 원인이 되는 것은 모두 다 두뇌의 상태라고 주장한다. 사람들이 심리적 사건이 있다는 잘못된 믿음을 가지게 된 것은 심리적 사건을 두뇌의 상태와 혼동한 때문이라는 것이다. 리차드 로티는 두뇌 상태 이론을 이런 식으로 전개하고 있다.

> 지각은 심리-생리학(psycho-physiology)의 앞으로의 발전에 대해서 귀신이 근대 과학에 대해서 한 것과 같은 역할을 하리라는 것이 심신 동일론(Identity Theory)의 주장이다. 오늘날의 사람들이 귀신의 존재를 부정하려고 하는 것과 꼭 마찬가지로 미래의 과학에서는 감각의 존재를 부정하려고 할 것이다. … 이 질문[내가 나는 고통을 느꼈다는 말을 함으로써 보고하는 것은 무엇인가?]

14) J. J. C. Smart, "Sensations and Brain Processes," *Philosophical Review*, 1959.

15) 같은 책.

에 대해서 미래의 과학은 이렇게 대답할 것이다. "당신은 두뇌의 어떤 진행 과정이 일어나고 있음을 보고했던 것입니다. 그리고 미래에는 사람들이 '나는 고통을 받고 있다'고 말하는 대신에 '나의 c-신경 섬유가 자극을 받고 있다'고 말하게 된다면, 사람들의 생활이 더 간단하게 될 것입니다".[16)]

심리 상태 이론이 첫번째 형태에서 두번째 형태에로 옮겨간 것은 재미있는 역사적 현상인데, 이 사실은 이것과 관련된 철학적인 문제들에 대해서 상당한 빛을 던져 준다. 1950년대 중반에 심리학자인 플레이스(U. T. Place)와 철학자인 스마트(J. J. C. Smart)는 첫번째 형태의 심리 상태 이론, 즉 심리적 사건 일반(그리고 그 한 종류로서 지각)은 두뇌의 어떤 상태와 같은 것으로 봐야 된다는 견해를 내세웠다. 마치 천문학자들이 샛별(morning star)과 개밥바라기 즉 금성(evening star)이 같음(즉 수자상으로 하나의 대상이라는 사실)을 발견해내었듯이, 심리적 사건이 두뇌 상태의 발생과 같다는 것도 근대 과학이 발견한 사실이라는 것이다.

곧 이어서 많은 철학자들이 이런 생각에 대해서 반론을 제기했다. 이 반론들은 다음과 같은 동일성의 논리(logic of identity)의 기본 원리에 입각한 것이었다.

> 만약에 A와 B가 같다면, A의 (특징이 되는) 모든 속성은 동시에 B의 (특징이 되는) 속성이기도 해야 된다.

이 원리의 근거는 상당히 명백하다. A와 B가 하여간에 같은 (동일한) 대상이라면, 문제가 되는 대상은 한 개가 있을 뿐이다. 그렇다면 이 대상이 어떻게 해서 어떤 속성을 가지는 동시에 갖지 않기도 할 수 있는가?

이제 이 원리를 받아들이면, 스마트의 주장에 대해서 여러 가지 반론을 펴기란 쉬운 일이다. 어쨌든 심리적 사건의 특징들 가운데 많은 것들은 두뇌 상태의 특징이 아니다(그리고 그 반대 경우도 있다). 예를 들어서 감각들 중에는 붉은 것과 노란 것이 있는 반면에, 두뇌 상태에는 붉은 것이나 노란 것이 있을 수 없다. 또 두뇌의 상태는 두뇌 중에서

16) Richard Rorty, "Mind-Body Identity, Privacy, and Categories," *Review of Metaphysics*, 1965.

그것이 일어나는 부분에 확고한 위치를 가지는 반면에 감각은 그런 식으로 위치를 가질 수가 없는 듯하다. 그래서 많은 철학자들은 스마트가 결단코 틀렸다는 결론을 내렸다. 제임스 콘만의 말을 들어보자.

내 생각에 심신 동일론이 안고 있는 가장 중요한 개념상의 문제점은 심리 현상에는 물리 현상에 대해서 적용되지 않는 속성들이 있는 한편, 물리 현상에는 심리 현상에 적용되지 않는 속성들이 있는 것 같다는 사실에서 나오는 듯하다.17)

바로 이런 점들 때문에 리차드 로티는 두번째 형태의 두뇌 상태 이론을 내놓게 된 것이다.

심신 동일론에 대한 명백한 반론은 "동일성"(identity)이란 것이 다음과 같은 관계("엄격한 의미에서의 동일성" 의 관계)

$(x)(y)[(x=y)\supset(F)(Fx\equiv Fy)]$

를 뜻하거나 아니면 그렇지 않다는 것이다. 만약에 동일성이 이런 것을 말한다면, 우리는 두뇌의 과정과 같은 물리적 과정이 희미하다거나 어렴풋해진다거나 아니면 거짓이라고 하는 말과 잔상과 같은 심리적 현상들이 공개적 관찰이 가능하다거나 물리적이라거나 공간상에 위치를 가진다거나 혹은 빠르다거나 하는 말들을 거리낌없이 해야 되는 사태에 처하게 된다. 그래서 무의미한 표현들을 사용하게 되는 것이다. 왜냐하면 위에서 든 표현들은 범주 혼용의 잘못(category mistake)을 범하고 있으므로, 즉 이런 표현들은 어떤 논리적 범주에 속하는 술어들을 다른 논리적 범주에 속하는 술어들에 덧붙임으로써 이루어진 표현이므로, 무의미하다고 말할 수 있기 때문이다. 이는 분명히 개념의 혼란이다.

그런데 심신 동일론에서 "동일성"이라는 말이 엄격한 동일성을 뜻하는 것이 아니라면, 도대체 어떤 관계를 뜻하고 있는 것인가? 모든 사람들이 감각과 두뇌의 과정 사이에 "연관"(correlation) 관계가 있다는 것은 인정할 수 있을 것이고 또 이런 말은 오해를 초래하지 않는다는 데 동의할 터인데, 심신 동일론에서 말하는 동일성이란 바로 이 "연관" 관계와 어떤 점에서 다른가? …이런 두번째 형태의 이론에서 본다면, "X는 Y와 별개의 것이 아니다"는 문장이 "X에 대해서 부가할(predicate) 경우에 의미가 있는 모든 속성은 Y에 대해서 부가할 경우에도 의미가 있다"는 문장을 함축한다는 가정은 잘못된 가정이다. 왜냐하면 이런 가정 아래서는 과학적 탐구의 결과를 (콘만이 사용한 효과적인 표

17) James Cornman, "The Identity of Mind and Body," *Journal of Philosophy*, 1962.

현을 빌자면) "범주 횡단식 동일성"(cross-category identity)이라는 말로 표현할 도리가 없기 때문이다. 이런 주장은 "제우스 신의 번개는 정전기의 방전 현상이다," "신들린다는 것은 환각 현상으로서 일종의 정신 이상이다" 등의 진술에서 쓰인 동사가 동일성을 나타내는 동사 "이다"(is)이기는 하지만, 이것은 절대로 엄격한 동일성을 표현할 수는 없다고 주장하는 것이나 마찬가지라 생각된다. 제거형 심신 동일론(disappearance form of Identity Theory)에서는 이런 진술들, 예를 들어서 "사람들이 '신들린다'고 말해 온 것이 일종의 환각 현상"이라는 진술에 대한 생략된 표현 방식이라고 생각하는 것인데, 여기서 동일성은 엄격한 의미에서의 동일성으로 된다.

두뇌의 상태 이론을 표현하는 두 가지 방식 사이에는 이런 미묘한 차이점이 있기는 하지만, 로티의 접근 방식은 다음과 같은 기본적인 점에서는 스마트가 제시하려고 한 입장을 따르고 있다.

1. 인간의 특수성은 인간이 특수한 두뇌와 신경 조직을 가진 신체로 이루어져 있다는 데에서 유래한다.

2. 인간의 두뇌와 신경 조직에서 일어나는 일들이 인간의 신체적 행동의 원인이 되는 것이지, 신체와 구별되는 정신에서 일어나는 어떤 일들이 신체 행동의 원인이 되는 것이 아니다.

나는 유물론에 대한 우리의 검토를 토대로, 적어도 잠정적으로는, 이원론과 겨룰 만한 대안이 되는 동시에 인간 및 자연계에서 인간의 위치에 대한 단일한 시각의 가능성을 시사하는 어떤 형태의 유물론을 전개하는 것이 가능하다는 결론을 내릴 수 있으리라고 생각한다.

□ 더 생각해 볼 만한 문제 □

1. 죽음을 정의할 때 두뇌 기능의 정지를 주된 요건으로 생각할 합당한 이유가 있는가? 다른 견해로서 어떤 것들이 있는가?

2. 인간의 도덕적 지위를 동물이나 태아의 도덕적 지위로부터 구별하는 근거로 사용될 수 있는 어떤 특징이 인간에게 있는가?

3. 신체의 지위를 격하시키는 그런 형태의 이원론에 대해 어떤 옹호나 반론을 펼 수 있는가?

4. 기회 원인설이나 사전에 확립된 조화 가운데 어느 하나를 우대할 근거를 찾을 수 있는가?

5. 이원론자들이 서로 다른 유형에 속하는 실체들 간의 상호 작용의 가능성을 배제하게 된 이유는 무엇일까?

6. 유추 논증을 최선의 설명에로의 추리(inference to the best explanation)로 재해석할 수 있는 경우가 있는가?

7. 정신의 존재를 믿는 사람이라면, 정신의 출현을 인간이 진화론적 과정에 의해 세상에 나타난다는 과학적 견해와 어떻게 조화시킬 것인가?

8. 밖에 비가 온다는 믿음을 행동주의적으로 설명해 보라. 여기서 부딪치는 어려움들은 행동주의의 약점을 드러내 주는 것인가?

9. 이론의 단순함이 형이상학적 이론의 장점이 되는 까닭은 무엇인가? 과학 이론의 경우에는 어떤가?

10. 로티의 입장은 정말로 스마트의 원래 주장에 대한 개선책인가?

8

행위와 책임

책임의 문제는 여러 가지 맥락에서 대두된다. 어떤 맥락에서는 누가 어떤 바람직하지 않은 결과에 대한 책임을 져야 되는가가 문제의 초점이다. 예를 들어서 자동차 사고로 막대한 손해가 발생한 경우에 사람들은 누가 이 손해를 배상할 책임이 있는지를 알려고 한다. 다른 맥락에서는 바람직한 어떤 일에 대한 보상을 누가 받을 것인지가 관심의 초점이다. 예를 들어서 "1급 사무"가 대단히 빠르고 효과적으로 처리된 경우 우리는 누가 그에 대한 보상을 받아야 되는지를 알고 싶어한다. 이런 여러 가지 맥락에서 사실상은 두 가지 서로 다른 문제가 개재되어 있다. 첫번째 문제는 누구의 행동이 바람직한 또는 바람직하지 않은 어떤 결과를 초래했는가 하는 것이다. 두번째 문제는 이런 행동을 한 사람이 바로 그 이유 때문에 책임이 있다거나 또는 보상을 받아야 된다고 말할 수 있는가 하는 것이다. 두 문제 다 재미있는 철학적인 문제들을 불러일으키는데, 이런 문제들이 우리가 앞으로 다루게 될 문제이다.

그에 앞서서 우선 두 가지 점을 지적해 두도록 하자. 우리는 이런 문제들을 다루는 도중에 지식(knowledge), 의도(intention), 자유(freedom) 같은 어려운 개념들을 다루게 될 것인데, 이런 개념들은 7장에서 다룬 바 있는 인간성의 독특한 측면들과 밀접한 관계를 맺고 있다. 그러므로 이 장은 여러 가지 점에서 7장의 논의를 보완하는 역할을 한다. 또 여기서 다루는 문제들은 철학뿐만 아니라 법학의 어떤 분야(예를 들어서 형법, 불법 행위에 관한 법)에서도 매우 중요한 문제이다. 그래서 여기서 인용하게 될 글 가운데 상당수는 법률에 관한 문헌들에서 뽑아온 것이다.

8.1 행위와 그 결과

책임 또는 보상의 문제를 다룰 때 제일 먼저 생기는 문제는 누구의 행동이 그런 결과를 초래했는가 하는 문제라는 점을 앞에서 지적했다. 이와 관련해서 두 가지 점에 주의해야 된다.

1. 어떤 결과를 초래한 원인을 어떤 한 사람에게 돌릴 수 없는 경우도 있다. 이런 때에는 기껏해야 여러 사람들의 행동이 모여서 그런 결과를 초래했다고 밖에 말할 수 없다. 예를 들어서 내가 타고 있는 택시가 붉은 신호를 무시하고 길을 건너다가 교차로를 과속으로 달리는 다른 자동차와 충돌을 했다고 하자. 그리고 상대편 자동차가 만약 과속으로 달리지 않았더라면, 제때에 멈출 수가 있었을 것이고, 그랬더라면 사고도 일어나지 않았으리라고 가정하자. 이런 경우에 사고를 일으키고 그 결과 나에게 피해를 준 것은 상대편 운전사의 속도 위반과 더불어 일어난 택시 운전수의 신호 위반이라고 말할 수 있을 것인데, 여기서 몇가지 재미있는 문제가 제기된다. (a) 이 경우에는 어떤 손해가 어떤 행동에 기인한 것인지를 꼬집어 말할 수 없다. 그런데 이와는 달리 어떤 손해는 어떤 사람의 행동에 기인한 것이고, 다른 어떤 손해는 다른 사람의 행동에 기인한 것이라는 식으로 손해를 가를 수 있는 경우가 있는가? (b) 위에서 든 것과 같은 경우에 어떤 행동이 다른 행동보다 손해를 더 많이 초래한 것이라고 하는 말이 의미가 있을 수 있는가? 즉 원인의 정도를 이야기한다는 것이 가능한가?

2. 때로는 어떤 사람의 적극적인 행동이 아니라, 어떤 사람이 어떤 행동을 하지 못한 것이 바람직하거나 또는 바람직하지 않은 결과를 초래하는 경우도 있다. 예를 들어서 (어버이로서 자식을 양육하는 것은 도덕적 의무이자 법률적 의무인데) 어버이가 자식에게 먹을 것을 주지 않아서 자식이 죽는다면, 자식의 죽음에 대한 원인은 분명 어버이가 양육하지 못

한 데에 있는 것이고, 어버이는 자식의 죽음에 대해서 책임이 있다. 그러나 부작위(ommission) 중에는 좀더 판정이 어려운 경우도 있어서 이런 경우에 대해서는 철학자나 법학자들이 견해의 일치를 보지 못하고 있다. 카펜터 대심원장은 영미법의 입장을 다음과 같은 구절에서 간결하게 요약하고 있다.

> A는 철로 위에 있는 두 살배기 어린이에게 열차가 다가오는 것을 보았는데, 이때 그는 길 가까이에 서 있다고 하자. 그는 자신의 안전에 전혀 위협을 받지 않고 손쉽게 아이를 구할 수가 있다. 그리고 인간의 본능은 그가 그렇게 하기를 요구한다. 그렇게 하지 않는다면 그는 냉혹한 야만인, 도의심이 없는 비인간이라 불려도 무방할 것이다. 그렇지만 그는 다친 어린이에 대해서 책임은 없다. 즉 어린이가 죽었다고 해서 그를 법률의 이름으로 고발할 수는 없다.

카펜터의 견해는 이 사태에 대해서 몇가지 분명치 않은 점을 남기고 있다. 이 경우 A가 아이를 구하지 않은 것이 아이의 죽음의 원인이 되지 않는 것인가? 그렇지 않으면 A의 태만이 원인이 되기는 하지만 A에게 책임은 없는 것인가? 위의 법률적 견지에 대한 다음과 같은 표준적인 옹호는 전자와 같은 주장이 그 근거라는 인상을 준다.

> 시카고에서 어린 아이가 굶어 죽었다. 그 부모는 생명을 유지하기에 필요한 음식을 대주지 않았다. 근처에 사는 사람들 가운데 그 누구도 음식을 먹이지 않았다. 시카고에 사는 어떤 사람도 그런 일을 하지 않았다. 다른 나라 사람은 제외하더라도 2억 이상이나 되는 미국인 모두가 그 아이에게 먹을 것을 주지 않은 것이다. 아무도 그런 일을 하지 않았으니 그 아이의 죽음의 원인은 모든 사람에게 있다고 하는 것은 분명 터무니없는 말이다.[1]

반면에 시카고의 경우에도 그럴런지 모르지만 최소한 철로의 경우에는 문제의 태만 행위가 관련된 죽음의 원인이 되고, 행동을 하지 않은 사람들은 거기에 대해서 책임을 져야 된다고 생각하는 사람들도 많이 있다.

이런 경우처럼 복잡한 경우들은 제쳐 놓고, 어떤 결과를 초래한 원인이 한 사람의 행동에 있는 간단한 경우를 생각해 보자. 어떤 행동이 어

1) Carpenter, *Perkins on Criminal Law*, p. 594.

면 결과를 초래한 원인이 된다는 것은 무슨 뜻인가? 그것이 결과에 비해 앞서서 일어난다는 것도 물론 그 의미의 일부이다. 그러나 이 사실만 가지고는 그에 대한 원인이 되기에 불충분하다. 또 무엇이 더 필요한가? 여기에 대한 표준적인 대답으로서 불가결성의 원칙(sine qua non rule)이 있다. 여기에 따르면, 어떤 행위 X의 발생이 Y가 발생하기 위한 필요 조건이 되는 경우 — 다시 말해서 사전에 X가 일어나지 않았더라면, Y가 일어나지 않았을 바로 그런 경우 — 에 X는 그 결과로 나타나는 Y의 원인이 된다는 것이다. 이런 정의가 무엇을 뜻하는지를 이해하기 위해서 간단한 자동차 사건의 경우를 예로 들어보자.

어떤 사람이 정지 신호를 무시하고 차를 몰아서 다른 자동차와 충돌을 일으킨 경우를 생각해 보자. 그리고 상대편 자동차는 사고를 막기 위해서 정지할 기회가 없었다고 하자. 이 경우에 사고의 원인은 정지 신호의 무시에 있게 되는데, 그 이유는 만약 정지 신호를 무시하지 않았더라면 사고가 일어나지 않았을 것이기 때문이다. 정지 신호의 무시가 사고 발생의 필요 조건이었던 것이다.

이것은 매우 널리 퍼져 있는 이론이기는 하지만, 여러 가지 심각한 문제점을 가지고 있다.

1. 다음과 같은 "원인이 지나치게 많은" 사건(overcaused accident)이 실제로 일어났다고 생각해 보자. A와 B는 둘 다 오토바이를 타고서, C와 말 옆(서로 다른 쪽)을 지나가고 있었다. 그들의 지나친 소음, 연기 및 속도는 말에게 공포감을 일으켰고, 그 결과 말은 난폭해져서 C를 다치게 했다. 그리고 A나 B 둘 중 하나만 C의 곁을 지났다고 하더라도, 같은 사고가 일어났으리라는 것은 분명한 일이다. 이런 경우에 A의 행동도 사고의 원인이 되고, B의 행동도 사고의 원인이 된다. 이것들은 각기 그 자체로서 결과에 대한 원인이 되는 것이다(이런 점에서 이 경우는 앞에서 살펴본 무분별한 택시 운전사와 과속 운전을 한 운전사의 경우와는 다르다. 이 경우에는 두 사람의 행동이 모두 합쳐져야 비로소 사건의 원인이 된다. 두 행동 중 어느 것도 혼자만으로서는 원인이 되지 않는다). 유감스럽게도 불가결의 원칙은 이런 분석을 배척한다. 여기에 따르면 A와 B의 행동 중 어느 것도 사건의 원인이 되지 않는다. A가 말 옆을 지나가지 않았더라도 사건은 일어났을 것이므로(B가 지나가는 것만으로도 사건이 일어나기에 충분했을 것이다), A의 행동은 사건의 원인이 아니다. 또 B가 말 옆을 지나지 않았더라도 사건은 일어났을 것이므로(A의 행동으로도 사건

을 일으키기에 충분하다), B의 운전 또한 사건의 원인이 되지는 않는다. 둘 중 어떤 행동도 사건이 일어나는데 대한 필요 조건이 아닌데도, 둘 다 사건의 원인이 된다. 그러므로 우리는 불가결의 이론이 잘못된 이론이 아닌가 하는 의심을 갖게 된다.

2. 불가결의 이론에 따르면, 어떤 사건에서나 그에 관련된 당사자들의 탄생은 그 사건의 원인이 된다는 불합리한 결론이 나온다. 어떤 사건에서나 그에 관련된 당사자들이 태어나지 않았더라면, 사건은 일어나지 않았을 것이다. 즉 당사자들의 탄생은 사건 발생의 필요 조건이다. 이런 결론을 피하기 위해 법률 이론가들은 원인(필요 조건)과 인접 원인(immediate cause) 내지 가장 가까운 원인(proximate cause)을 구별해야 된다는 주장을 폈다. 그리고 후자를 근거로 해서만이 책임을 물을 수 있다는 것이다. 이런 식의 구별이 가지고 있는 어려운 문제점은 다음과 같은 유명한 구절에서 잘 표현되고 있다.

> 손해 배상권은 여러 가지 2차적인 고려에 바탕을 두고 있다. 우선 원고의 권리가 침해를 받아야 되고, [상대방의] 부주의가 권리 침해의 원인이라야 된다. 사람들이 댐을 세우면서 그 기초에 대해서 취급을 소홀히 했다. 댐은 파손되고, 하류에 있는 재산이 피해를 입었다. 그런데 이런 모든 일이 불확실한 기초와는 상관없는 다른 원인에 의해 일어난 일이라면, 댐을 세운 사람들은 책임이 없다. 그러나 손해가 그들의 비합법적인 행동의 결과로 일어난 것이라면, 그들은 책임을 져야 된다. 결과가 드물고, 예상 밖의 일이며, 예상할 수 없는 일이라는 점은 문제가 되지 않는다. 그러나 여기에는 한 가지 조건이 따른다. 손해와 부주의(취급 소홀) 사이의 관계로 미루어 보건대, 후자가 전자의 가장 가까운 원인이라고 말할 수 있는 경우라야 된다.
>
> 이 두 단어에 대해서 포괄적인 정의는 주어져 있지 않다. 부주의란 어떤 것인지에 대해서와 마찬가지로, 어떤 것이 법률적 의미에서의 원인인지는 개개의 경우에 따라 여러 가지 사항을 고려한 결과로 결정된다. 가장 가까운 원인에 대해서는 더더우기 그러하다. 인과에 관한 철학적 이론들은 아무 도움이 되지 않는다. 어떤 소년이 우물에 돌을 던진다. 물결은 퍼지고, 수위가 올라간다. 그 우물의 역사는 지금 이후로 영원히 변경된 것이다. 이것은 다른 원인들에 의해서도 변경될 것이다. …원인들 각각은 영향을 미칠 것이다. 영향의 정도는 오직 신만이 알 수 있다. 영향의 사슬, 또는 어떤 사람은 영향의 그물을 이야기할 수도 있다. 이런 비유는 별로 도움이 되지 않는다. 원인들 각각이 미래의 사건을 일으키고, 어느 한 원인이라도 없다고 한다면 미래는 바뀔 것이다. 모

든 원인이 불가결하다는 점에서는 가장 가까운 원인이다. 그러나 이는 사람들이 이 단어를 사용할 때 생각하는 의미가 아니다. 반면에 하나뿐인 어떤 원인을 뜻하는 것도 아니다. 그런 의미에서 가장 가까운 원인이란 없기 때문이다.

그러나 굳이 비유가 필요하다면, 나는 물줄기(stream)의 비유를 들고 싶다. 샘물에서 출발해서 수많은 지류가 합쳐지고, 결국 바다에까지 이어지는 강이 되는데, 강은 수백 개의 수원지에서 온 물이 합쳐진 것이다. 물 한방울이 어디서 온 것인지를 말할 수 있는 사람은 아무도 없다. 그렇지만 구별이 가능한 때도 있다. 깨끗한 시냇물에 늪지대의 갈색물이 왼편에서 흘러들어온다. 그 다음에 점토질로 된 하천 바닥 때문에 더럽혀진 물이 오른쪽에서 흘러온다. 그러나 마침내는 서로 다른 연원의 자취조차 남지 않게 된다. 서로 뒤섞여서 더 이상 나눌 수 없게 된 것이다.

앞에서 말했듯이, 행위의 결과[의 계열]에 끝이 있다고 하더라도 우리는 행위의 결과를 마지막까지 추적할 수 없다. 그러나 어느 정도까지는 그런 추적이 가능하다. 사라예보에서 일어난 살인은 20년 뒤 런던에서 일어난 암살에 선행하는 필요 조건일 수가 있다. 등불이 뒤집어져서 시카고 전역을 태울 수도 있다. 우리는 헛간에서 일어난 불이 시카고의 마지막 빌딩을 태우는 과정을 추적할 수 있다. 그러면 등불에서 시작된 불이 시카고 파괴의 원인이라는 말이 정당화된다.

그렇지만 가장 가까운 원인은 아니다. 사람들이 "가장 가까운"(proximate)이라는 단어로써 뜻하는 바는 편의, 공공 정책, 개략적인 정의감 등의 이유로 법률이 임의로 어느 정도 이상은 사건의 계열을 거슬러 올라가기를 꺼린다는 것이다. 이는 논리의 문제가 아니라, 응용 정치학의 문제이다, 앞에서 본 화재에 관한 규칙을 예로 들어보자. 건초가 타면서 생긴 불똥이 튀어서 우리집과 이웃집에 불이 났다. 나는 주의를 하지 않은 철도 회사에서 손해 배상을 받을 수 있는데, 이웃집에서는 그럴 수가 없다. 그러나 이웃집이나 우리집이나 꼭같은 행위에 의해 꼭같이 직접적인 손해를 보았다. 이런 경우 바로 이런 식으로 경계를 가르게 된 데 유감을 표명할 수는 있다. 그러나 어디선가는 경계선이 그어져야 한다. 앞에서 철도 회사의 행위가 이웃집의 화재에 대한 가장 가까운 원인은 아니라고 말했다. 물론 원인이기는 하다. 여기서 사용된 단어는 바로 우리들의 사회 정책적인 입장을 드러내고 있는 것이다. 다른 [주의] 법원에서는 다르게 생각한다. 그러나 물줄기가 어느 곳에서 유래한 것인지를 구별해낼 수 없는 한계점이 어디엔가는 있게 마련이다.[2)]

2) Palsgraff v. Long Island Railroad Co.

그러므로 다른 견해, 즉 X의 발생이 어떤 결과 Y에 대한 충분 조건이 되는 바로 그런 경우에 어떤 행동 X는 결과 Y에 대한 원인이 된다는 견해를 살펴보자. 앞에서 본 오토바이 사건의 경우를 예로 든다면, A의 행동은 사건이 일어나기 위한 충분 조건이므로 사건의 원인이 된다. 마찬가지로 B의 행동도 사건 발생의 충분 조건이므로 사건의 원인이다. 그리고 이 이론에 따르면, 사건에 관련된 당사자들의 탄생은 절대로 사건 발생의 충분 조건이 될 수 없으므로, 결코 사건의 원인이 될 수가 없다(다른 조건이 만족되지 않았더라면, 당사자들은 사건이 나기 전에 죽었을 수도 있다). 하트와 오노어는 다음과 같은 주장으로써 이 견해를 요약하고 있다(그리고 이제 곧 다루게 될 방식으로 수정하고 있다).

> 사람들은 일상 생활과 법률에서, 예를 들어, 어떤 사람의 죽음을 때로는 독약 주입(및 기타 조건들)의 결과로 때로는 굶주림(및 기타 여러 조건)의 결과로 취급한다. 마찬가지로 상식에 따르면, 마찰, 화학 변화, 또는 충돌의(각각의 경우 다른 조건들과 더불어서) 결과로 열이 날 수 있다. 그러므로 우리들은 여러 가지 조건들로 이루어진 이런 복잡한 집합이, 우리의 일반 법칙을 따르면, 어떤 결과를 산출하는 (필요 조건 아닌) 충분 조건이라고 말할 수 있을 뿐이다.

이 이론이 수정되고 세련되어지는 한 가지 중요한 방식에 대해 언급할 필요가 있다. 우리는 바로 조금 전에 A가 오토바이를 타고 말 곁을 지나간 것은 사건 발생의 충분 조건이므로 사건의 원인이라고 말했다. 그런데 사실 그런가? 예를 들어서 말이 달아나기 시작할 때 말을 붙잡을 수 있는 위치에 어떤 사람이 있었다고 해보자. 그랬다면 사건은 일어나지 않았을 것이다. 아니면 C가 말을 진정시킬 능력이 있는 우수한 승마 기사라고 해보자. 이 경우에도 사건은 일어나지 않았을 것이다. 또 다음과 같은 경우를 생각해 본다면, …한마디로 말하자면, A의 행동은 어떤 상황이 주어질 경우에만 충분 조건이 된다. 엄격하게 말해서, 우리는 그런 상황하에서 A가 오토바이를 타고 말 곁을 지나간 것이 사건을 일으켰다고 말해야 된다. 일반적으로 말해서, 우리는 사실은 어떤 주어진 상황하에서 어떤 행동 X가 일어난 것이 어떤 결과 Y의 발생을 야기했다고 말해야 된다. 왜냐하면 이런 맥락하에서야 비로소 X의 발생이 Y발생의 충분 조건이 되기 때문이다. 이런 모든 문제들은 책임과 보상의 결정에 있어서 한 가지 근본적인 문제를 불러일으킨다. 여타의 모든 상황(다른 사람들의 행동을 포함한 상황) 중에서 유독 어떤 행동만이 가려내어지고, 이를 수행한 자가 책임이 있다거나 포상을 받아야 된다고 말하는 이유는 무엇인가?

이 문제는 인과에 관한 일반적이고 철학적인 문제의 한 예에 불과하다. X가 Y발생의 충분 조건이면 X가 Y의 원인이라는 견해를 생각해 보자. 우리가 이제 막 걸어온 것과 같은 과정을 되풀이 한다면, 우리는 곧 X가 Y의 충분 조건이 되는 것은 보통 어떤 맥락을 가정할 경우에만 가능하다는 것을 인정하게 될 것이다. 도대체 어떤 근거에서 X를 이런 맥락에서 뽑아내서 특별한 취급을 하는 것인가?

한때 콜링우드는 바로 이 문제를 제기하고 나서, 원인과 주변 상황의 중요한 차이점은 사물을 제어하는 우리의 능력에서 오는 것이라는 주장을 내놓았다. 말하자면 원인은 우리가 억제하거나 또는 산출해 낼 수 있는 그런 조건들이다.

> 제Ⅱ의 의미에서의 "원인"이란 결코 그 자체로서 어떤 "결과"를 산출할 수 있는 어떤 것을 말하는 것이 아니다. 이런 의미에서 x가 y를 야기한다고 말할 경우 우리는 결코 x 하나에 대해서만 말하지 않는다. 우리는 언제나 우리가 분명하게 드러내 말하지 않는 다른 것들과 관계를 맺고 있는 x에 대해서 말하는 것이고, 이것들이 **불가결한 주변 상황**(conditions sine quibus non)이라 불리운다. 예를 들어서 주위에 곰팡이의 포자가 없다면, 습기가 책에 곰팡이를 슬게 할 수는 없을 것이다.
>
> 원인과, 내가 말하는 바, 이런 "주변 상황"들 사이의 관계는 종종 오해를 받았다. 그 예로 밀(Mill)을 들 수 있는데, 밀은 사건의 원인을 그에 필수적으로 앞서서 일어나는 것(invariable antecedent)으로 정의했다. … 만약 그렇다면, 원인만 주어지면 그 외에 아무 것도 없어도 사건은 반드시 일어난다. 원인 이외에 다른 어떤 조건이 사건의 발생에 필요하다면, … 진짜 원인은 당연히 이제 방금 우리가 원인이라고 불렀던 것이 아니라, 이것 더하기 이른바 주변 상황들이 될 것이다. 밀은 진짜 원인은 조건들의 총집합이라는 결론을 내렸다. 사람들이 보통 원인이라 부르는 것은 이것들 가운데 하나를 임의로 뽑아서 말하는 것이며, 그것은 오로지 언어의 남용 때문에, 엄밀히 말하면 이것들 모두의 집합에 붙어야 될 이름을 부여받게 되었다는 것이다.
>
> 밀이 만약 좀더 면밀하게 살펴보았더라면 이 "선택"이 결코 임의가 아님을 알았을 것이다. 이는 분명한 원리에 따라 이루어진 것이다. 나의 자동차가 언덕

에서 "고장"이 나서 그 이유가 무엇인지를 알려고 하는데, 어떤 지나가는 사람이 나에게 언덕의 꼭대기는 언덕 아래보다 지구 중심에서 더 멀리 떨어져 있으며, 그래서 차를 몰고 언덕을 올라가는 데는 평지를 가는 것보다 더 많은 힘이 필요하다고 말해 준다 하더라도 나는 그로 인해 문제가 풀린 것으로 생각하지는 않을 것이다. 그 사람의 말은 모두 옳다. 그가 말한 것은 내 자동차가 선 데 대한 "진짜 이유"의 일부를 이루는 조건들이다. 그리고 그는 이런 조건들 가운데 일부를 "임의로 골라서" 원인이라고 불렀으니, 밀이 사람들이 항상 범한다고 한 바로 그 잘못을 범한 것이다. 반면에 자동차 조합원이 와서 엔진 뚜껑을 열어본 다음 고압선이 풀린 것을 들어보이며, "보십시오, 선생님. 선생님은 2기통만 가지고 달린 겁니다"라고 말한다면, 이제 나의 문제는 풀린 것이다. 나는 차가 선 원인을 알았다. 이것은 "임의로 고른" 것이 아닌 까닭에, 바로 그 원인(the cause)이다. 이제 내가 바로 잡을 수 있는 올바른 원인이 확인된 것이고, 그러고 나면 자동차는 잘 가게 될 것이다. 만약에 내가 언덕을 두드려서 평평하게 펼 수 있는 능력을 가진 사람이었더라면, 지나가는 사람이 언덕이 원인이라고 하면서 언덕에 주의를 돌린 것이 옳은 일이 되었을 것이다. 그리고 그 이유는 언덕이 언덕이기 때문이 아니라, 내가 언덕을 평평하게 만들 수 있기 때문이다.3)

많은 철학자들은 이런 설명이 잘못된 것이며, 다른(아마도 한층 더 복잡한) 설명이 필요하다고 생각했다. 그래서 하트와 오노어는 이렇게 말하고 있다.

한낱 조건에 불과한 것과 원인 사이의 구분선은 사실 당시에 제기된 원인을 묻는 질문의 종류와 이런 질문이 제기된 상황에 따라 미묘하고, 복잡하게 변하는 원리에 따라 상식에 의해서 그어진다. 그런 까닭에 이 원칙에 대한 일반적인 설명은 언제나 지나친 단순화를 범하게 마련이다. 어떤 철학자들은 이런 유혹을 이기지 못했다. 흄과 밀이 간과해 버린 많은 것들을 드러낸 콜링우드는 마치 "무엇이 사건의 원인인가?"라는 물음이 "어떻게 하면 그것을 저지하거나 또는 산출할 수 있는가?"라는 물음과 같은 것으로 취급했다. 이런 생각에 따르면, 원인이란 결과를 저지하거나 산출하기 위해서 우리가 저지하거나 산출해낼 수 있는 사건 내지 사물의 상태이다. 이는 모든 경우가 위에서 본 기본 형태에 속하는 경우와 같다고 본 것이다. 반면에 실지로는 기본 형태와의 유사성만이 발

3) R. G. Collingwood, "On the So Called Idea of Causation," *Proceedings of the Aristotelean Society*, 1938.

견되는 경우도 가끔 있다. 그런 견해에 선다면, 예를 들어서, 암을 막기 위해서 암의 원인에 대한 지식을 사용할 수 없을 때 이 지식을 암의 원인에 대한 지식이라 부르는 것은 부적당하게 될 것이다. 원인과 주변 상황을 가르는 데 있어서 두 가지 대조가 매우 중요하다는 관찰이 아마도 유일하게 가치있는 일반적 관찰일 것이다. 이는 어떤 주어진 것 즉 주제에 관해서 정상적인 것(상태)과 비정상적인 것의 대조와 숙고에 의한 자유로운 인간 행위와 다른 모든 조건들 사이의 대조이다.[4)]

이런 제안은 전도가 상당히 유망한 것으로 보이지만, 아직 더 발전되어야 한다. 그러므로 적어도 당분간은 인과에 관한 올바른 이론은 완전히 전개되어 있지 않다는 결론을 내릴 수 있을 것이다.

8.2 책 임

지금부터 책임의 문제를 집중적으로 다루게 될 터인데, 한때는 이것이 결정하기 쉬운 문제였던 때가 있었다. 자신의 행동으로 일어난 모든 결과에 대해서 책임이 있는 것으로 생각된 시대가 있었던 것이다. 변명은 전혀 통하지가 않았다. 나의 행동이 이런 결과를 초래하기는 했지만, 나는 책임이 없다는 말은 있을 수가 없었다. 그러나 오늘날은 사정이 다르다. 오늘날은 사람들이 자신의 행동에 대해서 책임이 있는 것으로 간주될 수 없는 많은 구실 내지 이유들이 있는 것으로 생각되고 있다. 다음과 같은 것이 그런 이유들이다(문제가 되고 있는 것이 처벌인지 아니면 손해 배상을 하는 것인지에 따라 각각의 구실이 갖는 효력에 차이가 생긴다는 점에 유의하라).

1. 행위를 한 사람이 미성년자이다.
2. 행위를 한 사람이 정신 병자이거나 정신 박약자이다.
3. 행위를 한 사람이 자신이 어떤 일을 하고 있는지, 또는 그런 행동의 결과가 어떤 것인지를 모르고 있었다.
4. 행위를 한 사람이 그런 일을 할 생각이 없었거나 아니면 그런 결과를 초래할 생각이 없었다.

---

4) H. L. A. Hart and A. M. Honore, *Causation in the Law*, 제 2 장.

5. 행위를 한 사람이 그런 일을 하도록 강요를 받았다.

이런 변화는 왜 일어났는가? 이런 사람들에게 책임을 물어서 벌을 주고 보상을 시키는 것은 같은 행동을 막는 데 도움이 되지 않으므로 이런 일들이 무의미하다는 생각에 어느 정도 그 까닭이 있다. 제러미 벤담의 글에서 이런 생각을 찾을 수 있다.

모든 처벌은 잘못이다. 모든 처벌 자체가 죄악이다. 만약에 공리 원칙(principle of utility)에서 이것을 인정할 수 있다면, 이는 보다 큰 다른 악을 몰아낼 것을 보장하는 한도 내에서만 가능하다. 그러므로 다음과 같은 경우에는 당연히 처벌을 가하지 말아야 된다. … Ⅱ 처벌이 효과가 없을 것이 분명한 경우. 그 중에는 이런 경우들이 있다. … 3. 처벌 규정이 그들에게 알려져 있기는 하지만, 문제가 되는 행동을 하지 못하게 막는다는 점에서는 영향을 미치지 못하는 경우. Ⅰ. 극히 어린 사람, Ⅱ. 미친 사람, Ⅲ. 만취한 사람이 이런 경우에 속한다. … 4. 그가 하려고 하는 구체적인 행동에 대해서 처벌 조항이 저지 효과를 낼 수 없는 경우. 이런 상황은 Ⅰ. 비고의적 행동의 경우와 Ⅱ. 무의식중에 한 행위의 경우에 일어날 수 있다.5)

다른 한편 공정성과 정당성을 유지하려면 이런 변명을 인정해야 된다는 생각도 있다. 하트를 인용한다.

[정의 원리는] 규칙을 어긴 죄로 개인을 기소하고 벌줌으로써 개인을 희생해서 얻을 수 있는, 가능한 한 최대한의 안정과 행복과 번영에 대한 나머지 사람들의 요구로부터 각 개인이 보호를 받아야 된다는 생각을 구현하고 있다. 이런 일을 하기 위해서는 처벌받는 사람이 자신의 자유로운 선택의 결과로 한 행동에 의해 법을 어겼음을 증명하는 형태로 나타나는 도덕적인 인가가 필요하며, 변명의 인정은 이런 인가의 조건들이 만족될 것을 보장하기 위해서 사람들이 취할 수 있는 최대한의 조치이다.6)

이 절에서 우리는 이런 변명들과 관련해서 일어나는 여러 가지 철학적 문제들 가운데 몇가지를 살펴볼 것이다. 우선 행동을 한 사람이 그 행동 또는 그 결과를 행할 뜻이 없었다는 변명 (4)를 살펴보자. 바로

5) Jeremy Bentham, *The Principles of Morals and Legislation*, 제 13 장.
6) H. L. A. Hart, *Punishment and Responsibility*, 제 1 장.

이것 때문에 다음과 같은 경우에 의사가 책임이 없는 것으로 간주되는 이유가 설명된다. 여러분이 대단찮은 병에 걸린 환자를 치료한다고 하자. 여러분은 그에게 표준 처방에 따라 약을 준다. 그런데 이 약이 극소수의 사람들에게는 끔찍한 반응을 일으킨다(그리고 이 환자도 그런 사람들 가운데 한 사람이다)는 사실을 알고 있는 사람은 아무도 없다. 여러분도 이 사실을 알지 못한다. 여러분이 그 환자에게 약을 준 결과, 그는 매우 고통을 받는다. 그렇지만 그런 결과는 의외의 일이기 때문에, 여러분은 거기에 대해서 책임이 없다.

한편, 그런 반응이 매우 흔한 것으로 알려져 있는데도 여러분은 그 환자가 그런 반응을 일으킬 것인지 여부를 확인하지 않은 경우에는 사람들의 반응이 전혀 다르게 되리라는 점에 주의해야 된다. 이런 경우 여러분이 비록 그런 일을 의도한 것은 물론 아니지만, 여러분의 행동은 최소한 과실이다. 그리고 여러분은 보상을 할 책임이 있는 것으로 간주될 것이며, 또 마땅히 그래야 된다. 또 여러분이 어떤 사람에게 총을 겨누고, 거기 탄알이 있는지를 확인하지도 않고 방아쇠를 당긴다고 하자. 이런 경우 비록 여러분 자신은 그에게 피해를 줄 생각이 없었다고 하더라도(예를 들어 여러분은 총알이 들어 있지 않다고 생각하고 있었기 때문에), 총알이 들었는지를 확인하지 않았으므로 과실이며, 그 행동은 무분별한 행동이다. 그래서 여러분은 자신이 초래한 재난에 대해 책임이 있으며, 처벌을 받아야 될 것이다.

철학자들 및 윤리 사상가들은 어떤 행동 내지 그 결과를 의도한다는 개념에 대해서 지대한 관심을 표명해 왔다. 어떤 것을 의도한다는 것은 무엇을 말하는가? 이는 단순히 결과를 예견하는 것과는 다른 어떤 것인가? 이런 문제에 관한 법률 논쟁은 허버트 모리스의 다음과 같은 분석에서 요약되어 있다.

> 전통적으로 법학자들은 의도라는 개념을 두 개의 서로 다른 개념을 사용해서 분명하게 만들려고 시도했다. 즉 의도란 어떤 예상되는 결과를 욕구하거나 또는 기대하는 것이라는 것이다. 이것들 중에서 어느 것이 의도와 본질적인 관계를 가지는지에 대해서 언제나 서로 다른 견해가 있었다. 어떤 법학자들은 자신의 행위에서 어떤 결과가 생기리라고 기대하는지 않는지는 중요하지 않다는… 노선을 택한다. 자신의 행동에서 어떤 결과가 나올 것을 바란다면, 그 결과는 의도된 것이다. 이 결과가 사실로 나타난다면, 이것은 고의적이다. … 어떤 사람이 다른 사람을 죽이기를 바라면서 그에게 총을 쏘지만, 그가 너무 멀리 떨어져

> 있어서 성공할 가능성이 희박하다고 생각한다고 하자. 이런 견해에 따르면, 이 경우 그는 상대방을 죽일 의도를 가진 것이다. …의도에 관한 이런 견해를 택하는 법률가들은 어떤 것을 "수단으로서" 바라는 것과 "목적으로서" 바라는 것을 구분한다. …다른 접근 방식에서는 이런 분석을 거부한다. 본질적인 것은 어떤 결과가 자신의 행동에 뒤따라 일어나리라는 기대이다. 욕구(desire)는 중요하지 않다. …원거리 사격의 경우에서처럼 상대방을 죽일 기대를 갖고 있지 않다면, 그를 죽일 의도가 없는 것이다.7)

두 가지 접근 방식 모두 고의적 행동과 의도된 결과에 대한 어떤 모델을 내놓고 있다. 이 모델에 따르면, 고의적 행동 내지 의도된 결과란 어떤 심리적 사건 즉 의도에 뒤따라 일어나는 어떤 것이다. 이 두 견해의 차이점은 그런 사건의 성격에 관한 견해에 있을 뿐이다. 한 견해에서는 이 사건이 그런 행동을 하려는 욕구 또는 그런 결과를 발생시키려는 욕구라고 주장하는 반면, 다른 견해에서는 자신이 그런 행동을 수행하리라는 기대(expectation) 또는 자신이 그런 결과를 발생시키리라는 기대가 그것이라고 주장한다.

어떤 철학자들은 이런 모형 자체에 대해서 의문을 제기했다. 그런 사람들은 이런 심리적 사건의 발생은 의도 및 고의적 행위의 중심되는 요소가 아니라고 생각한다. 그래서 앤스컴은 의도적 행위가 욕구에 의해서 성립한다는 견해를 비판하면서 다음과 같이 말하고 있다.

> "왜?"라는 질문에 대해서 …행위의 의도를 들어서 대답할 때 이것 또한 일종의 원인 즉 심리적 원인을 드는 것이라고 생각하는 사람이 있을 것이다. 이런 대답은 "나는 …을 원했기 때문에," 또는 "…에 대한 바람(desire) 때문에" 등의 형태로 바꾸어 놓을 수 있지 않겠는가? 사과에 대한 욕구가 나에게 영향을 미친 결과, 나는 일어나서 사과가 있다고 생각하는 찬장으로 간다면, 왜 이런 행동을 했는가라는 질문에 대해서 나를 그렇게 만든 원인으로서 사과에 대한 욕구를 듦으로써 대답을 할 수가 있을 것이다. 그러나 "나는 무엇을 하기 위해서 어떠어떠한 일을 했다"가 언제나 "나는 어떠어떠한 욕구를 가졌다"에 의해 뒷받침을 받을 수 있는 것은 아니다. 예를 들어서 나는 그냥 문 두들기는 소리를 들었을 뿐이고, 어떤 욕구도 경험하지 않고 문을 열기 위해 아래층으로 내려갈 수도 있다.8)

7) Herbert Morris, *Freedom and Responsibility*, pp. 158~59.
8) G. E. M. Anscombe, "Intention," *P. A. S.* 1956~57.

욕구나 기대 둘 다 의도를 적절하게 설명하지 못한다는 생각은 널리 받아들여지고 있지만, 어떤 새로운 모델이 나타나야 되는지는 분명치가 않다.

최근에 적어도 어떤 분야에 관한 법률에 있어서는 결과를 의도하지 않고서 과실이 아닌 행동을 한 사람이라고 할지라도 책임이 면제(excused)되어서는 안 된다는 생각이 늘고 있다. 여러 분야에서 법률은 사람들이 자신의 행위와 그 결과에 대해서 책임이 있으며, 변명 (4)는 받아들일 수 없다고 주장하는데, 이런 법률을 엄격한 책임의 법률(laws of strict liability)이라 부른다. 왜 이런 생각이 나타나게 되었는가? 바로 앞에서 우리는 변명들, 그 중에서 특히 변명 (4)를 받아들여야 될 만한 설득력있는 이유들이 많이 있음을 보지 않았는가?

엄격한 책임의 법률들에 대한 옹호는 그런 법률이 제안되는 맥락에 따라 여러 가지 형태로 나타난다. 나는 어떤 위험한 활동들에 대해서 그런 법률들이 적용되는 것을 옹호하는 데 쓰여질 수 있는 일련의 논증에 관심을 집중시키려고 한다. 여러분이 기억하시다시피 벤담은 그런 상황에서 책임을 지움으로써 얻을 수 있는 이익이란 아무 것도 없다는 사실을 근거로 결과가 의외라는 변명(excuse of unintended consequences)을 옹호했다. 그런데 리차드 와서스트롬은 그것이 그렇지 않다는 설득력있는 주장을 펴고 있다.

> 적어도 두 가지 점에서 엄격한 책임의 법률들이 "보통의" 형법들보다 더 큰 억제 효과를 가지는 것으로 생각된다. 우선 어떤 행동을 하고 있는 사람이 이런 종류의 행동에 대해서는 엄격한 책임의 법률이 적용된다는 것을 알고, 바로 그 때문에 좀더 주의를 하게 되는 경우가 있을 수 있다. …둘째로…, 스스로 법률이 규정하는 해로운 결과를 초래하지 않도록 일을 처리할 능력이 없다고 생각하는 사람은 아예 그런 일을 하지 않는 것이 옳다.[9]

한편 하트가 언급한 그런 식의 정의를 생각한다면, 이런 법률을 받아들일 수 없을 것이다. 그가 한 일에 잘못이 없다면, 어째서 그가 책임이 있다고 주장하는가? 책임이 있다고 하면 단순히 자기 때문에 일어난 손해를 배상할 의무가 생기는 데 그치는 것이 아니라 형사 처벌을

---

9) Richard Wasserstrom, "Strict Liability in the Criminal Law," *Standford Law Review*, 1959~60.

받아야 되는 경우라면, 그런 법률들에 대한 사람들의 태도가 아마 달라지리라는 것은 재미있는 사실이다. 정의의 요구가 전자보다는 후자에서 더욱 절박한 것으로 대두될 것이다.

우리들은 지금까지 변명 (4)와 관련해서 일어나는 몇가지 문제들을 살펴보았다. 이제 변명 (5) 강요에 의한 행위라는 변명(excuse of compulsion)과 관련해서 일어나는 몇가지 문제점들을 살펴보자. 다음과 같은 경우에 책임이 없는 이유를 설명해 주는 것은 이 변명이다. 당신이 은행 앞에 차를 세워두었는데, 은행 강도들이 훔친 돈을 가지고 나와서 차에 올라타고는 자기들이 안전하게 도망치는 데 협조하지 않으면 죽이겠다고 위협하는 경우를 생각해 보자. 당신은 그들이 시키는 대로 한다. 그들이 훔친 것을 가지고 도망치는 것을 도우기는 했지만, 당신은 강요에 의해 그렇게 한 것이므로 그들을 도운 데 대해 벌을 받지 않는다.

강요에 의한 경우에 행위자는 다른 사람의 위협을 받는다(아니면 적어도 자신이 그런 경우에 놓여져 있다고 생각한다). 그는 바로 이 위협 때문에 어떤 행동을 하게 된 것이며, 그 결과에 대해서 책임이 없는 것으로 간주된다. 또 어떤 경우에는 재난을 막기 위해서 어떤 행동을 하는 수도 있는데, 이런 때에는 위협을 받은 것은 아니다. 이런 경우들 가운데 어떤 경우에는 행위자가 자기의 행동 및 그 결과에 대해서 책임이 없는 것으로 간주된다. 이런 경우는 불가피함의 변명(excuse of necessity)이 통하는 경우라고 불리운다.

법률이 불가피함의 변명보다는 강요의 변명에 대해서 더 관대하다는 것은 지적해 둘 만한 재미있는 사실이다. (빅톨 위고의 《장발장》에 나오는) 굶주린 장발장은 빵을 훔친 책임이 있는 것으로 간주된다. 그는 자신의 굶주림을 들어서 불가피한 일이었다는 호소(plead necessity)를 할 수가 없다. 그런데 만약에 그에게 상처를 입히겠다고 위협하는 다른 사람의 명령에 따라 빵을 훔친 것이라면, 그는 강요의 변명을 청할 수 있었을 것이고 따라서 책임이 없는 것으로 간주되었을 것이다. 무엇이 이런 차이를 정당화하는지가 즉각적으로 분명하지는 않다.

강요의 변명을 정의할 때 나타나는 매우 어려운 문제들 가운데 하나는 행위자가 강요에 의해 그런 일을 하게 된 경우와 어떤 상을 받기 위해 그런 일은 한 경우를 구분하는 것이다(후자의 경우에 그는 용서를 받지 못한다). 예를 들어서 마약 상인이 마약 중독자에게 강도질을 도와주어야만 약을 주겠다는 말을 한다고 하자. 마약 중독자는 범죄를 돕도록 강요를 받은 것인가? 아니면 그는 단순히 도와주면 상을 주겠다는 약속을 받은 것뿐인가? 그에게는 선택의 여지가 있었으므로 강요를 받은 것은 아니라고 생각할런지도 모른다. 그는 돕기를 거절할 수도 있었다. 그러나 도둑들의 도주를 도운 운전사에 대해서도 마찬가지 말을 할 수 있다. 그에게도 선택의 여지는 있었다. 그도 도움을 거절할 수 있었다. 그렇다면 선택의 여지가 있다는 것은 분명 강요를 받는 것과 양립할 수 있는 일이다. 그러므로 마약 중독자의 경우를 어떻게 분석할 것인지는 아직 결정되지 않은 문제이다.

마약 중독은 물론 책임에 관한 훨씬 더 근본적인 문제를 불러일으킨다. 마약 중독자가 약을 살 돈을 모으려고, 도둑질을 하는 경우를 생각해 보자. 그는 이 행동에 대해서 책임이 있는 것으로 간주되는가? 첫번째 경우와는 달리 이 경우는 분명 전형적인 강요의 경우는 아니다. 여기서 중독자를 위협하고 있는 사람은 분명 존재하지 않는다. 그럼에도 불구하고 마약 중독자는 약에 대한 내적 욕구의 강요를 받았으므로, 책임이 있는 것으로 볼 수 없다고 생각하는 사람들도 있다. 내적 욕구의 강요가 있을 수 있다는 견해를 받아들이게 되면, 의당 강요의 분석이 훨씬 더 복잡하게 된다. 그러나 그렇다고 해서 이 주장을 진지하게 받아들이지 말아야 되는 것은 아니다.

강요의 변명과 관련해서 생각해야 될 또다른 일련의 문제들이 있다. 모든 위협이 모든 행동의 책임을 면제해 주는 것은 물론 아니다. 전시에 적군이 당신에게 와서 자기네들을 도와서 반역을 하지 않으면 당신 집을 불태워 버리겠다고 위협하는 경우에, 만약 그들에 동조해서 반역죄를 범한다면 당신은 용서받을 수 없을 것이다. 그러나 그런 위협을 받고 비교적 조그만 죄를 짓는다면, 이는 분명 용서를 받을 것이다. 이런 경우에는 당신의 행동이 야기하는 피해와 그 위협의 경중을 따지게 되는 것이다. 이런 원칙에 입각한 규칙은 하와이의 법률에서 발견할 수 있다. "다른 사람에게 해를 끼친 일로 비난받는 사람이 자기 자신에게 그것과 같거나 또는 그 이하의 위험이 임박함이 주는 위협을 핑계로 자신을 정당화할 수는 없다."

다른 사람의 목숨을 빼앗지 않으면 자기의 생명이 위협을 받는 경우에 어려운 문제가 생긴다. 이런 경우에는 실제로 두 가지 문제가 생긴다. (1) 사람들은 자기 생명을 구하기 위해서 다른 사람의 생명을 빼앗아도 좋은가? 그런 행동은 정당 방위로서 정당화될 수 있는 행동인가?

아니면 상대방이 죄 없는 사람이므로 그런 행동은 정당하지 못하다는 결론을 내려야 되는가? (2) 다른 사람의 생명을 빼앗는 것이 비록 나쁜 일이기는 하지만, 강요에 의한 것이라서 용서를 받는 행동인가? 영미법의 전통은 두 문제에 대해서 다 "그렇지 않다"고 대답한다.

> 관습법은 어떤 강요도, 심지어는 죄 없이 죽을 위험조차도, 죄 없는 결백한 사람을 고의로 죽인 데 대한 구실로서 충분한 것으로 인정하지 않는다. … 블랙스톤의 말을 빌면, "죄 없는 사람을 죽여서 죽음을 면하느니 차라리 자기 자신이 죽어야 된다." 정당 방위의 경우와의 어떤 유추도 타당할 수가 없다. 왜냐하면 정당 방위에 있어서는 죄 없는 사람을 죽이는 일이 없기 때문이다. 헤일(Hale)이 지적하고 있듯이, 즉시 죽을 위험에 처해서 자기 생명을 구하기 위해 죄 없는 사람을 죽이는 경우에는 용서받을 수 없지만, 위협한 자를 죽이는 것은 용서받을 수 있다.10)

한편 마이모니데스는 이 두 질문에 대해서 각각 다른 대답을 해야 된다고 생각한다.

> 율법을 어기지 않으면 죽이겠다고 위협하는 사람이 있다면, 여러분은 율법을 어겨야 된다. … 이는 우상 숭배, 간음, 살인 이외의 모든 경우에 대해서 타당하다. 이 세 가지 죄로 말하자면, 만약에 여러분의 생명이 위협을 받으면, 여러분은 법을 어겨서는 안 되고 목숨을 버려야 된다. … 그렇지만 여러분은 강요를 받은 것이므로, 육체적 처벌을 받을 수 없다. 그리고 자발적으로 행동한 사람만이 사형을 받을 수 있는 까닭에, 여러분이 설사 어떤 사람을 죽인다 하더라도 물론 사형을 받아서는 안 된다.11)

이 절에서 우리는 몇가지 변명과 관련해서 생기는 중요한 문제 몇가지를 간결하게 분석해 보았을 뿐이다. 이 변명들과 관련해서 생기는 다른 문제들도 많이 있고, 위에서 언급한 다른 변명들과 관련해서 또다른 문제들이 발생하기도 한다. 여기서 이런 문제들을 더 이상 다룰 수는 없지만, 변명에 관한 전반적인 이론은 분명히 더 다룰 가치가 있는 것이다.

---

10) Carpenter, 앞의 책 p. 951.

11) Maimonides, *Laws of the Foundation of the Tora*, 제 5 장.

8.3 처벌과 자유

어떤 사람이 자기 행동에 대해서 책임이 있는 것으로 간주되는 경우들 중에서 어떤 경우에는 희생자에게 자기 때문에 일어난 피해를 배상하기만 하면 된다. 다른 경우에는 책임이 있는 것으로 간주되는 사람은 그런 행동에 대해 사회의 처벌을 받아야 될 것이다. 이런 차이는 몇가지 다른 차이와 관련된다. (1) 첫번째 경우에는 피해자가 책임져야 될 사람을 법정으로 소환하는 반면에, 두번째 경우에는 사회가 책임져야 될 사람을 법정으로 소환한다. (2) 첫번째 경우에는 희생자가 — 행위가 수행되는 당시에 그 행위에 동의하거나 또는 나중에 재판을 걸지 않음으로써 — 법정에 소환할 권리를 포기할 수도 있다. 두번째 경우에는 행위가 수행되는 당시의 감정이건 그 후의 감정이건간에 희생자의 감정은 (적어도 이론상으로는) 문제가 되지 않는다. 이 두 가지 경우를 가르는 특징이 무엇인지는(여기서 우리들이 캐물을 수는 없지만) 재미있는 문제이다. 이 두 경우를 그처럼 다르게 취급하는 까닭은 무엇인가?

이 장의 마지막 절인 여기서 우리들은 두번째 종류에 속하는 경우들을 탐구할 것인데, 여기서는 사회 제도로서의 처벌을 둘러싼 문제점들이 드러난다.

왜 우리는 사람들을 처벌하는가? **응보주의** 이론(retributive theory)이라 불리우는 한 이론에서는 정의를 시행하는 것이 처벌의 목적이라고 말한다. 여기에 따르면 벌을 받아 마땅한 사람에게 벌을 주는 행위 자체가 좋은 일이라는 것이다.

> 처벌은 그것이 시행되어 마땅한 경우에만 처벌이다. 우리가 처벌을 받는 것은 우리가 처벌을 받아 마땅한 일을 했기 때문일 뿐 다른 어떤 이유 때문도 아니다. 만약에 악행 때문에 처벌이 정당한 일이라는 이유 이외의 어떤 이유 때문에 처벌을 가한다면, 이는 대단히 비도덕적이고, 현저한 부정의, 참을 수 없는 범죄이며, 그것이 사칭하고 있는 어떤 것이 아니다. …처벌은 정의이며, 정의는 적당한 몫을 줌을 뜻한다.[12]

나머지 하나의 유력한 이론, 즉 소위 **목적론적** 이론(teleological theory)

12) F. H. Bradley, *Ethical Studies.*

에서는 처벌이 필요악(necessary evil)이라고 말한다. 처벌은 범죄자 및 기타 다른 사람들로 하여금 더 이상 나쁜 일을 하지 못하게 하기 위해서 필요하다. 또 처벌은 범죄자들을 교화하는 데 사용될 수도 있다.

> 더 많은 수의 다른 사람들의 비슷한 요구를 위해서 개개인의 요구를 끊임없이 억제하지 않는 한 사회 생활은 불가능할 것이다. 그리고 범죄자들을 처벌함에 있어서 처벌을 받는 개인보다는 사회 전체의 이익(the good)을 더 생각해야 되는 경우도 있다. 다른 사람들에 대해서 정의를 행하는 것과 일관성을 유지할 수 있는 한도 내에서 개인의 이익(the good)도 동시에 생각하는 것은 물론 의무에 속한다. 그리고 처벌이 다른 사람들에 대해서 가지는 억제 및 교육 기능뿐만 아니라 가능한 한 [죄수들에 대해서] 교화 기능도 가질 수 있도록 최선을 다하는 것은 분명 국가의 의무이다.[13]

어쨌든 당분간은 처벌을 정당화해 주는 적절한 근거를 댈 수 있다는 것을 인정한다면, 처벌의 성격 및 정도는 어떠해야 되는가? 처벌은 벌금이나 징역으로 이루어져야 되는가? 벌금은 얼마나 받아야 되고, 징역 기간은 얼마로 잡아야 되는가? 사형은 정당화될 수 있는가? 이런 문제들은 처벌 이론이라면 반드시 한번 생각해 봐야 되는 문제들이다.

목적론적 처벌 이론의 견지에서 보면, 처벌은 언제나 악이다. 그러나 억제와 교화라는 사회적 선을 성취할 필요가 있는 것이다. 이런 기본 전제들은 방금 든 문제들에 대해서 목적론적 관점에서 대답을 시도할 수 있는 바탕을 마련하고 있다. 목적론적 처벌 이론을 옹호한 가장 중요한 사람들 가운데 한 사람인 벤담은 적당한 처벌의 양을 결정할 때 사용될 수 있는 규칙들을 열거한 적이 있다. 이 규칙들 중에서 가장 중요한 것으로서 다음과 같은 규칙들이 있다.

규칙 1. 처벌의 가치가 죄를 지어서 얻는 이익의 가치를 능가하기에 충분한 것보다 작을 수는 결코 없다.

규칙 2. 범죄의 해악이 크면 클수록 처벌에 들여도 좋은 비용이 더 많아진다.

규칙 5. 처벌이 여기서 제시한 규칙들에 따르기 위해서 필요한 정도 이상으로 가해져서는 절대로 안 된다.

13) Hastings Rashdall, *Theory of Good and Evil*, 제 1 권.

규칙 7. 처벌의 가치가 죄를 지어서 얻는 이익의 가치를 능가하게 만들려고 한다면, 처벌의 확실성이 줄어드는 데 비례해서 처벌의 양은 늘어나야 된다.

규칙 8. 범죄와 처벌 사이의 시간적 간격이 늘어나는 데 비례해서 처벌의 양은 늘어나야 된다.

규칙 9. 범법 행위에 습관의 자취가 두드러지게 나타나는 경우에는 처벌의 정도를 강화해서, 개별적인 범법 행위에서 오는 이익을 능가할 뿐만 아니라 같은 사람이 벌을 받지 않고 범할 수 있을 법한 다른 비슷한 행위들에서 오는 이익도 능가할 수 있도록 해야 된다.

뒤에 나오는 규칙들이 특히 중요하다. 많은 범죄학자들은 가벼운 처벌이 빠른 시일 내에 보편적으로 가해진다면, 때로는 가해지지 않고 때로는 오랜 시일이 지나서야 비로소 가해지는 엄중한 처벌보다 억제 효과가 뛰어나다는 점을 지적한다. 보다 강력한 범죄 방지를 주장하는 사람이라면, 사회 정의의 구현을 위해서 무거운 처벌을 가하기보다는 차라리 보다 많은 비용을 쓰기를 주장하는 편이 나을 것이다.

사형의 문제는 어떤가? 목적론적 견지에서 본다면, 핵심적인 문제는 사형이 억제 효과를 가지는가 하는 것이 아니라, 사형이 종신 징역 같은 다른 처벌보다 탁월한 억제 효과를 가지는가 하는 것이다. 하여간에 벤담의 규칙 5는 가벼운 처벌(종신 징역)로서 마찬가지 효과를 낼 수 없을 경우에만 무거운 처벌(사형)을 사용해야 된다고 말하고 있다.

목적론적 견지에서 사형의 문제를 다룬 사람들은 보통 사형이 정당화될 수 없다는 결론을 내렸다. 그 주장의 핵심은 사형법이 통과되면 범행 억제력이 늘어난다는 것이 통계상으로 입증되지 않고 있다는 것이다. 셀린은 다음 글에서 이런 주장을 간략하게 제시하고 있다.

억제, 저지, 또는 방지 —이런 말들은 서로 교환 가능한 것으로 사용되는데 —등의 말을 할 때 우리들은 보통 처벌이 (1) 벌받는 당사자의 앞으로의 행동과 (2) 다른 사람들의 앞으로의 행동에 대해서 미치는 효과를 생각한다. 어떤 사람들은 전자를 개인적 방지, 후자를 일반적 방지라고 불러서 이 두 가지 효과를 구별하기도 한다. 사형을 집행한다면, 개인적 방지 효과는 물론 완벽하다. 이 경우는 처벌의 집행이 갖는 일반적 방지 효과만이 연구 대상이 될 수 있는 유일한 경우이다. …사형 제도가 예비 살인자들에게 억제 내지 방지 효과를 미칠 수 있다면, 다음과 같은 명제들이 참이 되리라고 가정하는 것이 온당할 것으로 생각된다.

(a) 다른 요인들이 같다면, 사형이 폐지된 나라(미국의 주)보다는 사형 제도가 있는 나라에서 살인 사건이 더 드물게 일어나야 된다. 이 점에 있어서 서로 비교가 되는 나라는, 어떤 한 나라에만 있는 특징이 살인율에 심각한 영향을 미치는 일이 없도록 하기 위해서, 다른 모든 점 — 예를 들어서 사회·경제적 조건, 인구형 — 에서는 가능한 한 서로 비슷한 나라들이라야 된다.

(b) 살인은 사형 제도가 폐지되면 늘어나고, 사형 제도가 부활되면 줄어들어야 된다.

(c) 범죄가 일어난 적이 있고 또 그 결과를 사람들에게 가장 강렬하게 깨닫게 만든 나라에서 억제 효과가 제일 커야 되고, 그래서 살인율에 가장 뚜렷한 영향을 미쳐야 된다.

(d) 사형 제도가 없는 나라보다는 사형 제도가 있는 나라의 법률 집행관들이 죽이려는 공격을 받는 일이 더 드물어야 된다.

...

지금까지 검토한 자료에서 다음과 같은 사실들이 드러난다.

1. 살인율의 등급(level)은 국가군에 따라서 다르다. 살인율은 뉴 잉글랜드 지역과 중서부의 북쪽 주들에서 가장 낮고, 미시간 주, 인디애나 주 및 오하이오 주에서는 그보다 조금 높다.

2. 정치 경제적 환경 및 인구가 비슷한 주들로 이루어진 한 무리 내에서 사형 폐지주와 다른 주를 구분할 수는 없다.

3. 사형 제도가 있는 주와 사형 제도가 없는 비슷한 주의 살인율 변화 추세(trends)는 비슷하다.

여기서 나오는 불가피한 결론은 처형이 앞에서 보았듯이 고의적 살인율의 적절한 지표라 간주되고 있는 살인율에 뚜렷한 영향을 미치지 않는다는 것이다.[14]

지금까지 우리는 목적론적 이론의 견지에서 처벌의 종류 및 정도의 문제를 살펴보았다. 응보주의 처벌 이론의 견지에서는 물론 이런 문제들이 전혀 다른 양상을 띠게 된다.

응보주의 이론을 옹호한 위대한 철학자들 가운데 한 사람인 칸트는 이런 문제에 대한 대답을 다음과 같이 제시하고 있다.

공법적 정의는 어떤 종류, 어떤 정도의 처벌을 원리 및 기준으로 받아들이는가? 이는 다름 아닌 (정의의 자에 나타난 지침에서 예시되는) 평등의 원칙, 즉

14) Thorsten Sellin, *The Death Penalty.*

> 한 쪽을 다른 쪽보다 우대하지 말라는 원리이다. 그러므로 당신이 다른 어떤 사람에게 정당하지 않은 악을 자행한다면, 이는 곧 자기 자신에게 악을 자행하는 것이다. 당신이 그를 비방한다면, 스스로를 비방하는 것이요, 당신이 그의 물건을 훔친다면 자신의 물건을 훔치는 것이요, 당신이 그를 죽인다면 자기 자신을 죽이는 것이다. 보상의 법(jus talionis)만이 처벌의 정확한 종류 및 정도를 결정할 수 있다. 그러나 이런 결정은 (당신의 개인적인 판단이 아니라) 재판정에서 이루어져야 된다는 점을 알아야 된다. 다른 모든 기준은 때와 장소에 따라 바뀌기 마련이고, 다른 이차적인 고려 사항들과 뒤섞이기 때문에 순수하고 엄격한 법률적 정의와 양립할 수가 없다.[15]

좀더 뒤에서 칸트는 이 이론이 어떻게 적용되는지 그리고 이 이론이 어떻게 사형을 정당화하는 데 사용되는지를 계속해서 설명하고 있다.

> "당신이 그에게 물건을 훔친다면, 자기 자신의 물건을 훔치는 것"이라는 말은 무엇을 뜻하는가? 어떤 사람이 도둑질을 하게 되면, 그는 다른 모든 사람의 소유권을 불확실하게 만드는 것이다. 그래서 그는 (보상의 법에 따라서) 모든 가능한 소유권이 갖는 확실성을 자기 자신에게서 빼앗는 것이다. 그는 가진 것이 아무 것도 없고, 또 새로운 것을 가질 수도 없다. 그럼에도 불구하고 그는 살기를 원하는데, 이는 다른 사람들이 그에게 먹을 것을 주지 않으면 불가능하다. 그러나 국가가 그를 거저 먹여 주지는 않을 것이므로, 그는 국가가 자신을 필요로 하는 일이면 어떤 것에라도 자기의 노동을 바치겠다고 청한다(노동형의 선고). 그래서 그는 그때그때 사정에 따라 일정한 기간 동안이나 아니면 무한정으로 노예가 된다.
>
> 그러나 그가 범한 것이 살인죄라면, 그는 죽을 수밖에 없다. 이런 경우 법률적 정의의 요구를 만족시킬 수 있는 다른 방법은 아무 것도 없다. 아무리 비참한 상태라 하더라도 살아남아 있는 것과 죽음이 같은 종류의 것일 수는 없다. 그러므로 범법자가 재판에 회부되어서 처형을 받지 않는 한 범죄와 보상의 동등함이 유지될 수 없다. 그러나 범죄자의 처형은 그에게 인간에 대한 혐오를 불러일으키는 학대가 전혀 없는 상태에서 이루어져야 된다. 설령 사회 구성원들이 모두 한결같이 동의함으로써 문명 사회가 해체될 계제에 놓여 있다(예를 들어서 섬에 살고 있는 주민들이 각기 흩어져서 세계 각지로 나아가 살겠다는 결정을 내렸다)고 할지라도, 그에 앞서 감옥에 남아 있는 최후의 살인자까지 처형해야 된다. 그렇게 함으로써 모든 사람이 자기가 한 일에 합당한 응분의 몫을

---

15) Immanuel Kant, *Metaphysical Elements of Justice.*

받게 되는 것이며, 사람들이 처벌을 밀고 나가지 못함으로써 살인죄가 스스로에게 돌아오는 일이 없게 된다. 사람들이 만약 처벌을 밀고 나가지 못한다면, 법률적 정의를 어기는 것이며 그래서 공범자로 간주될 수 있다.16)

처벌에 관한 두 가지 입장에 대해서 다 반론을 제기할 수 있다. 목적론적 이론은 분명히 처벌이 범행 억제에 도움이 되는 정도 및 교화의 가능성에 대한 강력한 가정에 바탕을 두고 있다. 그러나 이런 가정은 결정적으로 잘못된 것이라고 말하는 사람들도 가끔 있다. 많은 상습범들은 억제 및 교화 장치로서의 처벌 제도가 가련하게도 실패였음을 보여준다는 것이다. 이토록 강한 주장은 잘못된 것으로 보인다. 예를 들어서 1967년 영국 도로 안전법(British Road Safety Act)이 통과된 뒤 심각한 (특히 주요 음주 시간대에 일어난) 교통 사고의 비율이 상당히 낮아졌음을 생각해 보라. 이 법은 비록 가벼운 음주라 하더라도 음주 후에 운전하는 사람들에게는 무거운 벌금을 물리도록 규정하고 있다. 그렇지만 공정하게 평가한다고 하더라도 목적론적 이론에 입각한 처벌은 여러 가지 측면에서 심각한 결함을 가지고 있다.

대부분의 경우에 수사와 처벌이 없는 것보다는 수사와 처벌이 있는 것이 더 많은 억제 효과를 가진다고 믿을 이유는 대단히 많다. …그러나 실제로 처벌의 효과를 억제라는 측면에서만 다루는 것은 지나치게 협소한 관점이다. 억제 또는 비억제 효과와는 별개로 처벌은 범법자를 더 좋은 사람으로나 더 나쁜 사람으로 개조할 수 있다. 그리고 처벌의 종류에 따라 상황 또한 여러 가지로 달라진다. 벌금형의 경우에는 크고 작은 억제 효과로 이야기되는 것 이외에 다른 효과들도 많이 있다. 짧은 징역형의 경우에도 상황은 대동소이하다. …장기 징역의 경우에는 문제가 달라지고 훨씬 복잡하게 된다. 교도원들은 죄수가 들어올 때보다 나은 사람이 되어서 나가도록 하기 위해서 죄수를 가르치고 교화하려고 한다. 교도원들의 생활 경험과 사회학적 교도소 연구는 둘 다 동료 수감자들이 정반대 결과를 낳는 수가 있다는 것을 보여준다. 죄수는 들어올 때보다 더 나쁜 사람이 되어서, 범죄 사회에 더 깊이 물들어서, 사회 및 그 가치에 대해 더 강한 적개심을 가지고, 자유 사회에서 살면서 부딪치는 문제들을 처리하기에 더욱 부적합한 사람이 되어서 교도소를 떠날 수 있다.17)

16) 같은 책.
17) Johannes Andenaes, "Does Punishment Deter Crime," *Criminal Law Quarterly*, 1968.

목적론적 이론에 대한 두번째 반론은 어쩌면 훨씬 더 중요한 것이다. 목적론적 이론에서는 결국 죄인을 벌 주는 것이 죄악이라고 주장한다. 이 이론은 이 점에서 죄인들이 고통을 받는 것은 본래적 선(intrinsic good)이라고 생각하는 보상주의 이론과 구분된다. 목적론적 이론에서는 그러나 이런 악은 다른 사람들에 대한 이익으로써 정당화될 수 있다고 주장한다. 그러나 처벌 제도에서는 다른 사람들의 이익을 위해서 일부의 사람들을 학대하는데, 이는 범죄자들을 다른 사람들의 이익을 위한 수단으로 대우하는 것이 아닌가? 그리고 처벌은 바로 이런 이유 때문에 반대해야 되는 제도가 아닌가? 칸트의 말을 들어보자.

> 범죄자 자신의 이익이건 아니면 시민 사회의 이익이건간에 다른 이익을 진작하기 위한 수단으로서 법에 의한 처벌을 집행해서는 결코 안 된다. 처벌은 언제나 오로지 처벌받는 사람이 죄를 범했다는 이유 때문에 가해져야만 한다. 한 사람이 다른 사람의 목적에 이바지하는 수단에 불과한 것으로 취급되어서는 절대로 안 된다. …사람이 타고난 인간성은 그런 대우에 대해서 자신을 보호할 권리가 있다.[18]

한편 목적론적 이론을 옹호하는 사람들은 응보주의 이론은 모두 다 복수에 바탕을 둔 것이며 정의의 이론에 입각한 것이 아니라고 생각한다. 플라톤의 말을 들어보자.

> 악행을 한 사람이 나쁜 일을 했다는 생각에서 그 이유 때문에 그를 벌 주는 것은 아니다. 짐승들의 불합리한 분노만이 그런 행동을 한다. 그러나 합리적으로 처벌하기를 원하는 사람은 돌이킬 수 없는 과거의 나쁜 일에 대해서 보복하는 것이 아니라, 앞으로의 일을 생각한다. 그래서 처벌받는 사람과 그것을 목격하는 사람들이 다시 더 나쁜 일을 하지 못하도록 하기를 바라는 것이다.[19]

지금까지 우리들은 처벌 제도를 정당화하는 두 가지 이론과 그들에 대해서 보통 제기되는 반론들을 살펴보았다. 그런데 검토해 봐야 될 반론이 한 가지 더 남아 있다. 이는 결정론(determinism)의 관점에서 제기되는 반론인데, 사람들은 자기 행동을 선택할 여지가 없으므로 사람들의 행위에 대해서 책임을 묻거나 처벌을 가해서는 안 된다는 주장을

18) I. Kant, 앞의 책.
19) Platon, ***Protagoras***, 324.

펀다.

여기서는 결정론을 인간의 모든 행동에 원인이 있다는 주장으로 정의하자. 결정론을 받아들인 철학자와 과학자는 많이 있다. 그 중 어떤 사람들은 철학적인 근거에서 결정론을 받아들였다. 이런 사람들은 (인간의 행위를 포함한) 모든 사건에 원인이 있어야만 한다고 생각한 것이다. 원인 없는 사건(uncaused event)이라는 개념은 하여간에 일관성이 없는 개념이라는 것이다. 그러나 대부분의 결정론자들은 과학적 또는 유사 과학적(quasi-scientific) 근거에서 결정론을 받아들였다. 예를 들어서 흄은 우리의 일상적이고 평범한 심리학적 지식은 인간의 행동이 예측 가능하고 원인이 있는 것임을 밝혀 준다는 주장을 폈다.

마찬가지로 오랜 생활를 통해 여러 가지 일을 하고 여러 사람과 교제를 하면서 얻은 경험의 혜택, 즉 우리들에게 인간성의 원리를 가르쳐 주고, 앞으로 우리들의 사변뿐만 아니라 행동을 규제하는 혜택이 여기서 나온다. 이런 지침을 사용해서 우리들은 사람들의 행동, 표현 및 심지어는 제스츄어에서 그들의 성향과 동기에 대한 지식을 얻어내고, 거꾸로 그들의 동기 및 성향에 관한 지식을 사용해서 그들의 행동을 이해한다. 경험의 역정을 통해 쌓아온 일반적 관찰은 우리들에게 인간성에 대한 실마리를 제공하고 인간성의 모든 복잡미묘한 곳을 들추어내는 방법을 가르쳐 준다. … 그러나 인간 행위의 이런 단일성(uniformity)을 끝까지 밀고 나가서 성격, 선입관 및 견해의 다양성을 고려하지 않고 모든 사람이 동일한 상황에서는 언제나 꼭같은 방식으로 행동하리라고 기대해서는 안 된다. 모든 개체에 타당한 그런 단일성은 자연계의 어떤 부분에서도 찾을 수 없다. 오히려 우리는 여러 사람의 여러 가지 다양한 행동들을 관찰함으로써, 여전히 어느 정도의 단일성과 규칙을 전제로 하는 매우 다양한 여러 개의 준칙들(maxims)을 형성할 수 있게 되는 것이다. … 일관성있는 철학자라면, 지성을 가진 행위자들의 의지와 행위에 대해 동일한 추리를 적용해야 된다. 아무리 불규칙적이고 의외의 결정이라고 할지라도, 종종 그 사람의 성격과 상황 … 등의 모든 개별적 사항을 아는 사람이라면 설명할 수 있는 일도 있다. … 그러므로 동기와 자발적 행위의 연결이 다른 어떤 자연계에서 나타나는 원인과 결과의 연결에 못지 않게 단일적이고 규칙적이다. 뿐만 아니라 이런 규칙적인 연결은 인류에 의해 보편적인 인정을 받고 있어서, 철학에서건 일상 생활에서건 논쟁의 대상이 된 적이 없었던 것으로 생각된다.[20)]

20) David Hume, *An Inquiry Concerning Human Understanding.*

스키너 같은 다른 결정론자들은 결정론이 참이라는 것은 근대 심리학의 연구 결과로 비로소 나타나는 사실이라고 생각한다. 스키너는 자신의 생각을 아래 글에서 제시하고 있다.

> 독립된(autonomous) 인간의 특징 중에서 특히 두 가지 특징이 문제거리이다. 전통적 견해에 따르면, 인간은 자유롭다. 인간의 행동에는 원인이 없다는 점에서 인간은 독립된 주체이다. 그러므로 그의 행동에 대해서 책임을 물을 수 있고, 그것이 범법 행위라면 처벌을 하는 것이 정당하다. 과학적 분석에 의해 행동과 환경 사이의 예기치 못한 통제 관계가 드러난 이상 이런 견해 및 그와 연결된 사회 제도는 재검토를 받아야 된다. …많은 인류학자, 사회학자 및 심리학자들은 그들의 전문 지식을 인간이 자유롭고 목적에 따라 행동하며 책임 능력이 있음을 증명하는 데 사용해 왔다. 프로이트는 비록 공언은 하지 않았으나 사실상 결정론자였다. 그러나 많은 프로이트 추종자들은 자기 환자들에게 그들이 여러 가지 행동 과정을 선택할 자유가 있으며 장기적으로 보면 자기 운명의 건축가라는 확신을 불어 넣어주기를 주저하지 않고 있다.
>
> 이런 도피로는 인간 행위의 예견 가능성에 대한 새로운 증거들이 발견됨에 따라 차츰차츰 봉쇄되고 있다. 과학적 분석 특히 개개인의 행동에 대한 설명이 발전됨에 따라 인간의 완벽한 결정론으로부터의 면제 조치는 해제되고 있다.[21]

결정론이 참인지 아닌지를 여기서 대답할 생각은 없다. 그 대신에 우리는 다음과 같은 문제를 다룰 것이다. 만약에 결정론이 옳다면, 아무도 처벌받지 말아야 된다는 결론이 나오는가? 아니면 어떤 원인이 있어서 한 행동이라고 하더라도 그에 대해 처벌을 하는 것을 정당화하는 어떤 근거를 댈 수가 있는가?

목적론적 처벌 이론을 옹호하는 많은 사람들은 설사 결정론이 참이라고 하더라도 처벌에 대한 자기들의 근거를 유지할 수 있을 것이라고 주장한다. 설사 결정론이 참이라고 하더라도, 형벌의 위협이 한 개 결정요인이 되기 때문에 형벌의 위협은 여전히 잠재적 범죄자들을 억제할 수 있다는 것이다. 그러므로 목적론적 견지에서 본다면 처벌은 결정론과 전혀 무리없이 조화를 이룰 수 있는 것 같다. 노웰-스미드의 말을 들어보자.

21) B. F. Skinner, *Beyond Freedom and Dignity.*

어떤 사람이 다르게 행동할 수 있었으리라고 말하는 것은 그가 다르게 행동할 수 있었을 그런 사람이 될 수 있었으리라고 말하는 것이다. 그리고 그가 한 행동의 원인을 어떤 비도덕적 결함에 반대되는 것으로서의 도덕적 인격에 돌리는 것은 그의 행동이 보상이나 처벌에 의해 교정될 수 있는 특징들 가운데 하나에 기인한 것이라고 말하는 것이다.

위에서 예로 든 다른 사례들을 정교하게 분석할 필요는 없다. 어떤 사람이 물리적 강요에 의해 다른 사람을 죽인다면, 자신의 행동이 엄중한 처벌을 받으리라는 지식이 그가 비슷한 상황에서 같은 행동을 하는 것을 막지는 못할 것이다. 그러나 그의 행동이 그 자신의 결정에 의한 것이라면, 이 지식은 그로 하여금 앞으로 다른 결정을 내리게 하는 원인이 될 것이다. 마찬가지로 도벽 환자와 도둑을 구분하는 근거는 도둑은 훔칠 것을 스스로 결정한 자로 간주된다는 사실에 있다. 두 가지 경우 다 원인은 행위자 안에 있다. 그래서 여기서는 내적 원인과 외적 원인의 구별이 도움이 되지 않는다. 한 사람은 자기 뜻에 따라 행동하고 다른 사람은 그렇지 않다는 사실은 중요하기는 하지만, 그것만 가지고서는 두 사람을 다르게 취급하는 이유를 설명하지 못한다. 스스로의 결정에 따라 훔친 사람은 처벌을 받아 마땅하다고 말하면서, 다른 어떤 이유에서 그렇게 하는 사람은 그렇지 않다고 말하는 이유는 무엇인가? 도둑의 경우에는 처벌에 대한 두려움이 앞으로의 행동에 영향을 미치게 될 것이지만 도벽 환자의 경우에는 그렇지 않다는 우리들의 생각이 그 이유이다. 자신의 결정에 따라 도둑질을 하는 사람이라면, 그가 다른 결정을 내리도록 유도함으로써 다시 그런 일을 하는 것을 막을 수 있다. 그가 만약에 처벌받으리라는 것을 내다본다면, 그를 도둑질에로 이끄는 동기 이외에 도둑질을 그만두도록 인도하는 강력한 동기가 하나 더 첨가된 것이다. 그런데 도벽 환자의 경우에는 처벌에 대한 공포가 그런 영향력을 발휘하지 못한다. 오히려 정신 분석에 의해 도벽의 무의식적(subconscious) 원인을 제거함으로써 원하는 결과를 얻을 수 있다. 이 점은 도벽 환자와 도둑 사이의 재미있기는 하지만 별 의의가 없는 차이점으로 그치는 것이 아니라, 바로 이런 구분의 기초가 되는 것이다.22)

영국의 소설가 사뮤엘 버틀러는 병든 사람은 처벌을 받고, 죄 지은 사람은 "치료"를 받는 사회를 묘사하고 있다.

내가 들은 이야기로는 이렇다. 그 나라에서는 70세가 되기 전에 건강이 나빠지거나, 가벼운 병이 들거나, 아니면 어쨌든 신체 장애를 일으키는 사람이 있

22) P. H. Nowell-Smith, "Free Will and Moral Responsibility," *Mind*, 1948.

으면, 그의 이웃 사람들이 배심원으로 출두한 가운데 재판을 받는다. 그래서 유죄 판결을 받으면, 사람들의 비웃음을 사게 되고, 상태 여하에 따라 경중의 차이는 있지만 어쨌든 형을 언도받는다. 우리들이 범죄를 나누듯이 병도 경범과 중범으로 나누어진다. 예를 들어서 심한 병에 걸린 사람은 매우 무거운 벌을 받고, 지금까지 건강을 유지하다가 65세가 넘어서 눈이나 귀가 나빠진 사람은 그냥 벌금에 처해지는데, 벌금을 물지 못하면 감옥을 살게 된다. 그러나 위조 지폐를 만드는 사람이나, 자기 집에 불을 지르는 사람, 강도질을 하는 사람 등등 우리 나라에서는 범죄가 되는 일을 하는 사람이 있으면, 병원에 데려가서 무료로 정성껏 보살펴 준다. 그리고 그의 상태가 양호한 경우에는 마치 우리 나라에서 아픈 사람이 그렇게 하듯이 자기가 비도덕성의 심한 병에 걸려 있음을 자기 친구들에게 알린다. 그들은 찾아와서 몹시 걱정해 주고, 이런 모든 일들이 어떻게 일어났는지, 처음에 어떤 증세가 나타났는지 등등을 관심깊게 묻는데, 그러면 그는 이런 질문들에 대해서 하나도 숨김없이 대답한다. 나쁜 행동은 우리들에게 병이 그러하듯 유감스러운 일로 여겨지고, 잘못된 일을 하는 사람에게 분명히 매우 좋지 않은 어떤 일이 있음을 보여주는 것으로 간주되지만, 그럼에도 불구하고 선천적 또는 후천적인 불운의 소치로 받아들여지고 있는 것이다.[23]

버틀러가 지적하려고 하고 있는 점들 가운데 하나는 아마 사람들의 죄에 만약 원인이 있다면 죄 지은 사람들을 처벌하기보다는 차라리 그들을 병자 대하듯이 대우하는 것이 보다 적절하리라는 점일 것이다. 노웰-스미드의 이론은 이렇게 서로 다른 대우를 하는 이유를 설명하고 있다. 병든 사람을 처벌한다고 해서 다른 사람들이 병에 걸리는 것을 막을 수는 없지만, 죄 지은 사람들을 처벌하는 것은 잠재적 범죄자들을 억제할 것이다. 그렇다면 목적론적 관점에서 범죄자들을 처벌하는 데 필요한 이유가 모두 제공된 것이다.

이제 남은 문제는 보상으로서의 처벌(retributive punishment)이 결정론과 조화될 수 있는가 하는 것이다. 이 경우에는 그렇지 않다고 생각하는 사람들이 가끔 있다. 어쨌든 응보주의 이론에 따르면 처벌은 그것을 받아 마땅한 사람에 대한 정당한 대우인 까닭에 정당화된다. 그런데 사람들의 행동에 원인이 있다면, 사람들은 그런 행동을 하지 않을 수가 없다. 그러므로 강요에 의한 행동을 한 사람에게 책임이 있다고 할 수 없는 것과 마찬가지로, 그런 행동을 한 사람 또한 책임이 있다고 할 수

23) Samuel Butler, *Erewhon.*

없다.

이런 문제에 대한 전형적인 철학적 응수는 자유가 반드시 행동에 원인이 없다는 것을 전제하지는 않는다고 주장하는 것이다. 우리가 자유로운 사람(그리고 책임있는 사람)이 되기 위해서 필요한 것은 우리가 원하는 대로 행동한다는 것, 즉 우리의 행동이 강요에 의한 것이 아니라는 것뿐이다.

> 자유는 강요와 대립되는 개념이다. 강요에 의하지 않고 행동하는 사람은 자유로운 사람이고, 자신의 자연스러운 욕구를 실현할 때 외부로부터 방해를 받은 사람은 강요에 따라 자유가 없이 행동한 것이다. 그러므로 만약 감금되거나 묶여 있거나 또는 총구를 겨누어서 평소라면 그가 하지 않을 일을 하도록 강요를 받는다면, 자유롭지 않은 것이다. 이 점은 매우 분명하다. 이런 외적 강요를 받지 않은 사람은 전적으로 자유로운 것으로 간주된다는 사실을 누구나 인정할 것이다.[24)]

이런 대답에 따르면 결정론은 우리의 행동이 강요에 의한 것임을 뜻하지 않는다. 온당한 형태의 결정론은 대부분 우리의 행동을 결정하는 일련의 원인들이 보통 우리의 욕구 및 결정을 통해서 작용을 한다고 주장한다. 그것은 외부의 어떤 힘을 통해서 일어나는 것이 아니다. 그러므로 우리는 통상 우리가 원하는 일을 하는 것이지, 강요받은 행동을 하는 것이 아니다. 그러므로 결정론은 자유와 조화될 수 있고, 따라서 응보주의의 견지에 선다 하더라도 처벌의 타당성을 침해하지 않는다는 것이 이런 입장의 결론이다.

강요된 행동과 그냥 원인이 있는 행동 사이의 이런 구분은 우리가 단순히 외적 강요의 예만을 생각한다면 상당히 그럴듯해 보인다. 그러나 우리는 내적 강요(internal compulsion)라는 개념 또한 가지고 있다. 우리는 도벽 환자는 자유롭지 못하며, 거기에 어떤 외적 강요가 없다고 하더라도 처벌받아서는 안 된다고 말한다. 그런데 이처럼 내적 강제를 우리의 이론 내에 받아들인다면, 강요와 한낱 원인에 그치는 것을 어떻게 구분할 수 있을 것인가?

하여간에 이런 구분을 할 수 있다는 주장을 받아들인다고 해보자. 이제 우리는 강요(심지어는 내적 강요)에 의한 경우와 그저 원인이 있는 경

24) Moritz Schlick, *The Problems of Ethics*, p. 150.

우를 구별할 수 있다. 그렇다고 해서 우리의 문제가 풀리는가? 우리의 욕구 자체가 우리가 제어할 수 있는 범위 밖에 있는 요인들에 기인하는 것이므로, 단순히 자기가 원하는 일을 했다는 사실 때문에 처벌을 받아서는 안 된다는 주장은 상당히 설득력이 있지 않겠는가? 존 호스퍼스의 말을 들어보자.

슐릭의 분석은 그가 드러내고 있는 혼란에 빠진 사람들에게는 정말로 문제점을 밝혀주고 도움이 된다. 그리고 철학적인 근심이 늘어나는 사람들 중에서 대부분은 아마 이런 무리에 속할 것이다. 그러나 이것으로 문제가 끝나는 것일까? 비록 원인이 있는 행동이라 하더라도, 그가 말하는 의미에서 강요를 받은 것이 아니라면 모두 자유로운 행동이라는 것은 사실인가? "자유"와 "비강제"를 같은 것으로 보는 생각은 타당성이 있지만, 강요에 의한 행동의 범위가 슐릭이나 아니면 대부분의 다른 철학자들이 생각한 것보다 훨씬 더 넓은 것은 아닐까?(이 점에서 무어는 슐릭보다 더 신중하다. 위에서 말한 의미에서 자발적인 행동은, 무어에 있어서 자유로운 행동이지만, 인간이나 인간의 행동이 전혀 자유롭지 않다고 말할 수 있는 또 하나의 의미가 있을 수 있다는 것이 무어의 생각이다). 우리는 인간이 어릴 적 환경의 꼭두각시, 스스로 제어할 수 있는 범위 밖에 있는 조건들의 희생물, 자기 부모에게서 오는 영향의 인과적 결과라는 말들을 듣는다. 그리고 "그럼에도 불구하고 우리는 정말 자유로운가?"라는 질문을 하고, 이에 대해 갑론을박을 한다. 여러 세대의 성현들이 구속된 인간에 관해 한 말에 어떤 뜻이 담겨 있지 않을까? 고디우스의 매듭(Gordian knot)을 끊는 슐릭의 기교에는 지나치게 손쉬운, 지나친 말장난 같은 어떤 것이 있지나 않을까?… 모든 사람이 범죄 성향을 가진 것은 아니지만, 모든 사람은 어쨌든 현재의 행동에 막대한 영향을 미치는 요인들의 영향을 받아서 형성된다. 인간은 그야말로 이런 영향들의 산물이다. 이것들은 "분별연령"(years of discretion) 이전의 기간에서 오는 것으로서, 이제는 마음대로 고칠 수 없는 여러 가지 인격의 특질들을 형성해 버린다. 한 사람이 어떤 사람인지는 분명히 그가 어떻게 자랐는지에 달려 있다. 그런 까닭에 성현이나 철학자들이 인간은 결코 자기 운명의 주인일 수 없다고 생각한 것은 그리 놀라운 일이 아니다. 인간의 의지가 인간을 형성하는 사건들의 흐름을 높은 곳에서 내려다보면서 평온함을 유지한다고 볼 수는 없다. 인간의 의지라는 것 또한 이 흐름의 일부로서, 흐름을 따라 부유한다. 인간의 인격에 의해 결정된 행동은 자유로운 행동이라고 윤리 사상가들은 말한다. 그러나 인간 인격의 가장 결정적인 특징들이 그가 그것들을 만들기 위해서 어떤 조치를 취하기 이전에 이미 돌이킬 수 없는 과정에 의해 습득되어 버렸다면 어떻게 되는가? 이런 종류의

"자유"에 대해 우리는 무어라고 말할 것인가? 이런 자유는 깡통에 상표를 찍는 목적에 맞도록 고안된 기계가 바로 그런 일을 하는 자유와 다를 바가 있는가? 어떤 기계들은 그런 일을 보다 효과적으로 수행할 수 있다. 그러나 그 이유는 그것들이 보다 잘 만들어졌다는 것뿐이다.[25]

그러므로 설사 결정론이 옳다고 하더라도 목적론적 처벌 이론하에서는 처벌이 정당화될 수 있다는 잠정적인 결론을 내리는 것이 타당하리라 생각된다. 반면에 응보주의 처벌 이론하에서는 결정론이 참이라면 처벌이 정당화될 수 없다는 결론을 내려야 될 것으로 생각된다.

□ 더 생각해 볼 만한 문제 □

1. 부작위도 원인이 될 수 있다는 주장에 대해서 어떤 옹호나 반론을 펼 수 있는가?
2. 인접한 원인의 이론을 하나 세워보라. 여기서 어떤 어려움에 부딪치는가? 이런 어려움은 폴스그라프(Palsgraf)의 법원이 언급한 어려움들과 다른 것인가?
3. "A가 이미 일어난 이상 B 또한 일어나지 않을 수 없었다"는 말은 무엇을 뜻하는가?
4. 변명에 관해서 벤담의 이론을 받아들이는 것과 하트의 이론을 받아들이는 것 사이에 실천상 어떤 중요한 차이점이 있는가?
5. 의도에 관한 두 가지 고전적인 설명, 즉 욕구에 바탕을 둔 설명과 기대에 바탕을 둔 설명을 비판적으로 비교하라.
6. 마약 중독자가 강도질을 돕게끔 강요를 받은 것인지 아닌지를 어떻게 결정할 것인가?
7. 응보주의 처벌 이론과 목적론적 처벌 이론을 비판적으로 비교하라.
8. 범행 억제를 위한 처벌은 정말로 사람을 목적이 아니라 수단으로서 대우하는 것인가? 그리고 만약 그렇다면 이런 처벌은 그런 까닭에 옳지 못한가?
9. 결정론이 참임을 옹호하거나 비판하기 위해서 어떤 주장을 펼 수 있는가?
10. 호스퍼스의 반론에 대해서 슐릭의 이론을 옹호할 수 있는가?

25) John Hospers, "Free Will and Psychoanalysis," *Philosophy and Phenomenological Research*, 1950.

9

진　리

앞의 두 장에서 우리는 인간을 그 주변 환경으로부터 구별시키는 인간 상황의 몇몇 측면들을 이야기했다. 거기서 우리는 인간이 가진 자유와 지적인 능력들을 언급하면서, 이 능력의 주된 목표들 가운데 하나라고 할 수 있는 진리 및 지식의 획득에 대해서는 잠시 미루어 두었다. 이제 앞으로 두 장에서 이 두 가지 기본 개념들을 다루어 보기로 하자.

그런데 진리와 지식이라는 주제를 놓고서는 이야기할 것이 아무 것도 없다는 주장을 할 만한 사람들이 있다. 이런 사람들은 진리라는 것과 우리가 진리에 대해서 가지는 지식이란 있을 수 없다고 할런지 모른다. 고대의 소피스트인 프로타고라스는 그 당시에 이미 인간이 만물의 척도이며, 사물은 사실상 각 개인이 지각하는 그대로 존재한다고 이야기했다. 사물들이 정말로 존재하는 단 하나의 방식이라든가, 실재에 대한 사람들 간에 공통된(inter-subjective) 지식이란 있을 수 없다는 것이다.

왜 이런 주장을 펴는 사람들이 있는 것일까? 그 주된 이유는 지식이나 진리가 정말로 무엇인지를 만족스럽게 설명한 사람이 아무도 없다는 생각이다. 그리고 이런 일을 할 수 없는 까닭은 이 개념들 자체가 일관성이 없기(incoherent) 때문이라는 것이다.

이런 종류의 도전은 언제나 그 회의론을 자기 자신의 입장에 대해서 적용하게 함으로써 물리칠 수가 있다. 우리는 만약에 이런 사람들의 이야기가 옳다면, 바로 그들 자신의 원칙이 참이라고 이야기할 수가 없으며, 그래서 그들 자신이 자기 이론이 참임을 알고 있노라는 주장을 할 수가 없게 된다고 말할 수 있다. 이것은 오래된 전략이다. 플라톤은 그의 대화편들 가운데 하나인 《테아에테투스》에서 이런 전략으로 프로타고라스를 비판하고 있다.

소크라테스: 프로타고라스 자신에 대해서는 어떤 결과가 생길까요? 이런 것이 아닐런지요. 즉 그 자신까지도 포함해서 세상 사람들이 모두 다 인간이 척도임을 믿지 않고 있다면 ― 그건 사실 그런데 말이지요 ―, 그가 책에 쓰고 있는 이 진리는 어떤 사람에 대해서도 참이 될 수 없겠지요. 반면에 그는 참이라고 믿고 있는데, 대중이 그에게 동의하지 않는다면, 믿지 않는 사람들이 믿는 사람들을 수적으로 앞서는 만큼, 그것은 참이라기보다는 오히려 거짓에 가깝게 되겠지요.

테오도루스: 그런 결과가 따르겠지. 참인지 거짓인지가 만약에 각 개인의 생각에 따라 달라진다면 말일세.

소크라테스: 그렇습니다. 그것은 게다가 정말 미묘한 결론을 포함합니다. 뭔고 하니 프로타고라스 쪽에서 모든 사람의 의견이 각각 옳다고 인정하면, 그는 자기 의견에 반대하는 사람들의 의견 ― 즉 그의 생각이 틀렸다는 의견 ― 마저도 참이라고 인정해야 됩니다.

테오도루스: 확실히 그렇지.

소크라테스: 그가 자신을 틀렸다고 생각하는 사람들의 생각을 옳은 것으로 인정한다면, 그것은 곧 자기 자신의 견해가 거짓이라는 것을 인정하는 것이 아니겠는지요.

테오도루스: 불가피한 일일 테지.

소크라테스: 그렇지만 다른 사람들은 자기 자신이 틀렸다고 하지는 않을 테지요.

테오도루스: 그렇겠지.

소크라테스: 그에 반해 프로타고라스는 다시 한번 더 자신이 쓴 바에 따라서 그들의 이런 의견이 여타의 의견과 마찬가지로 옳다고 인정해야겠지요.

테오도루스: 명백히 그렇네.

소크라테스: 그렇다면 프로타고라스의 견해는 자기 자신을 포함해서 사방에

서 공격을 받게 될 테지요. 그렇지 않으면 차라리 그가 일반인에게 동조하든가 해야 되겠지요. 그가 반대자들에게 자기에게 반대되는 의견이 옳음을 인정한다면, 그 순간부터 프로타고라스 자신이 거리의 개나 사람이 그들이 이해할 수 없는 어떤 것에 대한 기준이 될 수 없다는 것을 인정하는 셈이지요. 그렇지 않을까요?

테오도루스: 그러하네.

소크라테스: 모든 사람들에게서 공격을 받는다면, 프로타고스의 진리는 어떤 사람에게도 진리가 될 수 없을 겁니다. 그 자신뿐 아니라 그 밖의 누구에게도 말입니다.

여기서 우리는 이런 수사학적인 지적으로 그칠 수가 없다. 앞으로 두 장에서 우리는 진리 및 진리에 관한 지식에 대한 이론을 내놓을 것이다. 이 이론이 물론 완벽하지는 않을 것이다. 그러나 진리 및 지식의 이상에서 모순되는 것은 하나도 없으며, 또 우리가 이 이상들을 추구하지 말아야 될 이유도 없다는 것을 보여주기에는 이것으로 충분하리라고 나는 믿는다.

마지막으로 이 두 가지 주제를 다루는 차례에 대해서 한마디 언급하겠다. 진리를 지식보다 먼저 다루어야 될 충분한 이유가 있다. 나중에 10장에서 좀더 자세히 살펴보겠지만, 지식은 진리에 대한 지식이다. 그래서 진리 개념은 지식 개념보다 더 기본적인 것이다. 이 점을 다른 각도에서 보는 또 하나의 방법은 우리가 여태 모르고 있고, 또 결코 알려지지 않을지도 모르는 그런 진리들이 물론 여러 개가 있을 수 있다는 것을 기억하는 것이다. 그러므로 진리는 지식보다 더욱 포괄적이고, 기본적인 개념이고, 따라서 먼저 살펴봐야 된다.

우리는 우선 진리에 관한 몇가지 정의들을 살펴볼 것이다. 이 정의들 각각은 부적합함이 드러날 터인데, 그 부적합함을 발견하는 데서 오는 교훈이 앞으로 진리란 무엇인지를 파악하는 데 도움이 될 것이다.

9.1 몇가지 부적합한 정의들

p에 대한 나의 믿음이 참이라는 것에 대한 다음과 같은 설명들을 살펴보자.

1. p 는 내가 p 임을 믿기만 하면, 그것으로써 참이다. (p is true just if I believe that p.)

2. p 는 대부분의 사람들이 p 라고 믿는다면, 그것으로써 참이다. (p is true just if most people believes that p.)

3. p 는 그에 대한 증거가 있기만 하면 참이다. (p is true just if there is evidence for p.)

4. p 는 그것이 참임에 대한 확고한 증거가 있으면, 그것으로써 참이다. (p is true just if there is overwhelming evidence for its truth.)

처음의 두 가지 정의는 아마도 인간이 만물의 척도라고 말한 프로타고라스가 가졌음직한 생각이다. 이것들은 어떤 신념들이 자기에게는 참이나 다른 사람들에게는 그렇지 않다고 말하는 사람들이 보통 품고 있는 생각일 것이다. 이런 사람들이 의미하는 것이 때로는 모든 사람들이 무엇이 옳은지에 대해서 같은 생각만 가질 수는 없으며, 각자 다른 신념을 가진다는 상식적 통념에 지나지 않는 것 같기도 하다. 그러나 때로는 그들이 좀더 문제거리가 되는 생각을 가지고 있는 듯도 하다. 특히 1, 2 로 표현된 주관적 진리 정의(subjective definitions of truth)를 염두에 두는 때가 있는 것 같다. 이제 1, 2 를 한번 검토해 보기로 하자.

이 정의들 중에서 첫번째 정의가 가장 주관적인 것이다. 여기에 따르면, 내가(즉 생각하는 주체가) 특정한 믿음을 가진다는 사실만으로써 진리가 성립하게 된다. 그러나 이 주관성은 이 정의를 여러 가지 심각한 문제에로 끌고 간다. 첫째, 이 정의는 참인 믿음과 거짓인 믿음 사이의 차이를 허물어 버린다. 그런 차이란 도대체 없으며, 모든 믿음(또는 적어도 나의 모든 믿음)은 참이라는 것이 그 주장이기 때문이다. 둘째, 이것은 모순이 참이 될 수 있는 가능성을 끌어들인다. 예를 들어서 내가 (ㄱ) 죠지 워싱턴은 초대 미국 대통령이고, (ㄴ) 워싱턴은 대단히 현명했으며, (ㄷ) 미국의 초대 대통령은 별로 현명하지 않았다고 믿는다고 해보자(이런 일은 자주 일어나지는 않지만, 일어날 수 있고 또 일어나기도 한다). 이때 우리의 정의에 따른다면, 같은 사람이 현명한 동시에 현명하지 않다는 것이 참이 된다. 세째로, 이 정의에 따르면 어떤 문제에 대해서라도 진지하게 탐구할 필요가 전혀 없게 된다. 우리는 진리를 발견하려면 대단한 노력을 들여야 된다고 가끔 생각한다. 그런데 이 정의에서 보면 그렇게 할 필요가 없어진다. 나는 이제 어떤 것이든지간에 믿음을 가지

기만 하면 된다. 그러면 이 믿음은 자동적으로 참이 되는 것이다.

첫번째 정의가 실패하는 데서 얻을 수 있는 몇가지 분명한 교훈들이 있다. 우선 어떤 진리설이건간에 참된 믿음과 거짓인 믿음이 다 있을 수 있는 가능성을 설명해 줄 수 있어야 된다. 둘째로, 진리설은 모순이 참이 될 가능성을 배제해야 된다. 끝으로, 진리설은 진리가 때때로 얻기 어려운 것임을 밝혀주어야 한다.

이제 우리는 두번째 진리 정의, 즉 대부분의 사람이 p라고 믿음에 의해서 p가 참이 된다는 정의를 살펴보자. 이것은 첫번째 정의에 비해서 몇가지 장점을 가진다. 먼저 참인 믿음과 거짓인 믿음이 다 있을 수 있는 가능성을 설명해 줄 수 있다. 즉 여기에 따르면, 나의 믿음은 대부분의 사람들이 동의할 때 참이고 그렇지 않을 때 거짓이다. 또 이것은 진리가 왜 때로는 얻기 어려운지를 설명해 준다. 결국 말해서 진리를 얻기 위해서는 내 마음을 정하는 것만으로 충분하지가 않다. 적어도 나는 다른 사람들이 나에게 동의함을 확인해야 된다. 그럼에도 불구하고 이 정의는 옳지 못하다. 왜냐하면 이것은 아직도 모순이 참이 될 가능성을 남겨 두고 있기 때문이다. 다시 한번 워싱턴에 대한 믿음들의 경우를 예로 들어서, 이번에는 대부분의 사람들이 (ㄱ)~(ㄷ)을 믿는다고 해보자. 그러면 우리의 두번째 정의에 따라서, 같은 사람이 현명한 동시에 현명하지 않다는 것이 참이 된다. 따라서 이 정의도 받아들일 수 없다.

이 두 정의의 결점에서 우리는 진리에 관한 교훈을 하나 더 배울 수 있다. 위 정의들 가운데 어떤 것을 따르더라도, 죠지 워싱턴이 현명했다는 주장의 진리치는 그가 어떻게 행동했는지, 또 무엇을 생각했는지 등의 것들과는 상관이 없다. 심지어 그가 한번도 심각한 생각을 한 적이 없거나 또는 언제나 가장 부적당한 방식으로 일을 처리했다고 하더라도, 그가 현명하다고 우리가 믿는 이상 그가 현명하다는 것은 참이다. 게다가 과거사에 관한 그런 주장의 진리치는 우리가 현재의 믿음을 달리한다면 바뀔 수도 있다. 우리 마음이 변하면 과거의 역사마저 완전히 바꿀 수 있다. 이러한 결론들은 명백히 받아들여질 수 없는 것이다. 이런 주관주의적 진리설들은 진리와 세상에서 일어나고 있는(일어난, 일어날) 일들 사이에 어떠한 관계도 확립할 수가 없다. 여기서 얻을 수 있는 마지막 교훈은 이 관계가 적합한 진리설의 일부로 포함되어야 한다는 것이다.

그러면 정의 3과 4를 살펴보자. 이 정의들은 증거로써 진리를 분석하려는 시도이다. 이런 분석의 동기를 알기는 어렵지 않다. 무엇이 참이고 무엇이 거짓인지를 결정하는 기초는 결국 우리가 확보하고 있는 증거인 것이다. 어떤 믿음에 대해서 충분한 증거를 가지고 있으면, 우리는 그 믿음이 참이라고 결론짓는다. 그러니 진리를 그냥 증거의 소유로 정의해서 안 될 이유가 무엇이란 말인가?

이 정의들에는 또 우리가 이미 살펴본 교훈들이 모두 포함되어 있다는 부수적인 장점이 있다. 즉 세계에서 일어나고 있는 일들(우리가 모으는 증거는 일어나는 일들의 일부이다)과 진리 사이의 관계를 확립시킬 수 있으며, 왜 때때로 진리를 발견하기가 힘이 드는지를 설명할 수 있다. 그리고 이 정의들에 의하면, 참인 믿음과 거짓인 믿음 사이의 차이가 주어진다(거짓 믿음이란 그에 대한 증거가 없는 믿음이다).

그런데 이것들은 모순이 참이 될 수 있는 가능성도 배제해 주는가? 정의 3은 불행히도 그렇지가 못하다. 결국 어떤 믿음 p와 그 부정인 $\sim p$ 모두에 대해서 증거가 있을 수 있기 때문이다. 실제로 진리는 많은 경우에 모순되는 믿음들 각각에 대해서 어느 정도씩 참일 증거가 있다는 바로 그 사실 때문에 알기 어려운 것이 된다. 그런 경우에 정의 3은 p와 $\sim p$가 똑같이 "참"이라는 주장을 할 것이므로 적합한 진리설이 될 수 없다. 정의 4는 이런 면에서 한결 낫다. p와 $\sim p$에 대해서 모두 다 확고한 증거가 있을 수는 없는 듯하다. 그러므로 정의 4는 — 좋은 이론이라면 마땅히 그래야 할 터인데 — 모순이 참이 될 가능성을 배제하고 있다.

정의 4와 같은 이론이 얼핏보기에는 매력적임에도 불구하고, 이 이론을 거부해야 할 중요한 이유가 몇가지 있다. 첫번째 반론은 다음과 같은 예를 들어보면 제일 이해가 잘 된다. 지구 밖의 우주 어딘가에 지성을 가진 생물이 있다는 믿음과 그 부정 즉 그런 생물이 없다는 믿음을 생각해 보라. 나는 이 두 가지 믿음 중 어느 것에 대해서도 확고한 증거란 없다고 하는 것이 꽤 공정한 말이라고 생각한다. 사실은 증거가 전혀 없다. 그러면 정의 4에 따라 두 믿음이 모두 다 참이 아니다. 그런데 이것은 확실히 틀린 이야기이다. 왜냐하면 둘 중 어느 하나는 분명 참이기 때문이다. 더 일반적으로 말하자면,

(1) p가 참이고 p의 부정도 참이다가 옳을 수는 없으므로,

(2) p가 참이거나 p의 부정이 참이다가 옳아야 한다. 정의 4는 두 믿음 중 어느 하나는 참일 가능성을 보증해 줄 수 없고, 바로 그런 까

닮에 부적합한 것이다.

정의 4가 가지는 두번째 문제는 다음과 같은 것이다. 지구가 태양 주위를 돈다는 믿음에 대한 증거가 조금도 없던 시대가 있었다고 해보자. 정의 4에 따르면 그때 이 믿음은 참이 아니었다. 그런데 또 오늘날 우리들은 이 믿음에 대한 확고한 증거를 가지고 있다고 생각해 보자. 그러면 정의 4에 따라 이 믿음이 이제는 참이다. 이렇게 되면 지구나 태양의 운동에는 아무런 변화가 없는데도 불구하고 그에 관한 믿음은 거짓에서 참으로 변한 것이 된다. 이런 점에서 정의 4가 사실은 진리와 세상에서 일어나는 일들 사이에 올바른 종류의 관계를 확립하지 못하고 있음을 알 수 있다. 따라서 정의 4도 받아들일 수 없다.

우리가 지금까지 살펴본 진리설들은, 비철학자들이 간간이 옹호하기는 했지만, 비중있는 철학자들이 많이 받아들인 것은 아니다(정의 4는 죤 듀이가 가끔 그의 진리설에서 뜻한 것과 비슷하므로 예외이다). 그럼에도 우리가 그것들을 살펴본 주된 이유는, 좀더 적합한 이론을 정립하고자 할 때 활용할 수 있는 몇가지 교훈을 얻기 위함이었다. 그 중에서 중요한 교훈들은 다음과 같다.

1. 진리설이라면, p가 참이고 동시에 p의 부정도 참일 가능성을 배제해야 한다. 따라서 진리설은 참인 믿음과 거짓인 믿음 사이에 차이가 있을 것을 보증해야 한다.

2. 어떤 진리설도 p가 참이거나 아니면 p의 부정이 참임을 분명히 밝힐 수 있어야 한다.

3. 어떤 진리설도 믿음이 참이라는 것과 세상에서 일어나는 일들 사이에 올바른 관계를 확립할 수 있어야 한다.

이 교훈들은 우리가 철학사적으로 보아서 좀더 중요한 진리설들을 다룰 때 우리를 안내하는 역할을 할 것이다.

9.2 실용주의 진리설

실용주의(pragmatism)는 미국이 철학에 제공한 가장 중요한 공헌이다. 실용주의의 선구자는 챨스 퍼스이고, 윌리엄 제임스와 죤 듀이가 그 뒤를 이었다. 그들의 가르침의 결과로 미국 철학은 반세기 동안 실용주의의적 사고의 강한 영향을 받았다.

이런 식의 철학사적인 이야기를 늘어놓는 것은 쉬운 데 반해, 실용주의의 주된 가르침이 무엇인지를 정확히 말하기는 어렵다. 실제로 그 대표자들은 (특히 진리에 관해서) 종종 생각을 달리하고 있다. 사실 실용주의는 확정적인 일련의 견해라기보다는 하나의 접근 방식이다. 그런만큼 우리가 할 수 있는 최선은 실용주의 진리설을 표명한 이론들 가운데 대단히 유명한 것을 하나 설명하는 일이 될 것이다. 이것은 제임스가 쓴 유명한 책 《실용주의》의 여섯번째 강의에 나오는 이론이다.

제임스는 실용주의자가 진리의 분석과 같은 문제를 어떻게 접근하는지를 세련된 필치로 이야기하면서 자신의 진리설을 내놓기 시작한다.

> 반면에 실용주의는 흔히 이렇게 묻는다. 어떤 생각(ideas)이나 믿음이 비록 참이라고 하더라도, 그것이 참이라는 사실이 사람들의 생활에서 구체적으로 어떤 차이를 낳게 되는가? 그것이 참임이 어떻게 표현되는가? 그때 나타나는 경험은 그 믿음이 만약 거짓이라면 나타나게 될 경험과 무엇이 다른가? 간단히 말해서, 경험이라는 단위로 환산할 때 진리의 현금 가치(cash-value)는 얼마인가?

여기서 제임스는 진리의 가치 문제로 들어가서 다음과 같은 고찰을 시작한다.

> 나는 우선 여러분에게 다음과 같은 사실을 환기시키고자 한다. 참인 생각을 가지고 있다는 것은 언제나 행위의 막대한 도구를 가지고 있음을 뜻한다. 진리를 확보할 의무는 창졸간에 받은 조건없는 명령이나 지성이 스스로에게 부과한 "장애물"과는 전혀 다르다. 이 의무는 오히려 실용적인 이유를 댐으로써 그 자체로서 훌륭하게 설명될 수 있다. … 이렇게 해서 참인 생각들의 실용적 가치는 그것이 우리에게 주는 실용적 의의에서 나온다. 그런데 참인 생각의 대상이 사실 언제나 중요한 것은 아니다. 그러나 거의 모든 대상이 언젠가는 잠깐이나마 중요하게 될 수가 있다. 그러므로 단지 가능할 뿐인 상황에서 참이 되는 생각들에 대한 여분의 진리를 전반적으로 축적해 두는 것이 이득이 됨은 분명한 일이다.

제임스에 반대하는 사람들은 그가 순전히 이론적인 진리의 가능성에 대해서 충분히 고려하지 않았다고 말한다. 순전히 이론적인 진리는 아무런 실용적인 함축도 가지지 않고, 또 가질 수도 없다. 지금은 이 반론을 잠시 접어두고, 이런 고찰에 입각해서 제임스가 진리를 어떻게 정의하고 있는지를 알아보자.

> 이 간단한 실마리에서 실용주의는 진리의 일반 개념을 얻게 되는데, 여기에 따르면 진리는 우리의 경험에 들어오는 한순간이 우리를 도달할 만한 가치가 있는 다른 순간들에로 이르게 하는 방식과 본질적인 관계를 맺고 있는 어떤 것이다. 상식적인 수준에서 보면, 마음의 어떤 상태가 참이라는 것은 기본적으로 도달할 만한 가치가 있는 것에로 도달케 하는 기능이 있음을 뜻한다. 어떤 종류의 것이건간에 우리 경험의 한순간이 우리에게 참인 생각을 불어 넣어준다는 것은 우리가 조만간 그 생각의 인도하에 구체적인 경험에로 다시 한번 뛰어들게 되는데, 그때 그것을 이용해서 이익이 되는 경험을 얻는다는 것을 말한다.

이제 여러분이(제임스의 진리설뿐만 아니라) 그의 실용주의의 핵심이 바로 사물들의 실용 가치에 대한 강조에 있다는 인상을 받았으리라 생각된다. 마지막으로 제임스 자신이 그의 진리설과 그의 다른 견해들 사이의 관계를 이야기하는 매우 유명한 구절을 살펴보자.

> "참인 것," 간단히 말해서 이것은 우리의 생각에 도움이 되는 방편(expedient)일 뿐이다. 이것은 "옳은 것"이 우리의 행동에 도움이 되는 방편에 지나지 않는 것과 마찬가지이다. 온갖 방식의 방편이 있을 수 있고, 장기적이고 전 과정을 고려한 방편이 있을 수 있다. 왜냐하면 목전의 모든 경험에 편리한 것이라고 해서 차후의 모든 경험 또한 꼭같이 만족시킬 수 있으라는 법은 없기 때문이다. 알다시피 경험은 끓어넘친다. 그래서 지금 우리의 원칙들을 수정하게끔 유도하는 것이다.

제임스의 진리설은 앞에서 우리가 얻은 교훈들을 간직하고 있는가? 여기서 p와 p의 부정이 동시에 참이 될 수 있는 가능성은 배제되는 것 같다. 서로 배치되는 신념들이 둘 다 장기적으로 생각에 도움을 주는 방편이 될 수는 없음을 쉽게 알 수 있기 때문이다. 게다가 이 이론은 믿음이 참임과 세상에 일어나고 있는 일들 사이에 그럴듯한 관계를 맺어주고 있는 듯하다. 어떤 믿음이 편리한 것인지 아닌지는 결국 세상에서 일어나고 있는 일에 어쨌든 매우 깊이 의존하고 있기 때문이다.

그렇지만 세번째 교훈은 어떤가? 정말로 제임스의 이론은 어떤 경우에라도 p가 참이거나 또는 p의 부정이 참일 것을 보증해 주는가? 이 믿음들이 둘 다 아무 소용이 없는 경우를 생각해 보자. 이런 경우 둘 중 어떤 믿음도 도움이 될 수 없으며, 그래서 제임스의 이론에 따르면 어느 것도 참일 수가 없다. 무어는 이런 경우에 대해서 이런 결론을 함축하기 때문에 제임스의 이론에 반대하게 된 철학자들 가운데 한 사람이다.

우리 모두가 끊임없이 세부적인 사소한 일들을 깨닫고, 그것들에 대해서 참된 생각(ideas)을 획득하고 있는 것으로 보인다. 그런데 우리는 이런 일을 다시 한 번 더 생각하는 일이 없고, 또 그 밖의 다른 어떤 사람도 그런 생각을 가지지 않는 경우가 있다. 이런 참인 생각들이 모두 다 쓸모가 있다는 것은 아주 확실한 일인가? 오히려 내게는 그 가운데 상당수가 그렇지 않다는 것이 완전히 분명해 보인다. 많은 사람들이 때때로 다른 사람에게는 쓸모가 있지만 자기 자신에게는 아무 쓸모가 없는 정보를 얻는 데 시간을 허비함이 분명한 것과 꼭 마찬가지로, 사람들은 때때로 다른 그 누구도 획득하는 일이 없기 때문에 아무한테도 전혀 쓸모가 없는 정보를 얻는 데 헛되이 시간을 보내는 일이 분명히 있다. … 내가 보기에는 단 한번만 일어나고 일어날 당시에는 쓸모가 없는 참인 생각들이 많이 있는 것 같다. 만일 그렇다면, 우리가 가진 참인 생각은 모두 다 어떤 의미에서건 쓸모가 있다는 말은 분명 잘못된 것이다.[1]

제임스의 진리설은 "쓸모가 없는 참인 믿음들"의 가능성 때문에 반대를 받는 것과 마찬가지로 "참이 아닌 쓸모있는 믿음들"의 가능성 때문에 반대를 받기도 한다. 러셀은 특히 이 두번째 가능성을 간과했다는 이유로 실용주의 진리설에 대해서 반대했다. 러셀은 그로 인해서 실용주의자들이 종교적 믿음에 대해서 정당화되지 않은 호의적인 평가를 하게 되었다고 생각했다.

다른 데에서 제임스는 이런 이야기를 하고 있다. "실용주의 원칙에 따르면 신이 있다는 가정은 그것이 가장 넓은 의미로 말해서 만족스럽게 쓰일 경우에 참이다."(p. 299) … 실용주의적인 방법의 장점은 신 존재의 참·거짓의 문제를 세

1) G. E. Moore, "William James' Pragmatism," *Proceedings of Aristotelean Society*, 1907～1908.

> 속적인 논증만 가지고 결정해 준다는 것이다. 즉 그에 대한 믿음이 이 세상에서의 삶에 미치는 영향들에 의해서 이 문제가 결정된다. 그러나 유감스럽게도 이런 논증은 세속적인 결론 — 즉 신에 대한 믿음은 참이다, 즉 유용하다 — 을 내려줄 뿐이다. 그런데 종교가 열망하는 것은 신이 존재한다는 결론이다.[2)]

러셀은 결국 믿음들이 세상에서 일어나고 있는 일들과 관련되는 방식에 서로 다른, 그러나 각자 훌륭한 두 가지가 있다고 지적한 셈이다. 실용주의자들은 그 중 하나, 즉 세상에서 일어나고 있는 일들이 일단 주어져 있는 경우에 편리한 믿음이 그것과 관련되는 방식을 강조했다. 그러나 그렇게 함으로써 다른 관계, 즉 믿어지는 것이 세상에 실제로 성립하고 있는가 하는 점을 간과했다. 그런데 러셀은 이 관계야말로 진리에 있어서 기본적인 것이라고 말하고 있는 것이다.

러셀은 제임스의 진리설에 대한 자신의 입장을 마지막으로 다음과 같이 밝히고 있다. 그 의의는 나중에야 드러날 터이지만, 우리는 그것을 여기서 이야기해야 되겠다. 러셀은 기준이라는 개념을 도입함으로써 이야기를 시작한다.

> 같은 대상이 속성 A와 B를 동시에 가지고 있을 때, 속성 A는 속성 B의 기준이다. 그리고 어떤 대상이 속성 A를 가지고 있는지가 속성 B를 가지고 있는지보다 더 알아내기 쉬운 경우에, 속성 A는 속성 B의 쓸모있는 기준이다.[3)]

이제 러셀이 지적하려는 점은 쓸모있음(usefulness)을 진리의 정의(definition of truth)로 보기보다는 진리의 기준(criterion of truth)로 봄이 옳다는 것이다. 진리와 쓸모가 그렇게나 자주 서로 관계를 맺는다면, 쓸모있음이 비록 진리의 정의가 될 수는 없다고 하더라도 진리의 매우 쓸모있는 기준으로 됨은 당연한 일이다.

9.3 진리 정합설

19세기말에 미국에서 실용주의 진리설이 전개되고 있는 동안에, 전

2) B. Russell, *Philosophical Essays,* 제 5 장.
3) 같은 책.

혀 다른 진리설 즉 진리 정합설이 영국에서 전개되고 있었다. 그 주된 제창자는 영국 관념론 철학자 브래들리였고, 요아킴(H. H. Joachim)과 미국의 철학자 블랜샤드가 그를 뒤따라 이 이론을 옹호했다.

블랜샤드는 아래 구절에서 이 이론을 매우 분명하게 해명하는 동시에 그 뒤에 있는 동기를 드러내고 있다.

> 사유는 이해를 목표로 한다. 그리고 앞에서 보았듯이, 어떤 것을 이해한다는 것은 그것을 어떤 지식 체계 안에서 불가피하게 일어난 것으로서 파악함을 뜻한다. 만약에 그 체계가 단편적이라면, 그 체계 자체가 보다 포괄적인 체계 안에서 이해되기를 요구할 것이다. 사유가 추구하는 목표, 즉 완전한 이해를 가져다 주는 유일한 목표이기 때문에 사유를 완전히 만족시키게 될 유일한 목표는 그 바깥에 아무 것도 남아 있지 않고, 또 그 안에서는 아무 것도 우연적일 수 없는 그런 체계이다. … 어떤 이론이건 그에 대한 우리의 시험 기준은 지식 체계 자체가 거기에 가까와지기를 추구하고 있는 바 이보다 큰 전체와의 정합성(coherence)이다. 둘째로 진리의 기준이 되는 것은 동시에 진리의 본성이기도 하다. 그런 포괄적인 체계 안에서 필연적이고 또 완벽한 이해가 가능한 명제가 거짓이기도 하다는 말은 무의미하다. 체계적 정합성은 우리가 진리를 확인하기 위해서 사용하는 기준일 뿐만 아니라, 진리라는 말이 궁극적으로 뜻하는 바이다.4)

제임스의 실용주의 진리설과 비교해서 살펴보건대, 진리에 관한 이런 설명에서 몇가지 점이 특별히 언급할 만한 가치가 있는 것 같다.

1. 제임스와 마찬가지로 블랜샤드도 진리 정의를 인간의 지적 행위의 목표에 관한 자신의 견해에서 끌어내려고 한다. 그런데 제임스는 인간 행위의 목표로서 행위에 유용한 도구의 발달을 강조하는 반면, 블랜샤드는 이해의 획득이라는 보다 이론적인 목표를 강조한다. 일반적으로 말해서 정합설을 옹호한 관념론자들은 실용주의의 잘못이 바로 진리에 관한 이야기를 하면서 사유가 가진 이런 비이론적인 목표를 강조한 데 있다고 생각했다. 브래들리의 말을 들어보자.

> 다른 모든 것과 마찬가지로 진리의 기준은 궁극적으로 인간의 본성에서 나오는 욕구의 만족이다. 이 시험에서 빠져나가거나 아니면 이것을 추월한다는 것은

4) B. Blanshard, *Nature of Thought*, 제 27 장.

결국 불가능하다고 말하지 않을 수 없다. 만약 그렇다면(그리고 이런 이야기는 매우 자연스러운 것이다), 인간 본성의 모든 방면에서의 충족을 제시하고(제시하려고 하고) 난 다음에 이를 만족하는 진술을 진리요 실재라고 인정하고 또 받아들여서는 안 될 이유가 어디에 있는가?… 진리는 다른 욕구들과 분명히 구별되는 것 같다. 그리고 철학 — 최소한 내가 이해하는 대로의 철학 — 은 특히 진리의 이런 특수한 필요와 요구에 응해야 된다. … 만약에 철학이 있다면, 그 고유한 임무는 지성을 만족시키는 것이라야 될 것이고, 그래서 인간 본성의 다른 측면들은 직접적인 요구를 할 권리가 없다.[5]

2. 관념론자들의 입장에서 보면, 개별적으로 이해한 것을 포괄적이고 정합성을 띤 어떤 일관된 체계에 끼워맞출 수 있을 때라야 비로소 이해를 달성한 것이다. 이런 점에서 진리는 나눌 수 없는 하나의 전체이다. 개개의 믿음은 그런 이상적인 체계에 들어맞는(정합적인) 한에 있어서만 참이라고 할 수 있다. 그래서 어떤 주어진 믿음의 진리는 다른 모든 믿음들의 진리와 유기적인 관계를 맺고 있다. 그래서 관념론자들은 개별적인 판단들 각각의 진리가 다른 판단들의 진리와 상관이 없는 것으로 보려는 제임스의 태도를 받아들이지 않으려고 드는 것이다.

3. 우리는 물론 보다 포괄적인 체계와 믿음의 정합성에 상당하는 어떤 것을 개개의 믿음이 참일 기준으로 사용하는 일이 가끔 있다. 우리는 가끔 우리의 나머지 믿음들과 잘 들어맞는 믿음을 참인 것으로 인정한다. 그러나 블랜샤드를 위시해서 정합설을 옹호하는 철학자들은 여기서 한 걸음 더 나아가서 바로 이 정합성이 진리가 뜻하는 바라고 말한다. 이제 살펴봐야 되는 문제는 그들도 실용주의자들과 마찬가지로 진리의 기준을 가지고 진리의 의미로 변용하는 잘못을 범했는가 하는 것이다.

진리 정합설에 대한 가장 근본적인 반론은 어떤 믿음이 진리라는 것과 세상에서 일어나는 일들 사이의 적절한 연관 관계를 유지하지 못한다는 것이다. 이 점을 이야기하기 위해서, 몇가지 서로 다르면서도 완전히 포괄적인 믿음의 집합들의 가능성을 생각해 보자. 이런 집합들이 내부적으로는 서로 정합적이면서, 서로간에는 충돌을 한다고 하자. 정합설의 견지에서 이런 체계들 가운데 하나만이 참이라고 할 근거는 어디에 있는가? 또 이런 질문에 대해서 대답할 수가 없다면, 정합설은 세

5) F. H. Bradley, *Essays on Truth and Reality*, 제 8 장.

상에서 실제로 일어나고 있는 일에 전혀 개의치 않고 있음이 분명하지 않은가? 러셀은 이런 반론을 다음과 같이 표현하고 있다.

> 믿음들의 정합체가 하나밖에 있을 수 없다고 가정할 이유는 없다. 소설가가 상상력을 충분히 발휘해서 우리가 알고 있는 것과 완전히 잘 들어맞으면서도 진짜 역사와는 전혀 다른 세계의 역사를 만들어낼 수 있다. … 그리고 철학에서도 두 가지 대립되는 가설들이 모든 사실들을 꼭같이 설명할 수 있는 경우는 드물지 않은 것 같다. 그래서, 예를 들어, 인생은 한 바탕의 긴 꿈이고 바깥 세계는 꿈의 대상들이 가지는 것과 꼭같은 정도의 실재성밖에 가지지 않을 수도 있다. … 이렇듯이 정합적인 체계가 오로지 하나밖에 있을 수 없다는 증명이 없기 때문에, 정합성은 진리의 정의가 되지 못한다.[6)]

이런 식의 비판에 대해서 블랜샤드가 어떻게 응수하는지를 보면 재미가 있다.

> 진리가 만약 정합성에서 성립한다면, 우리가 꼭같은 정합성을 지닌 두 개의 세계에 맞부딪칠 경우에 어느 편이 다른 편보다 더 참된 것인지를 선택할 수 없어야 된다. 그리고 우리는 반성을 통해서 그런 무능력이 바로 우리가 발견해야 되는 것임을 알 수 있다. 그러므로 진리를 정합성과 동일시하는 것은 이런 점에서 한층 더 확고하게 된다.[7)]

얼핏보면 이런 대답은 조건문의 후건 긍정의 오류(non sequitur)에 속한다. 우리가 어떤 체계가 참인지를 결국 가려내지 못한다고 하더라도, 그들 중에 하나는 참이고 나머지는 거짓일 근거가 없다고 인정해야 될 이유가 있는가? 우리들은 어떤 체계가 참인지를 가려낼 수 없지만, 세상에서 일어나는 일과 일치하는 체계가 참인 체계라고 말하면 왜 안 되는가? 그러나 나는 블랜샤드를 다음과 같이 이해하는 것이 가장 좋으리라고 생각한다. 그는 여기서 정합성이 진리의 기준이기 때문에 이를 동시에 진리의 의미도 되는 것으로 보아야 하며, 여러 체계들 가운데 오직 하나만이 진리라는 주장을 거부해야 된다는 주장을 펴고 있다.

러셀은 진리 정합설에 대해서 또 하나의 설득력있는 반론을 내놓고 있다.

---

6) B. Russell, *The Problems of Philosophy*, 제 12 장.
7) B. Blanshard, *Nature of Thought*, 제 26 장.

두 개의 명제는 양쪽 다 참일 수 있을 때 정합적이고, 둘 중 적어도 하나는 거짓이라야 될 때 비정합적이다. 그런데 두 개의 명제가 양쪽 다 참일 수 있는지를 알려면, 모순율(law of contradiction)과 같은 논리적 진리들을 알아야 된다. …그런데 모순율도 또한 정합성의 시험을 받는다면, 우리는 모순율이 거짓이라는 가정을 택할 경우에 어떤 것이나 다 다른 모든 것들과 정합적이 되리라는 것을 알게 된다. 그러므로 논리적 법칙들은 정합성의 시험의 바탕이 되는 뼈대나 골격을 이루는 것이지, 그것들 자체가 이 시험에 의해 확립될 수는 없다.[8)]

러셀의 이야기를 한마디로 말하자면, 정합성에 관한 모든 이야기는 어떤 진리들, 즉 논리적 진리들을 전제로 한 것이므로, 논리적 진리들은 정합성과 상관없이 정의할 수 있어야 된다는 것이다. 그래서 진리 정합설은 진리에 대한 올바른 정의가 될 수 없다는 것이 그의 주장이다.

9.4 진리 대응설

이제까지 살펴본 진리설들을 비판하면서 우리는 어떤 믿음의 진리와 세상에서 일어나는 일들 사이의 적절한 관련을 확립하지 못함을 강조했다. 여기서 마지막으로 살펴보게 되는 진리설, 즉 진리 대응설(correspondence theory of truth)은 세상에서 일어나는 일과 믿음 사이의 적절한 관계에서 진리가 성립한다는 이 기본 관점에서 출발한다. 여기서 출발함으로써 그 옹호자들은 다른 진리설들이 부딪친 어려운 문제들을 피하려고 하는 것이다.

러셀은 진리 대응설을 다음과 같이 제시하고 있다.

"오델로는 데스데모나가 카시오를 사랑한다고 믿고 있다"(Othello believes that Desdemona loves Cassio)는 믿음을 예로 들자면, 우리는 데스데모나와 카시오를 대상항(object-terms), 사랑을 대상 관계(object-relation)라고 부를 것이다. 대상 관계에 의해서 대상항들이 믿음에서와 꼭같은 차례로 연결됨으로써 이루어지는 "카시오에 대한 데스데모나의 사랑"(Desdemona's love for Cassio)이라는 하나의 복합체가 있다면, 이 복합체는 믿음에 대응하는 사실이라 불리

8) B. Russell, *The Problems of Philosophy*, 제 12 장.

운다. 그래서 믿음은 그에 대응하는 사실이 있으면 참이고, 그런 사실이 없으면 거짓이다.[9]

한마디로 말해서, 러셀은 믿음이 참임은 그에 대응하는 사실이 있음으로써 성립하는 반면에 믿음이 거짓임은 그에 대응하는 사실이 존재하지 않는 데서 성립한다고 주장하고 있는 것이다.

이런 식의 진리 대응설은 여러 가지 난점에 부딪쳤는데, 그 중에서 일부는 사실에 관련된 것이요, 일부는 대응 관계에 관련된 것이다. 그것들을 하나씩 차례로 살펴보자.

사실 많은 철학자들은 사실의 존재에 대해 의심을 품고 있다. 대상들 및 속성들이 존재함은 인정하면서, 문제의 대상이 문제의 속성을 가진다는 사실이 하나 더 존재함은 부정하는 것이다. 이런 사람들은 결과적으로 러셀의 이론을 거부해야 된다. 그래서 스트로슨은 이런 글을 쓴 일이 있다.

> 진술에서 지시하는 부분이 지시하는 것(사람, 사물 등)과 진술의 기술하는 부분이 들어맞거나 또는 들어맞지 않는 것에 관해서 진술은 이야기를 한다. 진술의 서로 다른 두 부분이 진술이 그에 관한 진술로서 관련되는 것과 관계를 맺는 두 가지 방식들 가운데 어느 하나에 의해서건 아니면 독자적인 다른 어떤 방식에 의해서건간에 진술 자체가 관계를 맺고 있는 다른 어떤 것이 세상에 존재하지 않음은 분명하다. 그리고 그런 어떤 관계가 있어야 된다는 요구가 논리적으로 불합리함도 또한 분명하다.… 그런데 진술이 참일 경우에 그에 대응해서 …세상에 있는 어떤 것에 대한 요구는 바로 이런 요구이다.[10]

이런 식의 논의는 상당한 철학적 의의가 있다. 그리고 발전시킬 가치가 있다. 철학의 분야들 중에는 세상에 어떤 종류의 사물들이 있는지에 관한 설명을 내놓는 것이 그 관심사들 가운데 하나인 분야, 즉 형이상학이 있다(다른 생각을 가진 철학자들도 있기는 하지만 말이다). 우리는 모두 다 물리적 대상이나 인간과 같은 종류의 사물들이 있음을 알고 있다. 그러나 수, 사건 및 사실 따위의 대상들은 어떤가? 이런 것들도 마찬

9) 같은 책.
10) P. F. Strawson, "Truth," *Proceedings of the Aristotelean Society*, 1950.

가지로 존재하는가? 그리고 만약 그렇다면, 이런 것들의 존재는 물리적 대상이나 인간의 존재와 같은 종류에 속하는가? 형이상학자들은 이런 종류의 질문들에 부심하는데, 스트로슨은 진리 대응설에 대한 비판에서 바로 이런 문제를 제기하고 있는 것이다.

사실 스트로슨의 요점은 대단히 간단한 것이다. 그는 우선 진리 대응설이 믿음은 그에 대응하는 사실이 존재하는 경우에만 참이라고 주장하고 있음을 지적한다. 그러면 최소한 몇 개의 사실들이 존재함은 진리 대응설의 전제가 된다. 이런 의미에서 진리 대응설 뒤에는 형이상학적인 전제가 깔려 있다. 이제 스트로슨이 주장하려고 하는 바는 대응설의 이 형이상학적 전제가 거짓이라는 것이다. 사실이란 없다는 것이다. 이런 이야기가 옳다면, 진리 대응설은 무너진다.

스트로슨이 이처럼 사실의 존재를 의심스럽게 생각하는 이유는 무엇인가? 위의 인용문 중의 한 구절에서 그는 사실이 없음은 그야말로 분명한 일이라는 암시를 준다. 그가 이런 말을 한다는 것은 재미있는 일이다. 왜냐하면 꼭같이 유명한 글에서 러셀은 사실의 존재를 분명한 일로 이야기하고 있기 때문이다. 그 구절은 이런 것이다.

> 내가 여러분의 주의를 환기시키려고 하는 첫번째 자명한 사실 — 나는 내가 자명하다고 부르는 이런 것들은 너무나 분명한 것이어서 이것들을 언급하는 것이 가히 우스운 일이라는 생각에 여러분이 나와 동의하기를 바라는 바이다 — 은 세상에 사실들이 있고, 그것들은 우리가 거기에 관해서 생각할 마음이 있든 없든간에 그 본성을 유지하며, 그리고 사실을 지시하는 믿음들이 있는데, 그것들은 사실을 지시함에 의해서 참이거나 또는 거짓이 된다는 것이다. 나는 맨 먼저 내가 이야기하는 "사실"이 무엇을 뜻하는지에 관해서 여러분에게 예비적인 설명을 해주려고 한다. 사실이라는 말을 할 때 나는 명제를 참 또는 거짓으로 만드는 그런 종류의 것들을 뜻한다(나는 엄밀한 정의를 내놓으려고 할 생각은 없다. 내가 무엇에 관해 이야기를 하고 있는지를 여러분이 알 수 있도록 하기 위해서 설명을 좀 하려고 하는 것뿐이다). "비가 오고 있다"는 말을 내가 한다면, 내가 말하는 것은 어떤 기상 상태하에서는 참이고, 다른 기상 상태하에서는 거짓이다. 나의 진술을 참(또는 경우에 따라서 거짓)으로 만드는 기상 상태를 나는 "사실"이라고 부른다. "소크라테스는 죽은 사람이다"라는 말을 내가 한다면, 나의 진술은 오래 전에 아테네에서 일어난 어떤 생리학적인 현상 때문에 참이 될 것이다. 내가 만약 "중력은 거리의 제곱에 반비례해서 변한다"는 말을 한다면, 나의 진술은 천문학적 사실에 의해 참으로 된다. 내가 만약

"2 더하기 2는 4다"라는 말을 한다면, 나의 진술을 참으로 만드는 것은 수학적 사실이다. 반면에 내가 만약 "소크라테스는 살아 있는 사람이다," "중력은 거리에 정비례해서 변한다," "2 더하기 2는 5다" 같은 말을 한다면, 앞에서 든 나의 진술들을 참으로 만든 바로 그 사실들이 이 새로운 진술들이 거짓임을 보여준다.

나는 내가 사실이라는 말을 할 때 뜻하는 것이 소크라테스나 비나 태양 같은 개별적으로 존재하는 사물(particula existing thing)이 아님을 여러분이 깨달아 주기를 바란다. 소크라테스 자신은 어떤 진술도 참이나 또는 거짓으로 만들지 않는다. … 소크라테스 자신이나 또는 어떤 개별자도 그 자체만으로서는 어떤 명제도 참이나 거짓으로 만들지 않는다. "소크라테스는 죽은 사람이다"와 "소크라테스는 살아 있는 사람이다"는 둘 다 소크라테스에 관한 진술이다. 그 중 하나는 참이고 다른 하나는 거짓이다. 내가 말하는 사실이라는 것은 "소크라테스" 따위의 한 개의 이름이 아니라, 문장 전체에 의해서 표현되는 그런 종류의 것이다. "불" 또는 "이리"처럼 한 개의 단어가 사실을 표현하게 되는 것은 언제나 표현되지 않고 있는 문맥 때문이다. 그리고 사실의 완전한 표현에는 언제나 문장이 필요하다. 예를 들어서, 우리는 어떤 것이 어떤 속성을 가지고 있다고 말하거나 아니면 그것이 다른 어떤 것과 어떤 관계를 맺고 있다고 말함으로써 사실을 표현한다. 그러나 그런 속성이나 관계를 가지고 있는 사물은 내가 말하는 "사실"이 아니다.[11]

러셀이 하고 있는 말에는 상당한 매력이 있음을 인정하지 않을 수 없다. 그리고 스트로슨을 읽으면서 사실의 존재에 대한 반론이 정확히 어떤 것인지를 분명히 알기란 매우 어렵다. 그러나 우리는 아마 다음과 같은 방식으로 그 반론에 다가갈 수 있을 것이다. 우리가 만약에 그것이 있음으로 해서 어떤 믿음이 참으로 되는 사실이 있다고 가정한다면, 우리는 너무나 많은 사실들에 대한 믿음을 받아들이게 될 것이고, 그래서 마침내 사실들을 모두 포기하고 다른 진리설을 찾아내는 길을 택하게 될 것이다.

이런 논의는 다음과 같이 표현할 수도 있다. 그것의 존재가 어떤 믿음들을 참이게 하는 사실들이 있다는 러셀의 이야기에 일단 동의할 생각이 있다고 해보자. 그런데 참인 믿음들 중에는 다음과 같은 것들이 있다.

---

11) B. Russell, *The Philosophy of Logical Atomism*, lecture 1.

1. 모든 사람은 죽는다. (All men are mortal.)

2. 죤이 프란사인을 사랑하거나 아니면 그가 마틸다를 사랑한다. (Either John loves Francine or he loves Matilda.)

3. 죤이 프란사인을 사랑하는 것이 아니다. (It is not the case that John loves Francine.)

어쨌든 러셀이 맨 처음에 제시하는 설명에 따르자면, 이런 믿음들이 참임은 우리들에게 일반적 사실, ("또는"을 사용해서 진술되는) 선언적 사실 및 부정적 사실의 존재를 받아들이게 하리라는 생각이 든다. 처음에는 사실의 존재를 인정할 생각을 가졌던 사람들 중에서도 많은 사람이 이런 첨가된 사실들의 존재를 모두 다 인정하는 데에는 당연히 주저할 것이다. 이것이 사실이 있다는데 대한 우리의 동의가 잘못이었는지도 모른다는 것을 함축하는 것은 물론 아니지만, 어쨌든 이런 것을 암시하기 시작한다. 사실의 존재를 요구하는 진리설의 존재를 받아들인 것이 잘못인지도 모른다.

러셀은 이런 문제를 잘 알고 있었다. 그와 그의 추종자들은 진리가 어떤 기본적인 사실들의 존재에 바탕을 두고 있다는 기본적인 착상은 받아들이면서도 이런 골치 아픈 사실들의 존재를 함축하지는 않도록 그의 진리설을 수정하려고 했다. 그래서 그들은 예를 들면 위에서 본 믿음 2가 진리임은 죤이 프란사인을 사랑한다는 사실의 존재나 아니면 죤이 마틸다를 사랑한다는 사실의 존재에 바탕을 둔 것이고, 그 밖에 선언적 사실의 존재를 요청할 필요는 없다는 주장을 폈다. 그들이 이런 프로그램을 일반적 사실과 부정적 사실에 이르기까지 관철할 수 있었더라면, 사실의 존재에 대한 믿음은 훨씬 더 그럴듯한 것으로 되었을 것이다. 그러나 유감스럽게도 그들은 부정적 사실과 일반적 사실을 없앤다는 게 훨씬 더 어려운 일임을 발견하게 되었다.

예를 들어서 부정적 사실의 문제를 살펴보자. 그 존재로서 믿음 3이 참임을 설명할 수 있는 비-부정적 사실은 어떤 것인가? 한 가지 분명한 제안은 죤이 프란사인을 미워한다는 사실이 그런 사실이라는 것이다. 그러나 이 제안은 옳을 수가 없다. 죤이 프란사인을 미워한다는 사실이 존재하지 않고도(예를 들어서 죤은 프란사인에게 전혀 무관심할 수도 있다), 죤이 프란사인을 사랑하지 않음은 사실일 수가 있다. 믿음 3은 참인 것이다. 이제 한층 더 복잡한 선언적 사실, 예를 들어서 "죤은 프란사인을 미워하거나 또는 싫어하거나 또는 그녀에게 무관심하거나…" 같은 것을 필요로 한다. 물론 그 다음에 믿음 2와 관련된 선언적 사실을 제거한 것과 꼭같은 방식으로 이 선언적 사실을 제거하려고 할 것이다.

그러나 러셀은 이런 것이 잘되지 않으리라는 것을 간파했다. 그가 말하는 이유는 다음과 같다.

이제 우리는 "p가 아니다"(not-p)를 어떻게 해석할 것인가 하는 문제에 도달했다. 그리고 데모스 씨(Mr. Demos)가 내놓은 제안은 우리들이 "p가 아니다"라고 언명할 때 실제로 언명하고 있는 것은 p와 양립 불가능(incompatible)하면서("p의 반대"가 그의 표현이다. 그러나 나는 같은 의미라고 생각한다) 참인 어떤 명제 q가 있다는 언명이라는 것이다. 이것이 그가 제안하고 있는 정의이다.

"p가 아니다"는 "p와 양립 불가능하면서 참인 명제 q가 있음"을 뜻한다.

예를 들어서 "이 분필은 붉지 않다"는 말을 할 때, 나는 이 명제와 모순되는(inconsistent) 어떤 명제 — 이 경우에는 "이 분필은 희다"는 명제가 될 것인데 — 가 있음을 주장하려는 생각이다. 그리고 이런 일반적인 부정 형식을 사용하는 까닭은 p와 양립 불가능하면서 참인 명제가 실제로 어떤 것인지를 모르고 있기 때문이라는 것이다. 또는 그런 문장이 실제로 어떤 것인지를 알고 있기는 하지만, p를 거짓으로 만드는 특정한 사례보다 p가 거짓이라는 사실에 관심이 더 많은 경우도 물론 있을 수 있다. 예를 들어서 여러분은 어떤 사람이 거짓말장이임을 증명하기를 갈망하고 있어서 그가 언명한 어떤 명제가 거짓임에 훨씬 더 관심이 많을 수도 있다. 또 특정한 사례보다는 일반 명제에 관심이 더 많아서 분필이 희다는 사실보다 붉지 않다는 사실에 관심이 더 많을 수도 있다.

나는 거짓에 관한 이런 이론이 대단히 이해하기 어렵다고 생각한다. 여러분은 우선 이런 이론이 양립 불가능성을 근본적이고 객관적인 사실로 만들고 있는데, 이는 부정적 사실을 용인하는 것보다 별로 더 쉬운 일이 아니라는 반론이 있음을 깨달을 것이다. 여기서는 "아니다"(not)를 양립 불가능에로 환원시키기 위해서 "p는 q와 양립 불가능하다"는 사실이 있어야 된다. 왜냐하면 이것은 명제에 대응하는 사실이 되기 때문이다.[12)]

러셀과 그 추종자들이 일반적 사실을 없애는 방법을 찾아내려고 시도했을 때도 이와 비슷한 문제에 봉착했다. 이런 모든 것들 때문에 (러셀

12) 같은 책, lecture 3.

은 그렇지 않지만) 많은 철학자들은 사실의 존재와 더불어 그것을 전제로 하는 철학 이론을 모두 다 의심하게 되었다.

대응 진리 대응설에는 두번째 문제가 있다. 러셀의 이론에 따르면, 어떤 믿음이 참임은 어떤 사실이 존재함에 바탕을 두고 있다. 어떤 사실 말인가? 그에 대응하는 사실 말이다. 그러나 그것은 어떤 사실인가? 사실이 믿음에 대응하기 위해서는 어떤 것이 필요한가? 위에 든 인용문에서 러셀은 거기서의 관심사인 단순한 믿음에 대해서 대응 관계를 설명하기를 시도하고 있다. 그러나 대응 관계에 관한 일반적인 설명을 내놓을 수 있는가? 여기에 대한 대답은 분명치 않다.

9.5 최근의 이론

1920년대에 이르자 많은 철학자들은 자신들이 다음과 같은 불행한 처지에 놓여 있음을 발견했다. 한편으로 그들은 실용주의 진리설이나 진리 대응설이 진리와 실재 사이의 충분한 연관 관계를 확립하지 못하기 때문에 이런 이론들을 받아들이기를 꺼렸다. 다른 한편으로 그들은 러셀의 진리설이 대응 관계라는 불가해한 관계와 사실을 끌어들이고 있어서 불만스럽다고 생각했다. 이런 상황에서 러셀의 대응설의 단점은 제거하고 장점은 포용하려는 시도로서 새로운 진리설이 전개되었다.

이 진리설 즉 진리 잉여설(redundancy theory of truth)은 에어의 다음 구절에서 설명되고 있다.

> 진리의 분석으로 돌아가자. 우리는 "*p*는 참이다"라는 형태의 모든 문장에서 "~는 참이다"는 부분이 논리적으로 불필요함(superfluous)을 알 수 있다. 예를 들어서 "앤 여왕은 죽었다"는 명제가 참이라고 말하는 사람이 말하고 있는 것은 앤 여왕이 죽었다는 것뿐이다. … 그래서 어떤 명제가 참이라는 언명을 하는 것은 그 명제를 언명하는 것과 같고, 그것이 거짓이라는 말을 하는 것은 그것의 모순 명제를 언명하는 것과 같다. 이 점은 "참" 또는 "거짓"이라는 단어가 아무 것도 뜻하지 않고 다만 문장 속에서 언명(assertion)과 부정(denial)을 표시하는 기능을 할 뿐임을 보여준다. 그렇다면, "진리"의 개념을 분석하라는 요구는 무의미한 요구일 수밖에 없다.[13]

---

13) A. J. Ayer, *Language, Truth and Logic*, 제 5 장.

에어의 요점은 세 가지가 있다.

(1) 참과 거짓 따위는 (믿음의) 속성이 아니다.

(2) 어떤 믿음 p가 참이라는 말을 할 때, 우리가 말하는 것은 p라는 것밖에 없다. 그래서 "앤 여왕이 죽었다는 것은 참이다"고 말하는 것은 "앤 여왕은 죽었다"를 말하는 또 하나의 방식에 불과하다.

(3) 그러나 진리와 실재 사이에는 이런 연관이 있다. 어떤 믿음이 참이라고(예를 들어서 앤 여왕이 죽었다는 것은 참이라고) 말할 때 나는 세상에서 일어나고 있는 어떤 일(즉 앤 여왕이 죽었음)을 말하고 있는 것이다.

스트로슨은 그의 대단히 유명한 논문에서 이런 견해를 확장하고 있다. 스트로슨은 "~는 참"이라는 말은 불필요한 데도 굳이 그렇게 말하는 이유를 설명하는 데 관심을 가진다. 이것은 언명되는 내용에 무엇을 덧붙이지는 않지만, 무언가 기여를 함에 틀림없다는 것이다. 그는 다음과 같은 설명을 내놓고 있다. "그런 표현들[참, 참이다 등]을 씀으로써 우리는 보통 어떤 사람이 말한 것을 확인하거나, 강조하거나, 인정하거나 아니면 거기에 동의한다. 그러나 … 그 말에 덧붙여서 어떤 언명을 하는 것은 아니다."[14)]

에어의 분석을 연장한 스트로슨의 설명은 최근 철학자들에 의해 광범위한 발달을 본 언어의 기능에 대한 매우 중요한 통찰에 바탕을 두고 있다. 언어의 기능 및 용도에 대한 여러 가지 전통적인 견해에 따르자면, 서술문은 언제나 어떤 것이 성립함을 언명하는 데 사용된다. 언어의 용도에 대한 이런 견해를 받아들였을 때 자연스럽게 생기는 질문은 "p는 참"이라는 언명을 할 때 우리는 정확히 말해서 무엇을 언명하고 있는가 하는 것이다. 이런 관점에서 볼 때, 에어와 같이 "참이다"는 불필요하다. 이것은 언명되는 것에 대해서 아무 것도 기여하지 않는다는 결론을 내리는 것은 자연스러운 일이다. 이런 결론은 우리의 직관과 어긋나는 것으로 보일 테지만, 서술문은 어떤 것이 성립함을 언명하는 장치에 지나지 않는다는 견해를 받아들이면 피할 수 없는 결론이다. 그러나 언어의 용도에 대해서 이런 견해를 받아들일 특별한 이유는 없다. 서술문에 다른 용도도 있음은 매우 분명하다. 오스틴의 말을 들어보자.

14) P. F. Strawson, "Truth," *Analysis*, 1949.

이제 나는 여기서 언어의 용도 중에서 한 가지 용도를 살펴보려고 한다. 나는 진술처럼 보이고 또 문법적으로는 진술로 분류되리라고 생각되고, 무의미하지도 않으나 그럼에도 불구하고 참도 거짓도 아닌 어떤 종류의 발설(utterance)을 다루려고 한다. 여기서 다루려는 것은 오늘날 많은 철학자들이 위험 신호라고 여기고 있는 "좋은"(good)과 같은 이상한 단어나 "일지도 모른다"(might), "~할 수도 있다"(could) 따위의 이상한 동사들은 포함하지 않는 발설이 될 것이다. 그것은 단수, 1인칭, 현재, 직설법, 능동태의 평범한 동사를 사용하는 애매함이 전혀 없는 발설인데, 우리는 보자마자 즉시 그것이 참이거나 거짓일 수가 없음을 알게 될 것이다. 더우기 어떤 사람이 만약 그런 종류의 발설을 한다면, 우리는 그가 단순히 어떤 것을 말하고 있는(saying) 것이 아니라 어떤 것을 행하고(doing) 있다고 말해야 될 것이다. 이 이야기는 좀 이상하게 들릴지 모른다. 그러나 내가 들게 될 예는 사실 전혀 이상하지 않고, 분명히 진부하기조차 할지도 모른다. 여기 서너 가지 예가 있다. 예를 들어서 결혼식 도중에 나는 다른 사람들과 마찬가지로 "나는 (맹세)합니다"(I do)(이 여자를 법적으로 결혼한 아내로 받아들입니다)—라고 말한다고 하자. 또 내가 샴페인 병을 들고서 "나는 이 배를 퀸 엘리자베스라고 명명한다"(I name this ship the Queen Elisabeth)라고 말하는 경우를 생각해 보라. 또 "나는 내일 비가 오는 데 자네에게 6펜스를 걸겠네"(I bet you six pence it will rain tomorrow)라는 말을 내가 한다고 생각해 보라. 이런 모든 경우에 내가 하는 말을 분명히 수행되고 있는 어떤 행동—내기하는 행동, 이름을 짓는 행동, 사과하는 행동—의 수행에 대한 보고라고 보는 것은 터무니없는 일일 것이다. 오히려 그 말을 함으로써 나는 말한 행동을 실제로 수행하고 있다고 하는 것이 옳다. "나는 이 배를 퀸 엘리자베드라 명명한다"고 말할 때, 나는 이름짓기 의식을 서술하고 있는 것이 아니라, 실제로 이름짓기를 수행하고 있는 것이다. "나는 (맹세)합니다"(이 여자를 법적으로 결혼한 아내로 받아들입니다)라고 말할 때, 나는 결혼에 관한 보고를 하고 있는 것이 아니라, 결혼식을 올리고 있는 것이다.[15]

스트로슨은 물론 "*p*는 참이다"는 형식의 문장을 언명하는 것이 오스틴이 지적하고 있는 경우와 꼭같지는 않음을 인정할 여지가 있다. 스트로슨은 "참이다"는 말을 덧붙이지 않았을 경우에 했을 것인 언명과는 비록 다를지 몰라도 어쨌든 그 말을 덧붙인 경우에도 언명을 한다는 것을 알고 있다. 스트로슨이 그의 논문에서 주장하려는 것은 "참"이다는 단어를 보탬은 동시에 어떤 행동(예를 들어서, 인정이나 동의)을 수행함을

15) J. L. Austin, *Philosophical Papers,* 제 10 장.

뜻한다는 것이다.

이제 결국 진리와 실재 사이의 올바른 관계를 포착하는 진리설이 존재하는 것이다. 그러므로 우리는 진리 대응설 뒤에 있는 기본적인 생각이 적절한 진리설에서 성공적으로 구현될 수 있다고 말할 수 있다.

9.6 진리의 유형

지금까지 우리는 이 장에서 진리에 관한 일반적 정의, 즉, 어떤 믿음(또는 믿음을 표현하는 데 사용되는 문장)이 참인지에 관한 일반적인 설명을 전개하려는 노력에 관심을 기울였다. 그래서 우리는 사실 및 대응 관계에 관한 문제점들을 조금도 끌어들이지 않으면서 진리 대응설의 중요한 통찰을 포착하는 진리 정의가 가능함을 살펴보았다. 그러므로 객관적 진리설이 가능하지 않다는 생각은 근거없는 것이다.

이 마지막 절에서 우리는 진리들 사이의 여러 가지 중요한 차이점을 소개하고 토론하는 데 관심을 기울일 것이다. 이런 차이는 그 자체로서 어느 정도 관심거리이기도 하지만 그 주된 철학적 의의는 어떤 믿음이 참인지를 우리가 어떻게 알 수 있는지에 관해 우리에게 말해 주는 바에 있다. 게다가 진리의 여러 형태에 대한 이런 소개는 다음 장에 나오는 지식에 대한 논의의 기초를 마련할 것이다. 설령 우리가 진리에 관한 일관된 설명을 내놓았다고 하더라도 아직 우리가 진리를 알고 있다는 주장을 옹호한 것은 아니라는 점을 기억해 둘 필요가 있다.

첫번째로 살펴볼 구분은 **필연적** 진리(necessary truths)와 **우연적** 진리(contingent truths) 사이의 구분이다. 필연적 진리는 거짓일 수가 없는 진리, 참일 수밖에 없는 진리이다. "모든 총각은 남자이다"는 문장을 생각해 보자. 이것은 거짓일 수가 없기 때문에, 바로 그 이유로 필연적 진리이다. 어떻게 하다보니 세상이 어떻게 되어서 모든 총각이 남자가 된 것이 아니다. 오히려 다른 일이 일어날 수가 없는 것이다. 반면에 우연적 진리는 꼭 참이라야 될 필요는 없는 진리이다. 이것은 거짓일 수도 있다. "지금 이 순간 내 주머니에 든 돈은 모두 은화이다"라는 문장을 생각해 보아라. 이것이 만약 참이라면, 우연적 진리이다. 왜냐하면 이것은 거짓이 될 수도 있었기 때문이다. 어떻게 하다 보니 세상이 어떻게 되어서 지금 이 순간 내 주머니에 든 돈은 모두 어떤 형태의 것으로 되었지만, 다른 일이 일어났을런지도 모른다.

앞에서 필연적 진리와 우연적 진리의 분명한 예를 하나씩 살펴보았다. 그러나 어떤 것들은 그 지위가 보다 불확실하다. 예를 들어 모든 사건에 원인이 있다고 가정한다면, 이것은 필연적 진리인가 아니면 우연적 진리인가? 모든 사건에 원인이 있다는 것은 세상의 사정에 관한 사실에 불과한가, 아니면 어떤 의미에서 필연적인 일인가? 또 2+2=4라는 진리를 생각해 보라. 이것은 우연적 진리에 불과한가, 아니면 필연적 진리인가? 철학자들은 이 예들과 또 이에 유사한 다른 예들에 대해서 서로 강력하게 대립해 왔다.

우리는 조금 있다 이 대립을 살펴볼 것인데, 그 이전에 몇가지 다른 구분들을 살펴보자. 우선 **분석적으로**(analytically) 참인 문장과 **종합적으로**(synthetically) 참인 문장의 구분을 살펴보자. 대체로 말해서 분석적으로 참인 문장은 그 의미 때문에 참인 문장이다. 그래서 "모든 총각은 남자이다"라는 문장을 이루는 단어들의 의미 (특히 "총각"의 의미)를 알면, 이 문장이 참임을 알게 되기 때문에, 이 문장은 분석적으로 참인 문장이라고 말해지곤 한다. "지금 이 순간 내 주머니 속에 든 돈은 모두 다 금화"라는 문장이 참임은 이 문장과 그 구성 요소들의 의미에서 나오지 않기 때문에 이 문장은 보통 종합적 진리라고 말한다.

콰인(콰인 자신은 사실상 이런 구분에 대해서 회의적인데)은 유명한 구절에서 이 구분을 다음과 같이 보다 엄밀하게 설명하고 있다.

이제 다시금 분석성(analyticity)의 문제가 대두된다. 일반적으로 철학자들이 분석적이라고 치는 진술들은 사실 찾기가 어렵지 않다. 이런 진술들은 두 종류로 나누어진다. 첫번째 종류의 진술들은 논리적으로 참(logically true)이라고 부를 수 있는데, 다음 진술이 그 전형적인 예이다.

(1) 결혼하지 않은 남자는 모두 결혼하지 않았다. (No unmarried man is married.)

이 예의 중요한 특징은 이것이 지금 상태대로 보아서 참일 뿐만 아니라, "사람," "결혼한" 두 단어에 대한 어떤 재해석에도 불구하고 여전히 참이라는 것이다. "어떤 ~도 아니다"(no), "비-"(un-), "아니다"(not), "만약에"(if), "그러면"(then), "그리고"(and) 등을 포함하는 논리적 어휘(logical particles)들의 명세서를 미리 결정하고 있다면, 논리적 진리는 일반적으로 말해서 참이고 또 논리적 어휘 이외의 구성 성분에 대한 어떤 재해석에서나 다 참인 진술이다.

그런데 분석적 진술의 두번째 형태가 또 있는데, 그 전형은 다음과 같은 진술이다.

(2) 총각은 모두 결혼하지 않았다. (No bachelor is married.)

이런 진술의 특징은 동의어들을 바꾸어 넣음으로써 논리적 진리로 바꾸어 놓을 수 있다는 것이다. 그래서 (2)는 "총각"(bachelor) 대신에 그 동의어인 "결혼 안 한 남자"를 바꾸어 넣음으로써 (1)로 바꿀 수 있다. 위의 이야기에서 우리는 "동의성"(synonymy)이라는 개념에 의지했는데, 이 개념은 바로 분석성과 마찬가지로 해명을 요하는 것이기 때문에, 우리는 아직 이런 두번째 형태의 분석적 진리에 대한 적절한 해명을 하지 못하고 있으며, 그와 더불어 분석성 일반에 대해서도 마찬가지 상태에 놓여 있다.[16]

마지막으로 소개해야 되는, 지식의 문제와 가장 직접적으로 연결되어 있는 구분은 **경험적 진리**(a posteriori truths)와 **초경험적 진리**(a priori truths) 사이의 구분이다. 초경험적 진리는 경험에 호소함이 없이 오로지 추론에만 바탕을 두고 참임을 알 수 있는 믿음을 말한다. 그래서 친근한 예를 한번 더 사용하자면, 모든 총각이 남자임을 알기 위해서는 밖에 나가서 총각들을 모아서 그들이 남자인지 아닌지를 하나하나 살펴볼 필요가 없기 때문에 "모든 총각은 남자이다"라는 믿음은 초경험적 진리이다. 관련된 단어들의 의미가 무엇인지를 알기만 하면, 추론만 가지고도 이 사실을 알 수가 있다.

반면에 경험적 진리는 경험에 근거해서야 비로소 그것이 참임을 확립할 수 있는 진리이다. 그것이 참임은 추리만 가지고 알 수가 없다. 그래서, 친근한 또 하나의 예를 사용하자면, "지금 이 순간 내 주머니 속에 있는 돈이 모두 다 은화"임은 경험적 진리인데, 그 이유는 바로 추리만으로써는 이것이 참임을 결정할 수 없는 까닭에 이것이 참임을 알 수 있는 유일한 방법은 나나 아니면 다른 사람이 주머니 속에 든 돈을 모두 확인해 보는 것이기 때문이다.

첫번째 구분, 즉 필연적 진리와 우연적 진리의 구분을 소개할 때 우리는 필연적 진리인지 우연적 진리인지가 분명치 않은 진리들(예를 들어서, "모든 사건에는 원인이 있다"와 "2+2=4")이 있음을 지적했다. 이제 우리는

16) W. V. O. Quine, "Two Dogmas of Empiricism," *Philosophical Review*, 1951.

이런 진리들이 분석적인지 종합적인지도 분명치 않다는 말을 덧붙일 수 있다. 게다가 이것들이 경험적인지 초경험적인지도 분명치 않다. 이런 예들이 그렇게나 많은 관심을 끈 이유는 바로 이런 기본적인 구별들 모두에 대해서 문제를 제기하기 때문이다.

이쯤되면 독자들은 이 세 가지 구분이 같은 것이 아닌가, 즉 한편으로는 필연적·초경험적·분석적 진리가 있고 다른 한편으로는 우연적·경험적·종합적 진리가 있는 것이 아닌가 하는 인상을 받았을지 모른다. 어떤 점에서는 이렇게 생각하는 것이 자연스러운 일인 것 같다. 필연적으로 참인 문장이 필연적으로 참인 까닭은 그것이 참임이 바로 그 의미에서부터 도출되기(그러므로 분석적이기) 때문이다. 그리고 의미는 경험의 도움을 받지 않고도 알 수 있는 것이기 때문에, 이런 문장은 초경험적 진리이기도 하다. 반면에 우연적으로 참인 문장은 세상에서 일어나는 일들(그리고 이것은 일어나지 않았을 수도 있는 것인데) 때문에 참이고, 그러므로 이런 문장이 참임을 알아내는 유일한 방법은 그것이 참임을 살펴보고 확인해 보는 것이다. 이 자연스러운 경향은 명시적으로건 묵시적으로건 많은 철학자들에게 대단한 영향을 미쳤다. 이 구분들이 어떻게 해서 하나로 묶어지는지를 매우 분명하게 드러내 주는 것은 흄이 쓴 다음과 같은 구절이다.

> 인간의 이성이나 탐구의 모든 대상들은 자연스럽게 두 가지 종류, 즉 "관념들 사이의 관계"(Relations of Ideas)와 "사실의 문제"(Matters of Fact)로 나누어질 수 있다. 기하학, 대수학, 산수 등의 학문, 한마디로 말해서 직관적으로나 아니면 증명에 의해서 확실한 모든 언명들은 앞의 종류에 관한 것이다. 직각삼각형에서 빗변의 제곱은 나머지 두 변의 제곱의 합과 같다는 것은 이 수자들 사이의 관계를 표현하는 명제이다. 5의 3배는 30의 절반과 같다는 것은 이 수자들 사이의 관계를 표현한다. 이런 종류의 명제는 세계의 어디엔가 존재하는 어떤 것에 의지함이 없이 단순히 사고의 작용만 가지고 발견할 수가 있다. 자연 속에는 삼각형이나 원이 존재한 적이 한번도 없지만, 유클리드에 의해 증명된 진리들의 확실성과 명증은 영원히 보존될 것이다.

> 인간 이성의 두번째 대상인 사실의 문제는 이와 같은 방식으로 확인되지도 않고, 또 그것이 참임에 대한 명증은 비록 아무리 크다고 하더라도 앞에서와 같은 성격의 것은 아니다. 사실의 문제의 반대(contrary)는 어느 것도 모순을 함축하지 않고, 마치 원래의 것과 마찬가지로 실재에 잘 들어맞는 것인 양 꼭같

은 용이함과 분명함을 가지고 마음에 의해서 생각되어지기 때문에, 여전히 가능하다. 태양은 내일 뜨지 않으리라는 것은 태양이 내일 뜨리라는 긍정과 꼭같이 이해할 수 있는 명제이고, 둘 다 모순을 함축하지 않는다. 그러므로 그것이 거짓임을 증명하려는 것은 헛된 노력이다. 그것이 만약에 증명에 의해서 거짓이라면, 모순을 함축할 것이고, 결코 마음에 의해서 또렷하게 생각되어지지 않을 것이다.[17]

칸트의 시대(18세기 후반) 이래로 철학자들은 이 세 가지 구분의 중요성을 인정하게 되었고, 종합적이면서 필연적·초경험적인 진리 같은 것이 있을지 모른다는 가능성을 남겨두게 되었다. 그렇게 한 이유들 가운데 하나는 바로 위에서 언급한 골치아픈 예들 때문이다. 칸트 자신은 산수의 진리가 종합적·필연적·초경험적 진리라고 생각했다. 이 전통을 따라서 우리는 이 세 가지 구분이 궁극적으로 하나로 수렴하는지의 문제를 미결 상태로 남겨둘 것이다(그 의의는 다음 장에서 좀더 충분하게 나타날 것이다).

□ 더 생각해 볼 만한 문제들

1. 사물들은 사람들 각각에 대해서 각자가 지각하는 대로 존재한다는 프로타고라스의 주장을 옹호하거나 논박하기 위해서 어떤 이유를 댈 수 있는가?
2. 진리설에서 모순이 참이 될 수 있는 가능성을 배제해야 되는 이유는 무엇인가?
3. p가 참이거나 아니면 p의 역(not-p)이 참이라는 주장을 옹호하라.
4. 실용주의는 진리의 실용적 기능뿐만 아니라 이론적 기능도 허용하는가?
5. 종교적 진리에 관한 실용주의적 이론에 대한 러셀의 반론은 옳은가?
6. 관념론자들이 말하는 바 진리들의 무리(a body of truths)의 정합성이란 무엇을 뜻하는가? 정합성이라는 개념은 정말로 논리적 법칙들이 참임을 전제로 하는가?

---

17) D. Hume, *Inquiry Concerning Human Understanding*, section 4.

7. "프랑스 혁명"이라는 사건과 프랑스 혁명이 일어났다는 사실 사이에 어떤 차이가 있는가? 만약에 차이가 없다면, 스트로슨은 이런 사건의 존재도 또한 부정하고 있는가?

8. 부정적 사실이 긍정적 사실보다 더 문제성이 있는 것으로 여겨지는 이유는 무엇인가?

9. 만약에 진리라는 속성이 존재하지 않는다면, 사람들이 "진리(the truth)는 발견하기 어렵다"고 말할 때는 무엇을 말하고 있는 것인가?

10. 2+2=4라는 것은 분석적이라고 생각하는가 아니면 종합적이라고 생각하는가? 또 이것은 초경험적(a priori)인가 아니면 경험적(a posteriori)인가? 필연적인가 아니면 우연적인가?

10

지식과 믿음

앞 장의 첫머리에서 우리는 회의주의의 주장, 즉 진리 및 진리에 대한 지식(앎)은 실현할 수 없는 이념이라는 주장을 살펴보았다. 우리가 가질 수 있는 것이란 우리들 자신의 믿음과 편견들뿐이라는 것이 회의주의자들의 주장이다. 9장에서 우리는 바로 진리의 이념을 정의하려는 여러 가지 시도들을 발전시켜 보았다. 여기서 우리는 어쨌든 진리의 이념이 옹호되고 이해되어질 수 있는 어떤 것이라는 점을 보여줄 수 있었다. 그러나 그것만으로는 회의주의자들의 도전에 대한 완전한 답변이 되지 않는다. 비록 일관성있는 어떤 진리의 이념이 있다고 하더라도, 회의주의자들은 이 이념은 우리들에게 별 의의가 없다는 주장을 펼 수가 있다. 그 이유는 진리에 대한 지식이 불가능하다고 보기 때문이다. 만약에 회의주의자들의 이런 주장이 옳다면, 9장의 시도는 그야말로 헛된 노력이 될 것이다. 그래서 우리는 여기서 (1) 지식이란 무엇인지를 설명하고 나서 (2) 회의주의자들의 주장이 잘못된 것임을, 즉 최소한 어떤 지식은 획득할 수 있는 것임을 보여주려고 한다.

그러나 회의주의의 도전을 물리치는 것이 이 장의 유일한 관심사는 아니다. 우리는 앞의 여러 절에서 우리가 한 많은 일들을 정당화하는 데에도 관심을 가질 것이다. 예를 들어서, 5장에서는 지식이라는 어떤 일관성있는 이념이 있다는 것을 전제로 신이 존재한다는 것을 우리들이 알 수 있는지 어떤지를 밝히려고 했다. 또 6장에서는 신의 계시에 의지하지 않고서 도덕적인 지식을 얻을 수 있는지 없는지에 관심을 가졌다. 여기서도 우리는 지식이라는 개념이 일관성있는 개념이라고 전제한 것이다. 이런 문제들을 다루면서 우리는 인간 지식의 본성과 한계에 관한 일반적인 질문을 좀더 면밀히 검토할 기회가 없었던 것이다. 여기서 바로 이런 문제를 다루게 될 것이다.

본론에 앞서서 두 가지 지적해 둘 점이 있다. 인간 지식의 문제가 철학에서 단 하나뿐인 근본적인 문제라고 간주된 것은 데카르트의 시대(17세기초) 이래 근세 철학의 한 가지 특징이다. 나는 이런 경향이 우연한 일이 아니라고 생각한다. 이런 경향은 근세라는 과학의 시대에 이룩된 지식의 엄청난 성장을 반영한다. 근세의 위대한 철학자들 중에서 많은 사람들(데카르트, 로크, 칸트)에 있어서 지식에 대한 철학적인 검토의 목표는 지식을 얻어낸다는 과학의 주장을 옹호하고, 그런 지식의 본성과 범위를 분석하는 것이라는 말은 상당히 타당성이 있다고 생각된다. 이런 생각은 예를 들어서, 로크의 《인간 오성론》의 머리말에 나타나 있다.

> 내 방에 모여서 이것과는 전혀 거리가 먼 주제에 관해서 토론을 하던 대여섯 명의 친구들은 모든 방면에서 생기는 문제점들 때문에 이야기가 얼마 못 가서 더 이상 나가지 못한다는 것을 발견했다. 우리를 당혹케 한 의심들을 해소하는 데는 조금도 다가가지 못하면서 한참동안 혼란 속에서 헤맨 뒤에, 우리들이 길을 잘못 든 것이 아닌가 하는 생각이 나에게 떠올랐다. 이런 종류의 문제들에 대한 탐구에 착수하기 전에 우리들 자신의 능력을 검토하고 우리의 오성(understanding)이 어떤 대상들을 다루기에 적합하고, 또 적합하지 않은지를 살펴볼 필요가 있다는 생각이 든 것이다.

두번째 지적은 방법론적인 것이다. 지식론(인식론)의 많은 고전들의 예에 따라서, 우리는 지식이 있음을 먼저 가정하지는 않을 것이다. 하여간에 우리의 목표는 회의주의를 물리치는 것이지, 회의주의의 그릇됨을 단순히 가정하는 것이 아니다. 그 대신에 우리는 지식의 본성을 검토하고, 그 다음에 그 결과를 토대로 지식이 가능한가, 또 어느 정도까지 가능한가를 생각해 볼 것이다.

10.1 지식이란 무엇인가?

전통적으로 앎이란 무엇인지를 다루는 철학자들은 이 문제를 다음과 같은 방식으로 제기했다. 내일 비가 오리라는 것을 내가 믿고 있다고 하자. 그리고 또 내일 비가 올 것이라고 가정하자. 그러므로 나의 믿음은 참이다. 그런데 나의 믿음이 지식으로 되기 위해서는 어떤 것이 더 필요한가? 일반적으로 말해서, 지식과 단순히 참인 믿음 사이의 차이점은 무엇인가?

이런 철학적 전통의 전제는 지식과 참인 믿음을 같은 것으로 볼 수 없다는 것이다. 철학자들이 지식과 참인 믿음을 같은 것으로 보지 않는 이유는 무엇인가? 그 이유는 주로 참인 믿음이기는 하지만 지식은 아닌 경우가 있어 보이기 때문이다. 예를 들어서 나에게 내일 다섯번째 경주에서 러키 스타(Lucky Star)가 1등을 하리라는 터무니없는 영감이 들었는데, 실제로 보니 러키 스타가 1등을 했다고 하자. 이런 경우에 러키 스타가 1등을 하리라는 나의 믿음은 참인 믿음이다. 그러나 내가 러키 스타가 1등을 하리라는 것을 알았던 것은 분명히 아니다. 그러므로 지식과 참인 믿음은 같은 것일 수가 없다.

그러면 이 둘 사이의 차이점은 무엇인가? 이 문제를 다루기 위해서 우선 플라톤의 대화편 《국가》에 있는 유명한 구절을 살펴보자. 여기서 플라톤은 억견(믿음)과 지식을 구분하려고 한다.

> 먼저 기능들을 분류해 보겠네. 기능이란 사람들이나 아니면 다른 어떤 것들이 가지고 있는 능력으로서 사람들이 현재 하고 있는 것과 같은 일을 하게 해주는 것이지. 예를 들어서 보는 것과 듣는 것은 기능이라고 불러야 될 테지. … 기능을 말할 때는 단지 그 대상 영역과 결과만이 문제가 된다네. 그래서 나는 같은 영역과 같은 결과를 가진 기능은 같은 기능이라고 부르고, 다른 영역과 다른 결과를 가진 기능은 다른 기능이라고 부르려고 하네. … 자네는 지식이 기능이라고 생각하는가? 또 그렇다면 지식은 어떤 무리에 속하는 것일까?
>
> 지식은 물론 기능이지요. 모든 기능 가운데서 가장 강력한 기능입니다

억견 또한 기능인가?

물론입니다. 억견(의 기능)을 사용해서 우리는 억견을 형성할 수가 있읍니다.

그런데 자네는 조금 전에 지식이 억견과 같지 않다는 것을 인정하지 않았는가?

정말 그렇습니다. 분별이 있는(reasonable) 사람으로서 어떻게 잘못을 범하는 것과 잘못을 범하지 않는 것을 같다고 하겠읍니까? ….

그렇다면 서로 다른 능력을 가진 지식과 억견은 영역과 대상 또한 서로 다르지 않을까?

여기서 플라톤은 (1) 믿음과 지식은 대상 영역이 서로 다르기 때문에 비록 참인 믿음이라고 하더라도 지식과는 다르며, (2) 그러므로 지식은 참된 믿음 더하기 어떤 것이 아니요, (나의 운좋은 영감과 같은) 참된 믿음에 어떤 것을 더한다고 해서 지식이 될 수는 없다고 말하고 있는 것 같다.

플라톤은 여기서 너무 지나친 말을 하고 있는 것 같다. 참된 믿음과 지식을 떼어놓은 점에서는 플라톤이 옳지만, 그는 이것들을 지나치게 멀리 떼어놓은 것이다. 어쨌든간에, 위에서 든 예에 따라서 이야기하자면, 만약에 내일 내가 경기장에 가서 러키 스타가 1등을 하는 것을 본다면 나의 믿음은 지식으로 될 수가 있는 것 같다. 그러므로 (1)과 (2)는 거짓이다. 그러므로 지식과 참된 믿음을 구별하기는 하되 지식은 참된 믿음 더하기 다른 어떤 것이라고 보는 것이 가장 좋은 접근법일 것 같다. 이런 접근법에 따르면, 참된 믿음은 다른 어떤 것을 첨가하면 지식으로 될 수가 있다. 플라톤 자신도 다른 글에서 이런 좀더 그럴듯한 생각을 내놓고 있다.

그것은 말이지, 소크라테스, 어떤 다른 사람에게서 들은 구분인데, 내가 잊어먹고 있었네. 그는 이유와 결합된(combined with reason) 참된 믿음이 지식이고, 이유가 없는 믿음은 지식이 아니라고 말했다네.[1)]

플라톤은 감각을 통해서 믿음이 참임을 지각함으로써 참된 믿음이 지식으로 된다는 말을 하고 있는 것이 아니라는 점을 알아야 된다. 플라톤

1) Platon, *Theaetetus*.

이 지식에 관한 일반적인 설명으로서 이런 설명을 내놓지 않는 데는 상당한 이유가 있다. 때로는 믿음이 참임을 지각함으로써 믿음이 지식으로 되는 경우가 있다고 할지라도, 믿음이 참이라는 것이 결코 지각될 수 없는 경우에도 지식이 성립하는 수가 있다. 9장의 마지막에서 다룬 초경험적 믿음들 중에서 일부는 이런 경우에 해당된다. 이런 믿음들을 지식으로 만들기 위해서는 감각적 지각 이외의 방법이 있어야 된다. 플라톤의 말을 한번 더 들어보자.

소크라테스: 소리와 색깔의 경우에는 어떨까. 우선 자네는 이것들이 모두 있다는 것을 인정하겠지?
테아에테투스: 그렇지.
소크라테스: 그리고 또 소리와 색깔은 서로 다르지만, 소리는 소리와 같고 색깔은 색깔과 같지 않나?
테아에테투스: 물론이지.
소크라테스: 그리고 이것들은 두 개이지만, 이것들 각각은 하나이지?
테아에테투스: 그렇지.
소크라테스: 그런데 이런 모든 사실들은 어떻게 해서 지각되는가? 소리와 색깔의 공통점은 시각으로도 파악할 수 없고 청각으로도 파악할 수 없으니 말이야.2)

위에서 보았듯이, 플라톤은 《테아에테투스》에서 참된 믿음을 지식으로 만들기 위해서는 이유를 첨가해야 된다는 생각을 검토하고 있다. 그러나 여기서 플라톤은 참된 믿음을 지식으로 만드는 과정에서 필요한 것이 무엇인지를 만족할 수 있게끔 설명해 주지 못하고 있다. 최근에 철학자들은 참된 믿음이 이유와 결합해서 지식이 된다는 것은 곧 지식이 **정당화된 참인 믿음**(justified true belief)이라는 것을 뜻한다고 해석했다. 지식은 우리가 참이라고 믿을 만한 타당한 이유가 있는 믿음이라는 것이다. 그래서 근래의 철학자들은 "*A*가 *p*임을 알고 있다"(A knows that *p*)는 문장을 다음과 같이 분석해야 된다고 말한다.

1. *A*는 *p*임을 믿는다. (*A* believes that *p*.)
2. *p*는 참이다. (*p* is true.)

---

2) 같은 책.

3. A의 p에 대한 믿음은 정당화된 것이다. (A is justified in believing that p.)

그리고 위의 3번째 조항이 만족되는 데에는 A가 p임을 지각하는 경우도 있고 그렇지 않은 경우도 있다는 것이다. 그러므로 이 정의는 참인 믿음이 지각에 의해서 지식으로 된다는 주장보다 좀더 일반적이고 유연성이 있는 것이다.

이 점은 대단히 중요한 것이므로 좀더 부연할 필요가 있다. 앞 장에서 우리는 여러 가지 진리들 사이에 상당한 차이점이 있음을 보았다. 이런 차이점들 중에서 지식론의 견지에서 가장 중요한 것은 경험적 지식(a posteriori knowledge)과 초경험적 지식(a priori knowledge) 사이의 차이점이다. 지식에 대한 정의를 내놓을 때 그 정의가 이 두 가지 종류의 지식의 가능성을 배제하지 않도록 하는 것이 매우 중요한 일인데, 위의 정의에서 3번째 조항은 바로 이런 일을 하고 있는 것이다.

오늘날 우리는 지식을 정당화된 참인 믿음으로 설명하는 것이 부분적으로 부적당함을 알고 있다. 정당화된 참인 믿음이기는 하지만, 사람들이 지식이라고 간주하지는 않으리라고 생각되는 경우가 있는 것이다. 이런 문제점을 처음으로 지적한 것은 게티어다.

스미드와 존스가 어떤 직업에 응모를 했다고 하자. 그리고 스미드는 다음과 같은 연언 명제(conjunctive proposition)를 믿을 만한 강력한 증거가 있다고 해보자.

(d) 존스는 그 직업을 얻을 사람이고, 존스는 주머니에 동전 10개가 있다.

스미스로 하여금 (d)를 믿게 만드는 증거는 말하자면 그 회사 사장이 스미드에게 결국 존스가 합격할 것이라는 확언을 했고, 스미드 자신이 10분 전에 존스의 주머니에 든 동전의 개수를 세었다는 것이다. 명제 (d)에서 명제 (e)가 나온다.

(e) 그 직업을 얻을 사람은 주머니에 동전 10개가 있다.

(d)에서 (e)가 나온다는 것을 스미드가 알고 있으며, 그래서 그는 (d)에 대한 강력한 증거를 가지고 있기 때문에 (d)를 근거로 (e)를 받아들인다고 하자. 이런 경우에 (e)가 참이라는 스미드의 믿음은 분명히 정당화된 것이다.

그런데 스미드는 모르고 있지만, 존스가 아니라 스미드 자신이 합격을 하게 되는 경우를 한번 생각해 보라. 게다가 이번에도 스미드는 모르는 사실이지만, 그 자신의 주머니에 동전 10개가 있다고 하자. 이 경우에 스미드가 (e)를 추리해 낸 근거가 되는 명제 (d)는 거짓이지만, 명제 (e)는 참이다. 즉 다음 세 가지 조건이 모두 만족되는 것이다.

(i) (e)는 참이다.

(ii) 스미드는 (e)가 참임을 믿는다.

(iii) (e)가 참이라는 스미드의 믿음은 정당화된 것이다.

그러나 스미드가 (e)가 참임을 알고 있는 것은 아니라는 것도 그만큼이나 분명한 사실이다. 왜냐하면 (e)가 참인 것은 스미드의 주머니 속에 있는 동전의 개수 때문인데, 실상 스미드는 자기 주머니에 동전이 몇 개나 있는지를 알지 못하면서 존스가 그 직업을 얻게 되리라는 잘못된 믿음을 가지고 존스의 주머니 속에 있는 동전의 개수를 센 것으로서 (e)에 대한 믿음의 근거로 삼았기 때문이다.[3)]

게티어의 이 예는 상당한 논의를 불러일으켰다. 여기서 이야기하는 사태가 어떤 것인지는 직관적으로 보면 분명하다. 직업을 얻게 될 사람의 주머니에 10개의 동전이 있다는 스미드의 참인 믿음은 정당화된 것이다. 그런데 이 믿음의 정당성은 궁극적으로 거짓인 믿음—즉 존스가 직업을 얻으리라는 믿음—에 바탕을 두고 있다. 그래서 스미드의 믿음은 정당화된 참인 믿음이기는 하지만, 지식이 되지는 않는다. 그러나 유감스럽게도 이런 직관을 인정하고 이런 사례를 제거하는 것은 매우 어려운 일임이 드러났다. 믿음이 지식으로 되기 위해서 필요한 네번째 조건—게티어가 내놓은 것과 같은 예들을 제거할 수 있는 조건—을 부과하려는 여러 가지 시도들이 있었지만, 어떤 시도도 보편적인 지지를 받지는 못했다.

지식이란 정당화된 참인 믿음에 지나지 않는다는 주장에 대한 게티어의 반례는 매우 중요한 이론적인 문제를 불러일으키기는 하지만, 당분간 이런 문제점들을 덮어두기로 하자. 지식이 정당화된 참인 믿음이라는 설명은 이 글의 목표로 보아 만족할 만한 근사치이다.

이 정의를 보면 자연히 두 가지 의문점이 생긴다. 첫번째 문제—즉 믿음이 참이라는 것은 무엇을 말하는가—는 이미 9장에서 다룬 바 있다. 그러나 두번째 문제가 남아 있다. 어떤 조건이 만족될 경우에라야 어떤 믿음을 갖는 것이 정당화되는가? 이 문제는 매우 중요한 것이기

3) Edmund Gettier, "Is Justified True Belief Knowledge?", *Analysis*, 1963.

때문에, 이 장의 나머지 부분을 바칠 만한 가치가 있다.

이 문제를 염두에 두게 되면, 회의주의 옹호의 강력한 전략이 하나 드러난다. 회의주의자들은 어떤 믿음이 정당화되는 일이 실제로는 전혀 없다는 것을 보여주기만 하면 된다. 만약에 그렇다면, 위의 정의에서 우리들은 결코 지식을 가지고 있지 않다는 결론이 나온다. 사실 회의주의자들은 바로 이런 식의 주장을 펴고 있다. 다음 절에서 우리의 믿음들이 사실상은 결코 정당화될 수 없고, 바로 그 때문에 지식이란 존재하지 않는다는 논지를 펴는 두 가지 주장을 살펴볼 것이다.

10.2 회의주의의 두 가지 논증

회의주의의 논증 중에서 첫번째 논증은 17세기 프랑스의 위대한 철학자 데카르트가 내놓은 것이다. 데카르트도 우리들과 마찬가지로 정말로 회의주의를 옹호하고 있는 것은 아니다. 그는 우선 가능한 한 가장 강력한 형태의 회의주의 논증을 내놓은 다음, 거기에 대항함으로써 만족할 만한 지식론을 내놓으려는 것이다.

데카르트는 우선 매우 그럴듯한 원리를 하나 내놓는다. "이성은 분명히 거짓인 것으로 생각되는 문제에 대해서 나의 동의를 억눌러야 되는 것과 마찬가지로 전적으로 확실하지는 않고 좀 의심스러운 문제에 대해서도 그렇게 해야 된다는 확신을 이미 나에게 주고 있다." 이 원리를 우리의 용어를 써서 바꾸어 말하면, 어떤 믿음이 참이라는 것이 의심할 수 없는 사실이 아닌 경우에는 즉 그것이 진리임이 확실치 않는 경우에는, 그 믿음을 가지는 것이 정당화되지 않는다(그러므로 그 믿음이 참임을 아는 것이 아니다)는 것이다. 데카르트의 원리를 이런 식으로 표현해 놓으면, 회의주의자들이 어떤 주장을 펼 것인지는 간단명료한 일이다. p가 참임을 알기 위해서는 p가 참이라는 것이 확실해야 된다. 그런데 이런 일은 절대로 있을 수가 없다. 어떤 믿음이라도 의심할 만한 근거가 어쨌든 조금은 있게 마련이다. 그러므로 지식이란 존재할 수가 없다.

이런 주장의 기본 전제는 물론 어떤 믿음이건간에 의심할 만한 근거가 조금은 있게 마련이라는 주장이다. 데카르트는 이 전제를 어떻게 옹호했는가? 그는 우선 지각에 의해서 정당화되는 믿음들을 든다. 그리고 사물들이 우리가 지각하는 것과는 다른 방식으로 존재할 가능성은 결코 배제할 수 없다는 주장을 편다.

> 그런데 감각들은 가끔 속인다는 것을 나는 경험하였다. 그리고 한번이라도 우리를 속인 것에 대해서는 결코 전폭적인 신뢰를 하지 않는 것이 현명한 일이다. 그러나 아주 작은 것과 아주 먼 곳에 있는 것들에 관해서는 감각이 가끔 우리를 속이지만, 감각을 통해서 아는 것들 가운데는 도저히 의심할 수 없는 것도 많이 있는지도 모른다. … 하지만 나는 인간이다. 그래서 밤에는 으레 잠을 자고 … 그러나 여기에 대해서 주의깊게 생각해 볼 때, 나는 잠들어 있을 때 이와 비슷한 착각에 의해 가끔 속았던 생각이 난다. 이런 생각을 곰곰히 하다보니, 깨어 있는 것과 잠들어 있는 것을 확실히 구별할 수 있는 표적이 전혀 없음을 깨닫고 나는 몹시 놀란다.[4)]

그러나 감각 이외의 수단에 의해 정당화되며, 우리들이 확실한 믿음을 가질 수 있는 어떤 단순하고 기본적인 진리가 있을지도 모른다. 데카르트는 여기서도 어느 정도 의심이 가능하다는 주장을 편다.

> 나는 가끔 다른 사람들이 자기네들 스스로 가장 잘 알고 있다고 생각하는 일에서 잘못을 저지르고 있다는 생각을 하는데, 그렇다면 그와 마찬가지로 내가 2에다 3을 더할 때마다, 혹은 4각형의 변을 셀 때마다, 또 혹은 이보다 더 쉬운 어떤 일을 상상할 수 있다면 그런 일을 할 때마다 신이 나를 속여서 잘못을 범하도록 하는 것은 아닐까?

한마디로 말해서 언제나 어느 정도는 의심할 수가 있다. 그러니 어떻게 어떤 것을 알 수가 있겠는가?

데카르트를 읽는 많은 독자들은 그가 정확히 어떤 것을 보여주려고 하고 있는지에 관해서 혼란이 되곤 한다. 그런 사람들은 우리의 지각이나 아니면 우리들에게 명백한 사실에 입각한 판단들이 잘못인 일이 가끔 있기 때문에 이런 것들에 입각한 우리의 판단은 항상 잘못된 것이라는 주장을 데카르트가 펴고 있다고 생각한다. 이런 주장은 물론 부당한 것이고 또 데카르트가 이런 주장을 펴고 있지도 않다. 데카르트가 펴고 있는 주장은 이런 것이다. 우리의 지각이나 우리에게 명백해 보이는 사실에 입각한 판단들이 잘못인 경우가 가끔 있기 때문에, 우리들은 이런

4) R. Descartes, *Medtaitions*, I.

것들에 입각해서 믿음을 형성할 때 결코 확신을 가질 수가 없다. 우리의 믿음에는 의심의 여지가 있고, 그래서 지식이 될 수가 없다. 이것이 회의주의의 첫번째 논증이다.

여기서 살펴보려고 하는 회의주의의 두번째 논증은 우리의 모든 믿음이 정당화될 수 없는 어떤 기본 가정에 바탕을 둔 것이라는 매우 흔하고도 그럴듯한 전제에서 출발한다. 이를 근거로 지식이란 불가능하다는 결론을 내리는 것이 회의주의의 두번째 논증이다. 우리는 이 논증을 다음과 같이 표현할 수 있을 것이다.

a. A가 *p*임을 알고 있다고 해보자.

b. 지식의 정의의 3번째 조항에 있듯이, *p*에 대한 A의 믿음은 정당화된 것이라야 된다.

c. *p*를 확실한 것으로 만드는 다른 어떤 믿음 *q*가 참이라는 것을 A가 알고 있을 경우에만 그런 정당화가 가능하다.

d. 지식에 대한 정의의 세번째 조항에 있듯이, *q*에 대한 A의 믿음은 정당화된 것이라야 된다.

e. 이런 식의 이야기는 무한히 반복할 수가 있다. 그러므로 A가 *p*임을 알기 위해서는 무한히 많은 다른 사실들을 알아야 될 것이다.

f. A는 분명 그렇지가 못하다.

g. 실제로 보면, *p*에 대한 A의 믿음은 궁극적으로 다른 믿음의 바탕이 없는 어떤 믿음 *r*에 바탕을 둔 것일 수밖에 없다. 그러므로 *p*에 대한 A의 믿음은 정당화되지 않은 것이다.

h. 그렇다면, *p*에 대한 A의 믿음은 사실상 정당화되지 않은 것이다. 그리고 A는 사실상 *p*가 참임을 알고 있지 않다.

무한 소급 논증(infinite-regress argument)이라고도 가끔 불리우는 이 두번째 논증은 회의주의의 옹호 이외의 목적에도 사용되곤 한다. 이 논증은 가끔 믿음을 가지는 것을 비난하기보다는 오히려 그에 대한 변론을 하는 데 사용되고 있다. 예를 들어서 근본주의 성서관(fundamentalism)을 가진 사람들은 가끔 이 논증을 사용해서 자기네들의 반과학적인 믿음을 옹호하고 있다. 과학적 믿음이 어떤 정당화되지 않은 과학적 가정에 바탕을 두고 있는 것과 마찬가지로 이런 믿음들 또한 어떤 정당화되지 않은 종교적 가정에 바탕을 두고 있다는 것이다. 종교적 믿음도 과학적 믿음과 꼭같은 정도로 정당화된 믿음이라는 것이 그들의 주장이다.

위에서 제시한 무한 소급 논증을 되돌아보면, 근본주의 성서관의 주장은 이 논증에서 f까지의 과정을 다 받아들인 다음에 이런 식의 논의를 전개해 나간다는 것을 알 수 있다.

g'. p에 대한 A의 믿음은 결국 다른 어떤 믿음에도 바탕을 두지 않고 있는 어떤 믿음 r에 바탕을 두고 있다.

h'. 이런 정당화되지 않은 믿음은 우리들이 가진 다른 모든 믿음을 정당화하는 토대가 되기 때문에 결국 우리들의 모든 지식의 토대가 되는데, 우리는 A와 마찬가지로 이런 정당화되지 않은 믿음을 선택할 자격과 권리가 있다.

i'. 그러므로 정당화되지 않은 종교적 기본 가정에 바탕을 둔 종교적 믿음들은 정당화되지 않은 과학적 가정들에 바탕을 둔 과학적인 믿음들과 꼭 마찬가지로, 그에 못지 않게 정당화된 것이다.

어떤 독자들은 이런 논증이 실제로는 종교적 믿음은 정당화될 수 없음을 잘 알고 있는 사람들이 종교적 믿음을 정당화하기 위해서 하는 절망적 시도라고 생각할지도 모른다. 나는 이 논증에 대한 이런 평가가 공정하지 못한 것이라고 생각한다. 이 논증은 오히려 정당화란 무엇인지에 관한 이론적 분석의 바탕 위에서 종교적 믿음을 정당화하려는 시도이다. 그러므로 주의깊게 검토해 보지도 않고 이 논증을 제쳐놓아서는 안 된다.

하여튼 우리의 주된 관심거리는 회의주의의 옹호로서의 무한 소급 논증이다. 지식을 가지기 위해서는 무한히 길고, 불가능한 정당화가 필요하기 때문에 지식을 가진다는 것은 불가능하다는 것이 이 회의주의 옹호론의 주장이다.

여기서 든 회의주의자들의 두 가지 논증을 물리칠 수가 있는가? 아니면, 지식은 정말로 도달할 수 없는 목표인가? 이 문제에 대해서 다음과 같은 전통적인 분석이 널리 받아들여져 왔다. 다음과 같은 두 가지 특성을 모두 가지고 있는 참인 믿음들을 생각해 보자.

(1) 절대적으로 확실하다(합리적인 견지에서 의심할 수 있는 방법이 없다).

(2) 다른 어떤 믿음에 호소함이 없이도 위 조건이 만족되어 있음을 확인할 수가 있다.

이런 믿음은 스스로 정당화되는(self-justified) 믿음이라 불리우는데, 만약에 이런 믿음이 있다면, 회의주의의 두 가지 도전을 다 뿌리칠 수 있는 것이다. 이런 믿음은 절대적으로 확실하기 때문에, 믿음이 정당화되는 요건에 관한 데카르트의 엄격한 원리조차도 만족시키고 있다. 또 이런 믿음들은 다른 어떤 믿음에 호소하지 않고서도 확실히 참임을 확인할 수가 있기 때문에, 어떤 정당화되지 않은 기본 가정을 하거나 아니면 무한히 많은 수의 믿음이 참임을 알지 않고서도 우리는 얼마간의 지식을 가질 수 있다. 한마디로 말해서, 그런 지식의 존재는 지식이 가능하다는 주장을 뒷받침할 것이다.

다음 절에서 보듯이, 지식에 대한 이런 분석에는 **경험주의**(empiricism)와 **합리주의**(rationalism)의 두 가지 갈래가 있다. 이 두 갈래는 모두 다 자기네들이 **스스로 정당화되는** 믿음이라고 보는 어떤 것을 내놓는 데서부터 이야기를 펴나간다. 그리고 이런 믿음의 존재를 근거로 회의주의의 도전을 뿌리친 다음에, 다른 모든 믿음은 이런 스스로 정당화된 믿음에 바탕을 두고 있는 것이며, 또 이런 믿음에 의해서 정당화되어야 한다고 주장한다. 여기서 보듯이 두 갈래의 지식론은 인간의 지식이 스스로 정당화되는 믿음들의 토대 위에 세워져 있는 건물이라고 보는 점에서 일치한다. 다만 어떤 믿음이 스스로 정당화되는 믿음인지에 관해서만 견해가 다른 것이다.

10.3 합리론과 경험론

데카르트가 내놓은 합리주의 지식론에 관한 다음과 같은 언명을 꼼꼼히 살펴보는 것이 아마 지식에 대한 이런 분석의 한 갈래인 합리주의를 이해하기에 가장 좋은 방법일 것이다.

> 여기서 우리는 환상에 대한 두려움이 전혀 없이 사물들에 대한 지식에 도달할 수 있는 정신 작용을 모두 밝히려고 한다. 이제 나는 단지 두 가지, 즉 직관과 연역만을 인정한다. … 직관이란 그때그때 변하는 감각의 증언을 말하는 것도 아니고 상상력의 곡해에서 나오는 흠이 많은 판단을 말하는 것도 아니다. … 직관이란 교란되지 않은 주의깊은 마음의 작용으로 생기는 의심할 나위 없는 생각으로서, 오로지 이성의 빛에서만 나오는 것이다. … 그래서 모든 사람들은 각각 자신이 존재한다는 사실, 자신이 생각하고 있다는 사실, 그리고 삼각형은

> 꼭 세 개의 선분으로 둘러싸여 있으며, 구는 단 한 개의 표면에 의해 둘러싸여 있다는 사실 등을 정신의 힘에 의해 직관할 수가 있다. … 그러므로 우리는 이제 직관 이외에 지식 획득의 보조 수단, 즉 연역에 의한 획득—이것은 확실히 참임이 알려진 다른 사실에서 나오는 필연적인 결과를 추리하는 것을 말하는데—을 하나 덧붙인 까닭은 무엇인가라는 문제를 제기할 단계에 이르렀다. 그러나 우리는 이 수단을 인정하지 않을 수 없었는데, 왜냐하면 확실히 참임이 알려져 있는 많은 사실들이 그 자체만 가지고는 분명하지 않고, 다만 참임이 알려진 [다른] 원리들에서 연역해낼 수 있을 뿐이기 때문이다.[5)]

이 구절에서 우리는 지식에 대한 합리주의적 분석의 요점을 모두 다 찾을 수 있다.

(1) 스스로 정당화되는 믿음은 인간의 이성이 확실히 참임을 직접적으로 판단하는 믿음이다.

(2) 우리가 참임을 알고 있는 다른 모든 믿음은 이 기본적인 직관적 진리들에서 다른 진리들을 연역해내는 인간 능력에 의해서 알려지는 것이다.

(3) 경험은 지식의 획득에 있어서 아무 역할도 하지 않는다.

여기서 10장 2절에서 살펴본 바 있는 회의주의의 도전을 데카르트가 어떻게 물리치려고 하는지도 또한 드러난다. 직관적 믿음은 스스로 정당화되는 믿음이다. 그러므로 우리는 이런 믿음이 참임을 알기 위해서 다른 것은 아무 것도 알 필요가 없다. 동시에 이런 믿음은 절대적으로 확실하다. 그래서 그 자신 회의주의의 도전에 직면할 필요가 없다. 그러므로 이런 믿음은 지식의 기초가 되기에 적당하고 충분하다는 것이 데카르트의 결론이다. 지식의 성곽을 이루는 나머지 부분들은 여기서부터 추론의 과정에 의해서 나온다.

왜 데카르트는 이런 직관적 믿음이 정말로 확실하다고 믿었는가? 그는 앞에서 단순하고 직관적인 믿음이 겉보기에 아무리 확실해 보인다고 하더라도 실제로는 사람들이 그에 관해서 오류를 범해온 것인지도 모르기 때문에 의심할 수 있고 또 불확실하다는 지적을 하지 않았는가? 예를 들어서 삼각형의 변은 3개 밖에 없다는 믿음은 정말로 확실한가? (비록 아무리 빈약한 근거라 하더라도) 이 믿음을 조금이라도 의심할 근거가 전혀 없단 말인가? 나는 이런 질문을 하면서 이 믿음을 의심할 어

---

5) R. Descartes, *Rules for the Direction of the Mind*, Rule 3.

면 근거를 염두에 두고 있지는 않다. 나는 사실 이 믿음이 확실하다는 생각이 든다는 것을 솔직히 인정한다. 그러나 나는 이런 인정을 반드시 해야 되는가? 바로 데카르트 자신이 지적했듯이, 이 간단 명료한 믿음에서조차도 내가 잘못을 범했을 수 있는 가능성을 어떻게 완전히 배제할 수 있을 것인가?

다음과 같은 고찰은 이런 의심을 강화하는 데 도움이 될지 모른다. 데카르트는 다른 글에서 스스로 정당화되는 믿음의 또 하나의 예로서 전체는 항상 그 부분보다 크다는 믿음을 든다. 이 믿음도 또한 확실히 참인 것 같은 생각이 든다. 그러나 실지로는 이 믿음이 거짓인 경우가 있다. 무한히 많은 것이 모여서 전체를 이룰 경우에 부분들 가운데 어떤 것은 전체와 같다. 예를 들어서 수와 그 부분 집합인 양수는 개수가 같다. 여기서 우리는 어떤 직관적 믿음도 확실하지 않다, 어떤 직관적 믿음에 대해서 우리들이 아무리 확신감을 갖는다고 하더라도 그것이 참임을 의심할 이유가 어쨌든 조금은 있다는 결론을 내려야 되지 않을까?

이런 질문에 대한 대답을 데카르트가 쓴 지식론의 고전인 《성찰》(*Meditations*)에서 찾을 수 있다. 이 책에서 데카르트는 자신의 존재와 신의 존재를 적어도 그 자신에게는 만족스럽게 증명한 다음, 이런 스스로 명백한 진리 즉 자명한 진리에 관해서는 그가 속임을 당했을 리가 없다는 것을 보여주려고 하고 있다. 이런 믿음이 참임은 그에게 직관적으로 명백하다. 여기에 관한 그의 논의는 신의 선함이 기만과 속임수를 배제한다는 생각에 바탕을 두고 있다. 그 논의는 다음과 같다.

> 즉, 첫째로, 나는 신이 나를 속인다는 것은 절대로 있을 수 없다고 본다. 왜냐하면 무릇 속인다는 것 속에는 어떤 불완전성이 들어 있기 때문이다. 또 속일 수 있다는 것은 명민함 내지 힘이 있음을 드러내는 표적인 성싶기도 하지만, 속이려고 한다는 것은 의심할 바 없이 악의 내지 연약함을 드러내는 것이요, 따라서 신에게는 있을 수 없는 것이다.
>
> 그 다음에 나는 내 속에 어떤 판단 능력이 있음을 경험하거니와, 나는 분명 이 능력을 내 속에 있는 다른 모든 능력과 마찬가지로 신에게서 받았다. 그리고 신은 나를 속이려고 하지 않으므로, 내가 올바로 사용할 때에도 나를 잘못에로 이끄는 능력을 나에게 주지 않았다는 것은 분명한 일이다. … 그런데 어떤 일에 대해서 내가 충분히 명석하고 판명한 지각을 가지지 않고 있을 때 판단을 내리기를 삼간다면, 나의 태도는 당연히 옳고 나는 분명 속임을 당하지 않을 것이다. 그러나 내가 만일 그런 일에 대해서 긍정이나 부정을 한다면, 나는 의지의

> 자유를 잘못 사용하고 있는 것이다. 이때 내가 만일 거짓인 것을 긍정한다면 나는 분명 잘못을 저지르는 것이요, 또 비록 진리에 따라서 판단을 한다고 하더라도 이는 우연한 일일 뿐 여전히 자유를 남용한다는 비난을 면할 길이 없다. 왜냐하면 자연의 빛은 오성의 인식이 의지의 결정에 앞서야 함을 우리에게 가르치고 있기 때문이다. 오류의 본질인 결여는 자유 의지의 남용에 있다. 결여는 어디까지나 나에게서 나오는 행동 속에 있는 것이지, 신이 나에게 부여한 능력 안에 있는 것도 아니요, 신에게 의존하는 한에 있어서의 행동 속에 있는 것도 아니다.[6]

요약해서 말하자면, 데카르트는 우리들이 스스로의 합리적인 능력을 잘못 사용하지만 않는다면, 즉 우리들에게 충분히 명석하고 판명하게 지각되는 일들만을 직관적으로 분명하다고 판단한다면, 신의 선함은 우리가 오류를 범하지 않을 것을 보증한다는 주장을 펴고 있다.

지식의 보증을 위해 데카르트 식으로 신에게 호소하는 것은 널리 받아들여지지 않았다. 여기에는 여러 가지 이유가 있다. 우선 데카르트(와 여타 사람들)가 신의 존재를 증명하기 위해서 편 논의에는 의심의 여지가 상당히 많이 있다. 우리는 5장에서 이런 의심의 근거를 좀 살펴본 바 있다. 그런데 지식의 문제에 관한 데카르트의 이야기는 신의 존재가 증명된 사실이라는 전제를 깔고 있기 때문에, 이런 의심은 분명 회의주의에 대한 데카르트의 응수의 지반을 뒤흔들고 있다. 둘째로 선한 신이라면, 적절하게 사용하면 우리들을 진리에로 인도하는 지적 능력을 우리들에게 줄 것임에 틀림없다는 데카르트의 가정은 정당화되지 않은 것이라는 느낌은 일반적 호응을 얻고 있다. 우리가 알고 있는 한, 신은 우리들이 추론 능력을 올바르게 사용할 때에도 잘못에 이르게 내버려둘 만한 충분한 이유가 있는지 모른다.

그러나 데카르트의 논의 전체를 위협하는 보다 근본적인 반론이 하나 더 있다. 이 반론은 데카르트 당시 그에 대한 가장 날카로운 비평가들 중에 한 사람인 아놀드가 내놓은 것이다.

> 그 다음에 내가 가지고 있는 유일한 의심은 다음과 같은 말을 하면서 어떻게 순환 논증의 오류를 피할 수 있을 것인지가 분명치 않다는 점이다. … 우리들이 명석하고 판명하게 지각하는 것은 모두 다 참이라는 믿음을 가지는 데 대한 확실한 이유는 신이 존재한다는 사실밖에 없다.

---

6) R. Descartes, *Meditations.*

그런데 신이 존재함을 확신할 수 있는 유일한 이유는 그것이 우리들에게 명석하고 판명하게 지각된다는 것이다. 그러므로 신이 존재함을 확인하기 전에, 우리는 이미 명석하고 분명하게 지각되는 것은 모두 참이라는 사실을 확신하고 있어야 된다.[7]

아놀드의 논의는 사실 매우 간단하다. 데카르트는 추론이 지식의 원천이라는 생각을 옹호하려고 한다. 그런데 그는 추론의 방법이 믿음직함을 증명하기 위해서 바로 이 방법을 사용하고 있다. 이는 사실상 순환 논증이 아닌가? 해결해야 될 문제, 즉 저 추론의 방법에 의해 도달한 결과가 확실함을 전제로서 가정하는 오류, 즉 선결 문제 요구의 오류를 범하고 있지 않은가? 그러므로 우리는 지식의 기초에 관한 데카르트의 합리주의적인 견해가 대단히 어려운 문제에 부딪치며, 아마도 합리주의 일반이 이와 비슷한 어려움을 안고 있다는 결론을 내릴 수 있을 것이다.

그러면 이제 경험주의의 견해를 살펴보자. 지식에 대한 경험주의의 분석의 골자는 다음과 같다.

(1) 스스로 정당화되는 믿음들 중에서 기본적인 어떤 믿음들은 그것이 확실히 참이라는 것이 우리의 이성에 의해 직접적으로 판단된다. 분석적 진리들, 즉 그것이 참이라는 사실이 관련된 단어들의 의미에서 나오는 믿음들(예를 들어서 "모든 총각은 결혼하지 않은 남자이다")이 그런 것이다.

(2) 그러나 스스로 정당화되는 기본적인 믿음들 중에는 우리의 감각에 직접적으로 주어지는 것에 관한 믿음도 있다.

(3) 우리들이 참임을 알고 있는 다른 모든 믿음들은 이런 기본적인 믿음들이 참이라는 사실에서부터, 연역적으로나 귀납적으로, 다른 믿음들이 참임을 추리하는 능력에 의해서 알려진다.

(4) 그러므로 지식의 획득에 있어서 경험이 중요한 역할을 한다.

루이스의 다음 글귀에서 이런 명제들이 전개되고 있음을 볼 수 있다.

우리가 참임을 알고 있는 모든 진술(statement)은 경험에 의해서 알려진 것이거나 아니면 그 진술 자체의 의미에 의해서 알려진 것이다. 한편으로 감각에

---

7) Arnauld, *Objections to Descartes's Meditations.*

> 주어진 자료와 다른 한편으로 우리들 스스로가 부여한 의미 이외에 지식의 또 다른 원천은 없다. 경험적 지식이 한 무리를 이루고, 감각적 경험과 상관없이 알 수 있는 것들 — 초경험적 지식들과 분석적 지식들 — 이 모두 모여서 나머지 한 개의 무리를 이룬다. 이것들이 참이라는 것은 우리의 의미에 의해서 결정할 수 있다.
>
> 정의되어 있거나 아니면 정의할 수 있는 의미에만 의거함으로써 참임을 보증할 수 있는 진술은 전통적으로 **분석적**이라 불리우고, 비분석적인 것은 모두 **종합적**이라 불리운다. 그리고 어떤 특정한 감각적 경험에 의거하지 않고도 옳음을 확인할 수 있는 지식은 전통적으로 **초경험적**이라 불리고, 감각적 경험의 결정을 필요로 하는 지식은 전통적으로 **경험적**이라 불리운다.
>
> 분석적 진술은 분명히 모두 다 **초경험적** 진리이다. 오로지 표현들의 의미에만 의거해서 참임이 결정될 수 있는 것이라면, 무엇이나 다 어떤 경험적 사실과도 상관이 없다. 그 반대 관계도 마찬가지로 성립한다는 것, 즉 논리적 원리들이나 논리가 보증할 수 있는 모든 것들을 포함해서 **초경험적**으로 알려질 수 있는 것은 모두 다 분석적이기도 하다는 것은 위에서와 같이 분명하지는 않다. 사람들은 물론 이것을 가끔 부정해 왔다. 그 중에서 **초경험적·종합적** 진리를 수학과 자연계에 관한 지식에 있어서 기본적인 것으로 본 칸트의 이론은 가장 주목할 만하다.
>
> 여기서 내놓은 명제, 즉 **초경험적** 진리와 **분석적** 진리가 일치한다는 생각은 지난 반세기 동안 논리학자들 사이에 상당히 광범위한 지지를 얻게 되었다.[8]

경험주의적 접근법의 근본 원리들을 이야기하면서 우리는 "우리의 감각에 직접적으로 주어지는 것"이라는 말을 썼다. 합리론자들이 직관적이고 자명한 믿음이 지식의 토대를 이룬다고 보는 것과 마찬가지로, 경험주의자들은 이렇게 주어지는 것이 지식의 토대를 이룬다고 본다. 그러나 그것이 무엇인지에 대해서는 경험론자들 사이에 상당한 의견의 대립을 보인다. 이 대립은 매우 중요하기 때문에, 좀더 주의깊게 살펴봐야 되겠다.

어떤 경험론자들은 바깥 세계(external world)에 대한 우리의 지각이 우리들이 가지고 있는 모든 지식의 토대라고 생각한다. 우리의 감각에 일차적으로 주어지는 것은 바깥에 있는 어떤 대상(external object)이 있다는 사실이다. 한편 우리들이 가지고 있는 지식의 기초는 우리의 지각이

8) C. I. Lewis, *An Analysis of Knowledge and Valuation.*

지만, 우리들이 지각하는 것은 바깥에 있는 대상이 아니라 우리들 안에 있는 인상들(internal impressions)이라는 확신을 가지고 있는 경험주의자들도 있다. 이야기를 편하게 하기 위해서 경험주의의 이런 두 가지 접근법을 각각 객관적 접근법(objective approach), 주관적 접근법(subjective approach)이라 부르기로 하자.

이 두 접근법 사이의 논쟁을 이해하려면, 버클리의 글에서 뽑은 다음 구절을 찬찬히 읽어봐야 된다.

> 마차가 길을 지나가는 소리를 들을 때 내가 직접 듣는 것은 소리밖에 없다. 그러나 이런 소리가 마차와 연결되어 있다는 것을 경험한 적이 있기 때문에, 나는 마차(소리)를 들었다(hear the coach)고 말한다. 그렇지만 엄격하게 진실을 말한다면, 들을 수 있는 것은 소리밖에 없음은 분명한 일이다. 엄밀히 말해서, 마차는 감각에 의해 지각되는 것이 아니라, 경험에서 암시되는 것이다. 우리들이 빨갛게 단(red-hot) 쇠막대기를 본다고 할 때에도 마찬가지이다. 쇠의 견고함과 뜨거움은 시각의 대상이 아니다. 다만 엄밀히 말해서 감각에 의해 지각되는 색깔이나 형체에 의해서 상상력에 암시되는 것뿐이다. 한마디로 말해서, 실제로 그리고 엄격한 의미에서 어떤 감각에 의해서 지각되는 것은 그 감각이 우리에게 처음 부여되었을 때에 지각되었으리라 생각되는 것밖에 없다. 그 외의 것들에 대해서 말한다면, 그것들은 종래의 지각 때문에 경험에 의해서 마음에 암시될 뿐이라는 것은 분명한 일이다.[9]

버클리는 두번째 형태의 (주관적) 경험주의적 접근법의 주된 주창자들 가운데 한 사람이다. 그는 여기서 이런 접근법을 채택해야 되는 중요한 이유들을 내놓고 있다.

(a) 엄밀한 의미에서 직접적으로 지각되는 것과 그렇게 지각되는 것에 의해서 암시되는 것을 구분할 필요가 있다. 그런데 사람들은 가끔 실상은 암시되는 데 불과한 것을 지각된다고 하는 엄밀하지 못한 말을 쓴다.

(b) 사람들이 바깥에 있는 대상을 지각한다고 생각할 때, 그들이 엄격한 의미에서 지각하는 것은 어떤 색깔이나 형체들밖에 없다.

(c) 바깥 대상은 기껏해야 암시될 뿐, 엄격한 의미에서 지각되지는 않는다. 버클리는 다른 곳에서 색깔이나 형체를 감각(sensations)과 동일

9) G. Berkeley, *Three Dialogues between Hylas and Phylonus.*

시한 다음, 전적으로 우리들 안에 있는 것(internal)으로 취급한다.

버클리식 논의의 핵심은 (b)의 단계이다. 이 단계에 대해서 경험론자들의 생각이 정면 충돌을 한다. 한편으로 버클리와 같은 생각을 가지고, 그래서 모든 경험적 지식의 토대를 우리들 안에 있는 인상에서 찾으려는 사람들이 있는가 하면, 다른 한편으로는 버클리와 달리 경험적 지식의 토대를 바깥에 있는 실재(external reality)에 대한 직접적 지각에서 찾으려는 사람들도 있다. 전자의 경우에는 우리들이 바깥에 있는 세계에 관해서 알고 있다고 주장하기 위해서 어려운 작업을 해야 되는 반면에, 후자의 경우에는 물론 바깥 세계에 관한 직접적인 지각이 있음을 정당화하는 일이 과제로 남게 된다.

이 점을 강조할 필요가 있다. 이 점은 대단히 중요하다. 경험주의자들은 결과적으로 경험적 지식의 토대를 직접적으로 지각되는 것에서 찾으려고 한다. 많은 주관주의자들은 그런 토대를 우리들 안에 있는 인상에서 찾는 데 별 무리가 없다고 생각한다. 이런 사람들에게 남은 문제는 이런 인상을 토대로 사용해서 경험적 지식을 재구성할 수 있는가, 즉 이런 인상을 근거로 바깥에 세계가 있으며 그것이 어떤 특성을 가지고 있다는 것을 추리해낼 수 있는가 하는 점이다. 예를 들어서 로크는 우리들 안에 있는 인상의 원인으로서 바깥 세계가 있음을 정당하게 추리해낼 수 있다고 생각한다. 그는 다음과 같은 주장을 펴고 있다.

> 그런데 우리의 감각들이 밖에 있는 사물들에 의해 촉발이 됨으로써 그 사물들의 존재에 관해서 우리에게 제공하는 정보에 잘못됨이 없다는 사실에 관해서 감각들 자체로부터 나오는 확신 이외에도, 같은 취지의 다른 여러 가지 이유에 의해서 우리는 이 확신을 확인한다.
>
> (I) 우리들에게 이런 지각들이 생긴 것은 분명히 우리의 감관을 촉발하는 바깥의 원인들 때문이다. 왜냐하면 어떤 감각이건간에 그 감각 기관을 결여한 사람은 그 감각에 속하는 관념들을 마음에 가질 수 없기 때문이다. 이것은 너무나 분명해서 의심할 수 없는 일이다. 그러므로 관념 내지 지각은 해당 감각 기관을 통해 생기는 것이지, 그 밖에 다른 어떤 방법으로도 생기지 않는다는 확신을 갖지 않을 수 없다. 그런데 감각 기관들이 스스로 관념들을 만들어내지 않음은 분명하다. 만약에 그렇다면 사람의 눈은 어둠 속에서도 색깔을 만들어 낼 것이고, 사람의 눈은 겨울에도 장미 내음을 맡을 것이다. 그런데 파인애플이 있는 인디아에 가서 파인애플 맛을 보지 않고도 그것의 맛을 볼 수 있는 사

람은 아무도 없다는 것을 우리는 알고 있다.

(Ⅱ) 나는 가끔 내 마음 속에 생긴 관념들을 가지지 않을 수 없음을 발견한다. 나의 눈 즉 창문이 닫혀 있을 때라도, 나는 원하기만 하면 전날의 감각이 내 기억 속에 심어 놓은 태양 즉 빛의 관념을 내 마음 속에 떠올릴 수는 있다. 그래서 나는 또 원하기만 하면 그 관념을 치워버리고, 장미의 향기나 설탕의 맛의 관념을 일별할 수도 있다. 그러나 밤에 만약 태양에로 시선을 돌리면, 나는 태양 내지 빛이 내 속에 만들어내는 관념을 피할 도리가 없다. 그러므로 내 기억 속에 저장되어 있는 관념(이런 관념이 만약 기억 속에만 있다면, 나는 언제나 기분 내키는대로 그것을 치워버리고 되물릴 수 있는 능력도 가지고 있다)과 나에게 자기 자신을 강요하는 관념, 그래서 내가 가지지 않을 수 없는 관념 사이에는 뚜렷한 차이가 있다. 그래서 내가 그 힘에 대해서 저항할 수 없는 바깥에 있는 어떤 원인, 나에게 의존하지 않는 어떤 대상의 활발한 작용, 내 의지와는 상관없이 나의 마음에 그런 관념을 만들어내는 어떤 것이 있어야만 된다. 뿐만 아니라 기억 속에서 태양의 관념을 떠올림으로써 태양을 음미하는 것과 실제로 태양을 바라보는 것 사이의 차이를 자기 자신에서 지각하지 못하는 사람은 아무도 없다. 이 두 가지에 대한 사람들의 지각은 서로 뚜렷이 달라서, 그것들만큼 서로 구별이 잘되는 관념들은 몇 개 되지 않는다. 그러므로 사람들은 지각들이 둘 다 기억이지는 않고, 즉 자기 마음의 행동, 자기 안에서만 일어나는 공상은 아니고, 실제로 보는 것에는 바깥에 있는 어떤 원인이 있다는 것을 분명히 알고 있는 것이다.

(Ⅲ) 게다가 사람들은 우리들 속에 생겨날 때 고통을 동반하는 관념들을 우리들이 나중에 조금도 고통을 받지 않고 기억한다는 것을 분명히 알고 있다. 그래서 실제로 느꼈을 때는 대단히 참기가 어려웠으며, 실제로 반복된다면 여전히 참기 어려운, 추위나 더위로 인한 고통의 관념을 우리의 마음 속에 다시 한 번 떠올린다고 하더라도, 우리들에게 별로 곤란을 주지 않는다. 이런 고통은 우리의 신체가 바깥에 있는 대상과 접촉할 때 그 대상이 우리의 신체 내에 야기하는 무질서에 의해서 생겨나는 것이다. 마찬가지로 우리는 조금도 고통을 받지 않고 굶주림이나 목마름, 또는 두통의 고통을 기억할 수 있다. 만약에 저 바깥에서 우리들을 촉발하는 사물들은 사실상 존재하지 않고 존재하는 것이란 다만 우리의 마음에 떠다니는 관념들, 우리의 공상에 따라 생멸하는 현상들밖에 없다면, 이런 고통들은 우리에게 곤란을 주는 일이 전혀 없거나 아니면 우리들이 거기에 관해 생각하기만 하면 항상 우리에게 곤란을 주어야 마땅할 것이다. 몇몇의 현실적인 감각들에 동반하는 기쁨에 대해서도 마찬가지 이야기를 할 수 있다.[10]

10) J. Locke, *Essay Concerning Human Understanding*, 제 4 권.

경험론자들이 모두 로크의 논의에 만족한 것은 아니다. 바로 버클리가 직접적으로 지각되는 것에서 바깥 세계의 존재를 추리해내는 것은 정당화될 수 없다는 생각을 품은 사람이다.

그러므로 우리들이 만약 바깥에 있는 사물들에 관해서 어떤 지식을 가지고 있다면, 감각에 의해 직접적으로 지각된 것에서부터 이성이 그런 사물들의 존재를 추리함으로써 얻은 지식이라야 된다는 것은 사실이다. 그런데 물질(Matter)의 옹호자들 스스로도 우리의 관념과 물질 사이에 어떤 필연적인 관계가 있음을 인정하지 않는 바, 그렇다면 지각되는 것을 근거로 어떤 이유를 들어서 마음과는 상관없이 존재하는 물체의 존재를 우리로 하여금 믿게 할 수 있겠는가? (나는 알 수가 없다). 우리들이 지금 가지고 있는 관념을 닮은 물체가 하나도 없더라도 우리가 이런 모든 관념들을 가질 수 있다는 것은 널리 인정을 받고 있다고 나는 말한다(꿈, 환상 등에서 일어나는 일들은 이것을 반박의 여지가 없는 사실로 만든다). 그러므로 우리들이 가진 관념들을 설명하기 위해서 바깥에 있는 물체를 가정할 필요가 없음은 분명한 일이다. 왜냐하면 관념들은 때때로 물체가 나타나지 않는데도 지금 우리들이 보고 있는 것과 꼭같은 차례로 생기는 일이 있고, 어쩌면 언제나 그런 식으로 생기는지도 모른다는 것이 널리 인정을 받고 있기 때문이다.

물체들이 없이도 우리는 모든 감각을 다 가질 수 있을지도 모르기는 하지만, 그래도 관념들과 닮은 바깥의 물체들을 가정한다면, 그렇게 하지 않는 경우보다 관념들이 생기는 방식을 설명하고 이해하기가 더 쉽다고 생각하는 사람들이 어쩌면 있을지도 모른다. 그래서 우리의 마음에 관념을 불러일으키는 물체는 최소한 있음직한 어떤 것이 아니겠느냐는 것이다. 그러나 이런 말도 또한 옳지 못하다. 왜냐하면 유물론자들에게 한걸음 양보해서 바깥에 있는 물체를 인정한다고 하더라도, 그들 스스로 인정하고 있듯이 유물론자들은 우리의 관념이 어떻게 해서 생기는지를 아는 데 한 걸음도 더 나아가지 못한다. 그네들 스스로 자인하고 있듯이, 그네들은 물체가 어떻게 정신에 작용을 하는지, 즉 물체가 정신에 관념을 새기는 것이 어떻게 가능한지를 설명할 수가 없다. 그러므로 우리 마음에 관념 내지 지각들이 생김은 물질 내지 물질적 실체(corporeal substances)를 인정해야 될 이유가 될 수 없음이 분명하다. 왜냐하면 이를 인정하건 인정하지 않건간에 관념의 생성은 여전히 설명할 수 없는 사실임을 인정받았기 때문이다. 그러므로 마음과 상관없이 물체가 존재하는 것이 설령 가능하다고 하더라도, 그런 물체가 있음을 주장하는 것은 대단히 근거없는 견해일 수 밖에 없다. 이는 아무런 근거도 없으면서 전혀 쓸모가 없고 어떤 목적에도 도움이 되지 않는 이루 헤아릴 수 없는 사물을 신이 창조하였다고 가정하는 것이

기 때문이다.[11]

그런데 기본적으로 우리의 감각에 들어오는 것은 우리 안에 있는 인상이요, 바깥에 있는 대상이 아니라고 주장하는 주관적 경험론에는 몇가지 어려운 문제들이 생긴다. 이런 문제들은 결국 우리 안에 있는 인상을 넘어서 우리 밖에 있는 대상들에 도달할 수 있는가 하는 문제로 귀착이 된다. 바깥에 있는 대상들이 직접적으로 지각된다는 입장을 택하면, 물론 이런 문제들을 피할 수가 있다. 사실 대부분의 사람들은 그렇게 믿고 있다. 우리는 결국 의자, 나무, 다른 사람 등을 직접적으로 지각한다고 생각하고 있는데, 이런 것들은 모두 다 바깥에 있는 대상의 대표적인 예들이다. 많은 경험론자들이 단순히 바깥에 있는 대상들이 직접적으로 지각된다고 주장하는 객관적 입장을 받아들이기를 주저해온 이유는 무엇인가? 여기에는 몇가지 중요한 이유가 있다.

1. 환각에 의거한 존중(the argument from illusion)

우리들은 누구나 스스로 환각을 경험한 상황을 잘 알고 있다. 그런 상황에서는 문제가 되는 바깥의 대상이 없기 때문에 그것을 직접적으로 경험할 수가 없다. 이때 경험할 수 있는 것은 안에 있는 인상밖에 없다. 그런데 이런 경험은 바깥의 대상이 실재로 있다고 믿고 있을 때 가지는 정상적인 경험과 전혀 다를 바가 없다. 그러므로 우리가 보통 경험하는 것은 안에 있는 인상밖에 없고, 바깥의 대상의 존재는 기껏해야 추리해낸 것일 뿐이라는 결론을 내려야 되지 않겠는가?

2. 지각의 상대성에 의거한 논증(the argument from perceptual relativity)

주어진 상황에서 우리가 경험하는 것이 바깥에 있는 대상의 성격만 가지고 결정되지는 않는다. 우리의 경험은 그 대상에 대한 우리의 관계에 의해서도 부분적으로 결정된다. 예를 들어서 우리가 대상 가까이에 있을 때 보는 것은 멀리 떨어져 있을 때 보는 것과 다르다. 그러므로 지각되는 것은 바깥의 대상과 같을 수가 없다. 흄의 말을 들어보자.

이 맹목적이고 강력한 자연의 본능을 따르는 사람들은 언제나 감각에 의해 제시된 바로 그 이미지들을 바깥의 대상이라 생각하며, 전자는 후자의 표상에 지나지 않는다는 의심을 품는 일이 한번도 없다는 것 또한 분명한 일인 것 같다. 우리에게 희게 보이고 또 단단하게 느껴지는 바로 이 탁자는 우리의 지각과는

---

11) G. Berkeley, *Principles of Human Knowledge,* I.

상관없이 존재하며, 그것을 지각하는 우리의 마음 바깥에 있는 어떤 것이라고 믿어지고 있다. 그것은 우리가 있음으로써 존재하게 되는 것도 아니요, 우리가 없다고 해서 사라지는 것도 아니다. 지각하거나 또는 생각(contemplate)하는 지성적인 존재의 상태와는 상관없이 그것의 존재는 완전하고 단일한 상태로 보존된다.

그러나 모든 사람이 가지고 있는 이 기본적이고 보편적인 생각(opinion)은 조금만 철학을 하면 곧 허물어진다. 최소한의 철학은 우리 마음에 나타날 수 있는 것은 이미지(images) 내지 지각뿐이며, 감각 기관은 마음과 대상 사이의 직접적 상호 작용을 낳을 수 없고 다만 이미지들이 전달되는 통로에 불과하다는 것을 우리에게 가르친다. 우리가 보고 있는 탁자는 우리가 거기서 멀어짐에 따라 줄어드는 것같이 보인다. 그러나 우리와 상관없이 있는 진짜 탁자는 변화를 받지 않는다. 그러므로 우리 마음에 나타났던 것은 탁자의 이미지일 뿐이다. 이런 사실들이 이성의 분명한 선언이다. 반성을 해본 사람이라면 누구나 이 집, 저 나무 따위의 말을 할 때 우리가 염두에 두고 있는 존재가 실상은 마음 속에 있는 지각일 뿐이며, 단일하고 독립적인 상태를 유지하는 다른 존재의 순간적인 모상(copy) 내지 표상일 뿐이라는 것을 의심하지 않는다.[12)]

3. 시간차 논증(the time-gap argument)

우리가 태양을 보고 있다고 생각해보자. 이때 우리의 감각 기관에 들어오는 광선은 실제로는 약 8분 전에 태양을 떠난 것이다. 그래서 우리는 잘해 봐야 과거에 존재했던 대상(8분 전의 태양)을 볼 수 있을 뿐이다. 그러므로 우리가 지각하고 있는 것은 주관적 인상일 수 밖에 없다. 보통의 경우에는 시간차가 훨씬 더 작기는 하지만 다른 지각의 경우에도 마찬가지 이야기를 할 수 있다.

그렇다면 두 가지 형태의 경험주의가 다 심각한 문제점을 안고 있는 셈이다. 한편으로는 우리가 바깥의 대상들을 직접적으로 경험한다고 주장하면 어려운 문제가 생긴다. 그렇다고 우리가 직접적으로 경험하는 것은 모두 다 개인적이고 주관적인 감각과 인상뿐이라는 결론을 내린다면, 그것들의 존재에 관한 지식을 어떻게 바깥의 대상들에 관한 지식의 기초로 삼을 수 있겠는가? 두 가지 형태의 경험주의를 옹호하는 사람들은 각각 이런 반론들을 물리치려고 노력해 왔다. 그러나 더 이상 이런 시도들을 살펴볼 필요는 없다. 우리의 감각에 직접 주어지는 것들이 지식의 토대가 될 수 없다는 결론을 내리면서 경험주의를 반대하게 되는

12) D. Hume, *An Inquiry Concerning Human Understanding.*

또 하나의 이유가 있는 것이다. 어떤 형태의 경험주의를 받아들이던지간에 우리의 감각에 주어지는 것에 관한 지식은 확실성을 결하고 있다는 것이 문제이다.

이 문제를 객관적 형태의 경험주의 즉 우리가 직접 경험하는 것은 바깥의 대상이라는 이론의 관점에서 살펴보자. 그런 대상들이 존재한다는, 감각의 결과로 나오는 믿음에 대해 우리는 확신을 할 수가 있는가? 그런 확실성은 정당화된 것인가? 그렇지 않다는 것을 밝히기는 쉬운 일이라고 생각된다. 우리들이 보고 있다고 스스로 생각하고 있는 어떤 대상을 주의깊게 검토한 다음, 우리 앞에 물리적 대상(physical object)이 하나 있다는 결론을 내린다고 해보자. 우리는 그 대상이 실제로 저기 있다는 것을 확신할 수 있는 경우가 있는가? 이런 생각은 한낱 실재론자들의 환상에 불과하고 또 비록 환상일 가능성이 없을 것같아 보인다고 하더라도 그만치 더 복잡한 환상일 가능성을 어떻게 배제할 수 있을 것인가? 이런 생각 때문에 많은 철학자들은 확실성을 원한다면 경험적 지식의 토대를 우리의 인상이나 감각에서 찾아야 된다는 결론을 내리게 되었다. 이런 입장은 물론 두번째 형태, 즉 "주관적" 형태의 경험론과 잘 들어맞는다. 그래서 경험주의의 첫번째 견해 즉 "객관적" 견해는 지식의 확실한 토대에 대한 설명이 될 수가 없을 것이다.

우리의 인상이나 감각에 관한 보고들이 지식의 확실한 토대가 된다는 것도 의심할 만한 이유가 몇가지 있다. 이런 것에 관해서는 틀릴 수가 없다는 것은 정말로 분명한 일인가? 예를 들어서 내가 지금 책상의 경험을 하고 있다(내 앞에 정말로 책상이 있건 없건간에)는 보고를 내가 한다고 해보자. 나의 그런 보고는 틀릴 수가 없을까? 내가 나 자신의 보고를 수정하는 동시에, 나의 경험이 어떤 것인지에 관해서 내가 잘못된 이야기를 했음("내가 그 말을 했을 때 사실은 그것을 뜻하지 않았다")을 주장하는 것은 전혀 가능하지 않을까? 이런 일은 일어날 수 없으리라는 주장을 밀고 나가는 철학자들도 있다. 그러나 그 근거는 물론 분명치가 않다.

10.4 몇가지 가능한 방향들

여기서 생기는 문제는 앞에서 합리론을 검토할 때 생긴 문제와 매우 비슷하다. 합리주의건 경험주의건 모두 다 그네들이 지식의 확실한 토대라고 해서 내놓은 믿음들이 실상은 확실하지 못하고, 그래서 그런 역할을 할 수 없다는 바로 그 이유 때문에 곤란하게 되는 것 같다. 그러나 이런 말은 옳은가? 여러 가지 기본적인 믿음들의 확실성에 대한 반론으로서 제시한 논증들을 돌이켜보면, 그 논증들이 모두 다 다음과 같은 구조를 지니고 있음을 알 수 있다. 그런 믿음들은 어느 것이나 다 거짓일 수 있는 가능성이 있다. 그러므로 우리는 그것이 참임을 확신하지 못한다. 그러나 이런 형태의 논의가 타당한 것인가? 거짓일 가능성이 있는 믿음이라고 하더라도 그것이 참임을 확신할 수가 있는지도 모른다. 말콤이 바로 이런 제안을 하고 있다.

> 지각에 관한 모든 진술들이 다 거짓일 수 있다는 가능성에서 지각에 관한 어떤 진술도 참임이 확실치 않다는 결론이 나오는 그런 어떤 의미에서 "가능"이라는 말을 쓸 때, 모든 지각 진술들이 다 거짓이라는 것은 가능한가? … 어떤 지각 진술이전간에 그 역이 자기 모순(self-contradictory)이 아니라는 의미에서는 거짓일 가능성이 있다. 그러나 그렇다고 해서 어떤 지각 진술도 참임이 확실치 않다는 결론은 나오지 않는다. 어떤 지각 진술의 근거로 제시할 수 있는 어떤 증거도 그 진술이 참임을 함축하지는 않는다는 것은 사실인 것같다. 그러나 여기서도 어떤 지각 진술이나 다 참임이 확실치 않다는 결론은 나오지 않는다. … "모든 지각 진술이 다 거짓일 수가 있다"는 진술은 어떤 지각 진술이라도 그것을 받아들일 근거는 결정적일 수가 없다는 주장 이외에 다른 어떤 것도 뜻하지 않는다. … 그런 근거가 결정적이 아니라는 철학적인 주장은 증거에 입각한 것이 아니다. 그러면 어디에 입각한 것인가? 나는 혼동에 입각한 것이라고 말한다. "이 지각 진술은 거짓일 수가 있기 때문에, 이 지각 진술이 참임은 결정적이지 않다"고 주장하게 된다. 그러나 이 진술에 대한 검토에서 "그것이 거짓일 수가 있다"는 말은 그것이 거짓이라는 증거가 있다는 뜻이 아니라는 것이 밝혀진다. 이 말은 그것이 거짓임이 논리적으로 가능하다는 것을 뜻한다. 그러나 그것이 거짓임이 논리적으로 가능하다는 사실이 그것이 참임이 결정적이 아니라는 것을 보여주게 되는 것은 결코 아니다.[13]

말콤의 이야기가 옳은가? 또 그가 옳다면, 지식의 합리주의적 기초나 경험주의적 기초 가운데 얼마만큼이 확실성을 가지는 것으로 보존될 수 있는가? 그리고 마지막으로, 얼마만큼이 남든지간에 남은 것만으로

13) N. Malcolm, "The Verification Argument," in M. Black's *Philosophical Analysis.*

우리 지식의 나머지 부분의 토대가 되기에 충분한가? 확실성에 관한 말콤의 시사적인 언급은 이런 여러 가지 의문을 불러일으켰다. 확실성에 관한 말콤의 견지는 지식에 확실한 토대를 부여하려는 입장을 구해 내려는 여러 가지 시도들 중에서 매우 장래성이 있는 시도라는 결론은 수긍할 만하다는 생각이 든다. 그러나 여기서 이것을 더 천착하지는 않을 것이다. 왜냐하면 한층 더 근본적인 대안, 확실한 기초를 전혀 사용하지 않으려는 입장을 살펴봐야 되기 때문이다.

이런 입장의 원류들 가운데 하나는 다음과 같은 W.V.O 콰인의 글에서 찾을 수 있다.

> 역사나 지리의 가장 평범한 일들에서부터 원자 물리학이나 아니면 더 나아가서 순수 수학과 논리의 심오한 법칙들에 이르기까지, 우리들이 가지고 있는 이른바 지식 내지 믿음들의 전체는 가장자리에서만 경험과 마주치는 인간의 가공물(man-made fabric)이다. 다른 비유를 써서 말하자면, 과학 전체는 그 경계의 상태가 경험인 힘의 장(field of force : 역장, cf. 중력장, 자력장 등—역주)과 같다. 말단부에서 일어난 경험과의 충돌은 그 장 내부의 재조정을 유도한다. 진술들 가운데 일부에 대해서 진리치(truth-values)가 새로이 분배되어야 하는 것이다. 어떤 진술들의 재평가는 그것과 논리적 상관 관계를 가진 다른 진술들의 재평가를 뜻한다. 논리적 법칙들 또한 이런 체계에 속하는 또 하나의 진술, 이 장의 어떤 또 다른 요소일 뿐이다. 어떤 진술을 재평가한 이상 다른 진술들을 재평가할 수 밖에 없는데, 여기서 말하는 다른 진술은 원래의 진술과 논리적으로 관련된 진술일 수도 있고, 아니면 바로 논리적 관계에 관한 진술들 자신일 수도 있다. 그렇지만 힘의 장 전체는 그 경계의 조건들 즉 경험에 의해서 완전히 결정되어 있지 않기(underdetermined) 때문에, 개별적인 반대 경험이 어떤 것이라고 하더라도 거기에 비추어서 재평가해야 되는 진술이 어떤 것인지에 관해서는 상당한 선택의 여지가 있다. 어떤 특정한 경험도 힘의 장 안쪽의 특정한 진술과 직접 연결되어 있지는 않고, 다만 힘의 장 전체에 미치는 평형을 고려함으로써 간접적으로만 연결되어 있다.
>
> 이런 생각이 옳다면, 개별적 진술의 경험적 내용을 말하는 것은 곤란하다. 특히 그 진술이 장의 경험적 말단부에서 멀리 떨어져 있는 진술일 경우에는 더욱 더 그렇다. 게다가 경험에 따라서 우연적으로 들어맞는 종합 진술과 어떤 경험이 나타나든지간에 들어맞는 분석 진술 사이의 경계를 찾는 것은 어리석은 일이 된다. 말단부에 매우 인접한 진술조차도 그것과 충돌되는 경험이 나타날 때 환각을 끌어들이거나 아니면 논리적 법칙이라 불리우는 그런 진술들을 수정함으로써 그 진리치를 유지할 수가 있다. 거꾸로 말하자면, 마찬가지 이유에서 어

면 진술도 수정의 여지가 없는(immune to revision) 것은 아니다. 심지어는 양자 역학을 간단하게 만드는 방법이라는 이유에서 배중율(law of excluded middle)이라는 논리적 규칙의 수정이 제안된 일조차도 있었다. 케플러가 톨레미를 극복하고, 아인슈타인이 뉴튼을, 다윈이 아리스토텔레스를 극복하는 변동과 이런 변동 사이에는 어떤 원칙적인 차이가 있는가?

앞에서 나는 생생한 이야기를 하기 위해서 감각적 말단부에서부터의 점차적인 거리라는 말을 사용했다. 이제 나는 비유를 쓰지 않고 이 개념을 분명하게 만드는 일을 해야 되겠다. 어떤 진술들은 감각 경험이 아니라 물리적 대상에 관한 진술이기는 하지만, 감각적 경험과 특별히 연루(germane)되어 있는 듯하다. 그것도 선별적인 방식으로 — 어떤 진술들은 어떤 경험에, 다른 진술들은 다른 진술들에 —연루되어 있는 것 같다. 어떤 특정한 경험에 특별히 연루되어 있는 그런 진술을 나는 말단부에 가까운 것으로 본다. 그러나 내가 이런 "연루" 관계로써 표현하려는 것은 충돌되는 경험이 나타났을 때 실천상 어떤 진술을 다른 진술보다 수정하기에 적당한 것으로 선택하게 되는 상대적인 경향성을 반영하는 느슨한 연결에 지나지 않는다. 예를 들어서 우리는 엘름가에 벽돌 집이 있다는 바로 그 진술 및 같은 문제에 관한 그와 관련된 진술들을 재평가함으로써 우리의 체계를 맞추어가려는 생각이 들 것임에 틀림없는 어떤 충돌되는 경험들을 생각할 수 있다. 센토(Centour)는 없다는 바로 그 진술 및 관련된 진술들을 재평가함으로써 우리의 체계를 맞추려 들게 될 다른 어떤 충돌되는 경험들도 생각할 수 있다. 앞에서 주장했듯이 충돌되는 경험은 전체 지식 체계의 여러 부분에 대한 여러 가지 재평가 가운데 어느 것에 의해서도 다 수용할 수가 있다. 그러나 방금 우리가 상상해본 경우에 우리는 전체 체계를 가능한 한 조금만 교란시키려는 자연스러운 경향 때문에 수정의 초점을 벽돌집이나 센토에 관한 이런 특정한 진술들에로 맞추게 되는 것이다. 그래서 이런 진술들은 물리학, 논리학, 또는 존재론의 이론적인 진술들보다 훨씬 더 분명히 경험에 의거하고 있는 것으로 느껴지게 된다. 후자의 진술들은 조직 전체에서 비교적 중심부에 위치하는 것으로 생각할 수 있는데, 이는 다만 어떤 특정한 감각 자료와도 선호 관계가 두드러지게 나타나지 않는다는 의미에서만 그렇다.[14]

다음 4가지가 이런 콰인식 접근법의 중요한 주장인 것 같다.

1. 여러 가지 서로 다른 형태의 믿음이라고 생각되는 것들 — 분석적인 것과 종합적인 것, 경험적인 것과 초경험적인 것 — 사이에 질적인

14) W. V. O. Quine, "Two Dogmas of Empiricism," *Philosophical Review*, 1951.

차이는 사실상 존재하지 않는다.

2. 우리의 모든 믿음들은 궁극적으로 우리가 가진 경험에 의거해서 정당화된다.

3. 어떤 믿음도 확실한 것은 없다. 어떤 믿음이나 다 앞으로의 경험에 비추어 수정할 수 있는 여지가 있다.

4. 우리의 믿음들을 구분하면서 할 수 있는 말은 우리의 믿음들 중에서 어떤 것들은 어떤 경험에 비추어서 포기될 수 있는 경향성(심리학적 사실의 문제로서)이 다른 것들보다 더 많다는 것 밖에 없다.

한마디로 말해서, 이런 입장은 수정 불가능한 확실한 기초 위에 놓인 지식의 성채를 그리기보다는 수정 가능하고 불확실한 믿음들로 이루어진 거미집을 그린다.

이런 설명에 따르면, 합리적 행동이란 확실한 믿음에 따른 행동이 아니라, 행동의 토대가 되는 믿음들이 맞을 확률에 따라서 크건 작건 개인적인 위험을 무릅쓰고 하는 행동이다. 레러의 말을 들어보자.

> 어떤 우연적 진술이 확실히 참임을 우리가 알고 있다는 것을 전제로 하지 않는 합리적 믿음 및 행동의 이론을 내놓을 수가 있다. 그런 이론의 대체적인 윤곽은 몇마디로 말할 수 있다. 어떤 믿음이나 행동이 합리적인지 아닌지는 두 가지 요인에 달려 있다. 첫번째 요인은 어떤 것을 가치있는 것으로 보느냐 하는 것이요, 다른 요인은 그런 것을 얻을 확률이다. 가치 및 확률이 일단 확정되기만 하면, 합리적인 믿음과 합리적인 행동을 계산해낼 수 있다. 합리적인 행동이나 믿음은 기대되는 가치의 최대치를 제공하는 것이다.[15)]

이런 모델과 확실한 토대에 입각한 지식의 모델 사이의 차이는 즉각적으로 분명하다. 우선 이런 모델에서는 어떤 확실성의 존재를 요구하기보다는 오히려 그런 것은 없다고 분명히 주장한다. 둘째로 이 모델에서는 우리의 모든 지식의 토대가 되는 어떤 것을 요구하는 것이 아니라, 우리의 믿음들은 어느 것이나 다 지금이 아니면 다른 어떤 때에라도 다른 어떤 믿음들에 입각해서 도전을 받을 수 있다는 것을 분명히 주장한다. 이런 차이점들 때문에, 우리가 살펴본 회의주의의 도전이 이런 모델에 대해서는 제기되지 않는다. 회의주의자들이 말하듯이 확실성이란

15) K. Lehrer, "Skepticism and Conceptual Change," in Chisholm and Swartz's *Empirical Knowledge.*

없다는 것이 이런 모델에 대해서 도전이 되지 않는 것은 여기서 확실성이 전제되지 않기 때문이요, 마찬가지로 회의주의자들이 말하듯이 지식의 기초가 없음이 문제가 되지 않는 것은 이 모델이 지식의 기초를 전제로 하지 않기 때문이다.

이 모델을 옹호하고 또 좀더 다듬기 위해서는 당연히 아직 더 많은 작업을 해야 된다. 그러나 나는 이 모델이 전통적 지식론의 난점을 피하는 가장 전도 양양한 접근 방식들 가운데 하나가 된다고 생각한다.

□ 더 생각해 볼 만한 문제들

1. 플라톤이 지식과 믿음은 서로 다른 것을 대상으로 가진다는 결론을 내린 이유가 무엇이라고 생각하는가?
2. 게티어의 예가 제기하는 문제를 어떻게 해결할 것인가?
3. 정당화의 개념은 확실성을 필요로 한다는 데카르트의 주장을 옹호하는 고려 사항으로 어떤 것이 있는가?
4. 지금 우리가 꿈을 꾸고 있는 데 지나지 않는지 그렇지 않은지에 관해서 확실한 판단을 내릴 수가 있는가?
5. 당신이라면 근본주의 성서관(religious fundamentalism)이 내놓는 주장에 어떻게 대처 할 것인가?
6. 데카르트는 자기 자신의 존재에 대한 믿음과 삼각형은 세 직선으로 둘러싸인 도형이라는 믿음을 모두 직관적인 믿음으로 취급한다. 이런 믿음들 사이에 어떤 중요한 차이점이 있는가?
7. 직접적으로 지각되는 것과 그런 지각에서 암시되는 것 사이의 차이점을 정확하게 말하면 어떤 것인가?
8. 바깥 세상의 존재를 추리해낼 수 있는 가능성에 관한 로크와 버클리의 견해의 장단점을 논하라.
9. 환상과 지각의 상대성을 근거로 한 논증은 정말로 우리들이 바깥의 대상을 직접적으로 지각하지 못함을 입증하는가?
10. 말콤이 말하듯이 확실성이 없는 지식이 있을 수가 있는가?

맺 는 말

철학도들은 왕왕 철학에서는 어떤 문제도 해결되어 있지 않고 철학은 결국 여러 가지 입장들 및 그에 대한 옹호와 반론들로 이루어져 있을 뿐 해결책은 없다는 결론에 도달한다. 철학 교재들(특히 철학 개론책들)은 종종 이런 일밖에 하고 있지 않기 때문에 학생들(특히 철학을 처음 배우는 학생들)이 이런 결론을 내리는 것은 놀라운 일이 아니다.

이 책에서는 이런 일을 피하려고 노력했다. 우리는 먼저 여러 개의 문제에 관한 여러 가지 다양한 입장들을 드러낸 다음, 그 중에서 어떤 것들이 옳다는 주장을 펴보았다. 특히 다음과 같은 주장들이 참임을 확립하려고 했다.

1. 도덕은 최선의 결과에로 이르는 행동을 하려는 시도가 아니라 일련의 도덕률을 따르는 데서 성립한다. 이런 규칙들은 우리의 직관적 도덕감에 바탕을 둔 것인데, 우리의 직관적 도덕감에는 해당되는 규칙에 관한 것과 개개의 경우에 무엇이 옳고 무엇이 그른가에 관한 것이 있다. 이런 직관적 도덕감들은 비록 틀림이 없는 것은 아니지만, 도덕의 기초가 되기에 적당한 것이다.

2. 도덕성이 언제나 이기심과 조화를 이룬다는 것을 입증할 수는 없

다. 그렇지만 자기 자신에게 이익이 되지는 않는 경우에도 옳은 행동을 할 이유는 있다. 그 이유는 우리들이 가진 바, 옳은 일을 하려는 욕구와 이타적인 욕구에 바탕을 두고 있다. 그러나 이기심보다 이런 욕구들을 우대해야 될 이유는 없다. 어떤 욕구에 따르는가는 욕구들의 강약에 의해서 결정된다.

3. 정의는 평등과는 다른 고유한 가치이다. 정당하지 않은 불평등이 있는 것과 마찬가지로 정당한 불평등도 있다. 일반적 정의론을 이 책에서 제시하고 있지는 않다. 정의는 각 사람이 자신이 가질 권리가 있는 것을 가지는 데서 성립한다는 것이 우리가 할 수 있는 최선의 대답이다. 그리고 이런 권리는 관련된 당사자들의 인격, 과거나 현재의 상황 및 행동에 의해서 결정된다. 그러므로 사회 구성원들에게 재화를 나누어 주는 어떤 전체적인 분배 형태 하나만이 정당한 분배 형태라는 생각은 옳지 못하다.

4. 국가는 강요 체제이기는 하지만, 국가의 존재는 그 시민들의 동의를 근거로 정당화될 수 있다. 그러나 이 동의는 현실적으로 이루어진 명시적 동의일 수 없다. 또 이 동의는 국가의 행동에 대한 어떤 기대에 바탕을 둔 것이며, 만약 국가에서 일정한 한도 이상으로 그런 기대들을 어긴다면 시민 불복종이나 혁명이 정당화된다.

5. 전통적인 신 존재 옹호 중에서 어떤 것도 신의 존재를 입증하는 데 성공하지는 못한다. 마찬가지로 악의 존재를 근거로 한, 신 존재에 대한 대단히 강력한 논박조차도 신의 비존재를 입증하기에 이르지는 못한다. 종교의 영역에서 문제가 되는 것이 이렇듯 특이한 성격을 띠고 있는 까닭에 신념(뿐만 아니라 불가지론)이 합리적인 행동 양식이다.

6. 종교적 믿음은 인생에 대해서 여러 가지 구체적인 함의를 가진다. 도덕 일반의 기초를 놓는 데 종교적 믿음이 필요한 것은 아니다. 그러나 종교적 믿음은 어떤 특정한 도덕적 믿음이나 관습의 기초가 된다. 또 이 경우에는 좀 문제성이 있기는 하지만, 종교적 믿음은 어떤 종교 의식의 기초가 되기도 한다. 마지막으로 인생의 의미에 관한 어떤 모형에 있어서는 인생의 의미를 제공하기 위해서 종교적 믿음이 필요하다.

7. 이원론적 인간관은 그에 대해서 제기되어 온 대부분의 전통적인 반론들을 물리칠 수 있다. 그러나 이런 인간관은 인류의 기원에 대한 과학의 결론들과 유물론적 인간관만큼 잘 조화되지는 않는다. 행동주의식의 유물론에는 문제가 있지만, 다른 형태의 유물론, 특히 두뇌 상

태 이론은 받아들일 만하다.

8. 책임을 묻는 것은, 한편으로는 그에 적합한 인과 개념의 어려움 때문에 다른 한편으로는 어떤 변명이 적당한지를 이해하는 데 있어서의 어려움 때문에, 어려운 문제이다. 뿐만 아니라 결정론에 입각해서 또 한 번 의문을 제기할 수 있다. 목적론적 처벌 이론을 받아들이면 결정론의 도전을 손쉽게 물리칠 수 있지만, 응보주의 처벌 이론을 받아들이는 경우에는 그렇지 못하다.

9. 진리에 대한 여러 가지 주관주의적인 정의들은 부적당하다. 실용주의 진리설과 진리 정합설은 그보다 좀 낫기는 하지만 여전히 문제가 있다. 그러므로 우리는 하여간에 진리 대응설의 수정된 어떤 형태를 받아들여야 된다. 전통적으로 생각되어온 진리 대응설은 여러 가지 심각한 형이상학적 문제점을 안고 있다. 그러나 몇 가지 형태의 진리 대응설은 이런 난점을 피할 수 있다.

10. 진리에 대해서 일관성있는 설명이 가능한 것과 마찬가지로 지식에 대해서도 일관성있는 설명을 내놓는 것이 가능하다. 그런 설명의 핵심은 지식이 정당화되어 있는 참인 믿음(justified true belief)이라는 것이다. 이 정의에 대해서 회의주의자들의 여러 가지 반론이 제기될 수 있지만, 정당화라는 개념이 확실성을 요구한다는 생각이나 아니면 확실성이라는 개념이 오류가 불가능함을 전제로 한다는 생각 중에서 어느 하나만 포기할 의향이 있다면 그런 반론은 물리칠 수가 있다.

나는 이런 주장들이 옳고 또 이 책에서 이런 주장들을 뒷받침하는 설득력있는 논증을 제시했다고 믿고 있지만, 이런 주장들이 결정적으로 확립된 것이며 또다른 모든 입장들이 부당함이 밝혀졌노라고 주장할 생각은 없다. 물론 그렇지는 않고, 또 입문 과정을 위한 개론책에서 그런 일을 할 수도 없을 것이다. 그러나 과거나 현재의 많은 철학에서 이런 문제들을 하나하나 다루고 있다. 그래서 특정한 문제에 대해서 관심이 있는 독자들은 이 글의 논의에서 시작해서 더 공부해 나갈 것을 권하는 바이다. 이 책이 여러분에게 그런 관심을 불러일으켰다면, 나는 이 책을 쓴 사람으로서 매우 기쁘게 생각할 것이다.

이 책을 옮기면서

이 책은 B. A. Brody 의 *Beginning Philosophy* (Englewood Cliffs, New Jersey: Prentice-Hall, 1977)를 옮긴 것이다. 몇가지 철학적인 문제들을 이야기하면서 철학을 소개하는 책은 이미 여러 권 번역되어 있는 것 같다. 이 책에서는 철학적인 문제, 철학적인 대답들을 보여준 다음 그것들이 가진 특징을 이야기함으로써 철학이 무엇인지를 설명하는 방법을 택하고 있다. 일상적인 삶에서 생기는 비근한 물음들을 계기로 철학적인 대답들이 나오는 경로를 설명하는 데 이 책이 보탬이 될 수 있었으면 하는 것이 옮긴 사람의 욕심이다.

옮길 때 가급적 쉬운 말로 읽히는 것을 우선으로 삼았다. 원문 자체가 긴 설명을 요하는 개념들을 별로 많이 끌어들이지 않는 평이한 글이다. 그러나 옮긴 사람의 능력 부족으로 흠이 많은 글이 되었다. 관심을 가진 많은 분들이 있어 깨우쳐 주기를 바란다. 특히 유 종렬, 배 은실 두분께 많은 도움을 받았고, 서광사에 감사를 표한다.

1984. 7. 18

옮긴이

이 책은 B.A. Brody의 *Beginning Philosophy* (Englewood Cliffs, New Jersey: Prentice-Hall, 1977)를 옮긴 것이다.

철학과의 만남

B.A. 브로디 지음
이병욱 옮김

펴낸이 — 김신혁, 이숙
펴낸곳 — 도서출판 서광사
출판등록일 — 1977. 6. 30.
출판등록번호 — 제 406-2006-000010호

(413-756) 경기도 파주시 교하읍 문발리 534-1
대표전화 · (031)955-4331 / 팩시밀리 · (031)955-4336
E-mail · phil6161@chol.com
http://www.seokwangsa.co.kr / http://www.seokwangsa.kr

옮긴이와의 합의하에 인지는 생략합니다.

제1판 제1쇄 펴낸날 · 1984년 8월 31일
제1판 제20쇄 펴낸날 · 2012년 3월 20일

ISBN 978-89-306-0000-2 03100